당률소의역주 IV

김 택 민 주편

경인문화사

| 역주 범례 |

1. 역주의 저본

○ 중화서국에서 1983년에 초판하고 1986년에 재판한 류쥔원 점
  교 『당률소의唐律疏議』
○ 중화서국에서 1996년에 출판한 류쥔원 찬 『당률소의전해唐律疏
  議箋解』

2. 원문의 표점과 조항

○ 원문의 표점은 류쥔원의 『당률소의전해』에 따르되, 의문이 있
  는 경우 점교본을 참조하여 수정했다.
○ 원문의 조항 및 세목의 구분은 윌러스 존슨의 'The T'ang Code'
  와 'The T'ang Code, Volume Ⅱ'에 따르되, 각률은 다이옌후이
  [戴炎輝]의 『당률각론』을 참조하였다. 단 존슨의 책과 다이옌후
  이의 책에서는 율주律注를 하나의 항으로 구분한 경우도 있으
  나, 본 역주에서는 일괄해서 율문에 부기하였다.

3. 역문의 작성 원칙

○ 원문의 의미가 손상되지 않도록 직역을 원칙으로 하였다.
○ 내용의 이해와 문맥의 순조로운 연결을 위해 필요한 말은 '( )'
  에 넣어 보충하였다.
○ 한자를 밝히지 않으면 이해할 수 없는 어휘만 한자를 병기하였다.

○ 원문을 밝힐 필요가 있는 경우 '［ ］' 안에 넣어서 제시하였다.

○ 연호의 경우 '( )' 안에 서력 연도를 병기하였다.

○ 각주에서 이용한 자료 및 문헌의 서지 사항은 참고문헌에서 일괄 정리하였다.

4. 참고문헌의 작성 원칙

○ 참고문헌은 ①『당률소의』 판본, ②『당률소의』 역주서, ③ 율령에 관한 문헌 및 율령의 집일서, ④ 경전과 사서, ⑤ 당률 및 중국법 연구서의 순서로 나누고, 국적은 한국, 중국・대만, 일본, 구미의 순서로 정리했다. 한국, 중국・대만, 일본 저자의 이름은 한국식 독음 가나다 순서, 구미 저자의 이름은 알파벳 순서에 따랐다.

| 목차 |

당률소의 권 제26 잡률 모두 34조

당률소의 권 제27 잡률 모두 28조

당률소의 권 제28 포망률 모두 18조

당률소의 권 제29 단옥률 모두 14조

당률소의 권 제25 사위율 모두 27조

역주 이완석

[疏] 議曰: 詐僞律者, 魏分賊律爲之. 歷代相因, 迄今不改. 旣名詐僞, 應以詐事在先; 以御寶事重, 遂以「僞造八寶」爲首. 鬪訟之後, 須防詐僞, 故次鬪訟之下.

[소] 의하여 말한다: 사위율은 위에서 적률을 나누어 만들었으며,[1] 역대로 답습하여 지금까지 고치지 않았다.[2] 명칭을 사위라 하였으므로 속이는 것에 관한 일이 앞에 있어야 하겠지만, 어보의 일이 중요하기 때문에 "팔보 위조" 조항을 첫째로 하였다. 투송의 뒤에는 사위를 방비해야 하므로 투송률의 다음에 둔다.

제362조 사위 1. 어보를 위조한 죄(僞造御寶)

[律文1a] **諸僞造皇帝八寶者斬.**

[律文1b] **太皇太后·皇太后·皇后·皇太子寶者絞.**

[律文1c] **皇太子妃寶流三千里.** 僞造不錄所用, 但造卽坐.

---

1) 魏 文帝는 陳羣 등에게 명하여 漢律을 채록하여 魏律 18편을 만들었는데, 漢 蕭何가 정한 율에 劫掠律·詐僞律 등 9편을 더하였다(『唐六典』권6, 180쪽; 『역주당육전』상, 556~557쪽). 다만 『晉書』에서 인용한 『魏律序略』에 의하면 賊律 내의 欺謾, 詐僞, 踰封, 矯制의 사안과 囚律 내의 詐僞生死 및 令丙 내의 詐自復免 등의 사안을 합쳐 새롭게 詐律을 만들었다(『晉書』권30, 924쪽).

2) 晉에서는 賈充이 율을 20편으로 정비하면서 제5편 詐僞律이 제정되었다. 宋과 南齊의 율 편목 역시 진의 것과 같았으며 梁·陳이 비록 新律을 제정하였으나 사위의 편이 존재하였다(『唐六典』권6, 180~183쪽; 『역주당육전』상, 556~569쪽). 北魏 역시 사위율이 있었다(『魏書』권71, 1571쪽). 北齊에서 율 12편을 정할 때 사위가 제6편이었으며 北周에서 율 25편을 정할 때 사위가 제20편이었다(『隋書』권25, 705; 707쪽). 隋 開皇 연간(581~600)에 새롭게 율을 수찬할 때 12편을 정하고 사위를 제9편으로 하였으며 唐에서는 이를 연용하였다.

[律文1a의 疏] 議曰: 皇帝有傳國神寶、有受命寶、皇帝三寶、天子三寶, 是名「八寶」. 依公式令:「神寶, 寶而不用; 受命寶, 封禪則用之; 皇帝行寶, 報王公以下書則用之; 皇帝之寶, 慰勞王公以下書則用之; 皇帝信寶, 徵召王公以下書則用之; 天子行寶, 報番國書則用之; 天子之寶, 慰勞番國書則用之; 天子信寶, 徵召番國兵馬則用之. 皆以白玉爲之.」寶者, 印也, 印又信也. 以其供御, 故不與印同名. 八寶之中, 有人僞造一者卽斬.

[律文1b의 疏] 其太皇太后、皇太后、皇后、皇太子寶, 僞造者絞.

[律文1c의 疏] 皇太子妃寶, 僞造者流三千里. 太皇太后以下寶, 皆以金爲之, 並不行用. 注云「僞造不錄所用」, 謂寶旣金、玉爲之, 僞造者不必皆須金、玉爲之, 亦不問用與不用, 造者卽坐.

[율문1a] 무릇 황제의 팔보를 위조한 자는 참형에 처한다.

[율문1b] 태황태후·황태후·황후·황태자의 보를 위조한 자는 교형에 처한다.

[율문1c] 황태자비의 보를 위조한 자는 유2000리에 처한다. 위조한 경우 사용한 바를 불문하고 단지 만들면 처벌한다.

[율문1a의 소] 의하여 말한다: 황제는 전국신보·수명보·황제삼보·천자삼보를 가지며, 이를 "팔보"라고 한다. 공식령(습유575쪽)에 의거하면, "전국신보는 보이지만 사용하지는 않는다. 수명보는 봉선할 때에 사용한다. 황제행보는 왕·공 이하에게 회신하는 문서에 사용하고, 황제지보는 왕·공 이하를 위로하는 문서에 사용하며, 황제신보는 왕·공 이하를 징소하는 문서에 사용한다. 천자행보는 번국에 회신하는 문서에 사용하고, 천자지보는 번국을 위로하는 문서에 사용하며, 천자신보는 번국의 병마를 징집하는 문서에 사용한다. 모두 백옥으로 만든다."(『당육전』권8, 251~253쪽) 보는 인이고 인은 또한 믿음이다. 이것들은 어(용)[3]으로 바치는 것이기 때문에

'인'과는 같은 명칭을 쓰지 않는다. 사람이 팔보 가운데 하나라도 위조한 때에는 곧 참형에 처한다.

[율문1b의 소] 단 태황태후·황태후·황후·황태자의 보를 위조한 자는 교형에 처한다.

[율문1c의 소] 황태자비의 보를 위조한 자는 유2000리에 처한다. 태황태후 이하의 보는 모두 황금으로 만들지만 사용하지는 않는다(적24.1의 소). 주에 "위조한 경우 사용한 바를 불문한다."는 것은, 보는 원래 황금·백옥으로 만들지만 위조한 경우 반드시 모두 황금·백옥으로 만들어야만 하는 것은 아니고, 또한 사용했는지 사용하지 않았는지를 불문하고, 만들면 곧 처벌한다는 것을 말한다.[4]

제363조 사위 2. 관문서인을 위사한 죄(僞寫官文書印)

[律文1a] 諸僞寫官文書印者流二千里,

---

3) '御'는 황제 및 태황태후·황태후·황후의 三后를 포괄하는 개념이다(명51.1) 大不敬 조항에서는 어보는 삼후의 보를 포괄하고 이에 대한 위조 등의 죄는 모두 十惡에 들인다고 해석하였다(명6.6주2의 소).

4) 결과의 발생을 불문하고 법익 침해의 가능성이 있는 상태가 성립되는 것에 의해 그 구성요건이 충족되는 不敬犯의 일례이다(일본역『唐律疏議』4, 8쪽, 주 10). 寶는 모두 황금이나 백옥으로 만들지만, 위조하는 자가 보를 위조할 때 본래의 재질인 황금이나 백옥을 사용했든 아니든, 또 위조한 뒤에 사용했든 안 했든 관계없이 모두 처벌의 대상이 된다는 의미이다. 원문 '不錄'의 사전적인 뜻은 '檢束하지 않음'(『漢語大詞典』) 또는 '단속하지 않음'(『漢韓大辭典』)이다. 사위율(365, 사4.3)은 印·符·節의 僞寫 미수죄만을 들고 있지 황제 보 등의 위조 미수죄는 언급하지 않고 있다. 따라서 위조에 착수만 하면 미완성이라도 감형 대상이 되지 않고 본 조항을 적용한다고 생각된다(戴炎輝,『唐律各論』下, 578쪽).

[律文1b] 餘印徒一年. 寫, 謂倣效而作, 亦不錄所用.

　[律文1a의 疏] 議曰: 上文稱「僞造皇帝八寶」, 寶以玉爲之, 故稱「造」. 此云「僞寫官文書印」, 印以銅爲之, 故稱「寫」. 注云「寫, 謂倣效而作」, 謂倣效爲之, 不限用泥、用蠟等, 故云「不錄所用」, 但作成者卽流二千里.

　[律文1b의 疏] 「餘印徒一年」, 餘印謂諸州等封函印及畜產之印, 亦不錄所用. 上文但造寶卽坐, 不須堪行用; 此文雖寫印不堪行用, 謂不成印文及大小懸別, 如此之類不合流坐, 從下條造未成者減三等.

[율문1a] 무릇 관문서인을 위사한 자는 유2000리에 처하고,

[율문1b] 그 밖의 인은 도1년에 처한다. '사'는 본떠서 만드는 것을 말하며, 역시 사용한 바를 불문한다.

　[율문1a의 소] 의하여 말한다: 앞의 조문에서는 "황제의 팔보를 위조하다."라고 하였는데(사1), (황제의) 보는 백옥으로 만들기 때문에 "만든다."라고 한 것이다. 이 조문에서는 "관문서인5)을 위사하다."라고 하였는데, (관문서)인은 동으로 만들기 때문에 "본뜬다."라고 한 것이다. 주에 "'사'는 본떠서 만드는 것을 말한다."라고 한 것은, 본떠서 그것을 만들었다면 진흙으로 만들었던지 밀초로 만들었던지 한정하지 않는다는 것이다. 그러므로 "사용한 바를 불문한다."라고 한 것이며, 단지 만들어 (인을) 완성한 때에는 곧 유2000리에 처한다.

　[율문1b의 소] "그 밖의 인은 도1년에 처한다."에서 '그 밖의 인'이라

---

5) 율에서는 官文書에 대하여 관사에서 일상적으로 운용하는 문서 가운데 制·勅·奏抄가 아닌 것(111, 직21.2의 소)이라고 해석하였으며, 또한 관사에서 일상적으로 시행하는 문서(273, 적26.1b의 소)라고 정의하고 있다. 또한 관문서印에 대해서는 문서에 날인해서 시행하여 위아래로 통하게 하며 모든 곳에서 믿고 수령(272, 적25의 소)하게 하는 것이라고 해석하였다. 公式令에는 내외 百司에 모두 銅印 1鈕를 지급하는 것으로 규정되어 있다(『唐令拾遺』, 578쪽).

는 것은 모든 주 등에서 봉함인 및 축산에 사용하는 인을 말하며 (적25의 소), (이들 인을 위사한 경우) 역시 사용한 바를 불문한다. 앞의 조문에서는 단지 (황제 등의) 보를 만들면 곧 처벌하며(사1c의 소), 반드시 행용할 수 있어야 하는 것은 아니다. 이 조문에서는 비록 인을 본뜨더라도 사용할 수 없는 경우, 예컨대 인의 글자가 완성되지 않았거나 크고 작음이 현저하게 구별되는 경우와 같은 따위는 유죄에 해당하지 않으며, 아래 조항의 "(위사한 인을) 만들었으나 아직 완성하지 못한 경우 3등을 감한다."(사4.3)는 규정에 따른다.

[律文2a] **卽僞寫前代官文書印有所規求, 封用者徒二年.** 因之得成官者, 從詐假法.

　　[律文2a의 疏] 議曰: 依式, 周·隋官亦聽成蔭. 或爭封邑之類, 事緣前代, 乃僞寫前代之印, 心有規求, 封用者徒二年. 稱「封用」者, 或印文書及封文簿, 事兼兩用, 故連云「封用」. 注云「因之得成官者, 從詐假法」, 謂僞寫封用爲舊公驗, 因之成官者從詐假法. 其僞寫未成及成而未封用, 依下文「未施行減三等」例, 亦減已封用三等.

[율문2a] 만약 전대의 관문서인을 위사해서 탐하는 바가 있어 봉용한 자는 도2년에 처한다. 그것으로 말미암아 관을 획득한 자는 사기하여 거짓 (관을 취득한) 법에 따른다.

　　[율문2a의 소] 의하여 말한다: 식에 의거하면, (북)주·수대의 관(작)은 역시 모두 음의 효력이 인정되며,[6] 혹 봉읍을 다투는 것 따위

───────────

6) 명례율 八議의 議賓 조항에서는 北周의 후예인 介公과 隋의 후예인 酅公을 國賓으로 규정하였다(명7.8의 소). 이전 北周·隋 왕조로부터 받은 官은 실제로 관직에 나갈 수 있었던 것은 아니었으나, 蔭과 관련이 있는 경우 관으로서의

는 일이 전대 왕조와 연관되어 있다. 이에 전대 왕조의 인을 위사해서 마음에 탐하는 의도를 가지고 봉용한 자는 도2년에 처한다. "봉용"이라 칭하는 것은, 문서 및 문부를 봉하는데 인을 찍어 두 가지로 사용한 것이기 때문에 "봉용"이라 연칭하는 것이다. 주에 "그것으로 말미암아 관을 획득한 경우는 사기하여 거짓 (관을 취득한) 법에 따른다."라고 한 것은, 위사해서 봉용한 것을 전대의 공험으로 삼아[7] 이로 말미암아 관을 획득한 자는 사기하여 거짓 (관을 취득한) 법(사9.1)에 따름을 말한다. 단 위사한 것이 아직 완성되지 않았거나 완성되었어도 아직 봉용하지 않았다면, 아래 조문의 "아직 시행하지 않았으면 3등을 감한다."는 예(사4.3)에 의거하여 역시 이미 봉용(한 죄)에서 3등을 감한다.

효력을 완전히 지니고 있었다(일본역『唐律疏議』1, 92쪽). 劉俊文은 이를 규정한 式이 吏部式이라 지적하면서 출토문헌 중 貞觀시기 吏部式을 그 실례로 들고 있다(劉俊文,『唐律疏議箋解』, 1688~1689쪽, 箋釋4). 이 이부식에 의하면 隋의 勳官, 散官 및 鎭將·副 5품 이상과 五等爵으로 武德 9년 2월 2일 이전에 죽은 사람의 자손은 음으로 當할 수 없으며, 비록 살아있더라도 그 해 12월 30일 이전에 參集을 거치지 않고 아울러 告身을 尙書省으로 보내 勘校하고 烝定받지 못한 경우도 이에 준한다고 하였다. 그렇다면 이 시한 내에 '참집을 거쳐' '고신을 상서성으로 보내 감교하고 주정받은 경우'라면 '음으로 당할 수 있었을 것이다(錢大群,『唐律疏議新注』, 788쪽, 주8).

7) 公驗은 일반적으로 관으로부터 발급되어 증거가 되는 문건을 말한다(『大漢和辭典』).『唐六典』에서도 "무릇 노비·소·말을 매매할 때 본사·본부의 공험을 사용하여 매매계약서를 만든다."고 하였다(『唐六典』권20, 543쪽;『역주당육전』중, 653쪽).

제364조 사위 3. 부·절을 위사한 죄(僞寫符節)

[律文1] 諸僞寫宮殿門符、發兵符、發兵, 謂銅魚合符應發兵者, 雖通餘用亦同. 餘條稱發兵者, 皆準此. 傳符者絞,

    [律文1의 疏] 議曰:「宮殿門符」, 謂非時開宮殿門, 皆須勘魚符合, 然始得開. 僞寫此符及僞寫發兵符, 注云「發兵, 謂銅魚合符」, 依公式令下左符進內, 右符付州、府等, 應有差科徵發, 皆並勑符與銅魚同封行下, 勘符合然後承用, 故稱「銅魚合符」.「應發兵, 雖通餘用亦同」, 謂其符通雜徵發人事及有所用度若除授、替代州府長官及差行追禁, 並用此符, 故稱「雖通餘用亦同」, 謂同發兵符罪.「餘條稱發兵者」, 謂擅興律「應給發兵符而不給」, 賊盜律「盜發兵符」, 故云餘條「皆準此」.「傳符者」, 謂給驛用之. 僞寫及造此等符者, 並合絞.

[율문1] 무릇 궁문·전문의 문부, 발병부· 발병이란 동어부가 합치하면 발병에 응하는 것을 말하며, 비록 다른 용도에 통용하더라도 역시 같다. 다른 조항에서 발병이라고 한 것은 모두 이에 준한다. 전부를 위사한 자는 교형에 처한다.

    [율문1의 소] 의하여 말한다: "궁문·전문의 문부"라는 것은, 때가 아닌데 궁문·전문8)을 여는 것은 모두 어부9)를 반드시 맞춰보아 합

---

8) 唐의 國都 長安城은 외곽을 두른 京城과 그 내부의 북쪽 중앙에 성벽(內城)으로 둘러싸인 皇城과 宮城 세 부분으로 구성되어 있으며, 각 성벽에는 여러 개의 문이 나 있었다. 京城門은 경성에 난 문들을 가리키며, 그 남쪽의 정문을 明德門이라 하였다. 황성은 官廳街로 그 성문을 皇城門이라 하며, 남쪽 중앙에 난 문을 朱雀門이라 한다. 황성 북쪽에는 궁성이 위치하고 있다. 궁성을 둘러싼 성벽의 문을 宮城門이라고 하는데, 順天門(承天門)은 궁성의 남쪽 중앙의 문이다. 궁성은 황제가 정무를 보며 생활하는 곳인 太極宮과 황태자가 기거한 東宮 및 皇妃·宮女 등이 기거하는 掖庭宮으로 나누어져 있으며, 각각의 궁에 나 있는 문을 宮門이라고 한다. 그런데 宮城 내의 궁 이외에도 궁성

치한 연후에 비로소 열 수 있다는 것을 말한다.[10] 이 (문)부를 위
사한 것 및 발병부를 위사한 것에 대한 주에 "발병이란 동어부가
합치하면"이라고 하였는데,[11] 공식령(습유581쪽)에 의거하면 "좌부
는 중앙에 두고 우부는 주·부 등에 교부한다."[12]라고 하였으며, 차

북쪽에 위치한 禁苑 내의 大明宮, 皇城 바깥 동쪽의 興慶宮, 경성 바깥의 華清
宮 등 離宮도 다수 존재하고 있다. 궁 내부에는 다수의 殿과 閤이 있으며 각
각 장벽으로 둘러싸여 있고 각각의 문이 나 있다. 殿門의 대표적인 예인 太極
門은 태극궁의 正殿인 太極殿의 남쪽의 문이다. 또 전문에서 더 내부로 들어
가면, 황제의 거처에 가장 가까이 설치된 上閤門이 있다(『唐六典』권7,
216~219쪽; 『역주당육전』상, 639~659쪽; 59, 위2).

9) 魚符는 물고기 형상을 한 신표를 말하며 통상 銅으로 만든다. 양면에는 문자
를 음각·양각하고 두 부분으로 쪼개어 각각 하나씩 가지며, 그것을 합하여 증
거로 삼는다. 隋·唐시기에 일반적으로 시행되었다(『唐六典』권8, 251~254쪽; 『역
주당육전』중, 73~81쪽).

10) 궁문·전문의 개폐 절차는 唐 監門式(71, 위14.1a의 소)에 의하면 다음과 같다.
"勅을 받은 사람은 모름지기 열어야 할 문 및 들어가고 나가는 사람의 장부를
갖추어 기록하고 칙을 선포하여 中書省에 전달하면, 중서성은 門下省에 전달
한다. 궁 안의 모든 문을 여는 것은 문하성 城門郎이 현재 당직하는 각 衛 및
監門衛의 대장군·장군·중랑장·낭장·절충도위·과의도위 중 각 1인과 함께 上
閤에 이르러 覆奏한다. 황제가 '聽'이라고 서명하면, 곧 합치하는 符와 문의 열
쇠를 청한다. 監門의 官司는 먼저 문의 伏衛를 엄격하고 정연하게 하여 열어
야 하는 문의 안팎에 모두 隊伍를 세우고, 횃불을 켜고 직접 맞춰보고 부가
합치하는지 확인한 연후에 문을 연다."

11) 軍防令(224, 천1.1a의 소)에 따르면, 병력 10인 이상을 差遣할 때는 모두 銅魚·
칙서를 맞추어보아 서로 일치해야만 비로소 차견할 수 있다. 즉 병사 10인 이
상을 차견하기 위해서는 동원을 명하는 칙서와 함께 折衝府의 호칭과 그 절충
부를 관할하는 중앙의 衛 등의 이름이 새겨진 本 발병부가 필요하였다. 發兵
의 절차는 다음과 같다. 어부로써 명령을 하달해야 할 경우 상서성에서 勅牒
을 적어 문하성에 주청하면 담당관을 미리 보내 문하성에서 함께 봉하도록 하
는데, 봉 안쪽에 칙부를 차례로 베껴 쓰고 좌어부와 같이 함에 넣어 봉한 후
그 위에 문하성의 인을 찍는다. 우부를 추환할 때 함에 넣어 봉인하는 것도
이에 준한다 (『唐六典』권8, 253쪽; 『역주당육전』중, 77~78쪽).

12) 당 公式令(226, 천3.1의 소)에 따르면, 銅魚符를 하달하는 것은 畿內에서는 左
符를 세 개, 右符를 하나 두고 畿外에서는 좌부를 다섯 개, 우부는 하나를 둔

과·징발해야 할 때에 모두 칙부와 동어를 동봉하여 (주·부에) 내리면 (해당 주·부에서는) 부를 맞춰보고 합치한 연후에 받들어 시행한다. 그러므로 "동어부가 합치하면"이라고 한 것이다. (또 주에) "(합치하면) 발병에 응한다. 비록 다른 용도에 통용하더라도13) 역시 같다."라고 하였는데, 발병부는 사람과 사물을 징발하는데 두루 통용되지만 그 밖의 용도, (예를 들면) 주·부 장관의 제수와 대행 및 관인을 파견하여 (죄인의) 체포와 감금을 집행하는 임무 등에 모두 이 부를 사용하므로 "비록 다른 용도에 통용하였더라도 역시 같다."라고 한 것이다. (이는) 발병부와 같은 죄를 준다는 것을 말한다. (또 주에) "다른 조항에서 발병이라고 한 것은 모두 이에 준한다."라고 한 것은, 천흥률의 "발병부를 발급하여야 하는데 발급하지 않은 것"(천3.1a①) 및 적도율의 "발병부를 훔친 것"(적27a)을 말한다. 그러므로 다른 조항은 "모두 이에 준한다."라고 한 것이다. "전부"라는 것은 역전에 지급하여 사용하는 것을 말한다.14) 이들 부를 위사하거나 위조한 자는 모두 교형에 처해야 한다.

[律文2] **使節及皇城、京城門符者流二千里,**

[律文3] **餘符徒二年.** 餘符, 謂禁苑門及交巡魚符之類.

다. 좌부는 중앙에 두고 우부는 외지에 발부한다.

13) 다른 용도에 통용된다는 것에 대하여 율에서는 "이 부는 통상 관직 수여·사신 파견·여러 가지 추정 등에 사용하지만, 병사를 징발하는 사안이 가장 중요하기 때문에 발병부라는 이름으로 조문을 만들었다."(226, 천3.1의 소)라고 해석하였다. 또한 발병의 사안이 중요하기 때문에 병력을 조발하는 것을 명목으로 한 것이라고 해석하였다(274, 적27.1의 소).

14) 傳符는 驛傳의 이용을 허락받은 관리에게 지급한 割符이지만 실제로는 紙卷이 대용된 듯하다. 영에 의하면 "驛馬를 지급하는 경우에는 銅龍傳符를 지급한다. 전부가 없는 곳에는 지권으로 한다."고 하였고 직제율(123, 직33.1의 소)에도 역시 동일하다(『역주당육전』중, 79쪽, 주221).

[律文2의 疏] 議曰: 使節者, 『周禮』有「掌節」之司, 注云「道路用旌節」. 然大使擁節而行, 是名「使節」. 其皇城門謂朱雀等諸門, 京城門謂明德等諸門. 偽作此等符及節者流二千里,

[律文3의 疏] 餘符徒二年. 注云「餘符, 謂禁苑門及交巡魚符之類」, 禁苑諸門有符開閉, 守衛, 交兵之處皆有交符, 巡更, 警夜之所並執巡魚符勘過. 據擅興律「凡言餘符者, 契亦同. 卽契應發兵者, 同發兵符法」. 此條云「之類」者, 卽是諸契, 非發兵. 偽造者並同「餘符」之罪, 各合徒二年.

[율문2] 사절 및 황성·경성의 문부(를 위사한) 자는 유2000리에 처하고,

[율문3] 그 밖의 부는 도2년에 처한다. 그 밖의 부라는 것은 금원문부 및 교(어부)·순어부 따위를 말한다.

[율문2의 소] 의하여 말한다: 사절은, 『주례』에 "장절"이라는 관이 있고, (그) 주에 "길에서는 정절을 사용한다."[15]라고 하였다.[16] 그리하여 대사는 절을 지니고 가게 되었는데, 이것을 사절이라 부른다.[17] 그런데 황성문이라는 것은 주작문 등의 여러 문을 말하고,

---

15) 掌節은 地官 司徒의 예하 관사로 上士 2인, 中士 4인, 府 2인, 史 4인, 胥 2인, 徒 20인으로 구성되었다. 장절은 邦國의 節을 관장하고 그 용도를 구분하여 王命을 보좌하는데, 방국을 관장하는 자는 玉節을 사용하고 都鄙을 관장하는 자는 角節을 사용어서, 무릇 천하에 통달하는 자는 반드시 節을 가지고 傳輔하였다(『周禮注疏』권15, 456~460쪽). 旌節은 고대 출행하는 사자가 지니는 節의 일종으로, 길에서는 정절을 사용하였으며(『周禮注疏』권15, 458쪽), 또한 정월의 吉日에 정절을 가지고 사방에 선포하였다(『周禮注疏』권36, 1132쪽).

16) 본 소에서는 율문의 "道路用旌節" 구절이 注라고 하였으나, 현재 통용되는 點校本에는 注가 아닌 正文으로 기록되어 있다(『周禮注疏』권15, 458쪽).

17) 使節에 관해 율에서는 節이란 황제의 使人이 사명을 받아 나가서 공적이 미미한 자를 강등하고 분명한 자를 승진시키거나 사인이 制를 받들어 풍속이 다른 곳에 황제의 위엄을 떨침에는 모두 정절을 잡고서 천하 사람을 믿게 하는 것(274, 적27.1b의 소)이라고 해석하였다. 또한 旌節은 대장수를 명하거나 사방

경성문이라는 것은 명덕문 등의 여러 문을 말하며, 이들 부와 절을 위작한 자는 유2000리에 처한다.

[율문3의 소] 그 밖의 부는 도2년에 처한다. 주에 "그 밖의 부라는 것은 금원문부 및 교(어부)·순어부 따위를 말한다."라고 하였는데, 금원의 모든 문에는 부가 있어 (문을) 개폐하며, 수위·교병하는 곳에는 모두 교(어)부가 있고, 순경하며 밤에 경찰하는 곳에서는 모두 순어부를 가지고 맞춰보고서 통과한다. 천흥률(천3.2)에 의하면 "무릇 그 밖의 부라고 말한 경우는 계도 또한 같다. 즉 계가 병력을 조발하는 것일 경우에는 발병부에 관한 법과 같다."라고 하였다. 이 조항에서 '따위'라고 한 것은 곧 모두 계이며 발병부가 아니다. (이것들을) 위조한 것은 모두 "그 밖의 부"를 위조한 죄와 같으며, 각각 도2년에 해당한다.

제365조 사위 4. 위조·습득한 보·인·부·절을 빌려주거나 매도한 죄 및 이를 빌리거나 매입해서 봉용한 죄(僞寶印符節假人及出賣)

[律文1] 諸以僞寶、印、符、節及得亡寶、印、符、節假人若出賣, 及所假若買者封用, 各以僞造、寫論.

　　[律文1의 疏] 議曰: 以僞造寶、印、符、節及得亡寶、印、符、節假與他人若出賣與他人; 及所假所買之人, 雖非身自造、寫, 若將封用; 各依僞造、僞寫法科之.

――――――――――

에 사신을 파견할 때 주는데, 旌은 상 주는 일을 전결하고 節은 죽이는 일을 관장하였다(『唐六典』권8, 254쪽; 『역주당육전』중, 80쪽).

[율문1] 무릇 위조한 보·인·부·절 및 망실한 보·인·부·절을 습득하여 타인에게 빌려주거나 또는 매도하였다면, 그리고 빌리거나 매입한 자가 봉용하였다면, 각각 위조·위사한 것으로 논한다.

[율문1의 소] 의하여 말한다: 위조한 보·인·부·절 및 망실한 보·인·부·절을 습득하여 타인에게 빌려주거나 또는 타인에게 매도하였다면, 그리고 빌리거나 매입한 사람은 비록 본인이 직접 위조하거나 위사하지는 않았다고 해도 만약 이를 봉용하였다면, 각각 위조·위사의 (처벌)법에 의거하여 죄준다(사1~3).[18]

[律文2] 卽以僞印印文書施行, 若假與人及受假者施行, 亦與僞寫同.

[律文3] 未施行及僞寫印·符·節未成者, 各減三等.

[律文2의 疏] 議曰: 上文謂僞造·寫及得亡寶·印·符·節假人及賣買等罪, 此文欲論以僞印文書施行. 謂以僞印印文書自將行用, 若以僞印文書假與他人, 及有受得僞文書行用, 並謂已入官司者, 其罪各依僞造·寫法.

[律文3의 疏] 「未施行」, 謂僞文書未將行用, 及僞寫印·符·節未成者, 各減已施行及已成罪三等.

[율문2] 곧 위사한 인을 문서에 찍어 시행하거나 만약 (다른) 사람에게 빌려준 경우 및 빌린 자가 시행한 것도 역시 위사와 같다.

[율문3] 아직 시행하지 않은 경우 및 인·부·절을 위사하였지만 아직 완성하지 않은 경우는 각각 3등을 감한다.

---

18) 寶·印·符·節을 유실물로서 습득한 경우, 5일 이내에 官에 보내지 않으면 亡失罪로 논한다(448, 잡60.1). 이 때 망실죄는 유실물에 따라 다른데, 御寶는 잡47(435, 잡47.2)이 적용되고 인·부·절은 잡49(437, 잡49.2)가 적용되어 각각 절도에 준하여 논하되 2등을 감한다. 이러한 것들을 취득한 자가 빌려주거나 매매한 경우는 본조의 죄와 비교하여 무거운 쪽에 따라(명49.2) 형벌이 결정된다(戴炎輝, 『唐律各論』下, 583쪽).

[율문2의 소] 의하여 말한다: 앞의 조문은 위조·위사하거나 망실한 보·인·부·절을 습득하여 타인에게 빌려주거나 매매한 것 등의 죄를 말하는데, 이 조문은 위사한 인을 찍은 문서를 시행한 것으로 논하려는 것이다. 위사한 인을 문서에 찍어 자신이 사용하거나 또는 위사한 인을 찍은 문서를 다른 사람에게 빌려 준 것 및 위조한 문서를 획득하여 사용한 것은, 모두 (그 문서가) 이미 관사에 들어간 것을 말하는데, 그 죄는 각각 위조·위사의 (처벌)법에 따른다(사1~3).

[율문3의 소] "아직 시행하지 않았다."는 것은 위조한 문서를 아직 사용하지 않았거나 인·부·절을 위사하였지만 아직 완성하지 않은 것을 말하며, 각각 이미 시행한 것 및 이미 완성한 것의 죄(사2·3)에서 3등을 감한다.

[律文3의 問1] 曰: 有人得亡寶、印、符、節, 假賣與人, 其所假買者未將行用. 未知假賣之人, 亦合得依未施行法減罪以否?

[律文3의 答1] 曰: 準依律文, 本防行用, 故云「若假人若出賣及所假若買者封用, 各以僞造、寫論」. 封用之文, 承賣買之下, 若已封用俱得全罪, 如未行用並合依未施行減三等. 下條盜寶、印、符、節及假賣與人, 其假買未封用並合依此減法. 其假買僞印文書未施行, 假賣人亦同減例.

[율문3의 문1] 묻습니다: 어떤 사람이 망실한 보·인·부·절을 습득하여 (다른) 사람에게 빌려주거나 매도하였는데, 그 빌리거나 매입한 자가 아직 사용하지 않았습니다. 빌려주거나 매도한 사람은 역시 아직 시행하지 않은 것에 관한 법에 의거해서 죄를 감할 수 있습니까?

[율문3의 답1] 답한다: 율문에 준하면, 본래 (부정한) 사용을 방지하려는 것이므로 "타인에게 빌려주거나 또는 매도하였다면, 그리고

빌리거나 매입한 자가 봉용하였다면, 각각 위조·위사한 것으로 논한다."라고 한 것이다. '봉용'이라는 문구는 '매매'의 아래에 이어서 있으므로 만약 이미 봉용하였으면 모두 전죄를 얻고, 만약 아직 시행하지 않았으면 모두 "아직 시행하지 않은 경우 3등을 감한다."는 것에 의거해야 한다. 아래 조항의 보·인·부·절을 절도한 것 및 (절도한 것을) (다른) 사람에게 빌려주거나 매도하였는데(사5.1), 그 빌리거나 매입한 자가 아직 봉용하지 않으면 모두 이 감하는 법에 따라야 한다. 단 위조한 인을 찍은 문서를 빌리거나 매입하였지만 아직 시행하지 않으면, 빌려주거나 매도한 사람의 죄 역시 감하는 예와 같다.[19]

[律文3의 問2] 曰: 二人共造僞印印文牒, 從者乃將施行, 未知二人合有首從以否?

[律文3의 答2] 曰: 依名例律:「共犯罪以造意爲首, 隨從者減一等.」 僞印旣非劫盜, 止合造意爲首; 從者雖復行用, 止依從法減科.

---

19) 唐律은 實害를 중시하여 만약 결과가 없으면 처벌할 수 없다. 절도하였으나 재물을 얻지 못한 경우 및 姦人, 略人이 未遂인 경우 例에 따라 형이 감해질 수 있다(명9.2의 소). 미수범은 故意犯으로만 제한하지 않으니 어떤 경우에는 過失犯의 미수도 처벌된다. 御藥을 本方대로 조제하지 않았으나 進御하지 않은 경우에는 1등을 감하여 처벌하는 경우를 예로 들 수 있다(102, 직12.3a). 범죄의 기수·미수가 타인의 행위에 의하여 정해지는 경우도 있으며 바로 본 조항을 예로 들 수 있다. 무릇 위조한 寶·印·符·節 및 망실한 보·인·부·절을 습득하여 타인에게 빌려주거나 또는 매도하였다면, 그리고 빌리거나 매입한 자가 封用하였다면, 각각 위조·위사한 것으로 논한다. 또한 위사한 인을 문서에 찍어 시행하거나 만약 다른 사람에게 빌려준 경우 및 빌린 자가 시행한 것도 역시 위사와 같다. 그런데 빌리거나 매입한 자가 봉용하지 않거나 시행하지 않은 경우에는 이미 시행한 죄에서 각각 3등을 감한다. 즉 빌리거나 매입한 자의 봉용·시행 여부에 따라 빌려주거나 매도한 사람의 기수·미수가 결정되는 것이다(戴炎輝, 『唐律通論』, 132쪽).

[율문3의 문2] 묻습니다: 두 사람이 함께 인을 위조하여 문첩에 날인하였는데, 수종자가 이것을 시행하였으면, 두 사람은 수범·종범으로 구별해야 합니까?

[율문3의 답2] 답한다: 명례율에 의거하면, "공동으로 죄를 범한 때에는 주모자를 수범으로 하고 수종자는 1등을 감한다."(명42.1). 인을 위조한 것은 본래 겁탈하거나 훔친 것이 아니므로 단지 주모자를 수범으로 해야 하고, 수종자가 비록 사용하였다고 해도 단지 종범의 법(명42.1)에 따라 감하여 죄주는데 그친다.

제366조 사위 5. 보·인·부·절을 몰래 봉용한
죄(盜寶印符節封用)

[律文1] 諸盜寶、印、符、節封用, 謂意在詐僞, 不關由所主. **即所主者盜封用,
及以假人若出賣所假及買者封用, 各以僞造、寫論.**

 [律文1의 疏] 議曰: 盜寶、印、符、節封用, 注云「謂意在詐僞, 不關由所主」, 謂
 盜用官印等不由所當之人, 或執印等主司私盜封用, 及所主者將印假與他人若
 將出賣與人幷所假、買之人若將封用, 「各以僞造、寫論」, 並依自造之法.

[율문1] 무릇 보·인·부·절을 몰래 봉용한 것, 의도가 사기와 위계에 있고 관장하는 자를 거치지 않음을 말한다. **또한 관장하는 자가
몰래 봉용한 것 및 타인에게 빌려 주거나 또는 매도하였는데 빌린 자 및 매입한 자가 봉용한 것은, 각각 위조·위사한 것으로
논한다.**

[율문1의 쇼] 의하여 말한다: "보·인·부·절을 몰래 봉용한 것"이라고 하고서, 주에 "의도가 사기와 위계에 있고 관장하는 자를 거치지 않음을 말한다."라고 한 것은, 관인 등을 도용한 일이 그것을 관장하는 자를 거치지 않았거나 관인을 관장하는 주사가 사사로이 몰래 봉용한 것 및 관장하는 자가 인을 타인에게 빌려주거나 또는 사람에게 매도하였는데 빌리거나 매입한 사람이 모두 다 봉용한 것을 말하며, 각각 위조·위사한 것으로 논하고, 모두 직접 위조한 법에 의거한다.

[律文1의 問] 曰: 有人身爲案主, 受人請求, 乃爲盜印印僞文牒, 旣非掌印, 合作首從以否?
[律文1의 答] 曰: 一人須印行用, 一人盜印與之, 卽是共犯, 須論首從. 盜者雖爲案主, 非掌印之人, 便是共犯, 合爲首從.

[율문1의 문] 묻습니다: 어떤 사람 자신은 문안을 주관하는 자[20]인데 (다른) 사람의 청구를 받아 이에 인을 몰래 위조한 문첩에 날인한 경우, (그는) 원래 인을 관장하는 사람이 아닌데, 수범·종범으로 구별해야 합니까?
[율문1의 답] 답한다: 한 사람은 인이 필요해서 사용하고, 한 사람은 인을 몰래 그에게 주었다면, 즉 이는 공범이므로 반드시 수범·종범으로 논해야 한다. 훔친 자가 비록 문안을 주관하는 자이고 인을 관장하는 사람이 아니라도 곧 공범이므로 수범·종범으로 (논해야) 한다.

---

20) 원문의 '案主'는, 호혼율(152, 호3.2의 주의 소)에 현재 문서와 簿籍은 있는데 脫漏와 增減에 이른 것은, 문서의 대조·검토는 원래 문서 담당관[案主]의 책임이므로 곧 主典을 수범으로 한다고 해석되어 있듯이, 사안의 담당자로서 문서의 기안·책임자인 주전을 말한다.

[律文2a] 主司不覺人盜封用者, 各減封用罪五等,

[律文2b] 印又減二等.

[律文3a] 即事直及避稽而盜用印者, 各杖一百;

[律文3b] 事雖不直, 本法應用印而封用者, 加一等.

[律文4a] 主司不覺笞五十,

[律文4b] 故縱者各與同罪.

　[律文2a의 疏] 議曰: 掌寶及符,節主司不覺有人盜用者, 減盜用人罪五等,

　[律文2b의 疏] 印又減二等. 謂不覺用寶及符應死者, 死上減五等徒一年半; 不覺用符,節應流, 流上減五等徒一年; 不覺用餘符, 徒二年上減五等杖八十; 不覺用印, 流上減七等合杖九十.

　[律文3a의 疏] 即文書正直及避文案稽遲而盜用印者, 各杖一百.

　[律文3b의 疏] 「事雖不直, 本法應用印」, 謂事雖枉曲, 本法應封用印者, 終須申答而盜封用印者, 加一等合徒一年. 若不直罪重, 即從重斷.

　[律文4a의 疏] 「主司不覺笞五十」, 謂從「事直及避稽」以下, 不覺各笞五十.

　[律文4b의 疏] 故縱者各與同罪.

[율문2a] 사람이 (보·부·절을) 몰래 봉용한 것을 주사가 적발하지 못한 때에는 각각 봉용한 죄에서 5등을 감하고,

[율문2b] 인은 또 2등을 감한다.

[율문3a] 만약 사안은 바른 데 (인을 도용한 자) 및 (처리 기한이) 지체되는 것을 피하기 위하여 인을 도용한 자는 각각 장100에 처하고,

[율문3b] 사안은 비록 바르지 않더라도 본법에 인을 사용하도록 되어 있는데 (몰래) 봉용한 때에는 1등을 더한다.

[율문4a] 주사가 적발하지 못한 때에는 태50에 처하고,

[율문4b] 고의로 방임한 때에는 각각 더불어 같은 죄를 준다.

[율문2a의 소] 의하여 말한다: 보 및 부·절을 관장하는 주사가 사람이 도용한 것을 적발하지 못한 때에는 도용한 사람의 죄에서 5등을 감한다.

[율문2b의 소] 인은 또 2등을 감한다. 보 및 부를 도용하여 사형에 해당하는데(사1·3.1) 적발하지 못한 경우 사형에서 5등을 감하여 도1년반에 처하고, 부·절을 도용하여 유형에 해당하는데(사3.2) 적발하지 못한 경우 유형에서 5등을 감하여 도1년에 처하며, 그 외의 부를 도용하여 도2년에 해당하는데(사3.1) 적발하지 못한 경우 5등을 감하여 장80에 처하고, 인을 도용하여 유형인데(사2.1) 적발하지 못한 경우 7등을 감하여 장90에 처하는 것을 말한다.

[율문3a의 소] 곧 사안은 바른데 (인을 도용한 자) 및 사안이 계류·지체되는 것21)을 피하기 위하여 인을 도용한 자는 각각 장100에 처한다.

[율문3b의 소] "사안은 비록 바르지 않더라도 본법에 인을 사용하도록 되어 있다."는 것은 사안이 비록 왕곡되었더라도 본법에 인을 봉용해야 하는 경우 반드시 끝내 상신하고 답을 기다려야한다는 것을 말하며, 그런데도 인을 몰래 봉용한 때에는 1등을 더하여 도1년에 처해야 한다. 만약 사안이 바르지 않고 죄가 무거우면 무거운 쪽에 따라 처단한다(명49.2).

[율문4a의 소] "주사가 적발하지 못한 때에는 태50에 처한다."라는 것은 "사안은 바른데 (인을 도용한 자) 및 (처리 기한이) 지체되는 것을 피하기 위하여" 이하는 적발하지 못한 자는 각각 태50에 처

---

21) 制書는 법안이 이뤄지는 그날 시행하며 1일을 지체하면 태50에 처하고 1일마다 1등씩 더하며 10일이면 도1년에 처한다. 官文書는 小·中·大 사안에 따른 처리기한이 5·10·20일이며, 1일을 지체하면 태10에 처하고 3일마다 1등씩 더하되, 최고형은 장80이다(111, 직21).

한다는 것을 말한다.

[율문4b의 소] 고의로 방임한 때에는 각각 (도용한 자와) 더불어 같은 죄를 준다.

제367조 사위 6. 제서 위·변조의 죄(詐爲制書)

[律文1a] **諸詐爲制書及增減者絞**, 口詐傳及口增減, 亦是.

[律文1b] **未施行者減一等**. 施行, 謂中書覆奏及已入所司者. 雖不關由所司, 而詐傳增減, 前人已承受者, 亦爲施行. 餘條施行準此.

　[律文1a의 疏] 議曰:「詐爲制書」, 意在詐僞而妄爲制勅, 及因制勅成文而增減其字者, 絞. 注云「口詐傳及口增減亦是」, 謂詐傳勅語及奉勅宣傳, 口中詐有增減動事者, 並與增減制書同.

　[律文1b의 疏]「未施行減一等」, 謂詐爲制勅及詐增減已訖而未施行, 減一等. 注云「施行, 謂中書覆奏」, 此謂詐爲勅語及雖奉制勅處分, 就中增減, 中書承受, 已覆奏訖. 若其不須覆奏者, 卽據已入所司; 或有詐爲中書宣出制勅, 文書已入所在曹司, 應承受施行及起請行判曹司者, 並爲「已施行」.「雖不關由所司」, 謂所宣制勅及增減, 不入曹司, 徑卽詐向規求之所, 其前人已承受者, 亦爲「施行」. 假有甲詐宣制勅, 向乙索物, 乙已承受, 不要得物, 承受之者, 此類卽是「施行」.「餘條施行準此」, 餘條謂「以僞印文書施行」及下條「詐爲官文書施行」, 如此諸條, 已施行及未施行, 皆準此.

[율문1a] 무릇 거짓으로 제서를 만들거나 증감한 자는 교형에 처하고, 구두로 거짓을 전달한 것 및 구두로 증감한 것도 역시 그렇다.

[율문1b] 아직 시행하지 않은 때에는 1등을 감한다. 시행은 중서성

에서 복주한 것 및 이미 담당 관사에 들어간 것을 말한다. 비록 담당 관사를 거치지 않았더라도 거짓으로 전달하거나 증감하여 그 곳의 관인이 이미 접수했으면 역시 시행한 것이다. 그 밖의 조항에서 시행이라고 한 것은 이에 준한다.

[율문1a의 소] 의하여 말한다: 거짓으로 제서를 만들거나 -뜻이 사기와 위계에 있어 함부로 제·칙을 만든 것이다.- 제·칙의 문장이 완성되었는데 그 문자를 증감한 자는 교형에 처한다. 주에 "구두로 거짓을 전달한 것 및 구두로 증감한 것도 역시 그렇다."라고 한 것은, 칙의 내용을 거짓으로 전달한 것 및 칙을 받들어 선전하는 말 속에 거짓으로 증감하여 사안에 영향을 준 것이 있는 것은 모두 제서를 증감한 것과 같다는 것을 말한다.

[율문1b의 소] "아직 시행하지 않은 때에는 1등을 감한다."는 것은, 이미 거짓으로 제·칙을 만들거나 거짓으로 증감하였으나 아직 시행하지 않았다면 1등을 감한다는 것을 말한다. 주에 "시행은 중서성에서 복주한 것을 말한다."라고 하였는데, 이는 거짓으로 칙의 내용을 만들거나 비록 제·칙을 받들어 처분했더라도 그 과정에서 증감한 것을 중서성이 (그것을) 접수하여 이미 복주를 마친 것을 말한다.[22] 만약 그것이 복주할 필요가 없는 것이면 곧 이미 담당 관사에 들어간 것에 의거하며, 혹은 중서성에서 선포하여 반출하는 제·칙을 거짓으로 만들었는데 문서가 이미 소재지 관사에 들어가 (이를) 접수하여 시행하거나 해당 관사에 시행을 요청했으면 모두 "이미 시행한 것"이다. "비록 담당 관사를 거치지 않았더라도" 라는 것은, 선포한 제·칙 및 증감한 (문서가) 담당 관사에 들어가

---

22) 당대 王言에는 冊書, 制書, 慰勞制書, 發日敕, 敕旨, 論事敕書, 敕牒이 있으며 모두 中書省에서 覆奏한 후 시행하였다(『唐六典』권9, 273~274쪽;『역주당육전』 중, 94~96쪽).

지 않고 곧장 거짓으로 일을 꾀하는 곳으로 갔는데 그 곳의 관인이 이미 접수하였으면 역시 "시행한 것"이 된다. 가령 갑이 거짓으로 제·칙을 선포하여 을로부터 재물을 색취하고자 하였는데 을이 이미 (제·칙을) 접수하였으면, (갑이) 재물을 취득하지 않았어도 (을이) 접수한 경우 이와 같은 것이 곧 "시행한 것"이다. "다른 조항에서 시행이라고 한 것은 이에 준한다."에서 다른 조항은 "위사한 인으로 문서를 시행한 것"(사4.2) 및 아래 조항의 "거짓으로 관문서를 만들어 시행한 것"(사8.1) 등 이와 같은 여러 조항에서 "이미 시행한 것"과 "아직 시행하지 않은 것"은 모두 이에 준한다는 것을 말한다.

[律文2a] 其收捕謀叛以上, 不容先聞而矯制, 有功者奏裁,
[律文2b] 無功者流二千里.

[律文2a의 疏] 議曰:「其收捕謀叛以上」, 謂所在收捕反·逆·叛. 「不容先聞」, 謂不容得奏聞, 恐其滋蔓, 或致逃逸, 而矯行制勅, 務速收掩, 有功者奏裁.
[律文2b의 疏] 「無功者流二千里」, 以其矯行制書, 無功可錄, 免其死罪, 宥以流刑.

[율문2a] 단 모반 이상(의 범인)을 체포하는데 먼저 주문할 수 없어 제서를 거짓으로 시행하였다면, 공이 있는 자는 주문하여 (황제의) 재결을 받고,
[율문2b] 공이 없는 자는 유2000리에 처한다.

[율문2a의 쇼] 의하여 말한다: "단 모반 이상(의 범인)을 체포하다." 라는 것은, 모반·모대역·모반을 (범한 자를) 현지에서 체포하는 것을 말한다.[23] "먼저 주문할 수 없다."는 것은 먼저 주문할 수 있는 형편이 아니었음을 말하는 것으로, 혹 그 사건이 확산되거나 혹

은 도피할 것을 염려하여 제·칙을 거짓으로 시행하여 급히 체포하였다면, 공이 있는 자는 주문하여 (황제의) 재결을 받는다.

[율문2b의 소] "공이 없는 자는 유2000리에 처한다."라는 것은, 그가 제서를 거짓으로 시행하였으나 기록할 만한 공이 없으면 그 사죄를 면하고 용서하여 유형에 처한다는 것을 말한다.

제368조 사위 7. 대제·주사·상서를 사실대로 하지 않은 죄(對制上書不以實)

[律文1a] 諸對制及奏事、上書詐不以實者徒二年,

[律文1b] 非密而妄言有密者加一等. 對制, 謂親見被問. 奏事, 謂面陳, 若附奏亦是. 上書, 謂書奏特達. 詐, 謂知而隱欺及有所求避之類.

  [律文1a의 疏] 議曰:「對制」, 謂親被顧問:「奏事」, 謂面陳事由, 若附他人而奏亦同自奏之法;「上書」, 謂特達御所: 此等若有詐不以實者, 徒二年.

  [律文1b의 疏]「非密而妄言有密」, 謂非謀反·逆·叛應密之事而妄言有密,「加一等」, 謂加對制不實一等徒二年半. 注文已如上解.「詐, 謂知而隱欺」, 謂知事不實, 故爲隱欺.「及有所求避」, 或妄求功賞, 或迴避罪戾之類. 若被官司責罰, 情在恛哮, 或有因鬪忿爭, 欲相恐迫, 口雖告密, 問卽不承, 旣無文牒入司, 坐當「不應爲重」. 其有已陳文牒, 問始承虛; 或口稱有密, 下辯仍執, 於後承妄者: 並同「未奏減一等」, 徒二年.

---

23) 謀叛 이상을 알게 된 자는 비밀리에 가장 가까운 곳의 관사의 장관에게 이를 告해야하고, 고를 받은 장관은 직접 고발인을 취조하여 그 내용이 모반 이상에 해당한다면 馳驛을 통해 먼저 奏聞해야 하고 사정이 여의치 않아 먼저 주문하기 어려우면 피고발인을 체포해야 한다(340, 투39).

[율문1a] 무릇 대제 및 주사·상서를 속이고 사실대로 하지 않은 자는 도2년에 처하고,

[율문1b] 기밀이 아닌데 망령되이 기밀이라고 한 때에는 1등을 더한다. 대제는 직접 황제를 알현하고 질문을 받(고 답하)는 것을 말한다. 주사는 대면하여 진술하는 것을 말하며, 만약 부주라도 역시 그렇다. 상서는 문서로 아뢰는 것이 특별히 (황제에게) 이르는 것을 말한다. '속이다.'라 함은 알면서 숨기고 속이는 것 및 구하거나 회피하는 바가 있는 것 등을 말한다.

[율문1a의 소] 의하여 말한다: "대제"는 친히 황제로부터 질문을 받(고 답하)는 것을 말한다. "주사"는 황제의 면전에서 사유를 진술하는 것을 말하며, 만약 타인에게 부탁하여 아뢴 것도 역시 자신이 직접 아뢴 것의 법과 같다. "상서"는 (문서로 아뢰는 것이) 특별히 황제가 있는 곳에 이르는 것을 말한다. 이러한 것들을 만약 속이고 사실대로 하지 않은 자는 도2년에 처한다.

[율문1b의 소] "기밀이 아닌데 망령되이 기밀이라고 하다."라는 것은 모반·모대역·모반과 같이 마땅히 기밀로 할 사항24)이 아닌데도 망령되이 기밀이 있다고 말하는 것을 가리키며, "1등을 더한다."는 것은 대제를 사실대로 하지 않은 죄에 1등을 더하여 도2년 반에 처한다는 것이다. 주문은 위에서 해석한 대로이다.25) "'속이

---

24) 謀反 및 大逆을 알게 된 자는 가까운 관사에 밀고하며, 告하지 않는 자는 교형에 처하고, 謀大逆·謀叛을 알면서 고하지 않는 자는 유3000리에 처한다. 또한 모대역·모반을 만약 알게 되면 역시 반드시 관사에 밀고하도록 하였다(340, 투39.1).

25) 이는 注文 가운데 '對制는 … 특별히 (황제에게) 이르는 것' 부분은 앞의 율문 1a의 소에서 설명하였기 때문에 여기서는 되풀이 하지 않고 앞의 설명으로 대신한다는 의미로 생각된다. 따라서 그 나머지 뒷부분만 소에서 설명하고 있는 것이다.

다.'라는 함은 알면서 숨기고 속이는 것을 말한다."는 것은, 일이 사실이 아님을 알면서 고의로 은닉하고 기만하는 것을 말한다. "및 구하거나 회피하는 바가 있다."는 것은 망령되이 공과 상을 탐하거나 혹은 죄나 허물을 회피하는 것 등을 말한다. 만약 관사에게 책벌을 당하여 성내어 외치는 정황이거나 혹은 싸움과 다툼으로 말미암아 서로 공박하기 위해 입으로는 비록 기밀을 고발했지만 심문한 즉 인정하지 않았다면 원래 문첩이 관사에 들어가지 않았으므로 처벌은 '마땅히 해서는 안 되는데 행한' 죄의 무거운 쪽에 (따라 장80에) 해당한다(잡62.2). 그러나 이미 진술한 문첩이 있고 심문할 때 비로소 허위임을 인정하거나 혹은 입으로 기밀이라고 하고 고집스럽게 주장하다가[26] 마지막에 허위임을 인정한 때에는 모두 (다음 율문의) "아직 아뢰지 않은 때에는 1등을 감한다."는 것과 같이 도2년에 처한다.

[律文2a] **若別制下問、案、推、無罪名謂之問、未有告言謂之案、已有告言謂之推. 報上不以實者徒一年,**

[律文2b] **其事關由所司, 承以奏聞而不實者罪亦如之.**

[律文3] **未奏者, 各減一等.**

[律文2a의 疏] 議曰：「若別制下問」, 謂不緣曹司, 特奉制勅, 遣使就問. 注云「無罪名謂之問」, 謂問百姓疾苦, 豐儉水旱之類. 案者, 謂風聞官人有罪, 未有告言之狀而奉制案問. 推者, 謂事發遣推, 已有告言之者. 而乃報上不以實者, 各徒一年.

---

26) 원문의 '下辯仍執'이 滂本 등에서는 '不辯仍執'으로 되어 있다. 劉俊文은 이에 대해 '不'은 '下'의 잘못이며 文化本, 岱本, 『宋刑統』에 의거해 교감하였다고 하였다. 文淵閣 『四庫全書』 影印本 『唐律疏議』에서는 '言辯仍執'으로 되어있어서 '下辯仍執'과 그 의미가 상통한다고 볼 수 있다.(錢大群, 『唐律疏議新注』, 799쪽, 주8; 일본역 『唐律疏議』4, 주8, 31쪽).

[律文2b의 疏] 其事關曹司, 承以奏聞而有不實, 亦得徒一年.

[律文3의 疏] 未奏者, 各減一等, 謂承前人上書詐不以實, 若非密及下問,案、推報上不實, 事關所司承以聞奏申報不實, 未奏者各減一等. 並謂被問,被推之人報答不實者, 各獲此罪.

[율문2a] 만약 특별히 황제가 명을 내려 문·안·추함에 죄명이 없는 것은 문이라 하고, 아직 고발되지 않은 것은 안이라 하며, 이미 고발된 것은 추라고 한다. **황제에게 사실대로 보고하지 않은 자는 도1년에 처하며,**

[율문2b] 그 일이 담당 관사를 경유하는 것이어서 받아서 주문하는데 사실로써 하지 않은 경우의 죄도 역시 같다.

[율문3] 아직 아뢰지 않은 때에는 각각 1등을 감한다.

[율문2a의 소] 의하여 말한다: "만약 특별히 황제가 명을 내려 문하다."라는 것은 담당 관사를 경유하지 않고 특별히 제칙을 받든 사신을 파견하여 문하는 것을 말한다. 주에 "죄명이 없는 것은 문이라고 한다."라고 한 것은, 백성의 질고나 풍흉·수한 따위를 묻는 것을 말한다. '안'이라는 것은 관인이 죄가 있다는 풍문이 있으나 아직 고발장이 없는데 황제의 명을 받들어 심문하는 것을 말한다. '추'라는 것은 사건이 발각되어 사신을 파견하여 추국하는데, 이미 그것에 대한 고발이 있는 것을 말한다. 이러한 경우에 황제에게 사실대로 보고하지 않은 자는 각각 도1년에 처한다.

[율문2b의 소] 그 일이 담당 관사를 경유하는 것이어서 받아서 주문하는데 사실대로 하지 않은 자도 역시 도1년을 받는다.

[율문3의 소] "아직 아뢰지 않은 때에는 각각 1등을 감한다."는 것은, 속이고 사실대로 하지 않은 전인의 상서를 받은 것, 또는 기밀이 아닌 것 및 (황제가) 내린 문·안·추에 대해 사실대로 보고하지 않

은 것, 일이 담당 관사를 경유하는 것이어서 받아서 주문하는데 상신하고 보고하는 것을 사실대로 하지 않은 것을 아직 주문하지 않은 때에는 각각 1등을 감한다는 것을 말한다. 모두 문·추를 받은 사람이 보고나 답을 사실대로 보고하지 않은 것은 각각 이 죄를 받음을 말한다.

제369조 사위 8. 관문서 위·변조의 죄(詐僞官文書)

[律文1a] **諸詐爲官文書及增減者杖一百.**

[律文1b] **準所規避, 徒罪以上各加本罪二等.**

[律文1c] **未施行, 各減一等.**

[律文1a의 疏] 議曰:「詐爲官文書」, 謂詐爲文案及符,移,解,牒,鈔券之類或增減以動事者, 杖一百.

[律文1b의 疏] 準所規避之事當徒罪以上, 事發者各加本罪二等, 未發卽依二罪之法從重科之. 規避者, 假有於法不應爲官, 詐求得官者徒二年, 又詐爲官文書及增減而規官不解. 加本罪二等合徒三年. 避者, 或有本犯徒三年, 詐爲增減以避此罪者, 合加二等流二千五百里.

[律文1c의 疏] 卽詐爲官文書及增減訖, 事未施行,「各減一等」, 杖罪以下杖上減, 徒罪以上, 各從徒,流,死上減.

[율문1a] 무릇 거짓으로 관문서를 만든 자 및 증감한 자는 장100에 처하고,

[율문1b] 탐하거나 회피하고자 한 바에 준하여 도죄 이상이면 각각 본죄에 2등을 더하며,

[율문1c] 아직 시행하지 않은 때에는 각각 1등을 감한다.

[율문1a의 소] 의하여 말한다: "거짓으로 관문서27)를 만들다."라는 것은, 문안 및 부·이·해·첩·초권 따위를 거짓으로 만들거나 혹은 증감하여 일의 내용을 바꾼 것을 말하며, 장100에 처한다.

[율문1b의 소] 탐하거나 회피한 바에 준하여 도죄 이상에 해당하는 사건이 발각된 경우는 각각 본죄에 2등을 더하고, 아직 발각되지 않은 경우는 '두 개 이상의 죄가 함께 발각된 경우'의 법(명45.1b)에 의거하여 무거운 쪽으로 죄준다. 탐하거나 회피한 경우는, 가령 법률상 관이 되어서는 안 되는데 사기하여 관이 되기를 구하여 획득한 자는 도2년에 처하며(사9.2), 또 거짓으로 관문서를 만들거나 증감하여 관직이 해임되지 않기를 도모하는 경우 (사기하여 관직을 구한) 본죄에 2등을 더하여 도3년에 해당한다는 것이다. 회피한 경우는, 본래 범한 죄가 도3년인데 거짓으로 증감하여 이 죄를 피하고자 한다는 것이며, (이러한 경우) 2등을 더하여 유2500리에 처해야 한다.

[율문1c의 소] 곧 거짓으로 관문서를 만들거나 증감하였으나 문서가 아직 시행되지 않았으면 "각각 1등을 감한다."고 하였으니, (사건이) 장죄 이하이면 장죄에서 (1등을) 감하고 도죄 이상이면 각각 도죄·유죄·사죄에서 (1등을) 감한다.

[律文2a] 卽主司自有所避, 違式造立及增減文案, 杖罪以下杖一百, 徒罪以上各加所避罪一等. 造立卽坐.

---

27) 官文書란 관사에서 일상적으로 운용하는 문서 가운데 制·敕·奏抄가 아닌 것이며(111, 직21.2의 소), 관사에서 일상적으로 시행하는 문서를 가리킨다(273, 적26.1b의 소). 또한 '公文'으로서 奏狀, 符, 移, 關, 刺, 牒이 열거되고 있는데(118, 직28.1a의 소), 본 소에는 다른 명칭도 보인다. 鈔에 대해 戴炎輝는 飛錢·鹽鈔 등의 有價證券을 가리키는 것으로 보았다(戴炎輝, 『唐律各論』下, 595쪽).

[律文2b] **若增減以避稽者杖八十.**

[律文2a의 疏] 議曰: 謂主司欲避身罪, 違式造立文案, 或於舊案增減者, 「杖罪以下」, 謂笞十以上, 卽前罪之外得杖一百. 或避徒罪以上, 事發者卽就所避徒上各加所避罪一等. 注云「造立卽坐」, 謂不必避得前罪, 但造立及增減卽坐.

[律文2b의 疏] 若增減以避文案稽違, 並於本罪之外加杖八十. 未發者, 從二罪法.

[율문2a] 곧 주사 자신이 회피하려는 것이 있어 식을 어기고 문안을 만들거나 증감하였으면, (회피하려는 바가) 장죄 이하이면 장100에 처하고, 도죄 이상이면 각각 회피하려 한 죄에 1등을 더하며, 만들었으면 곧 처벌한다.

[율문2b] 만약 (문안을) 증감하여 지체하는 것을 회피하고자 한 때에는 장80에 처한다.

[율문2a의 소] 의하여 말한다: 주사가 자신의 죄를 회피하고자 식을 어기고 문안을 만들거나 혹은 이전 문안을 증감한 것을 말한다. "장죄 이하"라는 것은 태10 이상을 말하니, 곧 (장죄 이하를 피하려고 한 자는) 그 죄 외에 장100을 받는다. 혹 도죄 이상을 회피하고자 한 사건이 발각된 때에는 곧 회피하고자 한 도죄에 각각 1등을 더한다. 주에 "만들었으면 곧 처벌한다."는 것은 (피하고자 한) 그 죄의 회피 여부와 관계없이 단지 만들거나 증감했으면 곧 처벌한다는 것을 말한다.

[율문2b의 소] 만약 증감하여 문안의 지체와 위법을 회피하고자 했다면[28] 모두 본죄 이외에 장80을 더한다. (회피하려고 한 죄가) 아

---

28) 制書는 법안이 이뤄지는 그날 시행하며 1일을 지체하면 태50에 처하고 1일마다 1등씩 더하며 10일이면 도1년에 처해진다. 관문서는 小·中·大 사안에 따른 처리기한이 5·10·20일로 정해져 있으며 1일을 지체하면 태10에 처하고 3일마

직 발각되지 않은 때에는 두 개 이상의 죄가 함께 발각된 경우의
법(명45.1b)에 따른다.[29]

[律文2의 問] 曰: 主司自有所避, 違式造立文案, 徒罪以上加所避罪一等. 加
罪有公有私, 若用官當, 合倂滿以否?
[律文2의 答] 曰: 主司若避公罪有所增減、造立, 卽坐本罪依公坐, 加罪爲私
罪. 若應以官當者須以私倂公, 通所加私罪爲公坐當法. 其於負殿者, 各依公
私兩論.
[율문2의 문] 묻습니다: 주사 자신이 회피하고자 하는 바가 있어 식
을 어기고 문안을 만든 경우 (회피하려는 바가) 도죄 이상이면 회
피하고자 한 죄에 1등을 더합니다. 더한 죄에는 공죄와 사죄가 있
게 되는데, 만약 관당한다면 (사죄를 공죄에) 병만해야 합니까?
[율문2의 답] 답한다: 주사가 만약 공죄를 회피하고자 증감하거나 만
든 바가 있으면 곧 본죄는 공죄에 의거해서 처벌하지만, 더해진 죄
는 사죄가 된다. 만약 마땅히 관당해야 하는 때에는 반드시 사죄를
공죄로 하여 합쳐서 관당한다. 그러나 부·전으로 계산해야 할 때
에는 각각 공죄와 사죄에 따라 두 가지로 논한다.[30]

다 1등씩 더하며 최고형은 장80이다(111, 직21).

29) 만약 한 가지 죄가 먼저 발각되어 이미 논해서 형을 집행했는데 여죄가 뒤에
발각되었다면, 그것이 앞의 죄보다 가볍거나 같으면 논하지 않고, 무거운 때
에는 다시 논하되 앞의 죄를 통계하여 뒤 죄의 형을 채운다는 규정(명45.1b)
을 따른다는 뜻이다.

30) 당은 연말에 관인에 대한 고과를 시행하였다. 이 때 負·殿을 狀에 첨부하였는
데, 이는 관인의 범죄를 고과에 반영하기 위한 계량 단위이다. 考課令에 의하
면 관인이 죄를 범하면 私罪는 그 형에 대응하는 贖銅의 액수 1斤을 1부로 하
고, 公罪는 2근을 1부로 계산하며, 각각 10부를 1전으로 한다(92, 직2.2의 주의
소). 따라서 공죄와 사죄를 부·전으로 계산할 경우, 속동의 수량에 차이가 있
으므로 양자를 구분하여 달리 취급하는 것이다. 고과를 평정할 때 부·전은 모
두 狀에 기록하고 上中 이하는 1전마다 1등을 내린다(『唐六典』권2, 43쪽; 『令義

제370조 사위 9. 사기하여 거짓 관을 취득한 죄(詐假官假與人官)

[律文1] 諸詐假官、假與人官及受假者流二千里, 謂僞奏擬及詐爲省司判補、或得他人告身施用之類.

  [律文1의 疏] 議曰:「詐假官」, 謂虛僞詐假以得官, 若虛假授與人官及受詐假官者, 並流二千里. 注云「謂僞奏擬」, 但流內九品以上官, 皆注訖奏擬. 「及詐爲省司判補」, 視品、流外等官. 或得他人正授告身, 或同姓字, 或改易己名, 妄冒官司以居職任. 稱「之類」者, 亦有己之告身應合追毁, 私自盜得而假詐之者. 若詐申聞及增減重者, 從重法.

[율문1] 무릇 사기하여 거짓 관을 (취득하거나), 거짓으로 다른 사람에게 관을 주거나, 거짓 관을 받은 자는 유2000리에 처한다. 주의를 위조한 것 및 사기하여 성사의 판보를 만든 것, 혹은 타인의 고신을 취득하여 사용한 것 따위를 말한다.

  [율문1의 소] 의하여 말한다: "사기하여 거짓 관을 (취득하거나)" -허위로 사기하여 거짓 관을 취득하는 것을 말한다.- 또는 사기하여 다른 사람에게 거짓 관을 수여하거나 사기하여 준 거짓 관을 받은 자는 모두 유2000리에 처한다. 주에 "주의를 위조한 것[31]"을 말한

解』권4, 159~160쪽). 관인의 官으로 당하지 않고 속동으로 처리하는 범죄에 관해서는 倂滿하는 규정을 적용하지 않고 2근 1부의 公罪負와 1근 1부의 私罪負를 연동해서 계산[通計]하여서 전을 확정하고 公罪殿으로서 고과하는 것을 시사한다.

31) 문무 6품 이하의 官爵 제수인 旨授는 尙書都省에서 관장하며, 문관은 吏部 銓選을 무관은 兵部 전선을 거쳐 황제에게 奏請하여 재가를 청하므로 '奏授'라고도 한다. 奏擬는 전선하여 수여해야 할 관을 예정[擬]하여 주정하는 것을 말한

다."라고 하였는데, 단지 유내 9품 이상의 관만 모두 주를 마친 후
에 주의한다.32) "및 사기하여 성사의 판보를 만든다."33)라는 것은
시품관·유외관 등에 해당한다.34) 혹은 타인이 정식으로 받은 고신
을 취득하였는데 혹 성이 같아 자신의 이름으로 바꾸어서 함부로
관사를 속이고 그 직임에 나아간 경우를 말한다. "따위"라고 한 것
은 또한 자신의 고신은 마땅히 추탈하여 말소하는 것인데 몰래 스
스로 취득해서 거짓으로 관을 사칭한 것도 포함한다는 것이다. 만
약 거짓으로 상신하거나 증감한 죄(사6)가 무거운 경우는 무거운
법에 따른다(명49.2).

[律文2] 其於法不應爲官 謂有罪譴, 未合仕之類. **而詐求得官者徒二年,**

　　[律文2의 疏] 議曰:「其於法不應爲官」, 謂有罪譴未合仕之類. 假如除名者

　　다(『唐六典』권8, 245쪽; 『역주당육전』중, 37~38쪽). 단 6품 이하 관 가운데 守
　　5품 이상 관과 視5품 이상 관은 勅授하고, 中書門下에서 관장하였다. 또한 開
　　元 4년(716)부터 6품 이하 관 가운데 상서도성·상서육부의 모든 員外郎, 御史
　　臺의 侍御史·殿中侍御史, 起居·補闕·拾遺, 그리고 供奉官은 칙수하였다.

32) 注는 注擬이며 注定이라고도 하였다. 吏部에서는 매해 10월 銓選에 참여한 選
　　人들을 四事[身·言·書·判]와 三類[德行·才用·勞效]를 심사하고 수여할 관직을
　　주의하였다. 즉 주의란 선인의 姓名·履歷을 帳簿에 등록하고 수여할 관직을
　　예정[擬]한다는 의미이다. 관직을 주의할 때는 선인을 직접 대면하고 이름을
　　부르며 수여될 관직을 고지하였다. 만약 선인이 관직을 받지 않으면 다시 두
　　번의 注擬唱名을 더 실시하였다. 세 번 주의창명을 행했는데도 선인이 수락하
　　지 않는다면 다음해 전선에서 다시 주의하였다. 尙書銓·中銓·東銓[三銓]의 주
　　의가 끝나면 전 별로 취합하여 문서철인 甲을 만들고 左·右丞相의 재가를 거
　　쳐 門下省으로 보냈고, 문하성에서 다시 심의하여 황제에게 아뢰었다. 황제의
　　최종 재가를 남겨둔 상태에서의 관직 수여 결정이기에 '擬'라고 한 것이다
　　(『唐六典』권2, 27~28쪽; 『역주당육전』상, 153~167쪽).
33) 당에서는 視6품 이하 및 流外·雜任 등은 담당 관사가 判補한다(91, 직1.1의 소).
34) 底本에서는 본래 '流內等官'였던 구절을, 視品官과 流外官은 省司의 判補에 의
　　해 임용된다는 『新唐書』(권45, 1172쪽)의 기록에 의거하여 '유외등관'으로 수
　　정하였다(劉俊文, 『唐律疏議箋解』, 1714쪽).

六載後聽敍, 免官者三載後聽敍, 免所居官者周年聽敍, 若有此等年限未滿而
詐求得官者, 徒二年. 稱「之類」者, 謂犯罪應用高官而詐用卑官及流人未滿六
載之類.

[율문2] **단 법에 관이 될 수 없는데,** 죄가 있어 견책을 받아 아직 관
을 취득할 수 없는 경우 등을 말한다. **사기하여 관을 구하여 취득
한 자는 도2년에 처한다.**

[율문2의 소] 의하여 말한다: "단 법에 관이 될 수 없다."라는 것은
죄를 범하여 견책되어 아직 관직을 얻을 수 없는 것 따위를 말한
다. 가령 제명된 때에는 6년 뒤에 서용되는 것을 허용하고, 면관된
때에는 3년 뒤에 서용되는 것을 허용하며, 면소거관된 때에는 1년
뒤에 서용되는 것을 허용한다(명21.3). 만약 이 같은 연한이 아직
차지 않았는데 사기하여 관직을 구하여 획득한 자는 도2년에 처한
다. "따위"라 한 것은 죄를 범하면 당연히 높은 관품으로써 관당해
야 하는데 낮은 관품으로 관당한 것(명17.3b) 및 유형인이 아직 6년
이 차지 않았는데 (서임한) 것(명24.1) 등을 말한다.

[律文3] **若詐增減功過年限而預選擧因之以得官者徒一年.**
[律文4] **流外官, 各減一等.**
[律文5] **求而未得者, 又各減二等.** 下條準此.

[律文3의 疏] 議曰: 「若詐增減功過年限」, 謂詐增功勞考第或減其負殿及下
考年限, 而預選及擧, 因之以得官者, 徒一年. 又, 依選擧令: 「官人身及同居
大功以上親自執工商, 家專其業者, 不得仕. 其舊經職任, 因此解黜, 後能修
改, 必有事業者, 三年以後聽仕. 其三年外仍不修改者, 追毀告身, 即依庶人
例.」 其有官及無官之人, 依令不得仕而詐求得官及未滿三年隱狀選得官者,
並同「增減功過年限預選得官」, 合徒一年. 其三年外仍不修改, 若方便不輸

告身, 依舊爲官者, 亦同「不應爲官」之坐. 若追納之後, 却盗及私贓得以爲官者, 依上條「詐假官」論.

[律文4의 疏] 「流外官減一等」, 謂從「詐假官」以下, 並依流內官當色輕重上減一等, 故云「各減一等」.

[律文5의 疏] 「求而未得, 又各減二等」, 若詐假官未得, 流上減二等合徒二年半, 流外官又減一等徒二年; 於法不應爲官求而未得, 減二等徒一年, 流外官又減一等杖一百; 詐增減功過年限而預選擧求而未得, 減二等杖九十, 流外官又減一等杖八十. 注云「下條準此」, 謂下條「非正嫡詐承襲」未得亦各減二等.

[율문3] 만약 거짓으로 공과·연한을 증감하여 전선·천거에 참여함으로써 관을 취득한 자는 도1년에 처한다.

[율문4] 유외관이면 각각 1등을 감한다.

[율문5] (관을) 구하고자 했으나 취득하지 못한 경우는 또 각각 2등을 감한다. 아래 조항은 이에 준한다.

[율문3의 소] 의하여 말한다: "만약 거짓으로 공과·연한을 증감하다."라는 것은 거짓으로 공로와 고적의 등급을 증가시키거나 혹은 그 부·전 및 하등의 고적으로 인한 (선거 참여 제한) 연한을 감소시킴을 말하며, 이로써 전선 및 천거에 참여하고 이로 인해 관직을 취득한 자는 도1년에 처한다. 또 선거령(습유294쪽)에 의거하면, "관인 자신 및 동거하는 대공 이상의 친속이 직접 공·상에 종사하거나 가문이 그러한 업종을 전업으로 하면 벼슬할 수 없다. 단 예전에 관직을 맡았다가 공·상에 종사한 것으로 인해 해임·출면되었다가 뒤에 수양하고 (업을) 바꾸어서 확실히 학업을 쌓은 자는 3년 이후에 관인이 되는 것을 허용한다. 만약 3년 뒤에도 여전히 수양과 고침이 없는 때에는 고신을 박탈하고 서인의 예에 따른다." 만약 관이 있는 사람 및 관이 없는 사람이 (모두) 영에 의하여 관직

을 얻을 수 없는데도 사기하여 관을 구하여 취득한 자 및 3년이 차지 않았는데 정을 숨기고 전선(에 참여)하여 관을 취득한 자는 모두 "공과·연한을 증감하여 선거에 참여함으로써 관을 취득한 경우"와 같이 도1년에 해당한다. 만약 3년 뒤에도 여전히 수양하고 (업을) 바꾸지 않았으면서도 고신을 반납하지 않고 예전대로 관인으로 행세하는 자는 역시 "관이 될 수 없는" 조문에 따라 처벌한다. 또한 고신을 반납한 뒤에 오히려 그것을 훔치거나 사사로이 속동을 내서 관이 된 것은 위의 조항의 '사기하여 거짓 관을 취득한 것'에 따라 논한다(사9.1).

[율문4의 소] "유외관은 1등을 감한다."라는 것은 "사기하여 거짓 관을" 이하 (각 조항의 죄를 유외관이 범했을 때에는) 모두 유내관이 범한 같은 죄의 경중에서 1등을 감하는 것을 말하므로, "각각 1등을 감한다."고 한 것이다.

[율문5의 소] "(관을) 구하고자 했으나 취득하지 못한 경우는 또 각각 2등을 감한다."라는 것은 만약 거짓으로 관을 구하고자 하였으나 관을 아직 취득하지 못하였으면 유형에서 2등을 감하여 도2년 반에 해당하고, 유외관은 또 1등을 감하여 도2년에 처하며, 법에 관이 될 수 없는데 관이 되기를 구하였으나 취득하지 못하였으면 2등을 감하여 도1년에 처하고, 유외관은 또 1등을 감하여 장100에 처함을 말한다. (그리고) 거짓으로 공과·연한을 증감하여 전선·천거에 참여하여 관직을 구하였으나 취득하지 못하였으면 2등을 감하여 장90에 처하고, 유외관은 또 1등을 감하여 장80에 처함을 말한다. 주에 "아래 조항은 이에 준한다."라는 것은 다음 조항(사10.1)의 "적자가 아닌 자가 사기로 (작을) 계승하려 하였으나" 취득하지 못하였으면 역시 각각 2등을 감한다는 것을 말한다.

제371조 사위 10. 적자가 아닌 자가 사기하여 작을 계승한 죄(非正嫡詐承襲)

[律文1a] 諸非正嫡, 不應襲爵而詐承襲者徒二年.

[律文1b] 非子孫而詐承襲者從詐假官法.

[律文2] 若無官蔭, 詐承他蔭而得官者徒三年.

[律文3] 非流內及求贖杖罪以下各杖一百, 徒罪以上各加一等.

[律文1a의 疏] 議曰: 依封爵令:「王、公、侯、伯、子、男, 皆子孫承嫡者傳襲.」
以次承襲, 具在令文. 其有不合襲爵而詐承襲者, 合徒二年.

[律文1b의 疏]「非子孫」, 謂子孫之外, 詐云是嫡而妄承襲者, 從「詐假官」
法合流二千里.

[律文2의 疏] 若無官蔭, 詐妄承取他人官蔭而得官者, 徒三年.

[律文3의 疏]「非流內」, 謂假蔭得學生及七品色若勳品以下, 及求贖杖罪以
下, 本罪之外各合杖一百;「徒罪以上加一等.」 謂於百杖上加一等合徒一
年. 此是犯罪已發而更爲者重其事. 從「詐承襲」以下, 求而未得各減二等.

[율문1a] 무릇 정처소생의 적자가 아니어서 작을 계승할 수 없는
데 사기하여 계승한 자는 도2년에 처하고,

[율문1b] 자손이 아닌데 사기하여 계승한 자는 사기하여 거짓 관
을 취득한 것의 법에 따른다.

[율문2] 만약 관음이 없는데 사기하여 타인의 관음을 받아 관을
취득한 자는 도3년에 처하고,

[율문3] 유내가 아닌 (관을 허위의 관음으로 취득한 경우) 및 속
을 구한 경우 (본 죄가) 장죄 이하이면 각각 장100에 처하고, 도

죄 이상이면 각각 1등을 더한다.

[율문1a의 소] 의하여 말한다: 봉작령(습유305쪽)35)에 의거하면, "왕·공·후·백·자·남의 (작은) 모두 자손 가운데 적자가 계승한다." (작의) 계승 순서는 모두 영문에 갖추어져 있다. 만약 작을 계승해서는 안 되는데 사기하여 계승한 자는 도2년에 해당한다.

[율문1b의 소] "자손이 아니다."라는 것은 자·손 외의 (사람)이면서 사기하여 적자라고 말하고 망령되이 계승한 것을 말하며, "사기하여 거짓 관을 취득한 것"의 법에 따라 유2000리에 처해야 한다 (사9.1).

[율문2의 소] 만약 관음36)이 없는데 사기하여 함부로 타인의 관음을 받아서 관을 취득한 자는 도3년에 처하고,

[율문3의 소] "유내가 아닌 (관을 허위의 관음으로 취득한 경우)" - (유내가 아닌 관은 국자감·태학 등의) 학생37) 및 7품의 출신, 혹은 훈품 이하38)를 얻은 것을 말한다.- 및 장죄 이하를 속한 경우 본죄

---

35) 爵의 세습은 王·公·侯·伯·子·男은 모두 자손 가운데 嫡子가 작을 세습한다. 嫡子가 없으면 嫡孫을 세우고 적손이 없으면 순서대로 적자의 同母弟를 세우며 동모제가 없으면 庶子를 세우고 서자가 없으면 적손의 동모제를 세우며 동모제가 없으면 庶孫을 세우며, 증손과 현손 이하도 이에 준한다고 하였다(명 36의 주1의 소).

36) 蔭에 의해 관을 얻는 出身의 기본법은 다음과 같다. 1품의 子는 정7품상에 서임하고 3품의 자부터 1등을 차례로 내린다. 4품·5품에는 正從의 차이가 있으므로 역시 1등을 차례로 내린다. 종5품의 자는 종8품하에 서임하고 國公의 자역시 종8품하이다. 3품 이상의 음은 증손에, 5품 이상은 孫에 미치며, 손은 子에서 1등을 내리고 증손은 손에서 1등을 내린다. 또한 散官은 職事와 같다 (『唐六典』권2, 32쪽; 『역주당육전』상, 188~189쪽).

37) 國子監生의 입학 자격은 文武 3품 이상 및 國公 子孫과 종2품 이상의 曾孫이었고, 太學生은 문무 5품 이상 및 郡縣公 자손·종3품의 증손이었다. 四門學生은 문무 7품 이상 및 侯·伯·子·男의 자였고, 律學·書學·算學 학생은 문무 8품 이하 및 庶人의 자였다.(『唐六典』권21, 559~563쪽; 『역주당육전』하, 35~57쪽) 이처럼 관인의 품에 따라 그 자손의 입학이 보증되었다.

이외에 각각 장100에 처하고, 도죄 이상은 1등을 더하는데, (1등을 더한다는 것은) 장100에 1등을 더하여 도1년에 처해야하는 것을 말한다. 이것이 "범한 죄가 이미 발각되었는데 다시 죄를 범한 경우에는 그 사건을 거듭해서 처벌한다."는 것이다(명29.1). "(작을) 사기하여 계승하다." 이하의 (조문에서) 구하였으나 취득하지 못하였으면 각각 2등을 감한다(사9.5).

[律文3의 問] 曰: 取蔭求贖, 杖罪杖一百, 徒罪加一等. 其官司知而故縱, 未知從下條「承詐知而聽行與同罪」, 惟復依斷獄律「斷罪應決配之而聽收贖」, 減本罪故失一等而科?

[律文3의 答] 曰: 旣稱「知而故縱」, 卽是「知而聽行」, 理從「同罪」而科.

[율문3의 문] 묻습니다: (거짓으로) 음을 받아서 속을 구한 경우, (속한 죄가) 장죄이면 장100에 처하고, 도죄이면 1등을 더합니다. 만약 관사가 알면서 고의로 방임하였으면, 아래 조항의 "주사가 사기를 승인하거나 알면서 시행하는 것을 허용하였으면 (속인 자와) 더불어 죄가 같다."(사27)는 규정에 따라야 합니까, 아니면 단옥률의 "무릇 죄를 판결하고, (형을) 집행해야 하는데 속동 징수를 허락한 경우, 본죄를 고의·과실(로 죄를 줄이거나 더한 죄)에 의거해서 1등을 감한다."(단30.1)라는 규정에 따라 처벌합니까?

[율문3의 답] 답한다: 이미 "알면서 고의로 방임하였다."고 한 것은,

---

38) 6품 이하 9품 이상의 子 및 州縣의 佐吏, 서인으로 流外選에 참여하는 경우 本州에서 직무를 담당할 수 있는지 여부를 헤아려 상서성으로 보낸다(『唐六典』 권2, 36쪽; 『역주당육전』상, 214쪽). 流外官은 勳品(諸衞·都水監·羽林軍錄事, 尙書·中書·門下省·御史臺令史, 太子內坊·三寺·諸率府錄事諸楷書手, 太常寺謁者, 司儀署諸典書, 河渠署河隄謁者, 太醫署醫針師, 內侍省寺人)에서 9품까지 9등급으로 구분되었다(『通典』권40, 1103~1105쪽).

곧 "알면서 시행을 허용한" 것이므로 이치상 당연히 "같은 죄"로 처벌해야 한다.

제372조 사위 11. 관을 사칭하고 사람을 체포한 죄(詐稱官捕人)

[律文1a] 諸詐爲官及稱官所遣而捕人者, 流二千里.

[律文1b] 爲人所犯害, 犯其身及家人·親屬·財物等. **而詐稱官捕及詐追攝人者, 徒一年.** 未執縛者, 各減三等.

 [律文1a의 疏] 議曰:「詐爲官」, 謂身自詐作官人, 及詐稱官司遣捕人者, 並流二千里.

 [律文1b의 疏] 若爲人侵犯其身或犯家人·親屬, 或侵奪身及家人·親屬財物等, 乃詐稱官司遣捕, 或稱官司遣追攝者, 並徒一年. 雖詐有追攝及捕, 而未執縛者,「各減三等」. 稱「各」者, 捕人未縛, 流上減三等合徒二年, 爲人所犯害, 詐稱官捕及詐追攝人未縛, 徒一年上減三等合杖八十.

[율문1a] 무릇 관을 사칭하거나 관에서 파견하였다고 사칭하고 사람을 체포한 자는 유2000리에 처하고,

[율문1b] (다른) 사람에게 침해를 당하여 그 자신 및 가인·친속·재물 등을 침범당한 것이다. **관을 사칭하거나 추섭인을 사칭한 자는 도1년에 처한다.** 아직 체포·포박하지 않은 때에는 각각 3등을 감한다.

 [율문1a의 소] 의하여 말한다: 관을 사칭하거나 -자신이 스스로 관이라고 사칭하는 것을 말한다.- 관사가 파견했다고 사칭하고 사람을

체포한 자는 모두 유2000리에 처한다.

[율문1b의 소] 만약 타인에게 그 자신이 침범당하거나, 혹은 가인·친속이 침범당하거나, 혹은 그 자신 및 가인·친속이 재물 등을 침탈당하여 이에 관사로부터 파견되었다고 사칭하고 (범인을) 체포한 자, 혹은 관사로부터 파견되었다고 사칭하고 (범인을) 추적하여 체포한 자는 모두 도1년에 처한다. 비록 (관을) 사칭하고 (범인을) 추적하여 체포하는 일과 (현행범을) 체포하는 일이 있었다고 해도 아직 체포·포박하지 않은 때에는 "각각 3등을 감한다." "각각"이라 한 것은 사람을 체포하는데 아직 포박하지 않았으면 유형에서 3등을 감하여 도2년에 해당하고, (다른) 사람에게 침해당한 사람이 관을 사칭하고 체포하거나 혹은 관을 사칭하고 범인을 추적하여 체포하였으나 아직 포박하지 않았으면 도1년에서 3등을 감하여 장80에 해당한다는 것을 말한다.

[律文1의 問] 曰: 捕亡律:「被人毆擊折傷以上若盜及强姦, 雖傍人皆得捕繫.」其傍人雖合捕攝, 乃詐稱官遣而捕繫之, 合科何罪?

[律文1의 答] 曰: 此條注云「犯其身及家人、親屬、財物等」, 謂非折傷以上、盜及强姦之色, 而詐稱官捕, 合徒一年. 若前人本法合捕, 雖傍人詐稱官捕, 止從下文「其應捕攝」杖八十.

[율문1의 문] 묻습니다: 포망률(포3.1)에 "사람이 구타·가격당하여 골절상 이상을 입거나 또는 (강·절)도 및 강간당했다면, 비록 인근 사람이라 하더라도 모두 (범인을) 체포·포박할 수 있다."고 하였습니다. 그 인근의 사람이 비록 체포·포박할 수 있지만 관사에서 파견했다고 사칭하여 체포·포박하였다면 무슨 죄를 주어야 합니까?

[율문1의 답] 답한다: 이 조항의 주에 "그 자신 및 가인·친속·재물

등을 침범당한 것이다."라고 한 것은 골절상 이상과 (강·절)도 및 강간 같은 것이 아닌 경우에 관을 사칭하고 범인을 체포한 것은 도1년에 해당한다는 것을 말한 것이다. 만약 피체포인이 본법(표 3.1)에 따라 체포되어야 하는 (자이면) 비록 제3자가 관을 사칭하고 체포하였더라도 단지 아래 조문의 "마땅히 체포되거나 추적하여 체포되어야 할" (자에 대한) 경우에 따라 장80에 처한다.

[律文2] 其應捕攝, 無官及官卑詐稱高官者, 杖八十.
[律文3] 卽詐稱官及冒官人姓字, 權有所求爲者, 罪亦如之.

[律文2의 疏] 議曰: 謂毆人折傷以上或强姦及盜, 此等應須捕攝. 其捕攝之人 或無官詐稱有官, 或官卑詐稱高官者, 杖八十.

[律文3의 疏] 卽詐稱是官及冒承官人姓名, 「權有所求爲者」, 或經過之處, 權有所求, 或出入公門, 心規禮待, 非有捕攝者, 情是詐欺之類, 亦合杖八十, 故云「亦如之」.

[율문2] 단 마땅히 체포되거나 추적하여 체포되어야 할 (자를) 관이 없는 (자가 사칭하고 체포하거나) 관이 낮은데 고관을 사칭하고 (체포한) 자는 장80에 처한다.

[율문3] 만약 관을 사칭하거나 관인의 성명이나 자를 사칭하였는데 잠시 구하는 바가 있어 그렇게 한 자의 죄도 역시 같다.

[율문2의 소] 의하여 말한다: 사람을 구타하여 골절상 이상을 (입히거나) 혹은 강간 및 (강·절)도를 (행한 경우), 이러한 (죄를 지은) 사람은 마땅히 체포되거나 추적하여 체포되어야 하는데(표3.1), 그 체포하거나 추적하여 체포하는 사람이 관이 없는데 관이 있다고 사칭하거나 혹은 관이 낮은데 고관을 사칭한 것은 장80에 처한다는 것을 말한다.

[율문3의 소] 만약 관을 사칭하거나 관인의 성명을 사칭하였는데 "잠시 구하는 바가 있어 그렇게 한 자"라는 것은, 혹 지나가는 곳에서 잠시 구하는 바가 있거나 혹은 관사의 문을 출입함에 예우를 바라는 것을 말하며, (범인을) 체포하거나 추적하여 체포하려는 것은 아니지만 정이 사기와 같으므로 역시 장80에 처해야 한다. 그러므로 "역시 같다."라고 한 것이다.

[律文3의 問] 曰: 前人不合捕攝, 乃詐稱官捕, 因而殺傷, 前人或拒毆傷殺捕者, 各合何罪?

[律文3의 答] 曰: 詐捕攝人, 已成凶狡, 更加毆打傷殺情狀, 彌所難原. 前人既不相干, 即當「故殺傷」法. 若前人拒毆, 殺傷捕者, 名例云: 「本應輕者, 聽從本」. 既不合捕, 橫被執持, 雖有殺傷, 止同鬪殺.

[율문3의 문] 묻습니다: 피체포인이 체포되거나 추적하여 체포되어서는 안 되는 (자인데) 관을 사칭하고 체포하다가 살상하거나, 또는 피체포인이 항거하다가 체포하려는 자를 구타하여 살상한 때에는 각각 어떤 죄에 해당합니까?

[율문3의 답] 답한다: (관을) 사칭하고 사람을 체포하거나 추적하여 체포하는 것은 이미 흉악·교활한 (죄행을) 이룬 것이고, 더욱이 구타하여 살상한 정상을 더했다면 용서하기 어렵다. 피체포인이 원래 범죄행위와 관계가 없으면 (사칭한 자의 행위는) 곧 "고살상"의 법(투5.2)에 해당한다. 만약 피체포인이 항거하여 체포자를 구타하여 살상하였으면,39) 명례율(명49.3b)에 "본래 가볍게 처벌해야 할 것이면 본(법)에 따르는 것을 허용한다."라고 하였고, 원래 체포되

---

39) 죄인이 체포자를 구타하였다면 죄인 본래의 죄에 1등을 더한다. 만약 상해를 입히면 鬪傷에서 2등을 더하며, 살해하였다면 참형에 처한다(452, 포2.4).

어서는 안 되는데 억울하게 붙잡힌 것이므로, 비록 체포하려는 자를 살상했더라도 '투살'(투5.1)과 같이 (처벌)하는데 그친다.

제373조 사위 12. 관·사인을 사기하여
재물을 취한 죄(詐欺官私取財物)

[律文1] 諸詐欺官私以取財物者準盜論. 詐欺百端皆是. 若監主詐取者自從盜法, 未得者減二等. 下條準此.

   [律文1의 疏] 議曰: 詐謂詭詐, 欺謂誣罔. 詐欺官私以取財物者, 一準盜法科罪, 唯不在除、免、倍贓、加役流之例, 罪止流三千里. 注云「詐欺百端皆是」, 謂詐欺之狀, 不止一途. 「若監主詐取」, 謂監臨主守詐取所監臨主守之物, 自從盜法, 加凡盜二等, 有官者除名. 「未得者減二等」, 謂已設詐端誣罔, 規財物猶未得者, 皆準贓減罪二等. 其非監主詐欺未得者, 自從「盜不得財」之法. 「下條準此」, 謂下條「詐爲官私文書及增減」, 欺妄求物未得者, 監主之人亦減二等, 故云「下條準此」.

[율문1] 무릇 관이나 사(인)을 사기하여 재물을 취한 경우에는 절도에 준하여 논한다. 사기에는 온갖 방법이 있는데 모두 같다. 만약 감림·주수가 사기하여 취한 때에는 당연히 (절)도의 법에 따른다. 아직 취하지 못한 때에는 2등을 감한다. 아래 조항은 이에 준한다.

   [율문1의 소] 의하여 말한다: '사'라는 것은 교활한 속임수를 말한다. '기'라는 것은 거짓으로 속이는 것을 말한다. 관이나 사(인)을 사기하여 재물을 취한 경우 한가지로 절도에 준한 (처벌)법(적35)으로 죄 주되 오직 제명·면관·배장·가역류의 예에 포함되지 않으며,[40]

죄는 유3000리에 그친다(명53.2). 주에 "사기에는 온갖 방법이 있는데 모두 같다."라고 한 것은, 사기의 정상이 하나의 방도에 그치지 않음을 말한다. "만약 감림·주수가 사기하여 취하다."라는 것은, 감림·주수가 감림·주수하는 바의 재물을 사기하여 취하는 것을 말하며, 이 때에는 당연히 (절)도의 법에 따르되 일반 도죄에서 2등을 더하고(적36) 관이 있는 자는 제명한다(명18.2). "아직 취하지 못한 때에는 2등을 감한다."는 것은, 이미 사기의 계획을 세우고 없는 사실을 꾸며 재물을 노렸으나 아직 취득하지 못한 때에는 모두 장물에 준하되 죄는 2등을 감하는 것을 말한다. 단 감림·주수가 아닌 자가 사기하였으나 아직 취득하지 못하였으면 당연히 "절도하였으나 재물을 취득하지 못한 경우"의 법(적35.1)에 따른다. "아래 조항은 이에 준한다."라는 것은 아래 조항의 "거짓으로 관·사문서를 만들거나 증감해서" 사기하여 재물을 구하였으나(사13.1) 아직 취득하지 못한 경우, 감림·주수도 역시 2등을 감하는 것을 말한다. 그러므로 "아래 조항은 이에 준한다."고 한 것이다.

[律文2a] 知情而取者坐贓論,

[律文2b] 知而買者減一等,

[律文2c] 知而爲藏者減二等.

　[律文2a의 疏] 議曰: 「知情而取者」, 謂知前人詐欺得物而乞取者, 坐贓論,

---

40) "枉法에 준하여 논한다.", "절도에 준하여 논한다."라고 칭한 경우는 眞犯과는 다르므로 그 형은 유3000리에서 그친다. 또한 준하여 논해야 할 때에는 제명, 면관, 배장, 監主加罪, 가역류의 例에 포함되지 않는다(명53.2; 53.3). 그런데 본 소에서는 "監主加罪"가 언급되고 있지 않고 있다. 이는 명례율에서 정해진 일반원칙과 本條에서 따로 정해진 규정이 서로 다른 경우 본조를 우선한다고 한 명례율(명49.1)에 의거하여 "만약 監臨·主守가 사기하여 취하다"라는 注文을 우선하였기 때문이다.

一尺笞二十, 一疋加一等, 十疋徒一年. 詐欺之人雖是監主, 凡人知情取者止
得坐贓之罪.

[律文2b의 疏] 「知而買者, 減一等」, 謂於坐贓上亦減一等.

[律文2c의 疏] 「知而爲藏」, 謂知詐欺而得故爲隱藏, 亦於坐贓上減二等.

[율문2a] 정을 알고 취한 자는 좌장으로 논하고,

[율문2b] 알면서 산 자는 1등을 감하며,

[율문2c] 알면서 보관한 자는 2등을 감한다.

[율문2a의 소] 의하여 말한다: "정을 알고 취한 자"라는 것은, 사기한
사람이 사기하여 재물을 얻었다는 것을 알면서 요구하여 취한 것
을 말하며, 좌장으로 논하여 1척이면 태20에 처하고 1필마다 1등
씩 더하며 10필이면 도1년에 처한다(잡1). 사기한 사람이 비록 감
림·주수라 하더라도 일반인이 (사기한) 정을 알고 취득한 때에는
단지 좌장의 죄에 그친다.

[율문2b의 소] "알면서 산 자는 1등을 감한다."라는 것은, 좌장에서
역시 1등을 감하는 것을 말한다.

[율문2c의 소] "알면서 보관하다."라는 것은, 사기한 사실을 알면서
재물을 취하여 고의로 은밀히 보관한 것을 말하며, 역시 좌장에서
2등을 감한다.

제374조 사위 13. 관·사문서를 위·변조하여
재물을 구한 죄(詐僞官私文書求財)

[律文1] 諸詐爲官私文書及增減, 文書, 謂券抄及簿帳之類. **欺妄以求財賞及**

避沒入、備償者，準盜論，

[律文2] 贓輕者從詐爲官文書法.

[律文2의 注] 若私文書，止從所欺妄爲坐.

[律文1의 疏] 議曰：「詐爲官私文書及增減」，謂詐爲官私券抄及增減簿帳，故注云「文書，謂券抄及簿帳之類.」稱「之類」者，謂符、牒、抄案等. 欺妄以求錢財或求賞物，及緣坐資財及犯禁之物合沒官而避沒入，或損失官私器物而避備償，如此之類增減詐爲方便，規避者，計所欺得之贓，準竊盜科斷.

[律文2의 疏] 「贓輕者從詐爲官文書法」，謂計贓得罪輕於杖一百者，從詐爲官文書法，有印者自從重論.

[律文2의 注의 疏] 注云「若私文書止從所欺妄爲坐」，謂詐爲私文契及受領券、付抄帖以求避罪或改年月日限之類，止從所欺妄求物之罪，不同官文書之坐.

[율문1] 무릇 거짓으로 관·사문서를 만들거나 증감하고, 문서라는 것은 권초 및 부장 따위를 말한다. 사기하여 재물·상금을 구하거나 몰수·배상을 회피하고자 한 경우에는 절도에 준하여 논하고,
[율문2] 장죄가 가벼운 때에는 관문서를 위조한 법에 따른다.

[율문2의 주] 만약 사문서인 때에는 속인 바에 따라 처벌하는데 그친다.

[율문1의 소] 의하여 말한다: "거짓으로 관·사문서를 만들거나 증감하다."라는 것은 관·사의 권초를 위조하거나 부장(의 내용)을 증감하는 것을 말한다. 그러므로 주에 "문서라는 것은 권초 및 부장 따위를 말한다."고 한 것이다. "따위"라는 것은 부·첩·초안 등을 말한다. 사기하여 전재를 구하거나 상금을 구한 경우 및 연좌되어 (몰수에 해당하는) 자재나 사유가 금지된 물품으로서 몰관에 해당하는데[41] 몰수

---

41) 沒官에 해당하는 경우는 다음과 같다. 謀反·大逆한 자는 모두 참형에 처하고 죄인의 15세 이하 子와 母·女·妻·妾(子의 妻妾도 포함), 祖·孫·兄·弟·姊·妹 그리고 部曲·資財·田宅은 모두 관에 몰수한다(248, 적1.1). 다만 모반·대역에

를 회피한 경우 혹은 관·사의 기물을 손상하고도 배상을 회피한 경우
(잡57), 이와 같이 (관·사문서를) 증감하거나 위조하여 진상을 숨기거
나 회피한 경우 속여서 획득한 장물을 계산해서 절도에 준하여(적35)
처벌한다.

[율문2의 소] "장죄가 가벼운 때에는 관문서를 위조한 법에 따른다."
라는 것은 장물을 계산하여 처벌될 죄가 장100보다 가벼운 때에는
관문서를 위조한 법(사8.1)에 따름을 말하며,[42] (관)인이 있을 때에
는 당연히 무거운 쪽에 따라 논한다.[43]

[율문2의 주의 소] 주에 "만약 사문서인 때에는 속인 바에 따라 처벌
하는데 그친다."라는 것은 사인의 계약서 및 수령증·부초첩을 위
조하여 구하거나 회피한 죄, 혹은 연·월·일의 기한을 고친 것 따
위는 단지 사기하여 재물을 구한 죄에 따르며 관문서의 경우와 같
이 처벌하지 않는다.

연좌되었으나 동거하는 자가 아니라면 자재·전택은 관에 몰수되지 않는다
(249, 적2.1). 또한 죄가 있는 장물과, 법으로 私家에서 소유를 금한 물건(甲·
弩·矛·矟·旌旗·幡幟 및 禁書[天文·圖書·讖書·兵書·七曜曆·寶印·玄象器物 등)
에 대해서도 몰수한다(명32.1; 명35.1a⑥). 이러한 법을 어기고 모·삭을 소유
하면 도1년반, 정기·번치를 소유하면 장80 등으로 처벌한다(243, 천20.1의
소). 또한 금서 등의 소유 금지를 어긴 경우는 도2년에 처한다(110, 직20.1).

42) 단순히 관문서를 위조하거나 증감한 경우 장100에 처하는데(369, 사8.1a), 이
런 문서를 통해 재물을 얻은 경우 도죄의 장물로 계산하여 장90에 해당하는
4필 1척 이하라고 하여도 장100으로 처벌한다는 뜻이다.

43) 위조한 관문서에 官印이 있다는 것은 문서 위조 이전에 관인을 僞寫했거나 관
인을 절도하여 위조한 관문서에 사용했음을 의미한다. 그렇기 때문에 관문서
를 위조하여 사용한 죄와 관인을 위사하여 사용한 죄를 비교하여 무거운 쪽에
따라 처벌하는 것이다. 율에 의하면 官文書印을 위사한 경우 유2000리에 처한
다(363, 사2.1a). 거짓으로 날인된 문서를 시행한 경우 혹은 그 문서를 받은
자가 시행해야만 위사와 같이 처벌한다(365, 사4). 그 죄를 범해서 재물을 얻
어도 행위가 무거운 경우는 당연히 무거운 것에 따르는 규정(명49.2)에 근거
하여, 그 장물이 30필 이하이면 유2000리로 처벌하고(363, 사2.1a), 30필을 초
과해야 본 조항을 적용하게 된다.

제375조 사위 14. 망인의 죄(妄認良人爲奴婢部曲)

[律文1] 諸妄認良人爲奴婢、部曲、妻妾、子孫者以略人論減一等,

[律文2] 妄認部曲者又減一等,

[律文3] 妄認奴婢及財物者準盜論減一等.

[律文1의 疏] 議曰:「妄認良人爲奴婢、部曲」者, 謂本知是良人. 妄認爲妻妾、子孫者, 謂知非己妻妾、子孫而故妄認者.「以略人論減一等」, 賊盜律, 略人爲奴婢者絞, 減一等合流三千里. 略人爲部曲流三千里, 減一等合徒三年. 略人爲妻妾、子孫合徒三年, 減一等合徒二年半. 是爲「以略人論減一等.」

[律文2의 疏] 妄認部曲又減一等者, 賊盜律, 略他人部曲減良人一等. 卽是略部曲爲奴合流三千里, 妄認部曲爲奴減一等合徒三年. 略部曲爲部曲合徒三年, 妄認部曲爲部曲減一等合徒二年半. 略部曲、客女爲妻妾子孫合徒二年半, 妄認部曲、客女爲妻妾子孫減一等合徒二年. 是爲「部曲又減一等」.

[律文3의 疏] 其妄認他人奴婢及財物者, 準盜論減一等. 若監主妄認未得, 亦準上條各減二等. 其非監主妄認未得, 財多者從「錯認未得」論.

[율문1] 무릇 양인을 망인하여 노비·부곡·처첩·자손으로 삼은 자는 사람을 약취한 것으로 논하되 1등을 감한다.

[율문2] 부곡을 망인한 자는 또 1등을 감한다.

[율문3] 노비 및 재물을 망인한 자는 절도에 준하여 논하되 1등을 감한다.

[율문1의 소] 의하여 말한다: "양인을 망인[44]하여 노비·부곡으로 삼

---

44) 妄認은 어떤 목적물이 자기의 것이 아님을 알면서 그것을 가리켜 자신의 것이라고 주장하여 領得함을 말한다. 목적물이 자신의 것이라고 착각해 주장하여 영득하는 것은 錯認이라고 한다(일본역『唐律疏議』2, 274쪽, 주1).

다."라는 것은, 본래 양인임을 안 것을 말한다. "망인하여 처첩·자손으로 삼다."라는 것은, 자신의 처첩·자손이 아님을 알면서도 고의로 망인한 것을 말한다. "사람을 약취한 것으로 논하되 1등을 감한다."는 것은 적도율의 "사람을 약취하여 노비로 삼은 자는 교형에 처한다."(적45.1)에서 1등을 감하여 유3000리에 해당하고, "사람을 약취하여 부곡으로 삼은 자는 유3000리에 처한다."(적45.1)에서 1등을 감하여 도3년에 해당하며, "사람을 약취하여 처첩·자손으로 삼았으면 도3년에 해당한다."(적45.1)에서 1등을 감하여 도2년반에 해당한다. 이것이 "사람을 약취한 것으로 논하되 1등을 감한다."는 것이다.

[율문2의 소] "부곡을 망인한 때에는 또 1등을 감한다."는 것은 적도율(적45.4)에 "다른 사람의 부곡을 약취한 자는 양인(에 대한 죄)에서 1등을 감한다."라고 하였으니, 부곡을 약취하여 노로 삼았으면 유3000리에 해당하므로, 부곡을 망인하여 노로 삼았으면 1등을 감하여 도3년에 해당하고, 부곡을 약취하여 부곡으로 삼았으면 도3년에 해당하므로 부곡을 망인하여 부곡으로 삼았으면 1등을 감하여 도2년반에 해당한다는 것이며, 부곡·객녀를 함부로 약취하여 처첩·자손으로 삼았으면 도2년반에 해당하므로 부곡·객녀를 망인하여 처첩·자손으로 삼았으면 1등을 감하여 도2년에 해당한다는 것이다. 이것이 "부곡은 또 1등을 감한다."는 것이다.

[율문3의 소] 그러나 타인의 노비 및 재물을 망인한 때에는 절도에 준하여(적35) 논하되 1등을 감한다. 만약 감림·주사가 망인하였으나 취득하지 못하였으면 역시 위의 조항(사12.1)에 준하여 각각 2등을 감한다. 그러나 감림·주사가 아닌 자가 망인하였으나 얻지 못하였으면 재물이 많은 때에는 "착인하였으나 얻지 못한 것"(잡13.3)에 따라 논한다.

[律文3의 問] 曰: 妄認良人爲隨身, 妄認隨身爲部曲, 合得何罪?

[律文3의 答] 曰: 依別格:「隨身與他人相犯, 並同部曲法.」卽是妄認良人爲部曲之法. 其妄認隨身爲部曲者, 隨身之與部曲色目略同, 亦同妄認部曲之罪.

[율문3의 문] 묻습니다: 양인을 망인하여 수신⁴⁵⁾으로 삼거나 수신을 망인하여 부곡으로 삼으면 어떤 죄를 받게 됩니까?

[율문3의 답] 답한다: 별격에 의하면, "수신이 타인과 서로 (죄를) 범하면 모두 부곡과 같은 법으로 (단죄)한다." (따라서 양인을 망인하여 수신으로 삼았으면) 곧 양인을 망인하여 부곡으로 삼은 법을 적용한다. 단 수신을 망인하여 부곡으로 삼은 것은 수신과 부곡이 신분상 대략 같기 때문에 역시 부곡을 망인한 죄와 같다.

제376조 사위 15. 관호·관노비를 허위로 제·거·사·면하거나 교환한 죄(詐除去死免官戶奴婢)

[律文1a] 諸詐除、去、死、免官戶奴婢及私相博易者徒二年,
[律文1b] 卽博易贓重者從貿易官物法.

[律文1a의 疏] 議曰: 官戶、奴婢, 各有簿帳.「除」者, 謂詐言給賜;「去」者, 謂去其名簿;「死」者, 謂詐言身死;「免」者, 謂加年入六十及廢疾, 各得免本色之類;「及私相博易」, 謂將私奴婢博易官奴婢者: 各徒二年.

[律文1b의 疏] 博易贓重者, 從貿易官物法.

---

45) 隨身은 典身이라고도 하여 본래 양인이나 몸을 팔아서 빚을 갚는 처지에 있으며, 빚이 청산되면 자유를 회복하기 때문에 그 신분은 노비와는 다르고 대략 부곡에 가깝다(劉俊文, 『唐律疏議箋解』, 1733쪽, 箋釋6).

[율문1a] 무릇 관호·관노비를 사기하여 제·거·사·면한 자 및 사사로이 교환한 자는 도2년에 처하고,

[율문1b] 만약 교환한 장물(의 죄가) 무거운 경우는 관물을 교환한 법에 따른다.

[율문1a의 소] 의하여 말한다: 관호와 관노비는 각각 장부⁴⁶⁾가 있다. '제'라는 것은 사기하여 (장부에) 하사된⁴⁷⁾ 것으로 기재하는 것을 말한다. '거'라는 것은 그들의 명부를 제거하는 것을 말한다. '사'라는 것은 사기하여 (관호·관노비) 자신이 죽었다고 기재하는 것을 말한다. '면'이라는 것은 나이를 더하여 60세에 들이는 것 및 폐질자(라고 기재하는 것)을 말하며, (이러한 것들은) 각각 본래의 신분 따위를 벗어나게 하는 것이다.⁴⁸⁾ "및 사사로이 서로 교환하다."라는 것은 사노비를 관노비와 교환하는 것을 말하며, 각각 도2년에 처한다.

---

46) 관호·관노비는 매년 초봄 배속된 관사에서 신분별로 그 籍을 정리하여 尙書刑部에 상신하였다. 또한 매해 11월에 그 해 출생자를 분류 정리하고 老와 幼의 용모를 검열하여 장부를 바로 잡았다. 매해 10월에는 소속 관사가 모든 관천인의 팔에 인을 찍어 상서형부 都官司로 보내 용모를 검열하였다(『唐六典』권6, 194쪽; 『역주당육전』상, 623~624쪽). 또한 代宗 大曆 14년(779) 8월 도관사에서, 格式에 의거하여 관노비는 諸司에서 매년 정월에 적을 2통 만들어서 1통은 상서성으로 보내고 한 통은 本司에 두도록 하고 아울러 매 해 簿를 만들 때 용모의 특징을 점검하여 기재한 후 尙書戶部 倉部司에 문서를 보내 衣糧을 지급할 것을 상주하였다(『唐會要』권86, 1860~1861쪽).

47) 行宮과 監·牧 및 王·公主에게 지급해야 할 관호·관노비는 司農寺에 배속된 戶를 분배하였다. 또한 관노비를 하사할 경우 夫·妻·子·女는 따로따로 나누지 않으며 3세 이하는 어미를 따르게 하고 분배하는 수에 포함시키지 않았다(『唐六典』권6, 193쪽; 『역주당육전』상, 620쪽).

48) 당에서는 관노비가 60세가 되거나 廢疾者가 된 경우 비록 사면령에 해당되지 않더라도 모두 免하여 番戶(官戶는 번호의 총칭)로 삼았고, 70세가 되면 면하여 양인으로 삼아 살고자 하는 곳의 호적에 올렸다(『唐六典』권6, 193쪽; 『역주당육전』상, 619~620쪽).

[율문1b의 소] 교환한 장물(의 죄가 도2년보다) 무거운 경우는[49] 관물을 교환한 법(적43)에 따른다.

[律文1의 問] 曰: 有人將私部曲博換官奴, 得以轉事衣食之直準折官奴價否?
[律文1의 答] 曰: 奴婢有價, 部曲轉事無估, 故盜誘部曲並不計贓. 今以部曲替奴, 乃是壓爲賤色. 取官奴入己者自從盜論, 以部曲替奴理依「壓部曲爲奴」之法. 須爲二罪, 各從重科.

[율문1의 문] 묻습니다: 어떤 사람이 사인의 부곡을 관노와 교환하였다면 (부곡을) 전사할 때 받는 의식의 값을 관노의 가격에 준하여 환산할 수 있습니까.
[율문1의 답] 답한다: 노비는 가격이 있지만, 부곡은 전사하되 가격을 매길 수 없다(명18.2의 문답1). 그러므로 부곡을 몰래 유인한 경우는 모두 장물을 계산해서 (죄주지) 않는다. 지금 부곡을 노와 교환한 것은 곧 (부곡을) 억눌러 천인으로 삼은 것이다.[50] 관노를 취

---

49) 私人의 財物·奴婢·畜産 따위로 官의 물건을 교환한 경우, 그 等價만큼을 계산하여 절도에 준하여 논하고, 이익만큼을 계산해서 절도로 논한다(290, 적43). 사노비와 관노비와의 교환이 등가이거나 관노비 쪽의 이득이 높은 경우 절도죄(282, 적35.2)에서는 절도 장물 15필 이상이 도2년에 해당하는데 5필마다 1등씩 더하므로 20필 이상이 '교환한 장물이 무거운 경우'가 된다.

50) 部曲을 다른 사람에게 넘겨 섬기도록 하면(轉易事人) 衣食의 값(衣食之直)을 헤아려 받을 것을 허용한다(명18.2의 문답1). '轉事'는 主家를 바꾼다는 의미로, 부곡·客女를 바꾸어 섬기게 하는 경우 신·구 주인 사이에 부곡의 의식에 사용된 비용을 수수하는 것이다. 즉 '의식의 값'이란 현재까지 부곡을 부양하는 데 사용했던 비용의 대가를 명목으로 하여 수수하는 약간의 금액이다. 부곡은 노비와 달리 재물로는 간주하지 않는 원칙이 있기에 '賣'라고 하지 않고 '轉易事人'이라 하고 '價'라 하지 않고 '의식의 값'이라고 분식하였지만 실질적으로 넓은 의미의 매매가 가능하였을 것이다(일본역『唐律疏議』1, 113쪽, 주5). 다만 원칙은 원칙이기에 "부곡은 전사하되 가격을 매길 수 없다."고 답하고 있는 것이다. 노비를 和誘하면 절도(282, 적35)로 논하기 위해 장물을 계산하는 것에

하여 자신의 소유로 한 경우는 당연히 절도로 논하지만(적35) 부곡을 노와 교환한 것은 이치상 "부곡을 억눌러 노로 삼은 것"의 (처벌)법(호11.1)에 따른다. (따라서) 반드시 두 개의 독립된 죄명으로 하여 각각 무거운 것에 따라 죄준다(명45.1a).

[律文2a] 其匿脫者徒一年, 産子不言爲匿, 典吏不附爲脫.

[律文2b] 主司不覺匿脫者依里正不覺脫漏法.

[律文2a의 疏] 議曰: 匿者, 謂産子隱匿不言. 脫者, 謂典吏知情, 故不附帳. 不言, 不附者, 各徒一年. 故注云「産子不言爲匿, 典吏不附爲脫.」

[律文2b의 疏] 「主司不覺匿脫者依里正不覺脫漏法」, 戶婚律: 「里正不覺脫漏增減者, 一口笞四十, 三口加一等, 過杖一百, 十口加一等, 罪止徒三年. 知情者, 各同家長法.」 旣同里正之罪, 主司止坐所由. 若父母匿子, 其數更多, 亦準戶婚律家長故隱口之法, 一口徒一年, 二口加一等; 未堪入役者, 四口爲一口罪: 此是「當條雖有罪名, 所爲重者自從重.」 其典吏及主司匿, 脫多者, 依律旣準里正脫漏, 合從累科. 主司知情者, 各同父母匿之罪. 知與不知罪名不等者, 依脫漏之法, 倂滿科之.

[율문2a] 단 (관호·관노비가 자식을 낳고) 은닉하거나 (전리가) 탈루한 때에는 도1년에 처하고, 자식을 낳고도 말하지 않은 것을 은닉이라 하고, 전리가 (이들을 장부에) 등재하지 않은 것을 탈루라고 한다.

비해서, 타인의 부곡을 화유하면 양인을 화유한 죄에서 1등을 감하여 처벌하므로(292, 적45.2), 장물을 계산하지 않는다. 당대 부곡(객녀)의 신분에 대하여는 대체로 천인으로 보는 견해(부곡천인설)가 일반적이지만, 양인으로 보는 견해(부곡양인설)도 있다. 실제『唐律疏議』에서의 천인의 용례도 노비만을 가리키는 경우와 부곡(객녀)을 포함하는 경우가 있기 때문에 부곡의 신분을 규정하기란 쉽지가 않다. 여기에서의 용례도 명확하게 부곡이 천인에서 제외되어 있는 사례 가운데 하나이다.

[율문2b] 주사가 은닉·탈루를 적발하지 못한 때에는 이정이 탈루를 적발하지 못한 경우의 (처벌)법에 따른다.

[율문2a의 소] 의하여 말한다: 은닉이라는 것은 자식을 낳고도 숨기고 말하지 않은 것을 말한다. 탈루라는 것은 전리가 정을 알면서 고의로 장(부)에 등재하지 않은 것을 말한다. 말하지 않거나 등재하지 않은 자는 각각 도1년에 처한다.[51] 그러므로 주에 "자식을 낳고도 말하지 않은 것을 은닉이라 하고, 전리가 (이들을 장부에) 등재하지 않은 것을 탈루라고 한다."고 한 것이다.

[율문2b의 소] "주사가 은닉·탈루를 적발하지 못한 때에는 이정이 탈루를 적발하지 못한 경우의 (처벌)법에 따른다."라고 하였는데, 호혼률(호2.1)에 "이정이 탈루·증감을 적발하지 못한 경우, 1구이면 태40에 처하고 3구마다 1등씩 더하되 장100을 넘으면 10구마다 1등씩 더하되 죄는 도3년에 그친다. 정을 알았을 경우는 각각 가장(을 처벌하는) 법과 같다."라고 하였고, 이미 이정의 죄와 같으므로 주사는 단지 원인을 제공한 자만 처벌한다. 만약 부모가 자식을 은닉하였는데, 그 수가 많다면 역시 호혼률(호1.1)의 가장이 고의로 호구를 은닉한 경우의 (처벌)법에 준하여 1구이면 도1년에 처하고, 2구마다 1등씩 더하며,[52] (피은닉자가) 아직 복역할 (연령이) 아닐 때는 4구를 (정) 1구의 죄로 계산한다.[53] 이것이 "해당 조

---

51) 부곡·사노비는 '不課口'로서 호적 등에 등록이 누락되면 주인인 家長이 처벌된다(150, 호1.1a). 이에 비해 소속 관사에 장부가 있는 관호·관노비가 자식의 출생을 숨긴 경우 그 관호·관노비가 처벌되며 등록하지 않은 典吏도 처벌된다.

52) 관호·관노비가 은닉한 자식의 수가 증가하면 1口가 도1년, 2구마다 1등을 더하고 최고형은 도3년이다(150, 호1.2). 이라는 일반 양인의 율을 준용해서 죄의 중함을 결정하지만, 결국 모두 양인의 규정을 따르는 것이 된다.

53) 관호·관노비가 복역할 수 있는 연령은 알 수 없다. 양인은 中男 18세부터 課役을 담당하므로(『新唐書』권55, 1399쪽;『唐六典』권3, 尙書戶部, 78쪽 및 『역주당육전』상, 338쪽), 어쩌면 관호·관노비 역시 양인에 준할 가능성이 있다.

항에 처벌규정이 정해져 있더라도, 범행이 무거워 (다른 조항에 의거해서) 무겁게 처벌해야 할 경우는 당연히 무거운 것에 따른다." (명49.2)는 것이다. 단 전리 및 주사가 은닉·탈루한 것이 많으면 율(호2.1)에 의거하여 이정이 탈루한 것에 준하므로 누계하여 처벌하는 것에 해당한다. 주사가 정을 안 경우는 각각 부모가 고의로 은닉한 죄(호1.1)와 같다. 정을 안 것과 알지 못한 것의 죄명과 형량이 같지 않은 경우는 탈루한 법에 따라 병만하여 죄준다.[54]

제377조 사위 16. 허위로 서응을 조작한 죄(詐爲瑞應)

[律文1] 諸詐爲瑞應者徒二年,
[律文2] 若災祥之類而史官不以實對者加二等.

[律文1의 疏] 議曰: 瑞應者, 陸賈云: 「瑞者, 寶也, 信也. 天以寶爲信, 應人之德, 故曰瑞.」 其「瑞應」條流, 具在禮部之式, 有大瑞, 有上·中·下瑞. 今云「詐爲瑞應」, 卽明不限大小, 但詐爲者, 卽徒二年. 若詐言麟鳳龜龍, 無可案驗者, 從「上書詐不以實」, 亦徒二年.
[律文2의 疏] 「若災祥之類」, 災謂祲祲, 祥謂休徵. 「史官不以實對者」, 謂應凶言吉, 應吉言凶, 加二等, 徒三年. 稱「之類」者, 此外有善惡之事勅問而史官不以實對者, 亦加二等.

[율문1] 허위로 서응을 조작한 자는 도2년에 처한다.
[율문2] 만약 재상 따위를 사관이 (황제에게) 사실대로 대(답)하

---

54) 여기에서의 倂滿하여 처벌하는 규정은 실정을 안 수를 알지 못한 수에 합쳐서 실정을 알지 못했을 때 처벌하는 법례에 따라 처단하는 것이다.

지 않은 경우에는 2등을 더한다.

[율문1의 소] 의하여 말한다: 서응에 대해 육가55)는 "서란 보물이며 신이다. 하늘이 보물을 신(표)로 삼아 인군의 덕에 응답하기 때문에 서라고 한다."라고 하였다. '서응'의 강목은 예부의 식56)에 갖추어져 있는데, 대서가 있고 상·중·하서가 있다.57) 지금 "허위로 서응을 조작하다."라고 하였으니, 곧 대·소를 구분하지 않고 다만 허위로 조작한 것은 도2년에 처한다.

---

55) 陸賈는 楚 사람으로 일찍이 漢 高祖를 따랐으며, 辯舌의 재주가 있어 각국의 제후에게 사신으로 가기도 하였는데, 특히 南越王 趙佗가 한에 복속하도록 한 것으로 유명하다. 또한 太中大夫에 임명되어 儒學仁義의 도를 제창하였다. 呂后가 집권하였을 때, 丞相 陳平에게 太尉 周勃과 연합하여 呂氏 일족에게 대항하도록 권함으로써 한을 공고히 하였다. 저서로는 『新語』 12편이 현존한다. 또 『楚漢春秋』 9편을 지었다는 것이 『史記』(권97, 2697~2701쪽)에 언급되어 있지만 지금은 산일되었다. 본 조항에 인용된 문장은 『西京雜記』 권3에 수록되어 있다(『西京雜記』 권3, 1081-1쪽).

56) 『舊唐書』에서 禮部式에 의해 三瑞의 목록이 갖추어져 있었음이 확인된다(『舊唐書』 권119, 3438쪽).

57) 大瑞는 景星·慶雲·黃星眞人·河精·麟·鳳·鸞·比翼鳥·同心鳥·永樂鳥·富貴·吉利·神龜·龍·騶虞·白澤·神馬·龍馬·澤馬·白馬赤髦·白馬朱鬣 등과 같은 것, 周匝·角瑞·獬豸·比肩獸·六足獸·茲白·騰黃·駒騄·白象·一角獸·天鹿·鼈封·齊耳·豹犬·露犬·玉珪·明珠·玉英·山稱萬歲·慶山·山車·象車·鳥車·根車·金車·朱草·屈軼·蓂莢·平露·萐莆·蒿柱·金牛·玉馬·玉猛獸·玉瓮·新鼎·銀瓮·丹甑·醴泉·浪井·河水淸·江河水五色·海水不揚波 등과 같은 것이다. 上瑞는 三角獸·白狼·赤羆·赤熊·赤狐·赤兔·九尾狐·白狐·玄狐·白鹿·白麞·白兕·玄鶴·赤烏·靑鳥·三足烏·赤鶬·赤雀·比目魚·甘露·廟에서 자라는 祥木·福草·禮草·萍實·大貝·白玉赤文·紫玉·玉羊·玉龜·玉牟·玉英·玉璜·黃銀·金藤·珊瑚鉤·駮雞犀·戴通璧·玉瑠璃·雞趣璧 등과 같은 것을 말한다. 中瑞는 白鳩·白烏·蒼烏·白澤·白雉·雉白首·翠鳥·黃鵠·小鳥가 大鳥를 낳은 것·朱雁·五色雁·白雀·赤狐·黃羆·靑燕·玄貉·赤豹·白兔·九眞奇獸·充黃이 谷을 나가는 것·澤谷에서 白玉이 나온 것·琅玕景·碧石潤色·地出珠·陵出黑丹·威綏·延喜·福井·紫脫常生·賓連闊達·善茅·草木長生 등과 같은 것을 말한다. 下瑞는 秬秠·嘉禾·芝草·華苹·人參生·竹實滿·椒桂合生·木連理·嘉木·戴角麂鹿·駁鹿·神雀·冠雀·黑雉 등과 같은 것이다(『唐六典』 권4, 114~115쪽; 『역주당육전』 상, 303~305쪽).

[율문2의 소] 만약 허위로 기린·봉황·신구·용을 말하였으나 살펴서 증험될 만한 것이 없는 경우는[58] "상서를 속이고 사실대로 하지 않은 죄"(사7.1a)에 따라 역시 도2년에 처한다. "만약 재상 따위"라 한 것에서 재는 재앙을 부르는 요사스런 기운을 말하고, 상은 좋은 징조를 말한다. "사관이 (황제에게) 사실대로 대(답)하지 않은 경우"[59]라는 것은 나쁜 징조라 해야 하는데 좋은 징조라 하거나 좋은 징조라 해야 하는데 나쁜 징조라 한 것으로, (이러한 경우에는) 2등을 더하여 도3년에 처한다.[60] '따위'이라 한 것은, 재상 외에 선·악에 관련된 일이 있어 황제가 친히 물었는데 사관이 사실대로 대(답)하지 않은 경우 역시 2등을 더한다는 것이다.

---

58) 상서로 발견된 기린·봉황·신구·용 등으로 圖書에 의거해 大瑞에 해당하는 것은 즉시 상주하며, 만약 포획하지 못한 것 및 連理木 따위라서 운송할 수 없는 것은 소재 관사에서 허위 여부를 검사하고 그림을 갖추어 상주한다(『唐會要』권28, 618쪽).

59) 당의 太史令은 천문을 관찰하고 曆數를 헤아려 정하는 일을 관장하였다. 日月과 星辰에 변화가 있고 風雲의 기색에 이상이 보일 때는 속관들을 거느리고 점을 쳐서 알아보았으며, 관측한 징험과 瑞祥과 災殃과 이변은 밀봉하여 상주하고 이를 누설하면 처벌받았다. 또한 계절마다 관측한 재이와 서상을 적어 門下省과 中書省에 보내 기거주에 써넣도록 하며, 연말에 그 해 전체의 기록을 모아 밀봉하여 史館에 보냈다(『唐六典』권10, 303쪽; 『역주당육전』중, 171~172쪽).

60) 對라는 것은 천자의 親問에 응대하는 것을 말한다. 『唐會要』에서는 사관이 사실대로 황제에게 대답하지 않은 것은 '黜官三等'한다고 하여 본 조항과 처벌이 다르다(『唐會要』권28, 618쪽).

제378조 사위 17. 교사의 죄(詐敎誘人犯法)

[律文] **諸詐敎誘人使犯法** 犯者不知而犯之. **及和令人犯法**, 謂共知所犯有罪. **卽捕若告或令人捕,告, 欲求購賞; 及有憎嫌, 欲令入罪: 皆與犯法者同坐.**

　[律文의 疏] 議曰: 鄙俚之人, 不閑法式, 姦詐之輩, 故相敎誘, 或敎盜人財物, 或敎越度關津之類. 犯禁者不知有罪, 敎令者故相墜陷, 故注云「犯者不知而犯之」. 「及和令人犯法」, 謂和敎人奴婢逃走, 或將禁物度關, 外示和同, 內爲私計, 故注云「謂共知所犯有罪」. 「卽捕若告」, 謂卽自捕,告, 或令他人捕,告, 欲求購賞; 及有憎惡前人, 敎誘令其人入罪者 : 皆與身自犯法者同罪.

[율문] **무릇 사람을 사기하여 교사·유혹하여 법을 범하게 하거나** (법을) 범한 자는 모르고 범한 것이다. **합의하여 사람을 시켜 법을 범하게 하고서,** 범한 바가 죄가 됨을 함께 안 것을 말한다. **곧 체포 또는 고하거나 혹은 사람을 시켜 체포·고하게 하여 보상을 받고자 하거나 증오해서 죄에 빠뜨리려고 한 (자는) 모두 법을 범한 자와 같이 처벌한다.**

　[율문의 소] 의하여 말한다: 평범한 시골 사람은 법식에 익숙하지 못한데,[61] 간사한 무리가 고의로 교사·유혹하여 타인의 재물을 절도(적35)하게 하거나 혹은 관·진 따위를 넘도록(위25.1) 하거나, ―(이러한 것은) 법을 범한 자는 죄가 됨을 모르고 교사한 자가 고의로 죄

---

61) 90세 이상·7세 이하인 사람은 死罪가 있더라도 형을 집행하지 않으며, 다른 사람이 교사하였다면 그 교사한 자를 처벌한다(명30.3b). 하지만 본 조항은 평범한 시골사람이 법률에 무지한 상태에서 범죄 등을 행한 경우에 대해 "법의 착오는 허락되지 않는다."는 격언대로 처벌하는 것을 전제하고 있으며 그에 더해 범행자를 교사한 자를 문제로 삼고 있다(戴炎輝, 『唐律通論』, 440쪽).

에 빠뜨린 것이므로 주에 "범한 자는 모르고 범한 것이다."라고 하였다.- 합의하여 사람을 시켜 법을 어기게 하고서, -합의하여 타인의 노비를 도주하게(표13.3) 하거나 혹은 법으로 사유를 금하고 있는 물품을 가지고 관을 넘게(위30.1) 한 것을 말하는데 (이러한 것은) 겉으로는 동의하여 합의한 것 같지만 속으로는 사사로이 계획을 꾸민 것을 말하므로 주에 "범한 바가 죄가 됨을 함께 안 것을 말한다."고 한 것이다.- 곧 체포 또는 고하거나, -(이러한 것은) 곧 자신이 체포·고한 것이다.- 혹은 타인에게 체포·고하게 하여 보상[62]을 받고자 하거나 피사기인을 증오하여 그 사람을 교사·유혹하여 죄에 빠뜨리려고 한 자는 모두 자신이 직접 법을 범한 것과 같은 죄를 준다.

제379조 사위 18. 사기하여 역마를 탄 죄(詐乘驛馬)

[律文1] 諸詐乘驛馬加役流,

[律文2a] 驛關等知情與同罪, 不知情減二等, 關, 謂應檢問之處.

[律文2b] 有符券者不坐. 謂盜得眞符券及僞作, 不可覺知者.

　[律文1의 疏] 議曰: 郵驛本備軍速, 其馬所擬尤重. 但是詐乘, 無問馬數及已行遠近, 即合加役流.

　[律文2a의 疏] 給馬之驛及所由之關知其詐乘之情者, 亦加役流. 「不知情減

---

62) 宋 捕亡令에 의하면, 도적을 붙잡은 자에게는 장물의 가격에 상당하는 재화인 倍贓을 상으로 주는데 만약 도적이 가난하여 징수할 것이 없으면 훔친 그 물품인 正贓을 헤아려 5分하고 그 중 2분을 붙잡은 자에게 상으로 준다. 만약 정장이 다 소진되었다면 官에서 1분을 내어 상으로 준다(『宋刑統』권28, 453쪽).

二等」, 謂驛與關司全不勘檢, 又不知情, 合減二等, 猶徒二年半. 故注云「關
謂應檢問之處」.

[律文2b의 疏] 有符券者, 不坐. 注云「謂盜得眞符券及僞作, 不可覺知者」,
謂僞作符券及盜得眞紙券等, 檢驗不可覺知者, 驛及關司並不坐.

[율문1] 무릇 사기하여 역마를 탄 자는 가역류에 처한다.
[율문 2a] 역·관 등이 정을 알았으면 더불어 같은 죄를 주고 정을
몰랐으면 2등을 감하며, 관은 검문해야 하는 곳을 말한다.
[율문 2b] (전)부·(지)권을 가진 때에는 처벌하지 않는다. 진정
(전)부·(지)권을 훔치거나 위조하여 적발할 수 없는 경우를 말한다.

[율문 1의 소] 의하여 말한다: 우역은 본래 군대의 신속함에 대비하
는 것이니, 그 말을 예비하는 것은 특히 중요하다.[63] 단지 사기하

---

63) 당에서는 長安·洛陽을 중심으로 광대한 전 영토에 걸쳐 조직적인 교통체계가
형성되어 驛傳制度가 매우 완비되어 있었다. 尙書兵部 駕部郎中의 관할 하에
천하의 주요한 교통로를 따라 30리(당의 1리는 약 440미터)마다 역을 설치하
였는데 전국에 1639역(陸驛 1297, 水驛 260, 수륙겸용 86)이 설치되었다. 역마
다 驛長 1인을 두고 육역에는 都亭驛 75필을 위시하여 역의 바쁘고 한가함에
따라 상비하는 驛馬의 수가 정해져 있고(驛驢도 설치), 수역에는 배가 준비되
었다(『唐六典』권5, 163쪽; 『역주당육전』상, 535~538쪽). 역은 오로지 관문서의
송달과 공무를 띤 관인에게 말이나 배를 제공하고 그들을 휴식·숙박·식사시
키는 것에 이용되었다. 역전 이용이 허락된 관인에 대하여는 銅으로 된 龍 모
양의 傳符(실제로는 紙券으로 代用)가 지급되어 일의 느림과 빠름에 따라 1일
에 통과해야 할 역전의 수가 기재되었다. 이것이 해당 역마를 이용하는 사신
의 가는 일정이 되었다. 또 역마를 이용하는 사신의 官爵 고하에 따라 이용할
수 있는 역마의 수에도 차이가 있었다(『唐六典』권8, 253~254쪽; 『역주당육전』
중, 78~79쪽; 123, 직33; 127, 직37; 274, 적27). 또한 關은 26개가 있고 상·중·
하로 나뉘어져 있었다. 京城의 四面에서 驛道가 있는 것이 上關으로서 潼關
등 6개, 경성의 사면에서 역도가 없는 것, 사면의 밖에서 역도가 있는 것이
中關으로서 13개, 그 밖의 7개가 下關이었다(『唐六典』권6, 195~196쪽; 『역주당
육전』중, 628~629쪽). 이 關에는 令·丞·錄事·府·史 등의 관이 있었다

여 탔다면 말의 수 및 이미 타고 간 거리의 멀고 가까움에 관계없이 곧 가역류에 처해야 한다.[64]

[율문 2a의 소] 말을 지급한 역이나 경유한 관이 사기하여 말을 탄 정을 알았다면 역시 가역류에 처한다. "정을 몰랐으면 2등을 감한다."는 것은, 역과 관의 (관)사가 전혀 검문하지 않았거나 또는 정을 몰랐다면 2등을 감해서 그대로 도2년반에 처해야 한다는 것을 말한다.[65] 그러므로 주에 "관은 검문해야 하는 곳을 말한다."고 한 것이다.[66]

[율문 2b의 소] (전)부·(지)권을 가진 때에는 처벌하지 않는다. 주에 "진정 (전)부·(지)권을 훔치거나 위조하여[67] 적발할 수 없는 경우"라는 것은 위조한 (전)부·(지)권이나 훔친 진정 지권 등을 지니고 있어 (역·관의 담당자가) 검문하여 확인하였으나 적발할 수 없는 경우를 말하는 것으로, (이 경우) 역 및 관의 (관)사 모두 처벌하지 않는다.

[律文3] 其未應乘驛馬而輒乘者徒一年. 輒乘, 謂有當乘之理, 未得符券者.

(『唐六典』권30, 756~757쪽).

64) 규정된 말 수는 職事 4품 이상과 王은 4필, 4품 및 國公 이상은 3필, 5품 및 爵 3품 이상은 2필이며, 驛使가 정해진 수 이상을 이용한 경우의 처벌도 직제율(127, 직37)에 규정되어 있다. 거리의 멀고 가까움에 관해서는 日本 養老令의 "事速者, 一日十驛以上, 事緩者八驛, 還日事緩者, 六驛以下"라는 규정을 참고할 수 있다(『令義解』권7, 253쪽). 다만 직제율 38조(128, 직38)는 역사가 驛路가 아닌 다른 길을 이용하였을 경우만을 규정한 것에 불과하다.

65) 두 가지 死罪와 세 가지 流罪는 각각 같이 하나로 해서 감하고, 가역류에서 감해야 할 경우도 역시 세 가지 유죄의 법과 같다(명56.2b). 따라서 가역류에서 2등을 감하면 도2년반이 된다.

66) 關은 過所를 검사해서 통과 여부를 判하는 곳을 말한다(명43.3의 소).

67) 驛을 이용하는데 필요한 傳符를 훔친 경우 유2000리에 처하고(274, 적27.1a), 僞寫한 경우는 교형에 처한다(364, 사3.1).

[律文3의 疏] 議曰: 「其未應乘驛馬」, 謂差爲驛使而未得符券; 輒卽乘者徒一年. 注云「輒乘, 謂有當乘之理, 未得符券者」, 謂銜命有實, 未得符券而乘者. 驛、關等知情聽之, 準上文亦合同罪. 不知情者徒一年上減二等.

[율문3] 단 아직 역마를 탈 수 없는데 함부로 탄 자는 도1년에 처한다. 함부로 탔다는 것은 타야 할 이유가 있으나 아직 (전)부·(지)권을 받지 못한 경우를 말한다.

[율문3의 소] 의하여 말한다: "단 아직 역마를 탈 수 없다."는 것은 역사로 차출되었으나 아직 (전)부·(지)권을 받지 못한 것을 말하며,(68) (그런데도) 함부로 탄 자는 도1년에 처한다. 주에 "함부로 탔다는 것은 타야 할 이유가 있으나 아직 (전)부·(지)권을 받지 못한 경우를 말한다."는 것은, 명을 받든 것은 사실이지만 아직 (전)부·(지)권을 받지 못했는데 탄 것을 말한다. 역·관 등이 정을 알면서 허용하였으면 위의 조문에 준하여 역시 같은 죄에 해당한다. 정을 모른 때에는 도1년에서 2등을 감한다.

---

(68) 역마를 이용해 사신을 파견할 때는 門下省의 給事中이 규정에 맞는지 심사하여 黃門侍郎과 함께 傳符의 지급을 결정한다(『唐六典』권8, 244쪽; 『역주당육전』중, 36~37쪽). 문하성의 符寶郎이 전부를 관장하는데, 左符는 중앙에 두고 右符는 외지의 郵驛과 兩京留守, 諸州, 行軍所에 지급한다(『唐六典』권8, 253쪽; 『역주당육전』중, 74쪽). 그런데 실제로는 전부 대신 紙券이 사용된 것으로 보인다(123, 직33.1의 소; 131, 직41의 소).

제380조 사위 19. 사기하여 자신의 세·역을 면제받은 죄(詐自復除)

[律文1] 諸詐自復除若詐死及詐去工、樂、雜戶名者徒二年.

[律文1의 疏] 議曰:「詐自復除」, 復除之條備在格、令, 謂詐云落番新還或詐云放賤之類以得復除; 若詐作死狀; 及詐去工、樂及雜戶等名字者: 徒二年. 其太常音聲人州縣有貫, 詐去音聲人名者, 亦同工、樂之罪.

[율문1] 무릇 사기하여 자신의 세·역을 면제받거나 또는 사기하여 사망하였다고 한 (자) 및 속여서 공호·악호·잡호의 이름을 제거한 자는 도2년에 처한다.

[율문1의 소] 의하여 말한다: "사기하여 자신의 세·역을 면제받다." 라는 것은 -세·역의 면제에 관한 규정은 격·영에 갖추어져 있다.- 사기하여 외국에 떨어져 있다가 새로 귀환하였다고 하거나 혹은 사기하여 방면된 천인의 부류라고 하여 세·역을 면제받는 것을 말하며,[69] (이와 아울러) 또는 사기하여 사망문서를 꾸미는 것 및 사기하여 공호·악호 및 잡호 등의 이름을 (장부에서) 제거한 자는 도2년에 처한다. 다만 태상음성인은 주·현에 적관이 있지만 사기하여 음성인의 이름을 (적관에서) 제거한 경우도[70] 역시 공호·악호

---

69) 外蕃에 沒落했다가 돌아온 자는 몰락한 기간이 1년 이상이면 과역을 3년 면제 받고 2년 이상이면 4년을 면제 받고 3년 이상이면 5년을 면제받았다. 外蕃人으로서 당에 귀화한 자는 10년을 면제받았다. 부곡·노비로 방면된 자는 3년을 면제받았다(『通典』권6, 106쪽).

70) 공호·악호·잡호·태상음성인 등은 각각 특정한 기예를 가지고 관에 복역한다. 이들은 통상의 호적에 올라있지 않다는 점에서 본질적으로 관호와 공통점을 지니나 관호보다 약간 상위에 위치하였다. 관호가 한 번 해방되면 잡호가 되

에 대한 죄와 같다.

[律文2] 卽所詐得復役使者徒一年.
[律文3] 其見供作使, 而詐自脫及脫之者杖六十.
[律文4] 計所詐庸重者, 各坐贓論.

[律文2의 疏] 議曰: 謂詐爲雜任之類, 而得復免役使者, 徒一年.
[律文3의 疏] 「其見供作使」, 謂權充雜役, 而詐自脫及知情脫之者, 各杖六十.
[律文4의 疏] 計其詐庸重者, 各坐贓論.

[율문2] 만약 사기해서 얻은 바가 역사를 면제받은 것이면 도1년에 처한다.
[율문3] 단 현재 사역에 충당되었는데 사기하여 스스로 이탈한 자 및 그를 이탈시켜준 자는 장60에 처한다.
[율문4] 사기한 노임을 (좌장의 장물로) 계산하여 (죄가) 무거운 때에는 각각 좌장으로 논한다.

[율문2의 소] 의하여 말한다: 사기하여 잡임의 부류가 되어 역사를 면제받은 자는 도1년에 처함을 말한다.
[율문3의 소] "단 현재 사역에 충당되었다."라는 것은 임시로 잡역에 충당되었음을 말하는 것으로, (이를) 사기하여 스스로 이탈한 자 및 정을 알면서 이탈시켜준 자는 각각 장60에 처함을 말한다.
[율문4의 소] 사기한 노임을 (좌장의 장물로) 계산하여 (죄가) 무거

어 독립된 통상의 호적을 갖는다는 점에서는 양인과 같으나 통상의 과역 대신에 특정 관사에 번상 복역한다는 점이 양인과 다르다. 악호가 한 번 해방되면 통상의 호적을 지니게 된 태상음성인이 되며 태상음성인은 잡호보다 지위가 높아 거의 양인과 동등하였다. 공호·악호는 少府監·太常寺에 호적이 있고, 잡호·태상음성인은 州縣에 호적이 있다(일본역『唐律疏議』1, 162~165쪽, 주1).

운 때에는 각각 좌장으로 논한다(잡1).[71]

제381조 사위 20. 장애를 사칭하거나 자해하여 사역을 기피한 죄(詐疾病及故傷殘)

[律文1a] 諸詐疾病有所避者, 杖一百.
[律文1b] 若故自傷殘者, 徒一年半. 有避,無避等. 雖不足爲疾殘而臨時避事者, 皆是.

　[律文1a의 疏] 議曰: 詐疾病, 以避使役, 求假之類, 杖一百.
　[律文1b의 疏] 若故自傷殘, 徒一年半. 但傷殘者, 有避,無避得罪皆同. 卽無所避而故自傷, 不成殘疾以上者, 從「不應爲重.」故注云「有避,無避等. 雖不足爲疾殘而臨時避事者, 皆是.」

[율문1a] 무릇 사기로 질병이 있다고 하고 회피한 바가 있는 자는 장100에 처하고,
[율문1b] 만약 고의로 자신을 상해해서 잔질이 된 자는 도1년반에 처한다. 회피가 있든 없든 같다. 비록 (상해가) 잔질이 되기에 족하지 않더라도 때에 임해서 일을 회피한 자는 모두 그러하다.

　[율문1a의 소] 의하여 말한다: 사기로 질병이 있다고 하여 사역을 회

71) 役使를 면제 받은 것은 노임을 장물로 계산하여 도1년보다 무거운 때, 역사를 이탈한 것은 노임을 장물로 계산하여 장60보다 무거운 때를 말한다. 賦役令에 의하면 당대 丁의 役은 20일인데 역을 행하지 않는 자는 노임을 거두며, 絶絹이라면 매 1일을 각 3척으로, 布라면 3척 7촌 5분으로 환산하였다(『通典』권6, 108쪽; 『唐會要』권83, 1813쪽).

피하거나 휴가를 구한 자72) 등은 장100에 처한다.

[율문1b의 소] 만약 고의로 자신을 상해해서 잔질이 된 자는 도1년
반에 처한다.73) 단 상해해서 잔질이 된 경우 회피한 바가 있든 없
든 죄를 받는 것은 모두 같다. 만약 회피한 바 없이 고의로 자신을
상해하였는데, 잔질 이상이 되지 않은 때에는 "마땅히 해서는 안
되는데 행한 죄의 무거운 쪽(잡62.2)"에 따른다. 그러므로 주에 "회
피가 있든 없든 같다. 비록 (상해가) 잔질이 되기에 족하지 않더라
도 때가 되어 일을 회피한 자는 모두 그러하다."라고 한 것이다.

[律文2a] 其受雇倩爲人傷殘者與同罪,
[律文2b] 以故致死者減鬪殺罪一等.

　[律文2a의 疏] 議曰: 謂有受雇或被倩爲人傷殘者, 與自傷殘人同罪, 各合徒
　一年半.

　[律文2b의 疏] 以此傷殘之故因而致死者, 被雇倩之人不限尊卑,貴賤, 皆減
　鬪殺一等. 若爲祖父母,父母遣之傷殘因致死者, 同過失之法.

[율문2a] 단 고용·청탁을 받고 사람을 위해 상해해서 잔질이 되
게 한 자는 같은 죄를 주며,
[율문2b] 이로 인해 사망에 이르게 된 때에는 투살죄에서 1등을
감한다.

　[율문2a의 소] 의하여 말한다: 고용되거나 혹은 청탁을 받아 (다른)
　사람을 위해 상해해서 잔질이 되게 한 자는 스스로 상해·잔폐한

---

72) 日本 養老令에서는 질병 및 降雨로 작업을 할 수 없으면 식사를 반으로 감하
　고 빠진 사역 일수를 이후에 보충하는데 오직 질병의 경우만 쉰 기간도 役日
　과 같이 일당을 지급한다고 규정하고 있다(『令義解』권3, 124쪽).
73) 日本 養老令에서는 一目盲·兩耳聾·手無二指·足無三指·手足無大拇 등 殘疾者
　에 대해서 요역을 면제하도록 규정하고 있다(『令義解』권3, 122쪽).

사람과 같은 죄를 준다는 것을 말하며, 각각 도1년반에 해당한다.

[율문2b의 쇼] 이 상해해서 잔질이 되게 한 것으로 인하여 사망에 이르게 된 경우 고용되고 청탁받은 사람은 존비·귀천을 불문하고 모두 투살죄(투5)에서 1등을 감한다. 만약 조부모·부모가 시켜서 (그 자손을) 상해해서 잔질이 되게 하였는데, 이로 인하여 (그들이) 사망에 이르게 되었다면 과실(치사)와 같은 법(투38)으로 (단죄)한다.[74]

제382조 사위 21. 의료사기의 죄(醫違方詐療病)

[律文] 諸醫違方詐療病而取財物者, 以盜論.

[律文의 疏] 議曰: 醫師違背本方, 詐療疾病, 率情增損, 以取財物者, 計臟以盜論. 監臨之與凡人各依本法.

[율문] 무릇 의사가 (본)방을 어기고 허위로 병을 치료하면서 재물을 취득한 때에는 절도로 논한다.

[율문의 쇼] 의하여 말한다: 의사[75]가 본방을 어기고[76] 허위로 질병

---

74) 父·祖로부터 위탁·고용된 자가 子·孫을 상해하거나 殘疾이 되게 하여 결과적으로 사망에 이른 경우, 부·조는 "過失로 살해한 때에는 각각 논하지 않는다."(329, 투28.2d)에 의거하여 죄를 논하지 않는다. 그런데 고용된 자는 敎令權을 가진 부·조의 의뢰라는 요건이 중시되어서 과실법(339, 투38)이 적용되어 贖銅의 징수만 있고 실형은 면제된다(戴炎輝, 『唐律各論』下, 620쪽).

75) 당대에는 太常寺 예하 太醫署의 醫正(8명), 醫師(20명), 醫工(100명)이 중앙에서 황실과 관인의 질병 치료를 담당하였다(『唐六典』권14, 409쪽; 『역주당육전』중 397~401쪽). 또한 지방에서는 都督府·州에 배치된 醫學博士가 의료를 담당하였다(『唐六典』권30, 750쪽; 『역주당육전』하 454쪽).

76) 醫師의 의료 행위는 환자의 증상에 따라 정해진 처방에 따라야 한다. 본방을

을 치료하면서 임의로 (약재를) 더하거나 줄여서 재물을 취득한 경우 (그 재물을) 장물로 계산하여 절도로 논한다. 감림하는 관인과 일반인은 각각 본(조의 처벌)법에 의거한다.[77]

제383조 사위 22. 부모상을 다른 상으로 속이고 관직에서 물러나지 않은 죄(父母死詐言餘喪)

[律文1] 諸父母死應解官, 詐言餘喪不解者徒二年半.

[律文2a] 若詐稱祖父母、父母及夫死以求假及有所避者徒三年,

[律文2b] 伯叔父母、姑、兄姊徒一年,

[律文2c] 餘親減一等.

[律文3] 若先死詐稱始死及患者, 各減三等.

[律文1의 疏] 議曰: 父母之喪, 解官居服. 而有心貪榮任, 詐言餘喪不解者, 徒二年半. 爲其已經發哀, 故輕於「聞喪不擧」之罪.

어긴 것에 대해서는, 고금의 藥方이나 本草學대로 약을 조제하지 않은 것을 그 예로 들 수 있다. 이로 인해 사람이 죽으면 의사를 도2년반으로 처벌한다 (395, 잡7.1).

77) 醫師는 관인이기 때문에 官의 약재·의료기구 등을 사용하여 치료를 시행하며, 환자는 의사에게 진료비를 지불하지 않는다. 즉 의사가 취득한 재물이란 관물인 약재를 가리킨다. 의사가 거짓 신고하여 관물을 취득하였으므로 절도로 처벌하는 것이다. 監臨官이 죄를 범하였다면 監臨主守自盜로 논하여 감림·주수가 스스로 감림·주수하는 재물을 절도하거나 감림하는 바 사람의 재물을 절도한 경우에는 일반 절도죄에 2등을 더하고, 30필이면 교형에 처하는 것(283, 적36)에 따른다. 일반인은 절도로 논하여, 절도는 재물을 얻지 못했으면 태50에 처하고, 견 1척이면 장60에 처하며, 1필마다 1등씩 더하여 5필이면 도1년이고, 5필마다 1등씩 더하되 50필이면 가역류에 처하는 것(282, 적35)에 따른다.

[律文2a의 疏] 若祖父母、父母及夫見存, 或稱死求假, 及有所避而詐妄稱死者, 各徒三年.

[律文2b의 疏] 伯叔父母、姑、兄姊, 徒一年.

[律文2c의 疏] 「餘親減一等」, 謂緦麻以上, 從徒一年上減一等杖一百.

[律文3의 疏] 若先死詐稱始死及妄云疾病, 以求假及有所避者, 「各減三等」, 謂詐稱祖父母、父母及夫始死及患, 徒三年上減三等合徒一年半, 伯叔父母、姑、兄姊, 徒一年上減三等杖八十, 餘親, 杖一百上減三等合杖七十.

[율문1] 무릇 부모가 사망하여 마땅히 관직에서 물러나야 하는데 거짓으로 다른 친속의 상이라고 말하고 물러나지 않은 자는 도2년반에 처한다.

[율문2a] 만약 거짓으로 조부모·부모 및 남편이 사망했다고 칭한 것으로 휴가를 구한 자 및 회피하는 바가 있는 자는 도3년에 처하고,

[율문2b] 백숙부모·고모·형·누나의 (사망을 사칭한 자는) 도1년에 처하며,

[율문2c] 그 밖의 친속(의 상)이면 1등을 감한다.

[율문3] 만약 먼저 사망하였는데 거짓으로 지금 사망하였다고 칭한 경우 및 거짓으로 질환이 있다고 칭한 경우는 각각 3등을 감한다.

　[율문1의 소] 의하여 말한다: 부모의 상을 당하면 관직에서 물러나 상복을 입어야 한다.[78] 그런데도 마음에 영예로운 직임을 탐함이

---

78) 父喪(斬衰 3년), 母喪(齊衰 3년)에는 모두 관직에서 해직한다. 다른 사람의 後嗣가 된 자는 그 낳아준 부모를 위해서 또는 후사가 된 庶子는 그 낳아준 어미를 위해서도 역시 관직에서 해직하고 心喪한다(『大唐開元禮』권3, 34쪽; 『천성령역주』, 388~389쪽).

있어 거짓으로 다른 (친속의) 상이라고 말하고 물러나지 않은 자
는 도2년반에 처한다. (이는) 그가 (비록 다른 상이지만) 이미 상
을 치렀기 때문에 "(부모의) 상을 듣고도 거애하지 않은"(직30.1a)
죄보다는[79] 가벼운 것이다.

[율문2a의 소] 만약 조부모·부모 및 남편이 생존하는데 사망하였다
고 휴가를 구하는 자[80] 및 회피하는 바가 있어 거짓으로 망령되이
사망하였다고 칭한 자는 각각 도3년에 처한다.[81]

[율문2b의 소] 백숙부모·고모·형·누나의 (사망을 사칭한 자는) 도1
년에 처한다.

[율문2c의 소] "그 밖의 친속(의 상)이면 1등을 감한다."는 것은 시마
이상(의 사망을 사칭한 자)는 도1년에서 1등을 감하여 장100에 처
한다는 것을 말한다.

[율문3의 소] 만약 먼저 사망하였는데 거짓으로 지금 사망하였다고
칭한 경우 및 거짓으로 망령되이 질병이 있다고 말하여 휴가를 구
하거나[82] 회피하는 바가 있는 경우 "각각 3등을 감한다."는 것은 조

---

79) 부모의 사망 소식을 듣고도 숨기고 擧哀하지 않은 자는 유2000리에 처한다
(120, 직30.1).

80) 齊衰朞의 喪에는 휴가 30일을 주고, 장례에는 5일, 除服에는 3일을 준다. 자최
3개월·5개월, 대공 9개월·7개월의 상에는 모두 휴가 20일을 주고 장례는 3일,
제복에는 2일을 준다. 소공 5개월은 휴가 15일을 주고 장례는 2일, 제복에는
1일을 준다. 시마 3개월에는 휴가 7일을 주고 한 등급 내려 服이 없어진 경우
는 3일을 주며 장례와 제복은 각 1일을 준다(『大唐開元禮』권3, 34~35쪽;『천성
령역주』, 390~393쪽).

81) 조부모·부모가 사망하였다고 사칭하는 것은 十惡 중 不孝에 해당한다. 따라서
議·請의 特典이 인정되지 않으며 除名의 처분을 받는다. 그러나 이전에 조부
모·부모가 사망하였는데 지금 사망하였다고 사칭하는 것은 不孝에 포함시키
지 않는다(명6.7의 주5의 소).

82) 職事官은 자신이 발병한지 100일이 된 경우와 시봉해야 할 친속의 질병이 200
일이 된 경우 모두 해직한다(『唐六典』권2, 34쪽;『역주당육전』상, 201쪽). 200
일 이내는 친속의 질병에 의한 휴가가 인정된다. 또한 本服으로 周親 이상이

부모·부모 및 남편이 지금 사망하였다고 사칭한 것 및 질환이 있다
고 사칭한 것은 도3년에서 3등을 감하여 도1년반에 해당하고, 백숙
부모·고모·형·누나의 (사망을 사칭한 경우는) 도1년에서 3등을 감
하여 장80에 처하며, 그 밖의 친속(의 상)이면 장100에서 3등을 감
하여 장70에 해당한다는 것을 말한다.

[律文3의 問] 曰: 有人嫌惡前人, 妄告父母身死, 其妄告之人, 合科何罪?
[律文3의 答] 曰: 父母云亡, 在身罔極. 忽有妄告, 欲令擧哀, 若論告者之情,
爲過不淺, 律、令雖無正法, 宜從「不應爲重」科.

[율문3의 문] 묻습니다: 어떤 사람이 피고인을 혐오하여 망령되이
(그의) 부모가 사망했다고 고했다면, 망령되이 고한 사람은 어떤
죄에 해당합니까?
[율문3의 답] 답한다: 부모가 사망하였다고 하면 자식으로서는 지극
히 슬픈 일이다.[83] 갑자기 망령되이 고해서 거애하게 하려고 한
경우, 만약 고한 자의 정상을 논하면 잘못이 적지 않으니 율·영에
는 비록 해당하는 처벌(법)이 없더라도 마땅히 "마땅히 해서는 안
되는데 행한 죄의 무거운" 쪽(잡62.2)에 따라 죄주어야 한다.

질병으로 위독하거나 멀리 가서 오래 이별하게 되거나 급하고 어려운 일이 생
긴 경우 모두 헤아려 휴가를 주는 규정이 있었다(『太平御覽』권634, 2844쪽;
『천성령역주』, 387쪽).
83) 『詩經』에 "그 보답하고자 하는 덕은 넓은 하늘과 같이 다함이 없다[欲報之德,
昊天罔極]"(『毛詩正義』권13, 910쪽)라 하여, 일반적으로 부모의 은혜를 '罔極한
은혜'라고 한다. 다만 '罔極' 단어 자체가 '다함이나 끝이 없음'을 뜻하므로 본
조항 원문의 '罔極'은 부모상을 당한 비통함이 더할 나위 없이 큼을 가리키는
것으로 보인다.

제384조 사위 23. 질병 및 사망·상해에 대한 검험을 사실대로 하지 않은 죄(詐病死傷檢驗不實)

[律文1] 諸有詐病及死、傷受使檢驗不實者, 各依所欺減一等.

[律文2] 若實病、死及傷, 不以實驗者, 以故入人罪論.

[律文1의 疏] 議曰: 有詐病及死若傷, 受使檢驗不以實, 「各依所欺減一等」, 即上條詐疾病者杖一百, 檢驗不實同詐妄減一等杖九十, 傷殘徒一年半, 減一等徒一年; 若詐死, 徒二年上減一等處徒一年半之類.

[律文2의 疏] 「若實病及傷」, 謂非詐病及詐傷, 使者檢云「無病及傷」, 便是故入人徒、杖之罪, 若實死, 檢云「不死」, 即是妄入二年徒坐. 使人枉入杖者得杖罪, 枉入徒者得徒坐, 各依前人入罪法. 未決者減一等.

[율문1] 무릇 질병 및 사망·상해를 사칭함이 있는데, 사명을 받고 검험하는 것을 사실대로 하지 않은 자는 각각 속인 바에 따르되 1등을 감한다.

[율문2] 만약 실제로 질병·사망 및 상해가 있는데 사실대로 검험하지 않은 자는 고의로 사람에게 죄를 더한 것으로 논한다.

[율문1의 소] 의하여 말한다: 질병 및 사망 혹은 상해를 사칭함이 있어 사명을 받고 검험하였으나 사실대로 하지 않았다면 "각각 속인 바에 따르되 1등을 감한다."는 것은, 곧 앞의 조항(사20.1a)에서 질병을 사칭한 것은 장100에 해당하므로 검험을 사실대로 하지 않았으면 망령되이 속인 것과 같게 하되 1등을 감하여 장90에 처하고, 상해하여 잔질이 된 것은 도1년반에 해당하므로(사20.1b) 1등을 감하여 도1년에 처하며, 사망을 사칭하였으면 도2년에서(사19.1) 1등

을 감하여 도1년반에 처하는 것 따위이다.

[율문2의 소] "만약 실제로 질병 및 상해가 있다."라는 것은 질병 및 상해를 사칭한 것이 아님을 말하는 것인데, 사자가 검험하여 "질병 및 상해가 없다."고 하였다면 곧 고의로 사람에게 도죄·장죄를 더한 것이고(단19.1), 만약 실제 사망하였는데 (사자가) 검험하여 "사망하지 않았다."고 하였다면 곧 망령되이 2년의 도죄를 더한 것으로 처벌한다. 사인이 왕곡하여 장죄를 더하면 장죄를 받고 왕곡하여 도죄를 더하면 도죄를 받는 것은 각각 (억울하게 죄를 받은) 검험 받는 사람에게 더한 죄에 대한 (처벌)법에 따른 것이다(단19.1). (검험 받은 사람의 형이) 아직 집행되지 않았으면 (사인은) 1등을 감한다.

제385조 사위 24. 사람을 속여서 사망·상해에 이르게 한 죄(詐陷人至死傷)

[律文] 諸詐陷人至死及傷者, 以鬪殺傷論. 謂知津河深潭, 橋船朽敗, 誑人令渡之類.

[律文의 疏] 議曰: 謂津濟之所或有深潭, 若橋船朽漏不堪渡人, 而詐云「津河平淺, 船橋牢固」, 令人過渡, 因致死傷者, 「以鬪殺傷論」, 謂令人溺死者絞, 折一支徒三年之類. 故注云「謂知津河深潭, 橋船朽敗, 誑人令渡之類」. 稱「之類」者, 謂知有坑窪, 機槍之屬, 誑人而致死傷者亦以鬪殺傷論. 其有尊卑·貴賤, 各依鬪殺傷本法.

[율문] 무릇 사람을 속여서 사망 및 상해에 이르게 한 자는 투살

상으로 논한다. 나루의 물이 깊은 수렁이거나 교량이나 배가 썩어서 무너질 것을 알면서도 속여서 사람을 건너게 한 것 따위를 말한다.

[율문의 소] 의하여 말한다: 물을 건너는 곳이 깊은 수렁으로 되어 있거나 혹은 교량이나 배가 썩고 물이 새어 사람이 건널 수 없는데, "나루에 깊은 수렁이 없고 수심이 얕으며 배나 교량이 견고하다."라고 속여 사람을 건너게 함으로써 사망이나 상해를 입힌 자는 "투살상(투5.1)으로 논한다." (이는) 사람을 익사케 한 자는 교형에 처하고 팔다리 하나를 부러뜨린 자는 도3년에 처한다는 것(투4.1a) 따위를 말한다. 그러므로 주에 "나루의 물이 깊은 수렁이거나 교량이나 배가 썩어서 무너질 것을 알면서 속여서 사람을 건너게 한 것 따위를 말한다."고 한 것이다. "따위"라 한 것은 구덩이와 함정·몰래 설치한 쇠뇌84) 등이 있음을 알면서도 사람을 속여서 (건너게 하여) 사망이나 상해를 입힌 자를 말하는 것으로 역시 투살상으로 논한다.85) 그들이 존비·귀천 (관계이면) 각각 투살상의 본(조 처벌)법에 따른다(투11~33·36).

[律文의 問] 曰: 詐陷人渡朽敗橋梁, 溺之甚困, 不傷不死, 律條無文, 合得何罪? 又, 人雖免難, 溺陷畜産, 又若爲科?

[律文의 答] 曰: 律云「詐陷人至死及傷」, 但論重法, 略其輕坐, 不可備言, 別有「擧重明輕」, 及「不應爲」罪. 若詿陷令溺, 雖不傷, 死, 猶同「毆人不傷」論.

---

84) 『律音義』(권10, 610쪽)에 "機槍은 檻屬이며, 虎豹를 포획하기 위해 땅을 파고 그 안에 창을 설치하였으며, 또한 틀(機)을 위에 설치하여 호표가 뛰어나오지 못하도록 막는다."라고 하였고, 『唐律釋文』(권25, 645쪽)에서는 "機槍을 설치하여 맹수를 포획하는데, 지금의 사람들은 이것을 暗弩라고 한다."고 하여 機槍을 暗弩로 보고 있다. 여기서는 『唐律釋文』에 의거하여 원문의 '機槍'을 '몰래 설치한 쇠뇌'로 번역한다.

85) 쇠뇌[機槍]를 설치하거나 함정을 만든 결과로서 사람을 살상한 경우에는 鬪殺傷에서 1등을 감하여 처벌한다(394, 잡6.1b).

陷殺傷畜産者, 準「作坑穽」例償其減價.

[율문의 문] 묻습니다: 사람을 속여서 썩어 무너질 교량을 건너게 함으로써 물에 빠져 매우 곤란한 지경에 처하게 하였지만, 상해도 입지 않고 사망하지도 않은 경우, 이에 대한 율의 조문이 없는데 어떤 죄를 받게 됩니까? 또 사람은 비록 곤란에서 벗어났지만 축산이 물에 빠져 (살상되었다면) 또 어떻게 죄를 줍니까?

[율문의 답] 답한다: 율문에서 "사람을 속여서 사망 및 상해에 이르게 하였다."라고 하여, 단지 무거운 (처벌)법만 논하고 그 가벼운 처벌을 생략한 것은 낱낱이 언급할 수 없고, 별도로 "무거운 것(이 가볍게 처벌된 점)을 들어 (그보다 가벼우니 처벌이) 가볍다는 것을 밝힌다."(명50.1)는 (원칙) 및 "마땅히 해서는 안 되는데 행한"(잡62) 죄가 있기 때문이다. 만약 속여서 물에 빠지게 하였다면 비록 상해나 사망하지 않았더라도 역시 "사람을 구타했으나 상해하지 않은 것"으로(투1.1) 논한다.86) 타인의 축산을 함정에 빠뜨려 살상한 경우는 "함정을 만든 것"(잡6.1)의 예에 준하여 그 감손된 값을 배상한다.87)

---

86) 사람을 구타했으나 상해하지 않은 것은, 달리 말하면 싸우다가 사람을 손발로 구타한 것과 같이 죄는 태40에 해당한다(302, 투1.1). 따라서 사람을 속여서 물에 빠지게 하였지만 살상이 없는 경우 태40에 처한다.

87) 잡률 4조(392, 잡4.1)는 "무릇 성 안의 크고 작은 도로 및 사람이 많은 가운데를 까닭 없이 수레나 말을 달린 자는 태50에 처하고, 그로 인해 사람을 죽였거나 다치게 한 때에는 투살상에서 1등을 감한다."고 규정하고, "축산을 살상한 때에는 감손시킨 가치를 배상한다. 다른 조항에서 투살상에서 1등을 감한다고 한 경우에 축산을 살상한 것이 있다면 모두 이에 준한다."고 注하였다. 또한 잡률 6조(394, 잡6.1b)는 "쇠뇌를 놓거나 함정을 만들어 사람을 살상한 때에는 투살상죄에서 1등을 감한다."고 규정하고 있다. 따라서 사람을 속여서 썩어 무너질 교량을 건너게 함으로써 축산을 살상한 때에는 잡률 4.1조와 6.1b조를 준용하여 감손된 가치를 배상해야 한다.

제386조 사위 25. 보증 부실의 죄(保任不如所任)

[律文1] 諸保任不如所任, 減所任罪二等;

[律文2] 卽保贓重於竊盜從竊盜減.

[律文3] 若虛假人名爲保者, 笞五十.

[律文1의 疏] 議曰: 保任之人, 皆相委悉. 所保旣乖本狀, 卽是「不如所任」, 減所任之罪二等.

[律文2의 疏] 「其有保贓重於竊盜, 從竊盜減」, 謂保「強盜」「枉法」及「恐喝」等贓, 本條得罪重於竊盜, 並從竊盜上減二等. 不從重贓減者, 以其元不同情, 保贓不保罪故也.

[律文3의 疏] 「若虛假人名爲保者」, 謂假用人名, 或妄以他人姓字以充保者, 並笞五十. 有五人同保一事, 此卽先共謀計, 須以造意爲首, 餘爲從坐, 當頭自保者, 罪無首從.

[율문1] 무릇 보증한 것이 보증한 바와 같지 않으면 보증한 죄에서 2등을 감한다.

[율문2] 만약 보증한 장죄가 절도죄보다 무거우면 절도(죄)에서 감한다.

[율문3] 만약 가공의 인명이나 타인의 명의를 빌려 보증한 자는 태50에 처한다.

[율문1의 소] 의하여 말한다: 보증인88)은 모두 서로 자세하게 알고

---

88) 보증인은 일반적으로 '사실의 有無眞僞 혹은 其發生·不發生을 담보하는 자'를 가리킨다. 여기에서는 도망하지 않는다는 것이나 죄를 범하지 않는다는 것을 담보하고, 그것이 위반될 경우에는 형사책임을 진다는 인지 하에 '宣誓供述書 제출'(일본역『唐律疏議』1, 140쪽, 주4)을 행하여 刑事事件犯人 등을 담보하는

있(는 자이)다. (그럼에도 불구하고) 보증한 바가 본래의 (정)상과 어긋난 것이 곧 "보증한 바와 같지 않은" 것으로, (이 경우) 보증한 바의 죄에서 2등을 감한다.

[율문2의 소] "단 보증한 장죄가 절도죄보다 무거우면 절도죄에서 감한다."라는 것은 "강도"(적34)·"왕법"(직48) 및 "공갈"(적38) 등의 장죄를 보증하였다면, 본조에서 죄를 받는 것이 절도죄보다 무거우므로 모두 절도죄에서 2등을 감한다는 것을 말한다. (이 경우) 무거운 장죄에서 감하지 않는 것은 그 (보증인의 죄는) 원래 (피보증인의 죄와) 정이 같지 않고 (또) 장물을 보증하고 죄를 보증한 것이 아니기 때문이다.

[율문3의 소] "만약 가공의 인명이나 타인의 명의를 빌려 보증한 자"이라는 것은 (다른) 사람의 명의를 빌려 쓰거나 혹은 망령되이 타인의 성(명)·자로 보증인이 된 것을 말하며, 모두 태50에 처한다. 다섯 사람이 함께 하나의 사건을 보증한 경우,[89] 이는 곧 먼저 공

자를 의미한다. 영 등에서 보증인과 관련된 것으로 ①流徒罪囚로 居作하는 자가 보증인을 세우면 鉗이나 盤枷를 풀 수 있도록 하는 것(『唐六典』권6, 190쪽; 『역주당육전』상, 605쪽) ②출산 전의 여성이 보증인을 세우면 구금에서 해제하는 것(『令義解』권10, 319쪽) ③公罪의 流罪나 私罪의 徒罪의 범죄인에 한하여 보증인을 세우면 구금하지 않은 상태로 參對를 허가하는 것(『唐令拾遺』, 783쪽) ④囚人이 법에 정한 횟수의 고신을 받고도 죄를 인정하지 않을 때 보증인을 세우면 방면하는 것(477, 단9.1b)을 들 수 있다. 이외에도 ⑤遺失物의 청구자가 진정한 소유주라고 보증인을 세우면 유실물을 반환하는 것(『唐令拾遺』, 730~731쪽) ⑥보증인이 노비 매매를 보증하는 것(『令義解』권9, 300쪽) ⑦보증인이 재물 出擧에 있어 채무자가 도피하면 代償하도록 규정한 것(『唐令拾遺』, 853~854쪽) ⑧새로이 사람을 호적에 넣어야 하는 경우 보증인을 세우도록 규정한 것(『令義解』권2, 300쪽) 등의 규정이 존재한다(일본역『唐律疏議』4, 85~86쪽, 주1).

89) 투루판 아스타나29호墓에서 출토된「唐垂拱元年康尾義羅施等請過所案卷殘卷」을 보면 康尾義羅施 등이 과소를 신청할 때 5명의 보증인을 세웠음을 확인할 수 있다. 이들 보증인은 신청서에 자신의 籍貫·성명·연령을 기록하고 指印을

동으로 계획한 것이므로 반드시 주모자를 수범으로 하고 나머지는
종범으로 하여 처벌하며, 각각 독자적으로 보증선 것은 죄에 수
범·종범의 구별이 없다(명43.1).

제387조 사위 26. 위증과 허위 통역의 죄(證不言情及譯人詐僞)

[律文] 諸證不言情及譯人詐僞, 致罪有出入者, 證人減二等, 譯人與同罪.
謂夷人有罪, 譯傳其對者.

　[律文의 疏] 議曰: 「證不言情」, 謂應議、請、減、七十以上、十五以下及廢疾並
據衆證定罪, 證人不吐情實, 遂令罪有增減; 及傳譯番人之語, 令其罪有出入
者: 「證人減二等」, 謂減所出入罪二等. 「譯人與同罪」, 若夷人承徒一年, 譯
人云「承徒二年」, 即譯人得所加一年徒坐; 或夷人承流, 譯者云「徒二年」, 即
譯者得所減二年徒之類. 故注云,「謂夷人有罪, 譯傳其對者」. 律稱「致罪有出
入」, 即明據證及譯以定刑名. 若刑名未定而知證,譯不實者, 止當「不應爲」
法: 證,譯徒罪以上從重, 杖罪以下從輕.

[율문] 무릇 증인이 실정을 말하지 않거나 통역인이 거짓으로 (통
역하여) 죄에 덜고 더함이 있게 한 경우, 증인은 (덜고 더한 죄
에서) 2등을 감하고 통역인은 (덜고 더한 죄와) 같은 죄를 준다.
외국인이 죄가 있으면 그의 진술을 통역하여 전하는 것을 말한다.

　[율문의 소] 의하여 말한다: "증인이 실정을 말하지 않다."라는 것은

찍었다(劉俊文, 『唐律疏議箋解』, 1734~1767쪽). 또한 日本 養老令에서 반드시
보증인을 세우는 경우 모두 5명을 한계로 한다고 하였으므로(『令義解』권7,
263쪽), 당에서도 5명의 보증인을 세우는 규정이 존재하였을 것이다.

78　당률소의역주 Ⅳ

의장·청장·감장해야 할 자이거나, 나이 70세 이상 15세 이하 및 폐질인 자는 모두 3인 이상[90]의 증언에 근거해서 죄를 정해야 하는데(단6.1a), 증인이 실정을 토로하지 않음으로써 죄에 증감이 있게 한 경우나 외국인의 언어를 통역·전달함에 (잘못 전달함으로써) 그 죄에 덜고 더함이 있게 한 경우를 말한다. "증인은 2등을 감한다."라는 것은 덜고 더한 죄에서 2등을 감하는 것을 말한다. "통역인은 (덜고 더한 죄와) 같은 죄를 준다."는 것은 만약 외국인이 도1년을 인정하였는데 통역인이 "도2년을 인정하였다."라고 전달하였다면, 통역인은 더한 바 1년의 도형을 받게 되고, 만약 외국인이 유죄를 인정하였는데, 통역인이 "도2년"이라고 하였다면 통역인은 덜은 2년의 도형을 받게 되는 것 등을 말한다.[91] 그러므로 주에 "외국인이 죄가 있으면 그의 진술을 통역하여 전하는 것을 말한다."고 한 것이다. 율문에 "죄에 덜고 더함이 있게 하다."라고 하였으니, 곧 증언과 통역에 의거하여 형의 등급을 정하는 것이 분명하다. 만약 형의 등급이 정해지지 않았는데 증언과 통역이 사실이 아님을 안 것은 단지 "마땅히 해서는 안 되는데 행한"(경우의 처벌)법(잡62)에 해당하니, 증인과 통역인의 (죄가) 도죄 이상이면 무거운 쪽에 따르고 장죄 이하이면 가벼운 쪽에 따른다.

---

90) 율에서 '衆'이라 함은 3인 이상이고, '謀'라 함은 2인 이상이다(명55.4·5).
91) 徒罪를 流罪로 더한 것은 도1년을 더한 것으로 간주하고 감하는 법도 같으므로, 유죄는 도4년으로 비정한다(명17.2). 따라서 외국인이 유죄를 인정했는데 도2년이라고 통역했다면, 감한 형은 도2년이 된다.

제388조 사위 27. 주사가 사기를 승인한 죄(主司承詐)

[律文] 諸詐冒官司以有所求爲, 而主司承詐, 知而聽行與同罪, 至死者減一
等; 不知者不坐. 謂此篇於條內無主司罪名者.

[律文의 疏] 議曰：「詐冒官司」, 謂詐僞及罔冒官司欲有所求爲, 官司知詐冒
之情而聽行者, 並與詐冒人同罪, 至死減一等, 不知情者不坐. 注云「謂此篇
於條內無主司罪名者」, 卽此條爲當篇「主司」生文, 不爲餘篇立例. 此篇無主
司罪名者, 上條「詐稱祖父母·父母及夫死」及「詐疾病」若「詐假官」或「承襲」,
此等知情與同罪, 不知者不坐.

[율문] 무릇 관사를 사기하여 탐하는 것이 있는데, 주사가 사기를
승인하거나 알면서 시행하는 것을 허용하였으면 (속인 자와) 더
불어 죄가 같다. 사죄에 이른 때에는 1등을 감한다. 모른 때에는
처벌하지 않는다. 이 편의 조항들 안에 주사에 대한 죄명과 형량이
없는 경우를 말한다.

[율문의 소] 의하여 말한다: "관사를 사기하다."라는 것은 관사를 속
이거나 사칭하여 탐하고자 함이 있음을 말하며, 관사가 속인 실정
을 알면서 시행을 허용하면 속인 자와 같은 죄를 준다. 사죄에 이
른 경우에는 1등을 감하며, 실정을 모른 때에는 처벌하지 않는다.
주에 "이 편의 조항들 안에 주사에 대한 죄명과 형량이 없는 것을
말한다."라 하였으니, 곧 이 조항은 사위율편의 "주사"을 위해 만든
규정이며, 다른 편을 위해 예를 세운 것이 아니다. 이 (사위)편에
서 주사에 대한 처벌규정이 없는 것은 위의 "거짓으로 조부모·부
모 및 남편이 사망했다고 칭한 것"(사22.2) 및 "사기로 질병이 있다
고 한 것"(사20.1) 또는 "사기하여 거짓 관을 취득한 것"(사9.1), 혹은

"(사기로) 작을 계승한 것"(사10.1) 등인데, 이들 조항에서 (주사가) 실정을 알았으면 같은 죄를 주고 모른 때에는 처벌하지 않는다.

당률소의 권 제26 잡률 모두 34조

역주 이완석

[疏] 議曰: 里悝首制『法經』, 而有雜法之目. 遞相祖習, 多歷年所. 然至後周, 更名雜犯律. 隋又去犯, 還爲雜律. 諸篇罪名, 各有條例. 此篇拾遺補闕, 錯綜成文, 班雜不同, 故次詐僞之下.

[소] 의하여 말한다: 이회가 처음 『법경』을 지었을 때 잡법이라는 편목이 있었다.[1] 대대로 그대로 따르면서 많은 세월이 지났다.[2] 그러나 북주에 이르러 잡범률이라고 고쳐 불렀다. 수에서는 또 범 자를 없애고 되돌려 잡률이라고 하였다.[3] 모든 편의 죄명은 각각 (같은 맥락의 죄)조와 (법)례가 있다.[4] 이 편은 남은 것을 주워 모

---

1) 원문의 '里'는 '李'의 誤字이다. 전국시대 魏의 이회가 『법경』을 지을 때 輕狡, 越城, 博戲, 借假不廉, 淫侈, 踰制에 관련된 사안을 雜律 1편으로 만들었다(『晉書』권30, 922쪽).

2) 商鞅이 이회의 『법경』을 秦에 전할 때 法을 律로 하고 雜法을 雜律로 편명을 고쳤다. 漢이 秦의 제도를 계승하여 九章律을 정하고 잡률을 제5편에 두었다. 魏에서 漢律을 增益하여 18편을 만들고 잡률의 편명은 고치지 않았다. 晉律 20편 중 잡률은 제11편이다. 南朝 梁·陳의 율은 晉과 같고, 北齊律 12편에서 잡률은 맨 뒤에 있다(『晉書』권30, 刑法志; 『隋書』권25, 刑法志; 『唐六典』권6, 180~183쪽).

3) 北周의 大律 25편 중 제19편이 '雜犯'이다(『隋書』권25, 707쪽). 隋文帝 開皇 3년 (583)에 새로이 율을 정하고 12편 중에 제10편을 雜律이라고 하였다(『隋書』권 25, 712쪽).

4) 잡률의 편명은 다른 율에 포함될 수 없는 각종 雜犯罪를 모았다는 뜻에서 나 온 말이다. 잡률은 62개의 조항이 있는데 그 내용은 대개 다음과 같이 20개 유형으로 구분된다. ①非職務性受賂罪 1조(잡1). ②禮制違反罪 4조(잡2, 15, 61, 62). ③貨幣僞造罪 1조(잡3). ④交通安全에 관한 罪 2조(잡4, 39). ⑤公共安全을 해하는 罪 3조(잡5, 6, 35). ⑥醫療事故에 관한 罪 1조(잡7). ⑦官役에 관한 罪 2조(잡8, 19). ⑧公私財物侵占罪 5조(잡9, 13, 53, 59, 60). ⑨負債違契罪 3조(잡10, 11, 12). ⑩賭博에 관한 罪 1조(잡14). ⑪公益侵害罪 2조(잡16, 17). ⑫治安을 해하는 罪 1조(잡18). ⑬驛傳에 관한 罪 3조(잡20, 21, 38). ⑭姦罪 7 조(잡22~28). ⑮市場秩序擾亂罪 4조(잡30, 31, 33, 34). ⑯度量衡에 관한 罪 2조 (잡29, 32). ⑰水利에 관한 罪 2조(잡36, 37). ⑱失火罪 7조(잡40~46). ⑲財物亡 失損壞罪 9조(잡47~50, 54~58). ⑳文書에 관한 罪 2조(잡51, 52). 주의해야 할

으고 빠진 것을 보충하여 종합해서 조문을 만들어, 뒤섞여서 같지
않기 때문에 사위율 다음에 둔 것이다.[5]

제389조 잡 1. 좌장죄(坐贓致罪)

[律文1] 諸坐贓致罪者, 一尺笞二十, 一疋加一等. 十疋徒一年, 十疋加一
等, 罪止徒三年. 謂非監臨主司, 而因事受財者.

[律文2] 與者, 減五等.

　[律文1의 疏] 議曰: 贓罪正名, 其數有六, 謂: 受財枉法、不枉法、受所監臨、强
　盜、竊盜并坐贓. 然坐贓者, 謂非監臨主司因事受財, 而罪由此贓, 故名「坐贓
　致罪」. 犯者一尺笞二十, 一疋加一等, 十疋徒一年, 十疋加一等, 罪止徒三年.

　[律文2의 疏] 假如被人侵損, 備償之外因而受財之類, 兩和取與, 於法竝違,
　故與者減取人五等, 卽是「彼此俱罪」, 其贓沒官.

[율문1] 무릇 좌장으로 죄를 받는 자는, 1척이면 태20에 처하고,
1필마다 1등씩 더한다. 10필이면 도1년에 처하고, 10필마다 1등
씩 더하되 죄는 도3년에 그친다. 감림·주사가 아니면서 일로 인해
재물을 받은 경우를 말한다.

　것은 잡률에서 일련의 구체적인 범죄행위의 처벌 외에 通例性 규정인 違令(잡
　61)과 不應得爲(잡62)가 포함되어 있다는 점이다(劉俊文, 『唐律疏議箋解』,
　1772~1774쪽).

5) 雜律은 衛禁律 이하 詐僞律 편까지 모두 8편에 포함할 수 없는 실체적 범죄에
　관한 규정들을 주워 모으고 빠진 것을 보충하여 하나의 편을 만들었기 때문
　에 사위율 편에 뒤에 둔 것이다. 잡률 뒤의 捕亡律과 斷獄律은 犯法 후의 사
　법절차에 대한 형법 규정들을 모은 것이다(戴炎輝, 『唐律各論』下, 631쪽).

[율문2] 준 자는 5등을 감한다.

[율문1의 소] 의하여 말한다: 장죄의 (진)정 (죄)명은 그 수가 여섯이 있는데, 수재왕법(직48), (수재)불왕법(직48), 수소감림(재물)(직50), 강도(적34), 절도(적35)와 아울러 좌장을 말한다(명33.1a의 소). 그런데 좌장이란 감림·주사6)가 아니면서 일로 인해 재물을 받은 것을 말하며, 죄가 이 장물로 말미암은 것이기 때문에 '좌장으로 죄를 받는다.'고 한 것이다. 범한 자는 1척이면 태20에 처하고, 1필마다 1등씩 더한다. 10필이면 도1년에 처하고, 10필마다 1등씩 더하되 죄는 도3년에 그친다.

[율문2의 소] 가령 남에게 침탈당하거나 손해를 입었는데 배상7) 외에 재물을 받은 것 따위는 쌍방이 합의하에 주고받았더라도8) 모두 법을 어긴 것이므로, 준 자는 받은 사람(의 죄)에서 5등을 감하되, 단 '쌍방이 모두 죄가 있는 것'(명32.1)이므로 그 장물은 관에 몰수한다.

---

6) 監臨이란 내외 모든 관사의 장관으로서 소속 부서를 통섭하는 것[統攝]과 모든 관사의 判官이 그 사안을 판단하는 것[案驗]을 가리킨다. 州·縣·鎭·戍·折衝府 등의 판관 이상은 관할 지역 안에서는 모두 감림이다. 省·臺·監·寺 및 諸衛 역시 마찬가지이다(명54). 감림이란 사람 또는 재물에 대해 일반적으로 자신의 행정적 재량권을 펼칠 수 있는 입장에 있는 것을 말한다. 主司는 담당관을 의미하는 일반적인 용어이다.

7) 원문의 '備償'은 償·備·賠償·陪塡·徵償이라고도 하며 損害賠償을 뜻하지만, 피해자의 재산적 손실을 보전하는 것이라기보다는 오히려 民事的 制裁의 성격을 띤다고 할 수 있다(戴炎輝, 『唐律通論』, 171쪽).

8) 원문의 '兩和取與'는 받은 자와 준 자가 합의한 상황을 가리키는 말로, 반대어로는 '받고 주는 것이 합의되지 않았다[取與不和].'는 것이 있다(명32.2a).

제390조 잡 2. 기일에 악을 연주·감상한 죄(忌日作樂)

[律文] 諸國忌廢務日作樂者杖一百, 私忌減二等.

[律文의 疏] 議曰:「國忌」, 謂在令廢務日. 若輒有作樂者杖一百. 私家忌日
作樂者減二等, 合杖八十.

[율문] 무릇 국기로 휴무하는 날에 악을 연주·감상한 자는 장100
에 처하고, 사가의 기일이면 2등을 감한다.

[율문의 소] 의하여 말한다: '국기'9)란 영(의제령 습유480쪽)에 휴무하
도록 되어 있는 날을 말한다.10) 만약 함부로 악을 연주·감상한
자11)는 장100에 처한다. 사가의 기일12)에 악을 연주·감상한 자는

---

9) 國忌는 왕조의 선대 황제·황후의 기일이다. 다만 왕조 창건 후에 추존된 황제·
황후의 기일은 국기이지만 廢務의 날은 아니기에 이 조문의 대상이 되지 않는
다. 敦煌에서 출토된 문서로 唐 文宗 시기 尙書禮部 祠部司 소속 관인으로 추정
되는 鄭餘慶의『大唐新定吉凶書儀』(s.6537v,『英藏敦煌文獻』)에 인용된 祠部新
式에 의하면 당 高祖에서부터 穆宗까지의 몇몇 황제·황후의 기일이 기록되어
있고 이 국기일에는 廢務하고 行香한다고 하였다. 이는 文宗 大和元年(827) 당
시의 국기폐무일 규정이다.『唐六典』(권4, 126~127쪽;『역주당육전』상, 453~
455쪽)에도 고조 이후의 국기일을 폐무로, 추존된 자의 국기일은 不廢務로 규
정하고 있다. 또한 국기일에는 寺觀에서 行香의 의식을 거행하였다. 음주를 금
하는 것 외에 형의 집행 역시 삼갔다(일본역『唐律疏議』4, 95~96쪽, 주1).
10) 국기일 당일에 황제는 정무를 행하지 않는다. 국기일과 황제의 本服小功緦麻
親 喪과 百官 5품 이상 喪 때 황제와 관인 모두 정무를 하루 보지 않는다(『通
典』권108, 2810쪽).
11) 樂이란 종[金]·경쇠[石]·현악기[絲]·관악기[竹]·생황[笙]을 연주하고 노래하는[歌]
것, 북치고 춤추는 것[鼓舞] 등을 말한다(120, 직30.1c의 소). 스스로가 악을 연
주하거나 남에게 연주시킨 것도 같다(120, 직30.1b의 주).
12) 사가의 기일은 조부모·부모 등의 기일이지만, 몇 대의 조상까지 대상으로 하
는가는 소에서도 명확하지 않다. 假寧令에는 "무릇 사가의 기일에 휴가 1일을
주고 기일 전날 저녁에는 조퇴하는 것을 허락한다(『唐六典』권2, 35쪽;『역주

2등을 감하여 장80에 처해야 한다.

제391조 잡 3. 사사로이 전을 주조한 죄(私鑄錢)

[律文1a] 諸私鑄錢者流三千里,

[律文1b] 作具已備未鑄者徒二年,

[律文1c] 作具未備者杖一百.

[律文1a의 疏] 議曰: 私鑄錢者, 合流三千里.

[律文1b의 疏] 其「作具已備」, 謂鑄錢作具竝已周備而未鑄者, 徒二年.

[律文1c의 疏] 若「作具未備」, 謂有所欠少未堪鑄錢者, 杖一百. 若私鑄金銀
等錢不通時用者, 不坐.

[율문1a] 무릇 사사로이 전을 주조한 자는 유3000리에 처하고,

[율문1b] 작업 도구가 이미 구비되었으나 아직 주조하지 않은 때
에는 도2년에 처하며,

[율문1c] 작업 도구가 아직 구비되지 않은 때에는 장100에 처한다.

[율문1a의 소] 의하여 말한다: 사사로이 전을 주조한 자는 유3000리
에 처해야 한다.

당육전』상, 211쪽)."고 규정되어 있다. 宋 元豊假寧令에는 "무릇 사가의 기일
에는 휴가 1일을 준다. 조부모의 경우는 이에 준한다."고 하여 사가 기일의 휴
가 지급을 조부모의 기일에도 준용하도록 하였다. 그러나 이는 元豊 勅令格式
에 있는 규정이므로 당대에는 부모의 기일에 한해서 휴가가 지급되었을 것으
로 생각된다. 또한 이 조항의 대상이 되는 國忌가 廢務의 날에만 한정되는 것
으로 보아 사가의 기일도 휴가가 지급되는 날 즉 부모의 기일만으로 제한되는
것으로 보인다(일본역『唐律疏議』4, 96~97쪽, 주4).

[율문1b의 소] 만약 "작업 도구가 이미 구비되었다."는 것은, 전을 주조할 작업 도구가 모두 이미 빠짐없이 갖추어졌음을 말하며, 아직 전을 주조하지 않은 때에는 도2년에 처한다.

[율문1c의 소] 또한 "작업 도구가 아직 구비하지 않았다."는 것은, 부족하고 빠짐이 있어 아직 전을 주조할 수 없는 것을 말하며, 장100에 처한다. 만약 사사로이 금은 등의 전을 주조하였으나 현재 통용할 수 없을 경우는 처벌하지 않는다.

[律文2] 若磨錯成錢令薄小, 取銅以求利者徒一年.

[律文2의 疏] 議曰: 時用之錢, 厚薄大小, 竝依官樣. 輒有磨錯成錢, 令至薄小而取其銅, 以求利潤者, 徒一年.

[율문2] 또한 완성된 전을 갈거나 깎아 얇게 하거나 작게 해서 동을 취하여 이익을 구한 자는 도1년에 처한다.

[율문2의 소] 의하여 말한다: 현재 통용되는 전의 두께와 크기는 모두 관의 규격에 의거한 것이다.[13) 완성된 전을 함부로 갈거나 깎아 얇게 하거나 작게 해서 그 동을 취하여 이익을 구한 자는 도1년에 처한다.

---

13) 당 高祖 武德 4년(621)에 동전을 '開元通寶'라 명명하고 지름 8分, 무게는 2銖 4參으로 하는 규격을 정했다. 이후 高宗 乾封元年(666)에 지름 1寸, 무게 2수 6분의 '乾封泉寶'를 주조하였으나 곧 폐지하고 개원통보를 다시 발행하였다. 肅宗 乾元 연간(758~760)에 지름 1촌, 1緡의 무게 10斤인 '乾元重寶'와 지름 1촌 2분, 1민의 무게 12근인 '乾元重寶'를 주조하여 개원통보와 함께 사용하였다(『舊唐書』권49, 2094쪽; 『新唐書』권54, 1384쪽; 『唐會要』권89, 1931쪽).

제392조 잡 4. 수레·말의 과속 주행의 죄(街巷人衆中走車馬)

[律文1a] 諸於城內街巷及人衆中, 無故走車馬者笞五十,

[律文1b] 以故殺傷人者減鬪殺傷一等.

[律文1b의 注] 殺傷畜産者, 償所減價. 餘條稱減鬪殺傷一等者, 有殺傷畜産並準此.

  [律文1a의 疏] 議曰: 有人於城內街衢巷術之所若人衆之中, 衆謂三人以上, 無要速事故走車馬者笞五十.

  [律文1b의 疏] 以走車馬唐突殺傷人者, 減鬪殺傷一等.

  [律文1b의 注의 疏] 注云「殺傷畜産者, 償所減價. 餘條稱減鬪殺傷一等者, 有殺傷畜産並準此」, 謂下條「向城及官私宅, 若道徑, 射、放彈及投瓦石」、「施機槍、作坑穽」, 殺傷人者減鬪殺傷一等, 若以故殺傷畜産並償減價之類.

[율문1a] 무릇 성 안의 크고 작은 도로 및 사람들이 무리지어 있는 곳에서 까닭 없이 수레나 말을 달린 자는 태50에 처하고,

[율문1b] 그로 인해 사람을 살상한 때에는 투살상(죄)에서 1등을 감한다.

[율문1b의 주] 축산을 살상한 때에는 감손된 가치를 배상한다. 다른 조항에서 투살상(죄)에서 1등을 감한다고 한 경우에 축산을 살상한 것이 있다면, 모두 이에 준한다.

  [율문1a의 소] 의하여 말한다: 어떤 사람이 성 안의 크고 작은 도로에서[14] 또는 사람들이 무리지어 있는 곳에서 -무리라는 것은 3인

---

14) 성안의 크고 작은 도로[街衢巷術]에서, 子城의 외측 外城의 내측에 놓아져서 직각으로 교차하는 도로를 街·大街라고 한다. 街에 둘러싸여진 方形의 구획을 坊이라 하고, 그 사변은 坊壁·坊垣·坊墻 등으로 불리는 防壁으로 둘러싸여있고 坊門이 설치되었다. 방 내부 도로는 巷·街 등으로 불렸다. 소에서 언급한

이상을 말한다(명55.4).- 긴급한 일 때문이 아닌데도 수레나 말을
달린 자는 태50한다.

[율문1b의 소] 수레나 말을 달려 부딪쳐 사람을 살상한 때에는 투살
상(죄)(투1~5)에서 1등을 감한다.

[율문1b의 주의 소] 주에 "축산[15]을 살상한 때에는 감손된 가치를 배
상한다. 다른 조항에서 투살상(죄)에서 1등을 감한다고 한 경우에
축산을 살상한 것이 있다면, 모두 이에 준한다."고 한 것은, 아래
조항의 "성 및 관·사의 사택 또는 도로를 향해 화살을 쏘거나 탄환
을 발사하거나 기와나 돌을 던지거나"(잡5.1), "쇠뇌를 놓거나 함정
을 만들어서"(잡6.1) 사람을 살상한 때에는 투살상에서 1등을 감하
고, 만약 그 때문에 축산을 살상한 때에는 모두 감손된 만큼의 가
치를 배상한다는 것 따위를 말한다.

[律文2a] 若有公私要速而走者不坐,

[律文2b] 以故殺傷人者以過失論.

[律文2c] 其因驚駭, 不可禁止而殺傷人者, 減過失二等.

[律文2a의 疏] 議曰: 公私要速者, 公謂公事要速及乘郵驛幷奉勅使之輩. 私
謂吉,凶,疾病之類須求醫藥幷急追人. 而走車馬者不坐.

[律文2b의 疏] 雖有公私要急而走車馬, 因有殺傷人者, 並依過失收贖之法.

[律文2c의 疏] 其因驚駭, 力不能制而殺傷人者, 減過失二等, 聽贖, 其銅各
入被傷殺家. 若殺傷祖父母, 父母, 並同名例律「過失殺傷祖父母、父母」法. 因
驚駭不可禁止得減二等者, 亦同減例.

衢는 街와 같고 衒은 巷과 같다(일본역『唐律疏議』4, 100쪽, 주1).

15) 廏牧令에 의하면 畜産은 馬·牛·駝·騾·驢·羊·犉牛(『唐六典』권17, 487쪽 및 『역
주당육전』중, 545~546쪽; 279, 적32; 196, 구1.1의 소)을 가리키며 이 외에 매
와 개 등도 포함된다(명36의 주4의 소).

[율문2a] 만약 공적·사적으로 긴급함이 있어 달린 자는 처벌하지 않고,

[율문2b] 그로 인해 사람을 살상한 때에는 과실로 논한다.

[율문2c] 단 놀라 제지할 수 없었기 때문에 사람을 살상한 때에는 과실(죄)에서 2등을 감한다.

[율문2a의 소] 의하여 말한다: 공적·사적으로 긴급하다는 것에서 '공적'이란 공적인 일로 긴급한 것16) 및 우역의 (말을) 타는 것과 아울러 칙을 받든 사인의 부류를 말하고, '사적'이란 길사·흉사·질병 따위로 반드시 의사·약을 구해야 하거나 아울러 급히 사람을 좇는 것을 말한다. (이러한 때에) 수레나 말을 달린 자는 처벌하지 않는다.

[율문2b의 소] 비록 공적이나 사적으로 긴급함이 있어 수레나 말을 달렸더라도 그로 인해 사람을 살상한 때에는 모두 과실(죄)17)의 속동을 징수하는 법(투38)에 의거한다.

[율문2c의 소] 단 놀라 힘으로 제지할 수 없었기 때문에 사람을 살상한 때에는 과실(죄)에서 2등을 감하고 속하는 것을 허락하며, 그 속동은 각각 다치거나 죽은 (사람의) 집에 들인다. 또한 조부모·부모를 살상한 때에는 모두 명례율(명11.2c)의 조부모·부모를 과실로 살상한 법(투28.1b)과 같이 처벌하지만, 놀라 제지할 수 없었기 때문에 (범했다면) 감하는 예와 같이 2등을 감할 수 있다.

---

16) 공무로 驛馬를 타야하는 긴급사태 중 하나로, 율에서는 "신속함이 요구되는 군사업무"(123, 직33.2a)를 들고 있다. 그 소에 의하면 이러한 긴급 군사업무는 정벌, 습격, 변경 밖 소식 및 賊情을 보고하는 일 등이다.

17) 過失은 살상에 한하여 사용되는 용어로, 사회생활에서 정상적인 행동의 과정 중에 甲의 행동이 직접 원인이 되어 乙이 死傷한 경우에 갑을 과실살상으로 묻는다는 의미를 가지고 있다(일본역『唐律疏議』4, 101쪽, 주5).

제393조 잡 5. 성 및 관사·사가·도로를 향해 화살을 쏜 죄(向城官私宅射)

[律文1a] 諸向城及官私宅若道徑射者杖六十,

[律文1b] 放彈及投瓦石者笞四十,

[律文1c] 因而殺傷人者各減鬪殺傷一等.

　[律文1a의 疏] 議曰:「向城」, 謂城中有人,「及官私宅」, 亦謂宅中有人住, 若道徑射者, 杖六十.

　[律文1b의 疏] 放彈及投瓦石者, 笞四十.

　[律文1c의 疏] 卽因射若彈及投瓦石而殺傷人者, 各減鬪殺傷罪一等.

[율문1a] 무릇 성 및 관·사의 사택 또는 도로를 향해 화살을 쏜 자는 장60에 처하고,

[율문1b] 탄환을 발사하거나 기와나 돌을 던진 자는 태40에 처하며,

[율문1c] 그로 인해 사람을 살상한 때에는 각각 투살상(죄)에서 1등을 감한다.

　[율문1a의 소] 의하여 말한다: '성을 향하다.'라는 것은, 성 안에 사람이 있는 경우를 말한다. '관·사의 사택'도 역시 집 안에 사람이 거주하고 있는 경우를 말한다.[18] 또한 도로를 향해 화살을 쏜 자는 장60에 처한다.

　[율문1b의 소] 탄환[19]을 발사하거나 기와나 돌을 던진 자는 태40에

---

18) 적37·잡36.1·잡37.1·잡42.1·잡44.1에서는 建造物의 現住·非現住를 구분하지 않으나 이 조문에서는 현주 건조물만을 대상으로 하고 있다.

19) 탄환은 彈弓의 탄환을 말한다. 탄궁이란 시위에 장치를 부가해 돌이나 쇠로 만든 丸을 쏘는 도구이다.

처한다.[20)]

[율문1c의 소] 만약 화살을 쏘거나 탄환을 발사하거나 기와나 돌을 던진 것으로 인해 사람을 살상한 때에는 각각 투살상(죄)(투1~5)에서 1등을 감한다.

[律文2] 若故令入城及宅中殺傷人者, 各以鬪殺傷論, 至死者加役流.

[律文2의 疏] 議曰: 卽射彈投瓦石之人, 故令箭等入城,宅之中殺傷人者, 各以鬪殺傷論, 尊卑,長幼,貴賤竝同鬪殺傷之法, 準罪至死者加役流. 其有射及放彈,投瓦石, 不向所親尊長幷貴人之宅而非意殺傷者, 卽依名例律: 「本應重而犯時不知者, 得依凡論; 本應輕者, 聽從本.」

[율문2] 만약 고의로 성 및 사택에 들어가도록 (쏘아) 사람을 살상한 때에는 각각 투살상으로 논하고, 사죄에 이른 때에는 가역류에 처한다.

[율문2의 소] 의하여 말한다: 곧 화살을 쏘거나 탄환을 발사하거나 기와나 돌을 던진 사람이 고의로 화살 등을 성 및 사택에 들어가도록 (쏘아) 사람을 살상한 때에는 각각 투살상(투1~5)으로 논하고, (가해자와 피해자가) 존비·장유·귀천 관계이면 모두 (그들 사이의) 투살상과 같은 법(투11~16·18·19·21~33·36)으로 처벌하며, 죄에 준하여 사죄에 이른 때에는 가역류에 처한다. 단 화살을 쏘거나 탄환을 발사하거나 기와나 돌을 던진 것이 친족의 존장이나 귀인의 사택을 향하지 않았는데 뜻하지 않게 살상한 때에는 곧 명례율(명49.3)의 "단 본래 무겁게 (처벌해야 할 죄지만) 범행할 때에 알지 못한 경우는 일반범에 의거하여 논하고, 본래 가볍게 처벌해야 할

---

20) 사정권 내에 성, 官·私의 숨宅, 도로가 들어와 있는 경우를 말한다. 사정권 밖이면 쏘아도 죄가 되지 않는다(73, 위16.1c의 소)

것이면 본(법)에 따르는 것을 허용한다."는 (규정에) 의거한다.

제394조 잡 6. 쇠뇌·함정의 설치로 인해 사람을 살상한 죄(施機槍作坑穽)

[律文1a] 諸施機槍、作坑穽者, 杖一百;

[律文1b] 以故殺傷人者, 減鬪殺傷一等;

[律文1c] 若有標識者, 又減一等.

　[律文1a의 疏] 議曰: 有人施機槍及穿坑穽, 不在山澤擬捕禽獸者, 合杖一百.

　[律文1b의 疏] 以施槍等故而殺傷人者, 減鬪殺傷罪一等.

　[律文1c의 疏] 若於機槍、坑穽之處而立標識, 欲使人知, 而人誤犯致死傷者,

「又減一等」, 謂總減鬪殺傷罪二等. 若不殺傷人, 從杖一百減一等合杖九十.

[율문1a] 무릇 쇠뇌를 놓거나 함정을 만든 자는 장100에 처하고,

[율문1b] 그로 인해 사람을 살상한 때에는 투살상에서 1등을 감하며,

[율문1c] 만약 표지를 해놓은 때에는 또 1등을 감한다.

　[율문1a의 쇼] 의하여 말한다: 어떤 사람이 쇠뇌를 놓거나21) 함정을

---

21) 『律音義』(권10, 610쪽)에 "機槍은 檻의 일종이다. 虎·豹를 포획하기 위해 땅을 파고 그 안에 창을 세운 뒤 그 위에 틀[機]을 설치하여 虎·豹가 뛰어나오지 못 하도록 막는다."라고 하였고, 『唐律釋文』(권25, 645쪽)에서는 "機槍을 설치하 여 맹수를 포획하는데, 지금의 사람들은 이것을 暗弩라고 한다."고 하여 機槍 을 暗弩로 보고 있다. 여기서는 『唐律釋文』에 의거하여 몰래 설치한 '쇠뇌'로 번역한다.

만들어서 산택이 아닌 곳에서 금수를 잡으려 한 때에는 장100에 처해야 한다.

[율문1b의 소] 쇠뇌를 놓는 것 등으로 인해 사람을 살상한 때에는 투살상(투1~5)에서 1등을 감한다.

[율문1c의 소] 만약 쇠뇌나 함정이 있는 곳에 표지를 세워서 사람들에게 알게 하였는데, 사람이 착오로 범하여 사망·상해에 이르렀다면 "또 1등을 감"하는데, (이는) 투살상(죄)(투1~5)에서 총 2등을 감한다는 것을 말한다. 만약 사람을 살상하지 않았다면 장100에서 1등을 감하여 장90에 처해야 한다.

[律文2a] 其深山、迥澤及有猛獸犯暴之處而施作者, 聽. 仍立標識. 不立者, 笞四十;

[律文2b] 以故殺傷人者, 減鬪殺傷罪三等.

[律文2a의 疏] 議曰:「深山、迥澤」, 謂非人常行之所, 或雖非山澤, 而有猛獸犯暴之處, 施作機槍、坑穽者, 不合得罪. 仍立標識, 不立者, 笞四十.

[律文2b의 疏] 若不立標識, 而致殺傷人者, 減鬪殺傷罪三等. 若立標識, 仍有殺傷, 此由行人自犯, 施機槍、坑穽者不坐.

[율문2a] 단 깊은 산이나 외진 늪지 및 맹수의 침해가 있는 곳이면 (쇠뇌나 함정을) 놓거나 만드는 것을 허용하지만 그대로 표지를 세워야 한다. 세우지 않은 자는 태40에 처하고,

[율문2b] 그로 인해 사람을 살상한 때에는 투살상(죄)에서 3등을 감한다.

[율문2a의 소] 의하여 말한다: '깊은 산이나 외진 늪지'라 함은, 사람이 늘 다니는 곳이 아님을 말하며, 혹은 비록 산택이 아니더라도 맹수의 침해가 있는 곳에 쇠뇌나 함정을 놓거나 만든 때에는 죄를

받지 않지만, 그대로 표지를 세워야 한다. 세우지 않은 자는 태40에 처한다.

[율문2b의 소] 만약 표지를 세우지 않아 사람을 살상한 때에는 투살상(죄)(투1~5)에서 3등을 감한다. 만약 표지를 세웠는데도 살상이 발생했다면, 이는 행인 자신이 범한 것이므로 쇠뇌를 놓거나 함정을 만든 자는 처벌하지 않는다.

제395조 잡 7. 의사의 업무상 과실살상의 죄(醫合藥不如方)

[律文1] 諸醫爲人合藥及題疏、針刺, 誤不如本方殺人者, 徒二年半.

[律文1의 疏] 議曰: 醫師爲人合和湯藥, 其藥有君臣、分兩、題疏藥名或注冷熱遲駛, 幷針刺等. 錯誤不如本方者, 謂不合今古藥方及本草, 以故殺人者, 醫合徒二年半. 若殺傷親屬尊長, 得罪輕於過失者, 各依過失殺傷論. 其有殺不至徒二年半者, 亦從殺罪減三等, 假如誤不如本方殺舊奴婢, 徒二年減三等杖一百之類. 傷者, 各同過失法.

[율문1] 무릇 의사가 사람을 위해 약을 조합하는 것 및 (봉)제의 설명과 침을 놓는 것을 착오로 본방대로 하지 않아 사람을 살해한 때에는 도2년반에 처한다.

[율문1의 소] 의하여 말한다: 의사가 사람을 위해 탕약을 조합함에,22) 그 약에는 주약과 보약23)의 (구분이 있고) 합당한 분량24)이

---

22) 약의 처방은 秦漢 시기에는 煎藥[湯]이 대부분이었으나, 隋唐의 方書에서는 散藥[散], 丸藥[丸], 津液[煎], 膏藥[膏] 등 여러 劑型의 처방이 증가되었다(일본역 『唐律疏議』4, 107쪽, 주2).

있고, (봉)제에는 약명을 적고 (복용할 약의) 차가움과 뜨거움, (약을 달이는 시간의) 늦음과 빠름을 주기해야 하며, (이러한 것과) 아울러 침을 놓는 것25) 등은 (본방에 따라야 한다). 착오로26) 본방27)대로 하지 않았다는 것은 고금의 약방이나 본초28)대로 하지 않은 것을 말하며, 그로 인해 사람을 살해한 경우 의사는 도2년반

---

23) 약물은 '君'·'臣'·'佐'·'使'의 구별에 의거하여 처방한다. '君'은 처방 가운데 주요 작용을 하는 약이고, '臣'은 主藥을 도와 그 효능을 강화하는 약이다.

24) 分은 1兩의 1/100이다. 1량은 24銖이다. 1수는 북방의 검은 기장[秬黍]의 중간 것 100개의 무게이다. 즉 24수가 1량, 3량이 1大兩, 16량이 1斤이다(『唐六典』 권3, 81쪽; 『역주당육전』상, 352쪽). 당대 1량은 37.30그램이다.

25) 침을 놓는 것은 병에 의해 야기된 五臟의 有餘不足을 진단해서 다양한 病狀에 응하여 '九鍼'을 사용하여 補瀉하는 법을 가리킨다(일본역『唐律疏議』4, 107쪽, 주4).

26) 원문의 '誤'는 故意가 아닌 행위를 의미하는 단어의 하나로 기술 상에 있어서가 아니라 일상생활에 있어서 범한 過誤·錯誤를 가리킬 때 사용된다(일본역『唐律疏議』1, 47쪽, 주6). 의사가 本方대로 치료를 행했다면 어떠한 결과가 발생해도 可罰性이 없다. 잘못하여 본방 외의 치료를 행한 경우에는 원인행위에는 가벌성이 없지만 살상의 결과에 대해서는 책임을 묻는다. 결과가 상해이면 過失傷에 따른 贖銅 징수로 처벌되지만 사망에 이르면 도2년반에 처한다는 법정형이 규정되어 있고 속동 징수는 허가되지 않는다. 고의로 본방 외의 치료를 행한 의사 및 약 판매 상인은 원인행위 자체로 처벌되며, 살상이 있을 경우 故殺傷으로 논하여 鬪殺傷에 1등을 더한다(일본역『唐律疏議』4, 109쪽, 解說).

27) 本方이란 고금의 藥方이나 本草에 있는 처방으로, 本法이라고도 한다(102, 직 12.1의 소). 隋唐 시기에도 『小品方』·『集驗方』 등의 方書가 다수 있었으며 특히 玄宗 開元 11년(723)에 御撰 『廣濟方』 5권을 천하에 반포하였고, 天寶 5년 (746)에는 주요 부분을 村坊의 要路에 게시하였다. 德宗도 貞元 12년(796)에 御撰 『貞元廣利方』 5권을 州府에 반포하였다.

28) 本草는 藥學書를 가리킨다. 식물의 꽃·씨·잎·줄기·뿌리 등에서 나오는 약이 가장 많기에 본초라고 불렸다. 『神農本草經』이 대표적인 藥書이며 『本草』·『本草經』로도 불린다. 『본초』의 명칭은 『漢書』「平帝紀」에 처음으로 보이지만, 『漢書』「藝文志」에는 기재되어 있지 않다. 南朝 梁에 이르러 阮孝緒가 처음으로 『신농본초경』을 저술하였는데, 약 365종을 수록하였다. 陶弘景은 『名醫別錄』을 지었고, 당 高宗 顯慶 연간에 蘇敬 등이 『본초』를 수정하여 『新修本草』를 편찬하였다.

에 처해야 한다. 만약 친속의 존장을 (본방대로 하지 않아) 살상하
였는데, 죄를 받는 것이 과실(로 살상한 죄)(투27.3)보다 가볍다면,
각각 과실살상에 의거하여 논한다. 단 사람을 살해하였는데 (죄가)
도2년반에 이르지 않는 경우는 또한 (본조의) 살해죄에서 3등을
감한다.29) 가령 착오로 본방대로 하지 않아 옛 노비30)를 살해했다
면 도2년(투36.2a)에서 3등을 감하여 장100에 처하는 것 따위이다.
상해한 때에는 각각 과실과 같은 법으로 처벌한다.

[律文2a] 其故不如本方殺傷人者, 以故殺傷論;

[律文2b] 雖不傷人, 杖六十.

[律文3] 卽賣藥不如本方殺傷人者, 亦如之.

 [律文2a의 疏] 議曰:「其故不如本方」, 謂故增減本方, 不依舊法, 殺傷人者
 以故殺傷論. 尊長·卑幼·貴賤竝依故殺傷之律.

 [律文2b의 疏] 「雖不傷人」, 謂故不如本方, 於人無損猶杖六十, 於尊長及官
 人亦同毆而不傷之法.

 [律文3의 疏] 「卽賣藥不如本方」, 謂非指的爲人療患, 尋常賣藥, 故不如本
 方, 雖未損人杖六十, 已有殺傷者亦依故殺傷法, 故云「亦如之」.

[율문2a] 단 고의로 본방대로 하지 않아 사람을 살상한 때에는 고

---

29) 율에 過失殺傷은 贖銅을 징수하지만 존장에 대한 과실살상은 실형에 처한다.
   의사가 잘못하여 本方 외의 치료를 행한 경우, 그 결과가 상해이면 過失傷에
   따른 속동 징수로 처벌되지만 사망에 이르면 도2년반에 처한다. 그런데 피해
   자가 의사의 존장이고 그에 대한 과실살상의 형이 도2년반보다 무거운 경우
   (328~329, 투27·28)라면 과실살상의 형이 적용된다. 신분관계에 의해 鬪殺의
   형이 도2년반보다 가벼운 경우(투20·21·28·36)는 투살죄에서 3등을 감한 형
   이 적용된다(일본역『唐律疏議』4, 109쪽, 解說).
30) 노비는 最下級의 천인이며, '옛 노비'란 이 조문에서는 주인이 방면하여 양인
   으로 삼은 사노비를 말한다.

살상으로 논하고,

[율문2b] 사람을 상해하지 않았더라도 장60에 처한다.

[율문3] 만약 약을 파는 것을 본방대로 하지 않아 사람을 살상한 때 역시 그와 같다.

[율문2a의 소] 의하여 말한다: "단 고의로 본방대로 하지 않았다."는 것은 고의로 본방을 증감하고 구법에 의거하지 않은 것을 말하며, 사람을 살상한 때에는 고살상(투5)으로 논한다. 존장·비유·귀천의 경우는 모두 고살상의 율에 따른다.

[율문2b의 소] "사람을 상해하지 않았더라도"라고 하는 것은 고의로 본방대로 하지 않았는데 사람에게 손상이 없는 것을 말하며, 여전히 장60에 처한다(투1.1). 존장 및 관인에게 그렇게 하였다면 또한 구타하였으나 상해하지 않은 것과 같은 법(투1·11·18·26·27)으로 처벌한다.

[율문3의 소] "만약 약을 파는 것을 본방대로 하지 않았다."는 것은, 사람의 병환을 치료하기 위한 것이 아니라 일상적으로 약을 파는 것을 고의로 본방대로 하지 않은 것을 말하며, 비록 사람을 손상시키지 않았더라도 장60에 처한다. 이미 살상이 있을 때에는 역시 고살상(투5)에 관한 법에 의거하기 때문에, "역시 그와 같다."고 한 것이다.

제396조 잡 8. 정장·방인·관호·관노비의 질병을 치료하지 않은 죄(丁防官奴婢病不救療)

[律文] 諸丁匠在役及防人在防若官戶、奴婢疾病, 主司不爲請給醫藥救療者

答四十, 以故致死者徒一年.

[律文의 疏] 議曰: 丁匠在作役之所, 防人在鎭守之處, 若官戶,奴婢在本司上
者, 而有疾病, 所管主司不爲請, 雖請而主醫藥官司不給, 闕於救療者答四十.
「以故致死者」, 謂不請給醫藥救療, 以故致死者各徒一年.

[율문] 무릇 정장이 노역 중에, 방인이 방수 중에, 또는 관호·(관)
노비에게 질병이 있는데, 주사가 의사와 약을 공급해서 치료해
줄 것을 청하지 않은 때에는 태40에 처하고, 그 때문에 사망에
이른 때에는 도1년에 처한다.

[율문의 소] 의하여 말한다: 정장[31]이 노역하는 곳에서, 방인[32]이 진
수하는 곳에서, 그리고 관호나 (관)노비가 해당 관사에 상번해 있
으면서 질병이 생겼는데, 관할하는 주사가 청하지 않았거나 비록
청하였지만 의사와 약을 주관하는 관사가[33] 공급하지 않아 치료
가 제대로 되지 않은 때에는 태40에 처한다. "그 때문에 사망에 이
른 때"라 함은, 의사와 약을 공급해서 치료해 줄 것을 청하지 않아
그 때문에 사망에 이르게 한 때를 말하며, 각각 도1년에 처한다.

---

31) 丁匠은 '丁夫雜匠'의 簡稱이다. 율에서는 丁은 正役을 지는 자이고, 夫는 雜徭
　　를 지는 자이며, 잡장은 여러 종류의 工匠을 말한다고 하였다(461, 포11,1의
　　소). 役은 役任 즉 雜任·色役의 총칭으로 관청의 下級用務에 사역되는 것을 말
　　한다.
32) 防人은 折衝府로부터 鎭·戍에 파견되어 防守를 담당한 府兵을 말한다. 진·수
　　는 변경에 설치된 군사거점으로, 진은 수를 관할한다.
33) 醫疾令에 "行軍 및 作役 장소에서 500인 이상인 곳에 太常寺가 의사 1인을 파
　　견한다."고 규정되어 있으니(『슈集解』권30, 768쪽; 『천성령역주』권26, 371~
　　372쪽), 의사를 파견하는 관사는 太常寺이다. 약의 지급을 담당하는 관사는 太
　　醫署로, 각종 약을 미리 만들어 두어서 질병에 대비하는 직무를 지닌 다(『唐
　　六典』권14, 409쪽; 『역주당육전』중, 400쪽).

제397조 잡 9. 횡령의 죄(受寄物輒費用)

[律文1] 諸受寄財物而輒費用者坐贓論減一等.
[律文2] 詐言死失者以詐欺取財物論減一等.

[律文1의 疏] 議曰: 受人寄付財物而輒私費用者, 坐贓論減一等, 一尺笞十, 一疋加一等, 十疋杖一百, 罪止徒二年半.

[律文2의 疏]「詐言死失者」, 謂六畜,財物之類, 私費用而詐言死及失者.「以詐欺取財物論減一等」, 謂一尺笞五十, 一疋加一等, 五疋杖一百, 五疋加一等.

[율문1] 무릇 맡긴 재물을 함부로 소비하거나 사용한 자는 좌장으로 논하되 1등을 감한다.

[율문2] 거짓으로 죽거나 잃어버렸다고 말한 자는 사기하여 재물을 취한 것으로 논하되 1등을 감한다.

[율문1의 소] 의하여 말한다: 사람이 맡긴 재물을 함부로 사사로이 소비하거나 사용한 자는 좌장(잡1)으로 논하되 1등을 감한다. 1척이면 태10에 처하고, 1필마다 1등씩 더하되 10필이면 장100에 처하며, 죄는 도2년반에 그친다.

[율문2의 소] "거짓으로 죽거나 잃어버렸다고 말한 자"라 함은, 육축이나 재물 따위를 사사로이 소비였거나 사용하였으면서 거짓으로 죽거나 잃어버렸다고 주장하는 자를 말한다. "사기하여 재물을 취한 것으로(사12.1) 논하되 1등을 감한다."는 것은, 1척이면 태50에 처하고, 1필마다 1등씩 더하되 5필이면 장100에 처하고, 5필마다 1등씩 더한다는 것을 말한다.

[律文2의 問] 曰: 受人寄付財物, 實死,失, 合償以否? 又, 監臨受寄, 詐言死,

失, 合得何罪?

[律文2의 答] 曰: 下條云, 亡失官私器物各備償. 被強盜者不償. 卽失非強盜, 仍合備之. 以理死者, 不合備償; 非理死者, 準廄牧令合償減價. 若監臨主司受寄, 詐言死,失者, 以「詐欺取財物」減一等科之.

[율문2의 문] 묻습니다: 사람이 맡긴 재물을 받았는데 실제로 죽거나 잃어버렸다면 배상해야 합니까? 또 감림관이 (타인이) 맡긴 (재물을) 받았는데 거짓으로 죽거나 잃어버렸다고 말하였다면 어떤 죄를 받아야 합니까?

[율문2의 답] 답한다: 아래의 조항(잡57.1)에 "관·사의 기물을 망실한 자는 각각 배상한다. 강도당한 때에는 배상하지 않는다."고 하였다. 곧 잃어버린 것은 강도당한 것이 아니므로 배상하여야 한다. 까닭이 있어 죽은 경우에는 배상하지 않는다. 까닭 없이 죽은 경우에는 구목령(습유711쪽)에 준하여 감손된 가치를 배상해야 한다. 만약 감림주사가 (남이) 맡긴 재물을 받았는데 거짓으로 죽거나 잃어버렸다고 말한 때에는 "사기하여 재물을 취한 것"(사12.1)으로 논하되 1등을 감해서 죄준다.

제398조 잡 10. 계약을 위반하고 부채를 상환하지 않은 죄(負債違契不償)

[律文1a] 諸負債違契不償, 一疋以上, 違二十日笞二十, 二十日加一等, 罪止杖六十;

[律文1b] 三十疋加二等,

[律文1c] 百疋又加三等.

[律文2] 各令備償.

　[律文1a의 疏] 議曰: 負債者, 謂非出擧之物, 依令合理者, 或欠負公私財物, 乃違約乖期不償者, 一疋以上, 違二十日笞二十, 二十日加一等, 罪止杖六十.

　[律文1b의 疏] 「三十疋加二等」, 謂負三十疋物, 違二十日笞四十, 百日不償合杖八十.

　[律文1c의 疏] 「百疋又加三等」, 謂負百疋之物, 違契滿二十日杖七十, 百日不償合徒一年.

　[律文2의 疏] 各令備償. 若更延日及經恩不償者, 皆依判斷及恩後之日, 科罪如初.

[율문1a] 무릇 계약을 위반하고 부채를 상환하지 않은 것이 1필 이상으로 20일을 어겼다면 태20에 처하고, 20일마다 1등씩 더하되 죄는 장60에 그친다.

[율문1b] 30필이면 2등을 더하고,

[율문1c] 100필이면 또 3등을 더한다.

[율문2] 각각 배상하게 한다.

　[율문1a의 소] 의하여 말한다: 부채란 이자를 받고 빌려준 물건이 아닌 것으로서 영(잡령 습유853쪽)에 의거하여 (관이) 관여할 수 있는 것으로34) 혹 공·사의 재물을 빚지고 있으면서 약속을 어기거나 기

---

34) 『宋刑統』(권26, 412~413쪽)에 인용된 잡령의 내용은 다음과 같다. "무릇 公私가 이자를 받고 재물을 빌려준 것은 私契에 맡기고 관이 관여하지 않는다[官不爲理]. 매월 취하는 이익은 6푼을 넘을 수 없으며, 기일이 많더라도 1배를 넘을 수 없다. 만약 관물 및 公廨의 本錢과 利息이 멈췄는데[停訖] 매번 헤아려 50일이 넘도록 모두 다 보내지 않은 경우 나머지 본전과 이익은 처음처럼 이식이 생기는데 다시 1배를 넘을 수 없다. 家資가 다한 경우 몸을 사역시켜 대가를 치르도록 하는데 役은 호 내의 男口를 通取하며, 또 이식을 되돌려 본

한을 어기고 상환하지 않는 것을 말하며, 1필 이상으로 20일을 어겼다면 태20에 처하고, 20일마다 1등씩 더하되 죄는 장60에 그친다.

[율문1b의 소] "30필이면 2등을 더한다."는 것은, 30필의 재물을 빚지고 있는데 20일을 어겼다면 태40에 처하고, 100일 (기한을 어기고) 상환하지 않았다면 장80대에 해당한다는 것을 말한다.

[율문1c의 소] "100필이면 또 3등을 더한다."는 것은, 100필의 재물을 빚지고 있는데 20일을 어겼다면 장70에 처하고, 100일을 (어기고) 상환하지 않았다면 도1년에 해당한다는 것을 말한다.

[율문2의 소] 각각 배상하게 한다. 만약 기일을 다시 연장하거나 은사를 거친 다음에도 상환하지 않은 때에는, 모두 판결된 날짜35) 및 은사를 거친 이후의 날짜에 의거하며, 죄를 처벌하는 것은 처음과 같다.

전으로 삼을 수 없다. 만약 위법하여 이식을 누적하거나 계약 외에 빼앗은 것 및 이식을 내는 것이 아닌 부채 등은 관이 관여한다[官爲理]. 質로 받은 것은 物主와 대면하지 않고는 함부로 팔 수 없으며 만약 이자를 계산하여 본전을 초과하는데 질을 찾아가지 않으면 市司에 알리고 물주와 대면하여 팔고 남으면 돌려준다. 만약 채무자가 도망하면 保人이 대신 상환한다." 이를 보면 이식을 취하는 채무에 대해 당대에서는 국가가 이자율의 한도를 규정하되, 약정 체결과 원금 상환 및 이자 지급에 관한 일에는 관여하지 않았다. 다만 관이 관여하지 않는다고 해서 위법행위를 관이 다스리지 않는 것은 아니었다. 실제로 이식을 취하지 않는 채무에서 계약을 어기고 상환하지 않거나 이식을 취하는 채무에서 위법이 발생하면 모두 관이 관여하였다. 이것이 영에 따라 관이 관여할 수 있는 것이다(錢大群, 『唐律疏議新注』, 847쪽, 주3).

35) '판결된 날짜'라는 것은 아마 상환기일을 연장한 뒤에 갚기로 한 날짜를 말할 것이다.

제399조 잡 11. 상환하지 않은 부채에 대해 계약을 초과하여 강제로 재물을 취한 죄(負債强牽財物)

[律文] 諸負債不告官司, 而强牽財物過本契者, 坐贓論.

[律文의 疏] 議曰: 謂公私債負違契不償, 應牽掣者皆告官司聽斷. 若不告官司而强牽掣財物若奴婢·畜産過本契者, 坐贓論. 若監臨官共所部交關, 强牽過本契者, 計過剩之物, 準「於所部强市有剩利」之法.

[율문] 무릇 부채를 지고 있으나, 관사에 알리지 않고 강제로 본 계약을 초과하여 재물을 차압한 자는 좌장으로 논한다.

[율문의 쇼] 의하여 말한다: 공·사의 부채를 계약을 위반하고 상환하지 않아 차압해야 할 경우는 모두 관사에 알려 (관사의) 판결에 따라야 한다. 만약 관사에 알리지 않고 강제로 재물이나 노비·축산을 차압한 것이 본 계약을 초과한 때에는 좌장(잡1)으로 논한다는 것을 말한다. 만약 감림관이 관할하는 바의 사람과 교역하면서 강제로 차압한 것이 본 계약을 초과한 때에는 초과한 재물을 계산하여 '관할구역에서 강제로 매매하여 이익을 남긴' 법(직52.2b)에 준한다.

제400조 잡 12. 양인을 노비로 삼아 부채의 저당물로 사용한 죄(以良人爲奴婢質債)

[律文1a] 諸妄以良人爲奴婢用質債者, 各減自相賣罪三等;

[律文1b] 知情而取者, 又減一等.

[律文2] 仍計庸以當債直.

[律文1a의 疏] 議曰: 虛妄用良人爲奴婢將質債者,「各減自相賣罪三等」, 謂以凡人質債, 從流上減三等; 若以親戚年幼妄質債者, 各依本條減賣罪三等.

[律文1b의 疏] 「知情而取」, 謂知是良人而取爲奴婢受質債者.「又減一等」, 謂又減質良人罪一等.

[律文2의 疏] 「仍計庸以當債直」, 謂計一日三尺之庸, 累折酬其債直. 不知情者不坐, 亦不計庸以折債直.

[율문1a] 무릇 거짓으로 양인을 노비로 삼아 부채에 대한 저당물로 사용한 자는 각각 스스로 판 죄에서 3등을 감하고,

[율문1b] 정을 알고도 취한 때에는 또 1등을 감한다.

[율문2] 그대로 노임을 계산하여 부채를 제한다.

[율문1a의 소] 의하여 말한다: 망령되이[36] 양인을 노비로 삼아 부채에 대한 저당물로 사용한 자는 "각각 스스로 판 죄에서 3등을 감한다."(적45.3b)는 것은, 일반인을 부채에 대한 저당물로 사용했다면

---

36) 원문의 '虛妄'은 율에서 '妄'이라고도 하며 자신의 잘못을 인식하면서도 행위하는 것을 가리킨다. 예를 들면, 妄認은 어떤 목적물이 자기의 것이 아님을 알면서 그것을 가리켜 자신의 것이라고 주장하여 領得함을 말한다(일본역『唐律疏議』2, 274쪽, 주1). 이 조문에서는 상대가 양인임을 알면서도 노비로 삼는 것을 가리킨다.

유죄[37])에서 3등을 감하고, 만약 나이 어린 친척을 거짓으로 부채에 대한 저당물로 사용한 때에는 각각 본조(적47)에 따르되 판 죄에서 3등을 감한다는 것을 말한다.[38])

[율문1b의 소] "정을 알고도 취하였다."는 것은, 양인임을 알면서도 노비로 취하여 부채에 대한 저당물로 받았다는 것을 말한다. "또 1등을 감한다."는 것은, 양인을 저당 잡힌 죄에서 또 1등을 감하는 것을 말한다.

[율문2의 소] "그대로 노임을 계산하여 부채를 제한다."는 것은, 1일의 노임을 (견) 3척(명34.2a)으로 계산하고, 누계해서 그 부채를 제하는 것을 말한다. 정을 몰랐다면 처벌하지 않으며, 또한 노임을 계산하여 부채를 제하지도 않는다.

제401조 잡 13. 착인의 죄(錯認良人爲奴婢部曲)

[律文1a] 諸錯認良人爲奴婢者徒二年, 爲部曲者減一等.

---

37) 서로 합의하여 스스로를 판 죄의 법정형은 유2000리이나(292, 적45.3b), 감할 때는 三流를 한 등급으로서 취급하기 때문에 "2000리"를 생략하고 단지 유죄라고만 한 것이다.

38) 本條(294, 적47.1)에서는 기친 이하 비유를 略賣한 때에는 鬪毆殺法과 같게 하고, 만약 和賣한 때에는 각각 1등을 감한다고 규정하였다. 그러므로 나이 어린 친척을 망녕되이 저당으로 사용한 죄의 본조는 적도율이고 그에 따라 처벌의 기준이 되는 투구살법은 투송률26·27조이다. 다시 말해 나이 어린 친척을 망녕되이 부채의 저당으로 사용한 때에는 비유를 화매한 경우의 형(294, 적47.1)에서 3등을 감하는데, 즉 투살의 형(존장이 비유를 구타하여 죽인 때에는 교형, 從父弟妹 및 從父兄弟의 子孫을 구타하여 죽인 자는 유3000리[327, 투26.2], 弟妹 및 兄弟의 子孫이나 外孫을 구타하여 죽인 자는 도3년[328, 투27.4a])에서 4등을 감하는 것이 된다(錢大群, 『唐律疏議新注』, 849쪽, 주5).

[律文1b] 錯認部曲爲奴者杖一百.

[律文1a의 疏] 議曰: 良人之與奴婢, 種類自殊, 若錯認者徒二年. 「爲部曲者減一等」, 徒一年半.

[律文1b의 疏] 若錯認部曲爲奴者杖一百. 若部曲妻雖取良人女爲, 亦依部曲之坐.

[율문1a] 무릇 양인을 착인하여 (자신의) 노비로 삼은 자는 도2년에 처하고, 부곡으로 삼은 자는 1등을 감한다.

[율문1b] 부곡을 착인하여 노로 삼은 자는 장100에 처한다.

[율문1a의 소] 의하여 말한다: 양인과 노비는 종류가 원래 다르므로, 만약 착인하여[39] (양인을 노비로 삼은) 자는 도2년에 처한다. "부곡으로 삼은 자는 1등을 감한다."고 하였으므로 도1년반에 처한다.

[율문1b의 소] 만약 부곡을 착인하여 노로 삼은 자는 장100에 처한다. 만약 부곡처이면 비록 양인의 딸을 취하여 (아내로) 삼았더라도 역시 부곡에 관한 처벌에 의거한다.

[律文2] 錯認奴婢及財物者, 計贓一疋笞十, 五疋加一等, 罪止杖一百.

[律文3] 未得者各減二等.

[律文2의 疏] 議曰: 錯認他人奴婢及財物者, 計贓一疋笞十, 五疋加一等, 罪止杖一百.

[律文3의 疏] 「未得者各減二等」, 謂從「錯認良人」以下, 未得者竝減二等. 其錯認良人以下爲子孫, 律旣無文, 量情依「不應爲輕」; 若錯認他人妻妾及女爲己妻妾者, 情理俱重, 依「不應爲重」科. 若已認得妻妾將去者, 多涉姦情,

---

39) 錯認은 목적물이 자신의 것이라고 착각해 주장하여 領得하는 것이며, 妄認의 반대어이다. 자신의 것이라고 주장하는 것이 실행의 착수이며 영득해서 자신의 점유 하에 두는 것에 의해 旣遂가 된다(일본역『唐律疏議』2, 274쪽, 주1).

卽同姦法.

[율문2] 노비 및 재물을 착인한 자는, 장물을 계산하여 1필이면 태10에 처하고, 5필마다 1등씩 더하되 죄는 장100에 그친다.

[율문3] 아직 얻지 못한 때에는 각각 2등을 감한다.

[율문2의 소] 의하여 말한다: 타인의 노비 및 재물을 착인하여 (자신의 것으로 삼은) 경우, 장물을 계산하여 1필이면 태10에 처하고, 5필마다 1등씩 더하되 죄는 장100에 그친다.

[율문3의 소] "얻지 못한 때에는 각각 2등을 감한다."는 것은, '양인을 착인한 것' 이하에서 얻지 못한 때에는 모두 2등을 감한다는 것을 말한다. 단 '양인을 착인한 것' 이하에서 (자신의) 자·손으로 삼은 것에 대해서는 율에 원래 규정이 없으므로40) 정을 헤아려 '마땅히 해서는 안 되는데 행한 죄의 가벼운 쪽'(잡62.1)에 의거한다. 만약 타인의 처첩 및 딸을 착인하여 자신의 처첩으로 삼은 때에는 정과 이치가 모두 무거우므로 '마땅히 해서는 안 되는데 행한 죄의 무거운 쪽'(잡62.2)에 의거하여 죄준다. 만약 (착)인하여 처첩을 얻어 데리고 간 때에는 대체로 간姦한 정이 있을 것이므로 곧 간의 (처벌)법(잡22)과 같다.

제402조 잡 14. 도박에 관한 죄(博戲賭財物)

[律文1a] 諸博戲賭財物者各杖一百, 擧博爲例, 餘戲皆是.

---

40) 사위율(375, 사14)에 양인 이하를 妄認하여 子孫으로 삼은 죄에 대한 처벌 규정은 있으나, 錯認의 경우는 처벌 규정이 없다.

[律文1b] **贓重者各依己分準盜論**. 輸者, 亦依己分爲從坐.

　[律文1a의 疏] 議曰: 共爲博戲而賭財物, 不滿五疋以下, 各杖一百. 注云「擧
　博爲例, 餘戲皆是」, 謂擧博爲名, 總爲雜戲之例. 弓射旣習武藝, 雖賭物亦無
　罪名.

　[律文1b의 疏] 餘戲計贓得罪重於杖一百者, 「各依己分準盜論」, 謂賭得五疋
　之物合徒一年. 注云「輸者, 亦依己分爲從坐」, 謂輸五疋之物, 爲徒一年從坐
　合杖一百. 贓多者各準盜法加罪. 若贏衆人之物亦須累而倍論, 輸衆人物者依
　己分倍爲從坐. 若倍不重一人之贓, 卽各從一人重斷.

[율문1a] **무릇 주사위 놀이를 하면서 재물을 건 자는 각각 장100에
처하고**, 주사위 놀이를 예로 들었지만 다른 놀이도 모두 이와 같다.
[율문1b] **각각 자신의 몫을 (절도의) 장물로 (계산한 죄가 장100
보다) 무거운 때에는 절도에 준하여 논한다.** 진 자도 자신의 몫에
의거하여 종범으로 처벌한다.

　[율문1a의 소] 의하여 말한다: 함께 주사위 놀이를 하면서 재물을 걸
　었다면, 5필 미만은 각각 장100에 처한다. 주에 "주사위 놀이를 예
　로 들었지만 다른 놀이도 모두 이와 같다."는 것은, 주사위 놀이를
　들어 죄명으로 하고 총괄하여 온갖 놀이[41]의 사례로 삼는다는 것
　을 말한다. 활쏘기는 무예를 익히는 것이므로 비록 재물을 걸었더
　라도 역시 처벌규정이 없다.

　[율문1b의 소] (주사위 놀이를 포함하여) 다른 놀이에서 각각 자신의

---

41) 원문의 '雜戲'에 대해 직제율(120, 직30.1c의 소)에서는 "樗蒲, 雙陸, 彈棋, 象博
　　따위"라고 해석하였다. 저포는 두 개의 면이 黑白으로 칠해진 '五木'이라는 주
　　사위 5개를 던져 말을 이동시켜 승부를 가리는 놀이이다. 쌍륙은 육면체인 주
　　사위 두 개를 이용해서 행하는 놀이로 對戰者 2명이 반상에 놓인 말을 움직여
　　적진에서 아군 진영으로 이동시키는 놀이이다. 탄기는 바둑이고 상박은 장기
　　이다(일본역『唐律疏議』4, 121쪽, 주3).

몫을 (절도의) 장물로 (계산한 죄가 장100보다) 무거운 때에는 절
도에 준하여 논한다는 것은, 도박하여 5필의 재물을 얻었다면 도1
년에 처해야 한다는 것을 말한다. 주에 "진 자도 자신의 몫에 의거
하여 종범으로 처벌한다."는 것은, 져서 5필의 재물을 잃었다면 도
1년의 종범이 되어 장100에 처해야 하고, 장물이 많다면 각각 절
도(적35)의 법에 준해서 죄를 더한다는 것을 말한다. 만약 (놀이에
서) 이겨 여러 사람⁴²⁾의 재물을 얻었다면 또한 반드시 누가하고
절반하여 논하고(명45.2a), 여러 사람에게 (져서) 재물을 잃은 자는
자신의 몫에 의거하되 절반하여 종범으로 처벌한다. 만약 절반한
것이 1인의 장죄보다 무겁지 않다면 각각 1인의 무거운 것에 따라
처벌한다.

[律文2] 其停止主人及出九若和合者, 各如之.
[律文3] 賭飲食者, 不坐.

　[律文2의 疏] 議曰:「停止主人」, 謂停止博戲賭物者主人;「及出九之人」, 亦
　擧九爲例, 不限取利多少; 若和合人令戲者: 不得財杖一百, 若得利入己竝計
　贓準盜論. 衆人上得者亦準上例倍論. 故云「各如之」.
　[律文3의 疏]「賭飲食者, 不坐」, 謂卽雖賭錢, 盡用爲飲食者, 亦不合罪.

[율문2] 그 장소 제공자 및 9를 내주고 (1을 먹는 사람), 또는 (도
박인을) 끌어 모은 자는 각각 이와 같이 (처벌한다).
[율문3] 음식내기를 한 때에는 처벌하지 않는다.

　[율문2의 소] 의하여 말한다: '장소 제공자'란 재물을 걸고 쌍륙 놀이
　하는 사람들을 머물게 한 주인를 말한다. 9를 내주고 (1을 먹는)

---

42) '여러 사람[衆]'은 3인 이상을 말한다(명55.4).

사람43)이라고 하여 9를 예로 들었지만 취한 이윤의 다소는 한하지 않는다. 만약 사람을 끌어 모아 놀이하게 한 자는 재물을 얻지 않았더라도 각각 장100에 처하며, 만약 이익 본 것을 자신이 취하였다면 모두 장물을 계산해서 절도에 준하여 논한다. 여러 사람에게서 취득한 때에는 역시 위의 예(잡14.1b의 소)에 준하여 절반하여 논한다. 그러므로 '각각 이와 같이 (처벌한다).'고 한 것이다.

[율문3의 소] "음식내기를 한 때에는 처벌하지 않는다."는 것은, 비록 돈을 걸었더라도 먹고 마시는데 다 쓴 때에는 역시 죄에 해당하지 않음을 말한 것이다.

제403조 잡 15. 주택·수레·의복·기물 및 분묘·돌짐승 등을 영조함에 영을 위반한 죄(舍宅車服器物違令)

[律文1] 諸營造舍宅、車服、器物及墳塋、石獸之屬於令有違者杖一百,
[律文2a] 雖會赦皆令改去之, 墳則不改.

[律文1의 疏] 議曰: 營造舍宅者, 依營繕令:「王公已下, 凡有舍屋, 不得施重栱、藻井.」車者, 儀制令:「一品靑油纁通幰, 虛偃.」服者, 衣服令:「一品袞冕, 二品驚冕.」器物者,「一品以下, 食器不得用純金、純玉.」墳塋者,「一品方九十步, 墳高一丈八尺」. 石獸者,「三品以上六, 五品以上四」. 此等之類具在令文. 若有違者各杖一百.

[律文2a의 疏] 雖會赦, 皆令除去, 唯墳不改. 稱「之屬」者, 碑、碣等是. 若有

---

43) 『律音義』(권10, 611쪽)에서는 원문의 '出九'를 "9를 내주고 1을 이식으로 삼는 것이다."라고 해석하였다. 노름판에서 노름 돈을 빌려주고 10분의 1을 선이자로 받는다는 의미로 이해된다.

犯者, 竝同此坐.

[율문1] 무릇 사택·수레·의복·기물 및 분묘·돌짐승 따위를 영조함에 영을 위반한 자는 장100에 처한다.
[율문2a] 비록 은사령이 내리더라도 모두 고치거나 제거하게 하고, 분묘는 고치지 않는다.

[율문1의 소] 의하여 말한다: 사택을 짓는 것은, 영선령(습유802쪽)에 의거하여, "왕공 이하는 모두 집에 겹공포[44]와 조정[45]을 할 수 없다." 수레는 의제령(습유502쪽)에 의거하여 "1품은 청유[46]의 분홍색을 칠한 넓은 포장에 창[47]을 낸다." 의복은 의복령(습유425쪽)에 의거하여 "1품은 곤면을 입고 2품은 별면을 입는다."[48] 기물은 "1품 이하는 식기에 순금이나 순옥을 사용할 수 없다."(의제령 습유503쪽)

---

44) 栱包는 전통 목조건축에서 처마 끝의 하중을 받치기 위해 기둥머리 같은 데 짜 맞추어 댄 나무 부재로, 건물의 가장 중요한 意匠的 표현으로서 장식의 기능도 겸한다. 원문의 '重栱'은 이 공포를 2단으로 겹쳐서 만들었다는 뜻으로 보인다.
45) 藻井은 중국 전통 건축 중 천장에 하는 일종의 裝飾處理로 일반적으로 원형·방형 혹은 多邊形의 凹면인데, 위에 각종 무늬·조각과 그림이 있다.
46) 중국이 원산지인 烏臼木의 씨앗에서 짜낸 乾性油이다.
47) 원문에는 '虛偓'이나 번역에서는 物觀本·官板에 따라 '虛簷'으로 수정하였다. 허첨이란 포장에 窗을 내는 것을 말한다(일본역『唐律疏議』4, 124쪽, 주5).
48) 王公과 1품관이 입는 袞冕의 복식은 다음과 같다. 푸른 구슬로 된 9줄의 끈[旒]을 드리우고 꼰 실로 갓끈[纓]을 만들며, 그 색은 인끈[印綬]과 같다. 푸른 면사의 귀막이[充耳]와 角簪導를 쓴다. 靑衣·纁裳을 입는다. 九章이 그려진 옷을 입는데, 장마다 1行으로 하되 접으면 도안이 겹치도록 하며 행마다 도안이 9개이다. 흰색 깁[白紗]으로 된 中單, 흰 실과 검은 실로 도끼 모양의 무늬를 수놓은 옷깃[黼領], 청색의 소매[襈], 옷의 가장자리[襈], 옷자락[裾], 革帶·帶鉤, 大帶, 폐슬[韍], 劍, 珮, 인끈[綬], 붉은 버선[朱韤], 붉은 신[赤舄] 등을 갖춘다. 2품관은 鷩冕을 입는데 8旒·7章이고 나머지는 袞冕과 같다(『唐六典』권4, 117쪽;『역주당육전』상, 421~422쪽).

분묘는 "1품은 사방 90보이고, 분의 높이는 1장 8척이다."⁴⁹⁾(상장령 습유830쪽) 돌짐승은 "3품 이상은 여섯, 5품 이상은 넷이다."⁵⁰⁾(상장령 습유832쪽) 이와 같은 것들 따위는 모두 영문에 갖추어져 있다. 만약 위반한 자는 각각 장100에 처한다.

[율문2a의 소] 비록 은사령이 내리더라도 모두 제거하게 하는데, 다만 분묘만은 고치지 않는다. '따위'라고 한 것은 비·갈⁵¹⁾ 등도 그러하다는 것을 말한다. 또한 범한 자는 모두 이와 같이 처벌한다.

[律文2b] 其物可賣者聽賣.

[律文2c] 若經赦後百日不改去及不賣者, 論如律.

　　[律文2b의 疏] 議曰: 舍宅以下違犯制度, 堪賣者須賣, 不堪賣者改去之.

　　[律文2c의 疏] 若赦後百日不改及不賣者, 還杖一百, 故云「論如律」.

[율문2b] 단 팔 수 있는 물건이면 파는 것을 허용한다.

[율문2c] 만약 은사령이 (내린) 뒤 100일이 지나도록 고치거나 제거하지 않은 때 및 팔지 않은 때에는 율과 같이 논한다.

　　[율문2b의 소] 의하여 말한다: 사택 이하에서 제도를 위반하였으면,

---

49) 1품의 분묘 규격은 사방 90步에 墳의 높이는 1장 8척이고, 2품은 사방 80보에 분의 높이는 1장 6척이며, 3품은 사방 70보에 분의 높이는 1장 4척이고, 4품은 사방 60보에 분의 높이는 1장 2척이며, 5품은 사방 50보에 분의 높이는 1장이다. 6품 이하는 사방 20보에 분의 높이는 8척을 넘을 수 없다(『大唐開元禮』권3, 34쪽).

50) 고대 제왕·관인의 묘 앞에 설치하는 짐승모양의 석상이다. 『唐六典』에서는 石獸와 石人을 함께 언급하고 있다(『唐六典』권4, 119~120쪽; 『역주당육전』상, 430쪽).

51) 뿔이 없는 용의 머리에 거북받침인 비석이 '碑'이고, 둥근 머리에 네모 받침인 때에는 '碣'이다. 5품 이상은 비를 세우고 7품 이상은 갈을 세운다(『唐六典』권4, 119~120쪽; 『역주당육전』상, 430쪽)

팔 수 있는 때에는 팔아야만 하고 팔 수 없는 때에는 고치거나 없앤다.

[율문2c의 소] 만약 은사령이 (내린) 뒤 100일 동안에 고치지 않은 때 및 팔지 않은 때에는 원래대로 장100에 처하기 때문에 "율과 같이 논한다."고 한 것이다.

제404조 잡 16. 도로나 전야의 길을 침점한 죄(侵巷街阡陌)

[律文1a] 諸侵巷街、阡陌者杖七十,

[律文1b] 若種植墾食者笞五十.

[律文1c] 各令復故.

[律文1d] 雖種植無所妨廢者, 不坐.

　[律文1a의 疏] 議曰:「侵巷街,阡陌」, 謂公行之所, 若許私侵, 便有所廢, 故杖七十.

　[律文1b의 疏] 「若種植墾食」, 謂於巷街阡陌種物及墾食者, 笞五十.

　[律文1c의 疏] 各令依舊.

　[律文1d의 疏] 若巷陌寬閑, 雖有種植無所妨廢者, 不坐.

[율문1a] 무릇 도로나 (전야의) 길을 침점한 자는 장70에 처하고,

[율문1b] 만약 작물을 심거나 개간하여 잠식한 자는 태50에 처하며,

[율문1c] 각각 원래대로 복구하게 한다.

[율문1d] 비록 작물을 심었더라도 (통행을) 방해하거나 막는 바가 아니라면 처벌하지 않는다.

[율문1a의 소] 의하여 말한다: "도로나 (전야의) 길을 침점하였다."는 것은, 공중이 통행하는 곳을 사사로이 침해하거나 점유하는 것을 허용하면 (통행을) 막는 바가 있게 됨을 말하는 것으로, 그런 까닭에 장70에 처한다.

[율문1b의 소] "만약 작물을 심거나 개간하여 잠식하였다."는 것은, 도로나 (전야의) 길에 작물을 심거나 개간하여 잠식하는 것을 말하며, 태50에 처한다.

[율문1c의 소] 각각 원래대로 복구하게 한다.

[율문1d의 소] 만약 도로나 길이 넓고 한산하여 비록 작물을 심었더라도 (통행을) 방해하거나 막는 바가 아니라면 처벌하지 않는다.

[律文2a] 其穿垣出穢汚者杖六十,

[律文2b] 出水者勿論.

[律文3] 主司不禁, 與同罪.

[律文2a의 疏] 議曰: 其有穿穴垣牆以出穢汚之物於街巷, 杖六十.

[律文2b의 疏] 直出水者, 無罪.

[律文3의 疏] 「主司不禁, 與同罪」, 謂「侵巷街」以下, 主司竝合禁約, 不禁者與犯罪人同坐.

[율문2a] 단 담을 뚫어 오물을 버린 자는 장60에 처하고,

[율문2b] 물을 버린 자는 논하지 않는다.

[율문3] 주관 관사가 금지하지 않았다면 더불어 죄가 같다.

[율문2a의 소] 의하여 말한다: 단 담52)에 구멍을 뚫어 크고 작은 도로에 오물을 버린 자는 장60한다.

---

52) 이 조항에서 담은 성내 坊의 주위를 둘러싼 坊壁을 말한다. 이 담은 흙을 판축하여 만들어졌다. 坊墻이라고도 한다.

[율문2b의 소] 단지 물만 버린 때에는 죄가 없다.

[율문3의 소] "주관 관사53)가 금지하지 않았다면 더불어 죄가 같다."
는 것은 "도로를 침점한 것" 이하에서 주관 관사가 모두 금지하고
단속해야 하는데 금지하지 않았다면 죄를 범한 사람과 같이 처벌
한다는 것이다.54)

제405조 잡 17. 산·들·방죽·호수의 이익을
독점한 죄(占山野陂湖利)

[律文] 諸占固山野陂湖之利者杖六十.

[律文의 疏] 議曰: 山澤陂湖, 物産所植, 所有利潤, 與衆共之. 其有占固者杖
六十. 已施功取者不追.

[율문] 무릇 산·들·방죽·호수의 이익을 독점한 자는 장60에 처한다.

[율문의 소] 의하여 말한다: 산·못·방죽·호수에서 자라는 물산에55)
이윤이 되는 바가 있으면 무리와 더불어 그것을 함께 해야 한
다.56) 만약 독점한 자가 있으면 장60에 처한다. 힘을 들여 취득한

---

53) 長安에서 길에 오물을 버린 것을 단속하는 관사는 左·右金吾衛의 左·右街使이
다(『新唐書』권49상, 1285쪽).
54) 명례율(명53.1)에 反坐 및 罪之·坐之와 與同罪라고 규정한 때에는 그 죄만을
처벌한다는 조항이 있다.
55) 산과 들에서 나는 "草木藥石"(291, 적44의 소) 등을 가리킨다. 방죽·호수·못에
서 나는 어패류도 포함된다.
56) 山澤의 이윤과 관련하여 관에서 채취하지 못하는 銅鐵 광산이 있으면 민간의
채굴을 허락하였고, 기타 이윤에 대해서도 공사가 함께 하도록 규정하였다.
또한 국가에 유익한 자원의 처분은 황제에게 상주하도록 규정되어 있다(『唐六

때에는 빼앗지 않는다.

제406조 잡 18. 야간통행금지 위반죄(犯夜)

[律文1a] **諸犯夜者笞二十,**

[律文1b] **有故者不坐.** 閉門鼓後,開門鼓前行者, 皆爲犯夜. 故, 謂公事急速及吉,凶,疾病之類.

[律文1a의 疏] 議曰: 宮衛令「五更三籌, 順天門擊鼓, 聽人行. 晝漏盡, 順天門擊鼓四百搥訖, 閉門. 後更擊六百搥, 坊門皆閉, 禁人行.」 違者笞二十. 故注云「閉門鼓後,開門鼓前, 有行者皆爲犯夜」.

[律文1b의 疏] 故, 謂公事急速. 但公家之事須行, 及私家吉,凶,疾病之類, 皆須得本縣或本坊文牒然始合行. 若不得公驗, 雖復無罪, 街鋪之人不合許過. 旣云閉門鼓後,開門鼓前禁行, 明禁出坊外者, 若坊內行者, 不拘此律.

[율문1a] 무릇 야간통행금지를 위반한 자는 태20에 처하고,

[율문1b] 사유가 있을 때에는 처벌하지 않는다. 문을 닫는 북을 친 뒤부터 문을 여는 북을 치기 전에 통행한 것은 모두 야간통행금지를 위반한 것이 된다. 사유란 긴급한 공무 및 길사·흉사·질병 따위를 말한다.

[율문1a의 소] 궁위령(습유363쪽)에는 "5경 3주57)에 순천문58)에서 북

典』권30, 749쪽; 『역주당육전』하, 452~453쪽).

57) 更은 야간을 5등분하고 붙인 이름으로 初更부터 五更까지가 존재한다. 籌는 點이라고도 하며 更을 다시 5등분하고 붙인 이름으로 初籌부터 五籌까지 존재한다.

을 쳐서 사람의 통행을 허용한다. 낮 시간이 다 지나가면 순천문
에서 북을 치는데, 400번을 다 치면 성문을 닫는다. 뒤에 다시 600
번을 치면 방문을59) 모두 닫고 사람의 통행을 금한다."고 하였다.
(이를) 어긴 자는 태20에 처한다. 그러므로 주에 이르기를 "문을
닫는 북을 친 뒤부터 문을 여는 북을 치기 전에 통행한 것은 모두
야간통행금지를 위반한 것이 된다."고 한 것이다.

[율문1b의 소] 사유란 긴급한 공무를 말한다. 단 공가의 일로 반드시
가야하거나 사가의 길사·흉사·질병 따위는 모두 반드시 본현 혹은
본방의 증명서를 얻어야만 비로소 통행할 수 있다.60) 만약 통행증
을 얻지 못했다면, 비록 죄를 주지는 않지만 거리를 지키는 사람
이61) 통과를 허용해서는 안 된다. 원래 문을 닫는 북을 친 뒤, 문
을 여는 북을 치기 전에는 통행을 금한다고 하였으니 방 밖으로
나가는 것을 금하는 것이 분명하며, 만약 방 안에서 통행하는 것이
면 이 율에 구애받지 않는다.

[律文2a] 其直宿坊街, 若應聽行而不聽及不應聽行而聽者, 笞三十;

---

58) 順天門은 長安의 宮城 南面中央의 正門이다. 中宗 神龍 원년(705)에 承天門으
로 개칭하였다.
59) 坊門은 성 내 坊에 설치된 문이다. 방문의 개폐와 열쇠의 보관은 坊正이 담당
하고(81, 위24.3b의 소), 개폐의 책임은 左·右巡使가 맡았다(『資治通鑑』권239,
7726쪽, 胡注).
60) 위금율(81, 위24.4b의 소)에서 인용한 監門式에는 다음과 같이 규정되어 있다.
京城은 매일 저녁 도로를 나누어 초소를 세워 정해진 시간을 돌아가며 전담케
하고 야간순찰을 하게 한다. 만약 公使가 文牒을 가지고 있으면 통행을 허용
한다. 행인이 혼인하는 일이 있으면 역시 허용한다. 반드시 縣의 첩을 얻어야
하는데, 喪事와 질병은 반드시 서로 알리러 가야하고 의사나 약을 구해야하므
로 거주하는 방의 문첩을 지닌 때에는 역시 통행을 허용한다. 또한 위급한 상
황 및 범죄자 체포의 경우에는 州縣 성문의 통과도 허용되었다.
61) 鋪는 경비병의 駐屯所를 말하며, 원문의 '街鋪'는 街卒의 검문소로 大街 교차점
의 구석에 설치되었다. 가졸은 金吾衛에 속하였다(『新唐書』권49상, 1285쪽).

[律文2b] 卽所直時, 有賊經過而不覺者笞五十.

[律文2a의 疏] 議曰: 謂諸坊應閉之門, 諸街守衛之所, 有當直宿, 應合聽行
而不聽及不應聽行而聽者笞三十.

[律文2b의 疏] 若分更當直之時, 有賊盜經過所直之處, 而宿直者不覺笞五十.
若覺而聽行自當主司故縱之罪.

[율문2a] 단 방이나 거리에서 숙직하면서 만약 통행을 허용해야
하는데 허용하지 않거나 통행을 허용해서는 안 되는데 허용한
자는 태30에 처하고,

[율문2b] 만약 당직하면서 도적이 통과하는 것을 적발하지 못한
자는 태50에 처한다.

[율문2a의 소] 의하여 말한다: 모든 방의 닫아야 할 문과 모든 거리
의 지켜야 할 곳에서 숙직하면서,[62] 통행을 허용해야 하는데 허용
하지 않거나 통행을 허용해서는 안 되는데 허용한 자는 태30에 처
한다는 것을 말한다.

[율문2b의 소] 만약 교대로 당직할 때 도적이 당직하는 곳을 통과하
였는데 당직하는 자가 적발하지 못하였다면 태50에 처한다. 만약
적발하고도 통행을 허용했다면 당연히 주관 관사가 (도적을) 고의
로 방임한 죄(위1.3c)에 해당한다.

---

62) 坊의 문에는 坊門卒 혹은 坊卒이 배치되어 있었다(『資治通鑑』권254, 8258쪽,
胡注). 방졸은 街卒과 마찬가지로 金吾衛에 속하였다. "거리의 지켜야할 곳"은
街鋪이다.

제407조 잡 19. 공사자를 송환하지 않은 죄(征行身死不送還鄉)

[律文1] 諸從征及從行、公使於所在身死, 依令應送還本鄉, 違而不送者杖一百.

[律文2a] 若傷病而醫食有闕者杖六十,

[律文2b] 因而致死者徒一年.

[律文1의 疏] 議曰: 「從征」謂從軍征討; 「及從行」謂從車駕行及從東宮行, 並公事充使, 於所在身死. 依令應送還本鄉者, 軍防令: 「征行衛士以上, 身死行軍, 具錄隨身資財及屍, 付本府人將還. 無本府人者, 付隨近州縣遞送.」 喪葬令: 「使人所在身喪, 皆給殯殮調度, 遞送至家.」 從行准兵部式: 「從行身死, 折衝賻物三十段, 果毅二十段, 別將十段, 並造靈轝, 遞送還府. 隊副以上各給絹兩定, 衛士給絹一定, 充殮衣, 仍並給棺, 令遞送還家.」 自餘無別文者, 卽同公使之例. 應送不送者各杖一百.

[律文2a의 疏] 「若傷病」, 謂征行人等或病或傷, 須醫藥救療, 飲食供給, 而醫食有闕者杖六十.

[律文2b의 疏] 「因而致死」, 謂以醫食不如法致死者徒一年.

[율문1] 무릇 종정 및 종행·공사로 (간 사람이) 현지에서 사망하면 영에 의거하여 본향으로 송환해야 한다. 위반하고 보내지 않은 자는 장100에 처한다.

[율문2a] 만약 다쳤거나 병들었는데 의료와 음식에 부족함이 있게 한 자는 장60에 처하고,

[율문2b] 그로 인해 사망에 이른 때에는 도1년에 처한다.

[율문1의 소] 의하여 말한다: '종정' -정토에 종군하는 것을 말한다.-

'종행'-황제의 행행 및 동궁의 행행을 따르는 것을 말한다.- 아울러 공적인 일로 사인으로 충당되었다가 현지에서 사망하여 영에 의거하여 본향으로 송환해야 하는 경우, 군방령(습유378쪽)(에 의거하면) "정행하는 위사 이상이 행군에서 사망하면, 몸에 딸린 자재 및 시신을 모두 기록하여 해당 절충부[63]의 사람에게 맡겨 가지고 돌아가게 한다. 해당 절충부의 사람이 없을 때에는 가까운 주현 (사람)에게 맡겨 체송하게 한다." 상장령(습유817쪽)(에 의거하면) "사자가 현지에서 사망하면 모두 빈렴하는 비품을 지급하고 체송 하여 집에 이르게 한다." 종행하는 사람은 병부식에 준하여 "종행 하는 사람이 사망하면, 절충도위는 부물 30단, 과의도위는 20단, 별장은 10단을 주고 아울러 상여를 만들어 체송하여 절충부로 돌 아가게 한다. 대부[64] 이상은 각각 견 2필을 주고 위사는 견 1필을 주어 수의에 충당하게 하고 모두 관을 주며, 체송하여 집으로 돌아 가게 한다." 이 밖에 별도의 규정이 없을 때에는 곧 공사의 예와 같다. 보내야 하는데 보내지 않은 때에는 각각 장100에 처한다.

[율문2a의 소] "만약 다쳤거나 병들었다."는 것은 종정하거나 종행하 는 사람 등이 병들거나 다친 것을 말하며, 반드시 의사와 약을 공

---

63) 折衝府는 병사의 簡點訓練 및 번상 혹은 동원의 제반 사무를 관장하기 위해 각 지역에 설치되었다. 그 장관은 折衝都尉(上府 정4품상·中府 종4품하·下府 정5품하)이고, 차관은 果毅都尉이며(상부 종5품하·중부 정6품상·하부 종6품 하) 절충부마다 좌·우과의도위 각 1인씩 배치되었다. 別將(상부 정7품하·중부 종7품상·하부 종7품하)은 과의도위의 부관이다. 절충부의 府兵은 衛士로서 경 사의 12(혹은 16)衛와 10率府에 각각 예속되어 교대로 상번하여 숙위하거나, 征行과 鎭戍·鎭防에 差發되었다. 절충부의 병력은 정행 등에 개개인이 분산 배치되지 않고 집단적으로 배치되었기 때문에, 동일 절충부 내의 인물이 사망 한 동료를 집으로 체송할 수 있었다.

64) 隊副는 副隊正을 지칭하며 50인으로 구성된 隊의 長인 隊正의 부관이다. 대정, 부대정 모두 정9품하이다. 그 위에 병사 100인의 장인 旅帥(종8품하), 200인으 로 구성된 團의 장인 校尉(종7품하)가 있다.

급하여 치료하고 음식을 제공해야 하며, 의료와 음식에 부족함이 있을 때에는 장60에 처한다.

[율문2b의 소] "그로 인해 사망에 이르게 되었다."는 것은, 의료와 음식을 법대로 하지 않아 사망에 이른 것을 말하며, 도1년에 처한다.

[律文3] **卽卒官, 家無手力不能勝致者, 仰部送還鄕, 違而不送者亦杖一百.**

[律文3의 疏] 議曰: 官人在任, 以理身死, 家道旣貧, 先無手力, 不能自相運致以還故鄕者, 卒官之所部送還鄕. 稱「部送」者, 差人部領, 遞送還鄕. 依令去官家口累弱尙得送還, 況乃身亡, 明須准給手力部送. 違而不送者亦杖一百.

[율문3] 만약 사망한 관(인)의 집에 일손이 없어 운송할 수 없는 경우 (소속 관사에) 부송을 부탁하여 본향으로 돌아간다. 위반하고 송환하지 않은 자는 역시 장100에 처한다.

[율문3의 소] 의하여 말한다: 관인이 재임 중에 형벌이 아닌 사유로[65] 사망했는데 집이 원래 가난하고 일손이 없어 직접 운반하여 본향으로 돌아갈 수 없는 경우 사망한[66] 관인이 소속한 (관사가) 부송하여 돌아가게 한다. '부송'이라는 것은 사람을 차출해서 대오를 이끌고 체송하여 본향으로 돌아간다는 것이다.[67] 영(잡령 습유 861쪽)에 의거하면 이임하는 관인의 가구가 허약하면 오히려 송환해야 한다고 하므로,[68] (관인) 자신이 사망했다면 반드시 이에 준

---

65) 원문의 "以理"는 이치에 합당한 사유에 의한다는 뜻으로 결과를 초래한 원인이 不法非行이 아님을 말한다. 여기에서는 관인이 재임 중 불법비행으로 인한 형벌을 받아 죽은 것이 아니라 病死 등의 이유로 사망한 것을 가리킨다.

66) 고대 중국에서는 신분에 따라 죽음을 가리키는 단어가 달랐다. 제후의 죽음은 薨이라고 하고 대부의 죽음은 卒이라고 한다(『新唐書』권46, 1194쪽).

67) '部送'은 綱(책임자)·典(부책임자) 등이 인력을 통솔하여 官物 및 囚徒·畜産 등을 수송하는 것을 말한다(133, 직43.1a의 소).

68) 내외 백관의 가족을 遞送해야 할 경우에는 모두 人力과 車牛가 지급되었다.

해서 수력을 주어 부송한다는 것이 분명하다. 위반하고 송환하지 않은 때에는 역시 장100에 처한다.

제408조 잡 20. 전송마를 한도 외에 더 취한 죄(應給傳送剩取)

[律文1a] 諸應給傳送而限外剩取者, 笞四十;

[律文1b] 計庸重者坐贓論, 罪止徒二年.

[律文1a의 疏] 議曰:「應給傳送」, 依廐牧令:「官爵一品, 給馬八疋; 嗣王, 郡王及二品以上, 給馬六疋.」三品以下, 各有等差. 若過令限數外剩取者, 笞四十.

[律文1b의 疏]「計庸重者坐贓論」, 馬庸一日爲絹三尺, 坐贓一尺笞二十, 一疋加一等, 三疋一尺笞五十, 卽是得罪重於笞四十, 須從坐贓論計庸. 罪止徒二年.

[율문1a] 무릇 전송(마)를 지급받을 수 있지만 한도 외에 더 취한 자는 태40에 처하고,

[율문1b] (말의) 노임을 (좌장의 장물로) 계산한 (죄가 태40보다) 무거운 때에는 좌장으로 논하되, 죄는 도2년에 그친다.

[율문1a의 소] 의하여 말한다: 전송(마)[69]를 지급하는 것은, 구목령

1품인 경우 手力 30인, 수레 7乘, 말 10필, 나귀 15두로 규정되었다(『唐六典』 권3, 79쪽; 『역주당육전』상, 344쪽).

69) 傳馬는 주현에 설치된 馬坊에서 관리하며 주로 긴급 상황이 아닌 때 일반적인 공문서의 체송, 특히 사신·관료 및 그 가족과 荷物의 이동수단으로 제공되었다. 이 경우 하루에 4驛(120리) 이하를 行程으로 하고 역마다 말을 교체하지 않는다. 이에 비해 驛馬는 兵部 관할의 驛館에서 관리되며 주로 국가의 긴급

(습유718쪽)에 의거하면 "관작 1품에게는 말 8필을 지급하고, 사왕·군왕[70] 및 2품 이상에게는 말 6필을 지급하며," 3품 이하는 각각 등급에 따라 차이가 있다. 만약 영의 한도를 초과하여 수량 외에 더 많이 취한 자는 태40에 처한다.

[율문1b의 소] "(말의) 노임을 (좌장의 장물로) 계산한 (죄가 태40보다) 무거운 때에는 좌장으로 논한다."는 것은, 말의 노임은 하루에 견 3척인데(명34.2a), 좌장(잡1)은 1척이면 태20이고 1필마다 1등씩 더하여 3필 1척이면 태50이 되어 곧 죄를 받는 것이 태40보다 무거우므로, (이 경우) 반드시 노임을 계산하여 좌장에 따라 논한다는 것이다. 죄는 도2년에 그친다.

[律文2] 若不應給而取者加罪二等.

[律文3] 强取者, 各加一等.

[律文4] 主司給與者, 各與同罪.

[律文2의 疏] 議曰: 上文並據應給而剩取之. 「若不應給而取者」, 謂本無傳送之理而取之. 「加二等」, 謂贓輕者杖六十; 贓重者加坐贓之罪二等, 罪止徒三年.

[律文3의 疏] 「强取者, 各加一等」, 謂應得傳送而剩强取者笞五十, 贓重者於坐贓上加一等, 不應給傳送而强取者杖七十, 贓重者坐贓上加三等. 是「各加一等」.

[律文4의 疏] 「主司給與者, 各與同罪」, 稱「各」者, 强取而主司給與, 亦與强者罪同.

한 공무와 군사적 정보의 체송에 제공되었다. 이 경우 하루에 6역(180리) 이상의 행정을 가야하며 역마다 말을 교체한다.

70) 황제의 형제와 皇子는 모두 國을 봉하고 親王이라고 하였다. 친왕의 子로서 봉작을 계승하면 嗣王이 되었다. 황태자의 자는 모두 郡王이 되고, 친왕의 자로서 황제의 은택을 입은 자도 군왕이 되었다(『唐六典』권2, 37쪽; 『역주당육전』상, 224쪽).

[율문2] 만약 지급받을 수 없는데 취한 자는 죄를 2등 더한다.

[율문3] 강제로 취한 자는 각각 1등씩 더한다.

[율문4] 주관 관사가 지급한 때에는 각각 같은 죄를 준다.

[율문2의 소] 의하여 말한다: 위의 조문은 모두 지급받을 수 있는 것보다 더 취한 경우이다. "만약 지급받을 수 없는데 취하였다."는 것은, 본래 전송할 사유가 없는데 취한 것을 말한다. "2등 더한다."는 것은 (초과한 말의 노임을 좌장의) 장(물로 계산한 죄가 태40보다) 가벼운 때에는 장60에 처하고, (태40보다) 무거운 때에는 좌장(잡1)의 죄에서 2등을 더하되 죄는 도3년에 그친다는 것을 말한다.

[율문3의 소] "강제로 취한 자는 각각 1등씩 더한다."는 것은 전송마를 받을 수 있지만 강제로 더 취한 자는 태50에 처하고, (초과한 말의 노임을 좌장의) 장(물로 계산한 죄가 태50보다) 무거운 때에는 좌장(죄)에 1등씩 더하며, 전송마를 받을 수 없는데 강제로 취한 자는 장70에 처하고, 장(물로 계산한 죄가 태70보다) 무거운 때에는 좌장(죄)에 3등을 더한다는 것을 말한다. 이것이 "각각 1등을 더한다."는 것이다.

[율문4의 소] "주관 관사가 지급한 때에는 각각 같은 죄를 준다."에서 '각각'이라고 한 것은, 강제로 취하는데 주관 관사가 지급하였다면 역시 강제로 취한 자와 죄가 같다는 것이다.

제409조 잡 21. 역에 들어가서는 안 되는데 들어간 죄(不應入驛而入)

[律文1] 諸不應入驛而入者笞四十,

[律文2a] 輒受供給者杖一百, 計贓重者準盜論.

[律文2b] 雖應入驛, 不合受供給而受者, 罪亦如之.

[律文1의 疏] 議曰:「不應入驛而入者笞四十」, 雜令:「私行人, 職事五品以
上,散官二品以上,爵國公以上欲投驛止宿者, 聽之. 邊遠及無村店之處, 九品
以上,勳官五品以上及爵遇屯驛止宿, 亦聽. 並不得輒受供給.」謂私行人, 不
應入驛而入者笞四十;

[律文2a의 疏] 輒受供給, 準贓雖少皆杖一百, 計贓得罪重於杖一百者準盜論.

[律文2b의 疏] 雖應入驛, 準令不合受供給而受, 亦與不應入驛人同罪. 强者,
各加二等.

[율문1] 무릇 역에 들어가서는 안 되는데 들어간 자는 태40에 처
하고,

[율문2a] 함부로 (역에서) 공급을 받은 자는 장100에 처하며, (받
은 것을 도죄의) 장물로 계산하여 (장100보다) 무거운 때에는
절도에 준하여 논한다.

[율문2b] 비록 역에 들어갈 수 있을지라도 공급을 받아서는 안
되는데 받은 자의 죄 역시 이와 같다.

[율문1의 소] 의하여 말한다: "역71)에 들어가서는 안 되는데 들어간

---

71) 당에서는 長安·洛陽을 중심으로 전 영토에 걸쳐 조직적인 교통체계인 驛傳制
度가 완비되어 있었다. 尚書省 兵部 駕部郎中의 관할 하에 천하의 주요한 교
통로를 따라 약 30里(당의 1리는 약 440미터)마다 역을 설치하였는데 전국에
1639역(陸驛 1297所, 水驛 260소, 수륙겸용 86소)이 설치되었다. 역마다 驛長
1인을 두고 육역에는 國都의 都亭驛에 75필을 시작으로 역의 바쁘고 한가함에
따라 상비하는 驛馬와 驛驢의 수가 정해져 있었고, 수역에는 배가 준비되었
다. 역은 오로지 공문서의 체송과 공무를 띤 관리에게 승마나 거선을 제공하
고 그들을 휴식·숙박·식사시키는 것에 이용되었다. 역전제도를 이용하는 것
이 허락된 관리에 대하여는 銅龍傳符가 지급되어 일의 느림과 빠름에 따라 1
일에 통과해야 할 역의 수가 기재되었다. 傳符는 가는 방향에 따라 4종으로

자는 태40에 처한다.”는 것은, 잡령(습유857쪽)에 “사적으로 길을 가
는 사람이라도, 직사관 5품 이상, 산관 2품 이상, 작이 국공[72] 이
상이면 역에 들어가 숙박하고자 하는 것을 허락한다. 변경·원지
및 촌점[73]이 없는 곳에서 (직사관) 9품 이상, 훈관 5품 이상 및 작
이 있는 자가 둔역[74]을 만나 숙박하는 것 역시 허락한다. (그러나)
모두 함부로 공급을 받아서는 안 된다.”라고 하였으므로, 사적으로
길을 가는 사람으로 역에 들어가서는 안 되는데 들어간 자는 태40
에 처한다.

[율문2a의 소] 함부로 공급을 받았다면 받은 것이 비록 적더라도 모
두 장100에 처하며, (받은 것을 도죄의) 장물로 계산하여 죄를 받
는 것이 장100보다 무거운 때에는 절도에 준하여 논한다는 것을
말한다.

[율문2b의 소] 비록 역에 들어갈 수 있을지라도 영에 준하여 공급을
받을 수 없는데 받았다면, 역시 역에 들어가서는 안 되는 사람과
같은 죄를 받는다. 강제한 때에는 각각 2등을 더한다.[75]

구분되지만, 실제로는 紙券이 代用되고 있었다. 역마를 이용하는 사신의 官爵
의 높고 낮음에 따라 이용할 수 있는 역마의 수에도 차이가 있었다. 전마를
사용하는 자에게는 遞牒이 발급되었다.

72) 國公은 종1품 爵의 명칭으로, 嗣王·郡王 및 특별히 王에 봉해진 자의 자손으
로서 봉작을 계승한 자는 국공이 수여되었다(『唐六典』권2, 37쪽;『역주당육전』
상, 219~223쪽).

73) 村店은 村의 宿泊所이다. 店에는 商店·旅舍·倉庫라는 3개의 의미가 있으며,
율에서는 邸店으로 익히 사용되고 있다. 이 조문에서는 숙박설비를 지닌 屋舍
로 해석된다.

74) 여기의 屯驛은 일반 역과 달리 군대가 주둔하고 있는 역을 말하는 것으로 생
각된다.

75) 직제율(142, 직52.1)에는 監臨官이 관할 관사에서 재물을 빌린 때에는 坐贓으
로 논하며 강제성이 있으면 각각 2등을 더한다고 규정되어 있고, 그 주에서
그 밖의 조항에서 강제성이 있는 경우는 이에 준한다고 해석하였다. 이 잡률
조문의 소에서는 이 경우도 강제성이 있으면 각각 2등을 더한다라는 규정이

[律文1a] 諸姦者徒一年半,

[律文1b] 有夫者徒二年.

[律文2] 部曲、雜戶、官戶姦良人者各加一等.

[律文3] 卽姦官私婢者杖九十,

[律文3의 注] 奴姦婢亦同.

  [律文1a의 疏] 議曰: 和姦者男女各徒一年半,

  [律文1b의 疏] 有夫者徒二年. 妻、妾罪等.

  [律文2a의 疏] 部曲、雜戶、官戶而姦良人者, 並加良人相姦罪一等.

  [律文3의 疏] 卽良人姦官私婢者, 杖九十.

  [律文3의 注의 疏] 注云「奴姦婢亦同」, 杖九十.

[율문1a] 무릇 간한 자는 도1년반에 처하고,

[율문1b] 남편이 있을 경우에는 도2년에 처한다.

[율문2] 부곡·잡호·관호가 양인을 간한 때에는 각각 1등을 더한다.

[율문3] 만약 관·사비를 간한 자는 장90에 처한다.

[율문3의 주] 노가 비를 간한 때에도 역시 같다.

  [율문1a의 소] 의하여 말한다: 화간한 때에는 남녀 각각 도1년반에 처하고,

  [율문1b의 소] 남편이 있을 경우에는 도2년에 처한다. 처든 첩이든 (범한 경우) 죄가 같다.

  [율문2의 소] 부곡·잡호·관호76)가 양인 (여자를) 간하였다면 모두

적용된다고 본 것이다.

양인끼리 간한 죄에 1등을 더한다.

[율문3의 소] 만약 양인이 관·사비77)를 간한 때에는 장90에 처한다.

[율문3의 주의 소] 주에 이르기를 "노가 비를 간한 때에도 역시 같다."고 하였으니, 장90에 처한다.

[律文4] 姦他人部曲妻、雜戶、官戶婦女者杖一百.

[律文5a] 强者各加一等,

[律文5b] 折傷者各加鬪折傷罪一等.

[律文4의 疏] 議曰:「姦他人部曲妻」, 明姦己家部曲妻及客女各不坐, 若姦雜戶、官戶婦女者, 杖一百.

[律文5a의 疏] 「强者各加一等」, 自「姦良人」以下, 强者各加一等.

[律文5b의 疏] 「折傷者」, 謂折齒或折指以上, 「各加鬪折傷一等」, 謂良人從凡鬪上加, 官戶、雜戶、他人部曲妻、官私奴婢各從本鬪罪上加, 與强姦爲二罪, 從重而科.

[율문4] 타인의 부곡처나 잡호·관호의 부녀를 간한 자는 장100에 처한다.

[율문5a] 강간한 때에는 각각 1등을 더하고,

[율문5b] (강간하다가) 골절상을 입힌 때에는 각각의 싸우다 골절상을 입힌 죄에 1등을 더한다.

---

76) 노비보다 한 단계 위의 천인으로 私家에는 부곡이 있고 관에는 관호가 있으며, 관호가 다시 한 단계 해방된 것이 잡호이다.

77) 이 조문에서의 '私婢'는 他家의 비이다. 또한 自家의 部曲妻·客女를 간한 경우 처벌하지 않는 것(412, 잡22.4의 소)을 보아, '무거운 것이 가볍게 처벌된 것을 들어 처벌이 가볍다는 것을 밝힌다[擧重明輕]'(명50.1)는 원칙에 의거하여 그보다 지위가 낮고 재물로 간주되는 자가의 비를 간한 것이 죄가 되지 않음은 자명하다.

[율문4의 소] 의하여 말한다: "타인의 부곡처[78]를 간하거나, -자기 집의 부곡처 및 객녀를 간했다면 각각 처벌하지 않음을 분명히 한 것이다.- 또는 잡호·관호의 부녀를 간한 자는 장100에 처한다.

[율문5a의 소] "강간한 때에는 각각 1등을 더한다."는 것은, "양인을 간한 때에는" 이하에서 강간한 경우는 각각 1등을 더한다는 것이다.

[율문5b의 소] "골절상을 입혔다."는 것은, 치아를 부러뜨리거나 혹은 손발가락을 부러뜨린 것(투2) 이상을 말하고, "각각의 싸우다 골절상을 입힌 죄에 1등을 더한다."는 것은 양인은 일반인끼리의 싸우다 (골절상을 입힌) 죄(투2~4)에 (1등을) 더하고, 관호·잡호·타인의 부곡처·관사의 노비는 각각 (각 신분에 적용되는) 싸우다 (골절상을 입힌) 죄(투19)에 (1등을) 더한다는 것을 말한다. (싸우다 골절상을 입힌 죄와) 강간은 두 죄가 되므로 무거운 것에 따라 죄준다(명49.2).[79]

---

78) 이 '部曲妻'에는 客女도 포함된다(戴炎輝, 『唐律各論』下, 664쪽).

79) 姦은 비합법적인 성관계를 총괄하여 가리킨다. 율에서의 姦罪는 4개 유형으로 나눌 수 있다. (1) 보통 간죄. 양인의 相姦이다. (2) 良賤相姦. 양인과 천인(官私賤)의 和姦, 양인의 천인 강간 및 천인의 양인 강간을 포함한다. (3) 親屬相姦. 친속 사이의 화간 및 강간을 포함한다. (4) 監臨主守의 간죄. 감림주수가 관할 범위 내에서 행한 간으로, 감림관과 部民의 화간 및 감림관의 부민 강간을 포함한다(劉俊文, 『唐律疏議箋解』, 1838쪽, 解析). 일반적으로 양인 사이의 간죄는 자수하면 죄를 면한다는 원칙이 적용되지 않으며(명37.6d), 친속상간은 화간이어도 죄인이 무기를 가지고 체포에 저항했다면 체포자가 가격하여 살해할 수 있고, 도주하는 경우 역시 살해할 수 있는 법[捕格法](452, 포2)이 적용되고(453, 포3.1의 주), 간을 범한 남성이 여성의 남편을 살해한 경우 여성은 情을 몰랐어도 교형에 처해지는(253, 적6.1의 주) 등의 특례가 있다. 이 조항은 간죄의 일반규정이다. 남녀 쌍방의 합의에 의한 화간은 필요적 공범이며, 원칙적으로 수범·종범을 나누지 않는다(戴炎輝, 『唐律各論』下, 662쪽). 남성은 처첩의 유무를 묻지 않지만 여성의 경우 남편이 있는 처첩의 간죄는 1등을 더한다. 소공친의 처였던 여성과의 혼인은 간죄로 논한다(183, 호34.1c). 강간은 남성만 처벌되며(415, 잡27.2), 강간범은 제3자가 체포(453, 포3.1)할 수 있다(일본역『唐律疏議』4, 141쪽, 解說).

제411조 잡 23. 1단계 친속 상간죄(姦緦麻以上親)

[律文1] **諸姦緦麻以上親及緦麻以上親之妻若妻前夫之女及同母異父姊妹者徒三年,**

[律文2] **強者流二千里, 折傷者絞.**

[律文3] **妾減一等.** 餘條姦妾準此.

　[律文1의 疏] 議曰：「姦緦麻以上親」, 謂內外有服親者；「及緦麻以上親之妻」,
　亦謂有服者妻；「若妻前夫之女」, 謂妻前家所生者；各徒三年.

　[律文2의 疏] 强者流二千里. 因强姦而折傷者絞.

　[律文3의 疏] 得罪已重, 故「妾減一等」, 謂減妻罪一等. 其於媵, 罪與妾同.
　注云「餘條姦妾準此」, 謂餘條五服內及主之緦麻以上親直有姦名而無妾罪者,
　並準此條減妻一等. 其奴及部曲姦主之妾及主期親之妾, 亦從減一等之例.

[율문1] 무릇 시마 이상 친속 및 시마 이상 친속의 처, 또는 처의 전남편의 딸 및 동모이부 자매를 간한 자는 도3년에 처한다.

[율문2] 강간한 자는 유2000리에 처하고, 골절상을 입힌 때에는 교형에 처한다.

[율문3] 첩이면 1등을 감한다. 다른 조항에서 첩을 간한 것은 이에 준한다.

　[율문1의 소] 의하여 말한다： "시마 이상 친속을 간하였다."는 것은,
　상복이 있는 내외의 친속을 말한다.[80] "시마 이상 친속의 처"라는

---

80) 상복이 있는 친속은 시마친 이상이다. 소공 이상 친속과의 姦은 十惡 중 內亂
　(명6.10의 주1)에 해당한다. 친속상간의 加重은 內親 및 그 처첩의 경우가 무
　겁고, 外親이 가볍다. 이 조항에서는 비록 외친을 포함하고 있으나 그 범위가
　본래 좁고 또한 服이 가볍다. 즉 (1) 母의 부모(소공), 모의 형제자매(소공), 舅

것은, 역시 상복이 있는 사람의 처를 말한다. "또는 처의 전남편의 딸"이라는 것은, 처가 전 (남편의) 집에서 낳은 자를 말한다(호 33.2). 각각 도3년에 처한다.

[율문2의 소] 강간한 자는 유2000리에 처하고, 강간으로 인해 골절상을 입힌 자는 교형에 처한다.

[율문3의 소] 죄를 받는 것이 이미 무겁기 때문에 "첩이면 1등을 감한다."는 것이며, (이는) 처(를 범한) 죄에서 1등을 감한다는 것을 말한다. 단 잉81)에 대한 (간이면) 죄는 첩에 대한 것과 같다. 주에 이르기를 "다른 조항(잡24~26)에서 첩을 간한 때에는 이에 준한다."82)고 한 것은, 다른 조항에서 오복친 내 및 주인의 시마 이상 친속에 대하여는 곧바로 간에 관한 처벌규정이 있으나 첩에 대한 처벌규정이 없는 경우 모두 이 조항에 준하여 처에 대한 죄에서 1등을 감한다는 것을 말한다. 만약 노 및 부곡이 주인의 첩 및 주인의 기친의 첩을 간한 때에도 역시 1등을 감하는 예(잡23.3)에 따른다.

姨의 자녀(시마). (2) 처의 부모(시마) (3) 姑의 자녀(시마), 자매의 자녀(소공, 그 처는 시마) (4) 女婿(시마) 및 外孫(소공), 外孫婦(시마)이다. 또한 外姻親과의 간은 從母(姨) 유2000리를 제외하고 일률적으로 더해져도 도3년에 그친다. 이는 내친 및 그 처와의 간이 더해져 유형·사형에 이르는 것과 다르다. 친속상간의 친속관계는 남성을 기준으로 하지 여성을 근거로 삼지 않는다(戴炎輝, 『唐律各論』下, 666쪽).

81) 媵은 고관의 첩 중에서 특히 관품을 수여받은 자이다(명12.1의 소). 1품관의 잉은 10인으로 종6품에 비하고 2품관의 잉은 8인으로 정7품에 비하며, 3품관의 잉은 6인으로 종7품에 비하고, 4품관의 잉은 4인으로 정8품에 비하며, 5품관의 잉은 3인으로 종8품에 비한다. 이 아래로는 모두 첩이 된다(『唐六典』권 2, 40쪽; 『역주당육전』상, 235~236쪽) 율에 있어서는 원칙적으로 첩과 동일하게 취급된다.

82) 시마친 이상의 妾·媵과의 姦은 그 처와의 간에서 1등을 감한다. 이때에는 친속상간 및 양천상간에서 '처'를 규정하고 있는 곳(412~414, 잡24~26)에서의 通則이다.

제412조 잡 24. 2단계 친속 상간죄(姦從祖母姑)

[律文1] 諸姦從祖祖母姑、從祖伯叔母姑、從父姊妹、從母及兄弟妻、兄弟子妻者流二千里,
[律文2] 強者絞.

[律文1의 疏] 議曰:「從祖祖母姑」, 謂祖之兄弟妻若祖之姊妹;「從祖伯叔母姑」, 謂父之堂兄弟妻及父之堂姊妹;「從父姊妹」, 謂己之堂姊妹;「從母」, 謂母之姊妹; 及兄弟之妻、兄弟子妻: 與之姦者並流二千里,
[律文2의 疏] 強者絞.

[율문1] 무릇 종조조모·고, 종조백숙모·고, 종부의 자매, 종모 및 형제의 처, 형제의 자의 처를 간한 자는 유2000리에 처한다.
[율문2] 강간한 자는 교형에 처한다.

[율문1의 소] 의하여 말한다: '종조조모·고'와 -조부의 형제의 처와 조부의 자매를 말한다.- '종조백숙모·고'와 -부의 사촌 형제의 처 및 부의 사촌 자매를 말한다.- '종부의 자매' -자기의 사촌 자매를 말한다.- '종모' -모의 자매를 말한다.- 및 형제의 처, 형제의 자의 처를 간한 자는 모두 유2000리에 처한다.[83]
[율문2의 소] 강간한 자는 교형에 처한다.

---

83) 이 조항에서 '從父의 자매'와 '형제의 子의 妻'는 대공이고 나머지는 모두 소공이다. '從母'만 外姻이고 나머지는 內親 혹은 그 처이다(戴炎輝, 『唐律各論』下, 668쪽). 이 조항의 죄도 十惡 중 內亂에 포함된다(명6.10의 주1).

제413조 잡 25. 3단계 친속 상간죄(姦父祖妾)

[律文1] 諸姦父祖妾,謂曾經有父祖子者. 伯叔母、姑、姊妹、子孫之婦、兄弟之女者, 絞.

[律文2] 卽姦父祖所幸婢, 減二等.

[律文1의 疏] 議曰：「姦父祖妾」, 卽曾、高妾亦同. 注云「謂曾經有父祖子者」, 其無子者卽準上文「妾減一等」. 姦伯叔母、姑、姊妹、子孫婦, 曾、玄孫婦亦同, 兄弟之女者, 絞.

[律文2의 疏] 「卽姦父祖所幸婢, 減二等」, 合徒三年. 不限有子、無子, 得罪並同.

[율문1] 무릇 부·조부의 첩, 이미 (첩에게) 부·조부의 자가 있는 경우를 말한다. 백모·숙모·고모·자매·자부·손부·형제의 딸을 간한 자는 교형에 처한다.

[율문2] 만약 부·조부가 총애한 비를 간하였다면 2등을 감한다.

[율문1의 소] 의하여 말한다："부·조부의 첩을 간하였다."고 하였으니, 곧 증조부·고조부의 첩도 같다(명52.1). 주에 이르기를 "이미 (첩에게) 부·조부의 자가 있는 경우를 말한다."고 하였으므로, 만약 자가 없을 때에는 "첩이면 1등을 감한다."는 위 조문(잡23.3)에 준한다. 백모·숙모·고모·자매·자부·손부 -증·현손의 부도 같다(명 52.2).- (및) 형제의 딸을 간한 자는 교형에 처한다.

[율문2의 소] "만약 부·조부가 총애한 비를 간하였다면 2등을 감한다."고 하였으므로 도3년에 처해야 한다. 자가 있든 없든 죄를 받는 것은 모두 같다.

[律文2의 問] 曰: 父祖之妾, 曾經有子, 父祖亡歿, 改嫁他人, 而子孫姦之, 得
同凡姦以否?

[律文2의 答] 曰: 婦人尊卑, 緣夫立制. 子孫於父祖之妾, 在禮全無服紀, 父祖
亡歿, 改適他人, 子孫姦者, 理同凡姦之法. 律有「曾爲祖免親妻妾而嫁娶者」
別立罪名, 至於和姦, 律無加罪.

[율문2의 문] 묻습니다: 부·조부의 첩에게 이미 자가 있지만, 부·조
부가 죽은 뒤 타인에게 개가한 경우, 자·손이 그를 간하였다면 일
반 간(잡22)과 같습니까?

[율문2의 답] 답한다: 부인의 존비는 남편에 따라 지위가 정해진다.
자·손은 부·조부의 첩에 대해 예제 상 전혀 상복을 입지 않으므로,
부·조부가 죽은 뒤 타인에게 개가한 경우에 자·손이 간하였다면
이치상 일반 간의 처벌법(잡22)과 같다. 율(호34.1a)에 "일찍이 단문
친의 처첩이었던 자와 혼인한 것"에 대해서는 별도로 처벌규정을
두었다. 화간에 대해서는 율에 죄를 더하는 (규정이) 없다.

제414조 잡 26. 노의 양인 간죄(奴姦良人)

[律文1a] 諸奴姦良人者徒二年半,

[律文1b] 强者流, 折傷者絞.

　[律文1의 疏] 議曰: 奴姦良人婦女徒二年半, 强者流, 折傷者絞. 雖有夫, 亦
同. 「折傷」, 謂因姦折傷者.

[율문1a] 무릇 노가 양인을 간한 때에는 도2년반에 처하고,

[율문1b] 강간한 때에는 유형에 처하고, 골절상을 입힌 때에는 교형에 처한다.

　[율문1의 소] 의하여 말한다: 노가 양인의 부녀를 간하였다면 도2년 반에 처하고, 강간한 때에는 유형에 처하며,[84] 골절상을 입힌 때에는 교형에 처한다. 비록 남편이 있더라도 역시 같다. "골절상을 입혔다."는 것은 (강)간으로 인해 골절상을 입힌 것을 말한다.

[律文2a] 其部曲及奴姦主及主之期親若期親之妻者絞,
[律文2b] 婦女減一等;
[律文2c] 强者斬.
[律文3a] 卽姦主之總麻以上親及總麻以上親之妻者流,
[律文3b] 强者絞.

　[律文2a의 疏] 議曰: 其部曲及奴和姦主及姦主之期親若期親之妻, 部曲及奴合絞,
　[律文2b의 疏] 婦女減一等.
　[律文2c의 疏] 「强者斬」, 謂奴等合斬, 婦女不坐.
　[律文3a의 疏] 「卽姦主之總麻以上親及總麻以上親之妻者流」, 婦女合流二千里.
　[律文3b의 疏] 强者奴等絞. 若姦妾者, 自主以下, 準上例並減妻一等. 卽妾子見爲家主, 其母亦與子不殊, 雖出亦同.

[율문2a] 단 부곡 및 노가 주인 및 주인의 기친, 또는 기친의 처를 간한 때에는 교형에 처하고,

---

84) 奴가 유죄를 범하면 三流 모두를 장200으로 대체(명47.2의 소)하므로 '流'라고만 하고 里數를 기재하지 않는다(戴炎輝, 『唐律各論』下, 671쪽).

[율문2b] 부녀는 1등을 감한다.

[율문2c] 강간한 때에는 참형에 처한다.

[율문3a] 만약 주인의 시마 이상 친속 및 시마 이상 친속의 처를 간한 때에는 유형에 처하고,

[율문3b] 강간한 때에는 교형에 처한다.

[율문2a의 소] 의하여 말한다: 만약 부곡 및 노가 주인과 화간한 경우 및 주인의 기친,[85] 또는 기친의 처를 간한 경우 부곡 및 노는 교형에 처해야 하며,

[율문2b의 소] 부녀는 1등을 감한다.[86]

[율문2c의 소] "강간한 때에는 참형에 처한다."는 것은, 노 등은 참형에 처해야 하고[87] 부녀는 처벌하지 않는다는 것을 말한다(잡27.2).

[율문3a의 소] "만약 주인의 시마 이상 친속 및 시마 이상 친속의 처를 간한 자는 유형에 처한다."고 하였으므로, 부녀는 유2000리에 처해야 한다.[88]

[율문3b의 소] 강간한 경우 노 등은 교형에 처한다. 만약 첩을 간하였다면 주인 이하는 위의 예(잡23.3)에 준하여 모두 처(를 범한 죄)에서 1등을 감한다. 만약 첩의 자가 현재 가주라면 그 모도 자와 다르지 않으며[89] 비록 출처되었더라도 역시 같다.[90]

---

85) 주인이란 동거 여부와는 상관없이 호적을 같이 하는 양인 이상의 신분으로 유산 상속 자격이 있는 자를 말한다(254, 적7.1의 소). 주인의 기친이란 주인과 재산을 달리 하는[異財] 자를 가리킨다(323, 투22.2a의 소).

86) 이 형은 화간한 남녀는 같이 처벌한다는 원칙(415, 잡27.1)에 대한 예외이다.

87) 부곡이나 奴가 주인을 강간하였다면 은사로 용서되지 않는다(489, 단21.1).

88) 아래 조항(415, 잡27.1)에 따라 부녀는 화간인 경우 本條에 처벌규정이 없다면 남자와 동일하게 처벌하도록 되어있으므로, 유2000리에 처해지게 된다. 단 부곡·노가 범한 이 유죄는 장200으로 대체되고(명47.2의 소), 부녀의 유2000리는 장60에 처한 후 도3년에 처하는 것으로 대체된다(명28.3b).

89) 妾의 子가 家主가 되었다면 그 어머니인 첩의 법적 지위는 자 아래로 내려가

제415조 잡 27. 화간의 본조에 부녀의 처벌규정이 없는 경우(和姦無婦女罪名)

[律文1] 諸和姦, 本條無婦女罪名者與男子同.

[律文2] 强者, 婦女不坐.

[律文3] 其媒合姦通, 減姦者罪一等.

[律文3의 注] 罪名不同者, 從重減.

> [律文1의 疏] 議曰:「和姦」, 謂彼此同者.「本條無婦女罪名與男子同」, 謂上條「奴姦良人者, 徒二年半」, 此卽和姦不立婦女罪名, 良人婦女亦徒二年半之類, 並與男子同.
>
> [律文2의 疏]「强者, 婦女不坐」, 謂上條「姦主期親强者斬」, 旣無婦女罪名, 其婦女不坐, 但是强姦者, 婦女皆悉無罪.
>
> [律文3의 疏] 其媒合姦通之人減姦罪一等, 假如和姦者徒一年半, 媒合者徒一年之類.
>
> [律文3의 注의 疏] 注云「罪名不同者, 從重減」, 假有俗人, 媒合姦女官, 男子徒一年半, 女官徒二年半, 媒合姦通者猶徒二年之類, 是爲「從重減」.

[율문1] 무릇 화간인데 본조에 부녀에 대한 처벌규정이 없을 때에는 남자와 같다.

[율문2] 강간한 때에는 부녀는 처벌하지 않는다.

[율문3] 그 간통을 매개하였다면 간한 자의 죄에서 1등을 감한다.

지 않으므로 모두 주인의 예에 따른다(322, 투21.2의 문답).

90) 家主의 어머니인 妾이 그 집에서 나와도 역시 부곡·노비에 대하여는 주인으로서 취급되었음을 볼 수 있다(322, 투21.2의 문답).

[율문3의 주] (남녀의) 처벌규정이 다를 경우에는 무거운 (쪽의 죄)에서 감한다.

　[율문1의 소] 의하여 말한다: '화간'이란 피차가 합의하여 (간)한 것을 말한다.[91] "본조에 부녀에 대한 처벌규정이 없을 때에는 남자와 같다."는 것은, 위의 조항(잡26.1)의 "노가 양인을 간한 때에는 도2년반에 처한다."는 (규정)에서, 이것이 만약 화간이면 부녀에 대한 처벌규정을 규정하지 않았지만 양인 부녀 또한 도2년반이 되는 것 따위로, 모두 남자와 같은 (죄를 준다는) 것을 말한다.[92]

　[율문2의 소] "강간한 때에는 부녀는 처벌하지 않는다."는 것은, 위 조항(잡26.3b)의 "주인의 기친을 간하였는데, 강간한 때에는 참형에 처한다."는 (규정)에서 원래 부녀의 처벌규정이 없으니 그 부녀는 처벌하지 않는 것처럼. 일단 강간이면 부녀는 모두 죄가 없다.

　[율문3의 소] 그 간통을 매개한 사람은 간한 자의 죄(잡22~26·28)에서 1등을 감한다. 가령 화간한 것이 도1년반(잡22.1a)이면 매개한 자는 도1년에 처하는 것 따위이다.

　[율문3의 주의 소] 주에 이르기를 "(남녀의) 처벌규정이 다를 경우에는 무거운 (쪽의 죄)에서 감한다."고 한 것은, 가령 속인이 여관[93]과 매개로 간한 경우, 남자는 도1년반에 처하고 여관은 도2년반(잡28.2)에 처하는데, 간통을 매개한 자는 도2년에 처하는 것 따위를 말한다. 이것이 "무거운 (쪽의 죄)에서 감한다."는 것이다.

---

91) 화간은 피차 간의 동의에 의한 간이며, 여성의 형이 규정되지 않은 한 남녀의 처벌이 같다. 강간의 '强'은 위협이나 폭력으로 또는 약을 탄 술이나 음식을 주어 狂亂을 일으키게 하였다(281, 적34의 주)는 의미이고, 先强後姦·先姦後强 등의 강간이 있다. 강간은 남성만 처벌된다.
92) 강간의 경우에는 수범과 종범의 구분이 없다(명43.3).
93) 女官은 女冠으로 도교의 여성 수도자를 말한다. 남성 수도자는 道士이다(416, 잡28.2의 소).

제416조 잡 28. 특수 신분의 간죄(監主於監守內姦)

[律文1] 諸監臨主守於所監守內姦者, 謂犯良人. 加姦罪一等.

[律文2] 卽居父母及夫喪, 若道士・女官姦者, 各又加一等.

[律文3] 婦女以凡姦論.

　[律文1의 疏] 議曰: 監臨主守之人於所監守內姦良人, 加凡姦一等, 故注云「謂犯良人」. 若姦無夫婦女徒二年, 姦有夫婦女徒二年半.

　[律文2의 疏] 卽居父母喪, 男・女同; 夫喪者, 妻・妾同; 若道士・女官, 僧・尼同: 姦者, 各又加監臨姦一等, 卽加凡姦罪二等, 故云「各又加一等」.

　[律文3의 疏] 假有監臨主守, 若道士及僧並男子在父母喪姦者, 婦女以凡姦論. 卽女居父母喪, 婦人居夫喪及女官・尼姦者, 並加姦罪二等, 男子亦以凡姦論. 其有尊卑及貴賤者, 各從本法加罪.

[율문1] 무릇 감림・주수가 관할구역 안에서 간한 때에는 양인을 범한 것을 말한다. 간한 죄에 1등을 더한다.

[율문2] 만약 부모 및 남편의 상중에 있는 자나 또는 도사・여관이 간한 때에는 각각 또 1등을 더한다.

[율문3] 부녀는 일반 간으로 논한다.

　[율문1의 소] 의하여 말한다: 감림・주수94)하는 사람이 감림・주수하는 (구역) 안의 양인을 간하였다면 일반 간죄(잡22)에 1등을 더하므로,95) 주에 이르기를 "양인을 범한 것을 말한다."라고 한 것이다.

---

94) 主守는 官物이나 囚人 등 官權 하에 있는 有體的 客體를 직접 보관・간수하는 직책을 말한다. 감림・주수를 합해서 監守 혹은 監主라고도 한다.

95) 감림관이 監臨구역 안의 양인과 간하면 請章・減章에서 제외되고 除名되지만, 獄이 성립되기 전에 은사령이 내리면 免所居官이 되고 은강령이 내리면 免官이

예컨대 남편이 없는 부녀를 간한 때에는 도2년에 처하고, 남편이 있는 부녀를 간한 때에는 도2년반에 처한다.

[율문2의 소] 만약 부모의 상중인 자나[96] -남·여가 같다.- 남편의 상중인 자, -처·첩이 같다.- 또는 도사·여관이 -승·니가 같다(명 57.1).[97]- 간한 때에는 각각 또 감림(관)의 간죄에 1등을 더하는데, (이는) 곧 일반 간죄(잡22)에 2등을 더한 것이 되므로, "각각 또 1등을 더한다."고 한 것이다.

[율문3의 소] 가령 감림·수수 또는 도사 및 승, 아울러 부모 상중에 있는 남자가 간한 경우 부녀는 일반 간죄(잡22)로 논한다. 만약 여자가 부모 상중에, 부인이 남편 상중에, 또는 여관·니가 간한 경우 모두 일반 간죄에 2등을 더하고, 남자는 역시 일반 간죄(잡22)로 논한다. 단 (간한 자들이) 존비 및 귀천 관계이면 각각 본조(잡22~28)의 법에 따라 죄를 더한다.

된다(명9.2의 소, 명18.2). 감림구역 밖의 양인과 간하면 면관(명19.1), 감림구역 안의 잡호·관호·부곡의 처·婢와의 간은 면소거관이 된다(명20.5). 화간을 범한 有官인 여성은 감장·贖章에서 제외되고 면관된다(명11.3의 주의 소; 명19.1).
96) 상중의 姦은 부모의 상중(부는 참최3년, 모는 자최3년)에 있는 남녀 및 남편의 상중(참최3년)에 있는 妻·妾·媵이 대상이 된다. 상대방이 상중에 있는 사실을 알았는지 몰랐는지를 따지지 않고 간으로 논한다는 것은 상중에 혼인하는 것(179, 호30.2)과 다른 점이다.
97) 道士·女官·僧·尼의 간죄는 告牒으로 죄를 當하는 것이 허용되지 않는다(명 57.1의 소).

제417조 잡 29. 도량형의 교감을 공평하게 하지 않은 죄(校斛斗秤度不平)

[律文1] 諸校斛斗秤度不平, 杖七十.

[律文2a] 監校者不覺減一等,

[律文2b] 知情與同罪.

[律文1의 疏] 議曰:「校斛斗秤度」, 依關市令:「每年八月詣金部,⁹⁸⁾太府寺平校, 不在京者詣所在州縣平校, 並印署, 然後聽用.」其校法, 雜令:「量, 以北方秬黍中者, 容一千二百爲龠, 十龠爲合, 十合爲升, 十升爲斗, 三斗爲大斗一斗, 十斗爲斛. 秤權衡, 以秬黍中者, 百黍之重爲銖, 二十四銖爲兩, 三兩爲大兩一兩, 十六兩爲斤. 度, 以秬黍中者, 一黍之廣爲分, 十分爲寸, 十寸爲尺, 一尺二寸爲大尺一尺, 十尺爲丈.」有校勘不平者, 杖七十.

[律文2a의 疏] 監校官司不覺, 減校者罪一等合杖六十,

[律文2b의 疏] 知情與同罪.

[율문1] 무릇 곡두·저울·자를 교감하는데 공평하게 하지 않았다면 장70에 처한다.

[율문2a] 교감을 감독하는 자가 적발하지 못하였다면 1등을 감한다.

[율문2b] 정을 알았다면 같은 죄를 준다.

[율문1의 소] 의하여 말한다: "곡두·저울·자를 교감하다."라고 하였는데, 관시령(습유718쪽)에 의거하면, "매년 8월에 (상서성 호부) 금부·태부시에 가서 교감하고, 경사에 있지 않는 경우는 소재지의

---

98) 『唐律疏議』(『宋刑統』 同)의 판본에는 본래 '金部'가 없으나, 저본에서는 『唐會要』(권66, 1364쪽)를 이용하여 '金部'를 삽입하였다. 『唐令拾遺』에서도 『唐會要』에 근거하여, '金部'를 삽입하여 關市令을 복원하였다.

주·현에 가서 교감하는데, 모두 인을 찍고 서명한 다음에 사용하는 것을 허락한다." 그 교감하는 방법은 잡령(습유843쪽)에 "들이는 북방의 기장 가운데 중간치를 기준으로 하여 1,200개를 담은 것을 1작으로, 10작을 1홉으로, 10홉을 1되로, 10되를 1말로, 3말을 대두 1말로, 10말을 1섬으로 한다.99) 무게는 기장의 중간치를 기준으로 하여 기장 100개의 무게를 1수로 하고, 24수를 1량으로, 3량을 대량 1량으로, 16량을 1근으로 한다.100) 길이는 기장의 중간치를 기준으로 하여 기상 하나의 넓이를 1분으로, 10분을 1촌으로, 10촌을 1척으로,101) 1척 2촌을 대척 1척으로, 10척을 1장으로 한다.102)"고 하였다. 교감하는데 공평하게 하지 않은 자는 장70에 처한다.

[율문2a의 소] 교감을 감독하는 관사103)가 적발하지 못했다면 교감한 사람의 죄에서 1등을 감하여 장60에 처해야 한다.

[율문2b의 소] 정을 알았다면 같은 죄를 준다.

---

99) 당대 1升은 594.4밀리리터이다.

100) 당대 1兩은 37.30그램이고 1斤은 596.82그램이다.

101) 기장秬黍은 즉 옻기장黑黍으로 그 낱알의 크기가 일정하다고 하여 도량형의 기준이 되었다. 기장을 기준으로 한 도량형인 小尺은 악기의 조율, 천체관측, 약의 조합, 冠冕의 규격에만 사용되었고 그 외의 나머지 官私의 용도에는 大尺이 사용되었다(『舊唐書』권43, 1827쪽).

102) 당대 1尺은 0.245미터이고 1大尺은 0.294미터이다.

103) 도량형기의 교감을 감독하는 관사는 京師에서는 太府寺의 主簿(『唐六典』권20, 542쪽; 『역주당육전』상, 646쪽)이고, 州·縣에서는 司倉參軍·縣令(『唐六典』권30, 748쪽 및 753쪽; 『역주당육전』하, 443쪽 및 471쪽)이다.

제418조 잡 30. 불량한 생활의 도구 및 견·포를 판매한 죄(器用絹布行濫短狹而賣)

[律文1a] 諸造器用之物及絹布之屬, 有行濫、短狹而賣者各杖六十, 不牢謂之行, 不眞謂之濫. 卽造橫刀及箭鏃用柔鐵者, 亦爲濫.

　[律文1a의 疏] 議曰: 凡造器用之物, 謂供公私用, 及絹、布、綾、綺之屬, 「行濫」, 謂器用之物不牢、不眞; 「短狹」, 謂絹疋不充四十尺, 布端不滿五十尺, 幅闊不充一尺八寸之屬而賣: 各杖六十. 故『禮』云: 「物勒工名, 以考其誠. 功有不當, 必行其罪.」 其行濫之物沒官, 短狹之物還主.

[율문1a] 무릇 기물 및 견·포 따위를 만든 것이, 행·남하거나 짧거나 좁은데도 판 자는 각각 장60에 처하고, 견고하지 않은 것을 행이라 하고, 진품이 아닌 것을 남이라고 한다. 곧 횡도 및 화살촉을 만드는데 무른 철을 사용한 경우에도 역시 남이 된다.

　[율문1a의 소] 의하여 말한다: 기물 -공·사의 쓰임에 공급하는 것을 말한다.- 및 견·포·능·기104) 따위를 만든 것이, '행·남하거나' -생활의 도구로 사용하는 물건이 견고하지 않거나 진품이 아님을 말한다.- '짧거나 좁은데도' -견 1필이 40척이 되지 못하고, 포 1단이 50척이 되지 않으며, 폭이 1척 8촌이 되지 못하는 것 따위를 말한다.- 판 자는 각각 장60에 처한다. 그러므로『예기』(권17, 641쪽)에 "물건에 공장의 이름을 새김으로써 그 정성을 살필 수 있다. 공을

---

104) 絹이 일반적인 비단을 가리키는데 비해 綾은 綺와 마찬가지로 문양이 있는 견직물로 綺보다는 세밀하고 얇은 비단을 말한다. 綺는 당대에 무늬가 있는 비단이란 뜻으로 쓰이다가 점차 두 가지 색상의 色絲로 문양을 짠 錦 다음의 비단으로 綾보다는 두꺼운 것을 가리키게 되었다.

들인 것이 적절하지 않으면 그 죄를 물어야 한다."고 한 것이다. 단 견고하지 않거나 진품이 아닌 물건은 관에 몰수하고, 짧거나 좁은 물건은 주인에게 돌려준다.

[律文1b] 得利贓重者計利準盜論.

[律文2] 販賣者亦如之.

[律文3a] 市及州﹒縣官司知情各與同罪,

[律文3b] 不覺者減二等.

[律文1b의 疏] 議曰：「得利贓重者」, 謂賣行濫﹒短狹等物, 計本之外剩得利者, 計贓重於杖六十者「準盜論」, 謂準盜罪一尺杖六十, 一疋加一等, 計得利一疋一尺以上即從重科, 計贓累而倍倂.

[律文2의 疏] 「販賣者, 亦如之」, 謂不自造作, 轉買而賣求利, 得罪並同自造之者.

[律文3a의 疏] 市及州﹒縣官司知行濫情, 各與造﹒賣者同罪,

[律文3b의 疏] 檢察不覺者減二等. 官司知情及不覺, 物主既別, 各須累而倍論. 其州﹒縣官不管市, 不坐.

[율문1b] 얻은 이익을 (도죄의) 장물로 (계산한 죄가 장60보다) 무거운 때에는 이익을 계산하여 절도에 준하여 논한다.

[율문2] 사들여 판 자도 역시 그와 같다.

[율문3a] 시 및 주·현의 관사가 정을 알았다면 각각 같은 죄를 주고,

[율문3b] 적발하지 못한 때에는 2등을 감한다.

[율문1b의 소] 의하여 말한다: "얻은 이익을 (도죄의) 장물로 (계산한 죄가 장60보다) 무겁다."는 것은, 견고하지 않거나 진품이 아니거나 짧거나 좁은 물건을 만들어 팔아서 본전 외에 잉여로 얻은 이익을 헤아려 (도죄의) 장물로 (계산한 죄)가 장60보다 무거운 경우를 말

한다. "절도에 준하여 논한다."는 것은, 절도죄에 준하여 1척이면 장
60에 처하고 1필마다 1등씩 더하니, 얻은 이익을 계산하여 1필 1척
이상이면 곧 무거운 (장죄)에 따라 죄준다는 것을 말하며, 장물의
계산은 누계해서 절반한다(명45.2a).

[율문2의 소] "사들여 판 자도 역시 그와 같다."는 것은, 직접 만들지
는 않았지만 남에게 사서 팔아 이익을 구하였으면 죄를 받는 것이
직접 만든 자와 같다는 것을 말한다.

[율문3a의 소] 시[105] 및 주·현의 관사가 견고하지 않거나 진품이 아니
게 만든 정을 알았다면 각각 만들거나 판 것과 죄가 같으며,

[율문3b의 소] 조사했으나 적발하지 못한 때에는 2등을 감한다. 관
사가 정을 안 경우 및 적발하지 못한 경우, 물건의 주인이 원래 다
르다면 각각 반드시 누계하고 절반하여 논한다. 단 주·현의 관사
는 시를 관장하지 않으면 처벌하지 않는다.

제419조 잡 31. 시의 관사가 물가의 평정을 공평하지 않게 한 죄(市司評物價不平)

[律文1a] 諸市司評物價不平者, 計所貴賤坐贓論,

[律文1b] 入己者以盜論.

[律文2] 其爲罪人評贓不實, 致罪有出入者, 以出入人罪論.

---

105) 市는 상업 거래를 위해 만든 장소이며, 문이 있는 담장으로 둘러싸여 있었다.
長安에는 東西 두 개의 시가 있고 장관인 市令 이하 丞·錄事·府·史 등의 관리
가 있었다. 지방의 州에는 市令·丞·佐·史 등이 있었고 현에는 市令·佐·史·帥
등이 있었다.

[律文1a의 疏] 議曰: 謂公私市易若官司遣評物價, 或貴或賤, 令價不平, 計所加減之價坐贓論.

[律文1b의 疏] 「入己者」, 謂因評物價, 令有貴賤, 而得財物入己者以盜論. 並依眞盜除、免、倍贓之法.

[律文2의 疏] 「其爲罪人評贓不實」, 亦謂增減其價致罪有出入者. 假有評盜贓, 應直上絹五疋乃加作十疋, 應直十疋減作五疋, 是出入半年徒罪, 市司還得半年徒坐, 故云「以出入人罪論」. 若應直五疋評作九疋, 或直九疋評作五疋, 於罪旣無加減, 止從貴賤不實坐贓之法.

[율문1a] 무릇 시의 관사가 물가를 평정하는데 공평하지 않게 한 때에는 비싸게 하거나 싸게 한 만큼을 계산하여 좌장으로 논하고,
[율문1b] 자기에게 들인 것은 절도로 논한다.
[율문2] 단 죄인의 장물을 평가하는데 사실대로 하지 않아 죄에 덜거나 더함이 있게 된 때에는 사람의 죄를 덜거나 더한 것으로 논한다.

[율문1a의 소] 의하여 말한다: 공·사가 시장에서 교역하는데, 만약 관사가 파견되어 물가를 평가함에[106] 혹 비싸게 하거나 싸게 하여 가격을 공평하지 않게 했다면, 더하거나 감한 만큼의 값을 계산하여 좌장(잡1)으로 논한다는 것을 말한다.

[율문1b의 소] "자기에게 들인 것"은, 물가를 평가하는데 비싸게 하거나 싸게 함으로써 얻은 재물을 자기에게 들인 것을 말하며, 절도로 논한다. 모두 진정 도죄의 제명·면관·배장하는 법에 의거한다(명53.4).

---

106) 물가를 평가한다는 것은 官私 간에 교역 및 장물의 평가를 위한 기준가격이 되는 市估의 中估를 評定하는 것을 말한다. 이 일은 구체적으로는 市의 '行'이 행했고 市令이 책임을 졌다. 장물의 평가 책임자도 시령이었다. 그러나 시고는 강제적인 公定價格이 아니며 市에서 게시하는 公示價格도 아니었다(일본역『唐律疏議』4, 155쪽, 주1).

[율문2의 소] "단 죄인의 장물을 평가하는데 사실대로 하지 않았다."는 것은, 역시 그 가치를 증감하여 사람의 죄에 덜거나 더함이 있게 된 것을 말한다. 가령 절도의 장물을 평가함에 가치를 상견 5필로 평가해야 할 것을 마침내 더하여 10필로 평가하거나 가치를 10필로 평가해야 할 것을 감하여 5필로 평가하였다면, (이로써) 반년의 도죄를 덜거나 더하게 되는데 (이 경우) 시의 관사는 반년의 도죄를 되돌려 받으므로, "사람의 죄를 덜거나 더한 것으로 논한다."(단19)고 한 것이다. 만약 가치가 5필인데 9필로 평가하거나 가치가 9필인데 5필로 평가하였다면, 죄를 덜거나 더한 것이 없으므로 단지 물가 평정을 부실하게 한 (만큼을) 좌장으로 처벌하는 법(잡31.1a)에 따르는데 그친다.

제420조 잡 32. 규격에 맞지 않는 도량형을 사용한 죄(私作斛斗秤度)

[律文1a] 諸私作斛斗秤度不平, 而在市執用者笞五十,

[律文1b] 因有增減者計所增減準盜論.

　[律文1a의 疏] 議曰: 依令:「斛斗秤度等所司每年量校, 印署充用.」其有私家自作, 致有不平, 而在市執用者笞五十,

　　[律文1b의 疏] 因有增減贓重者計所增減準盜論.

[율문1a] 무릇 곡두·저울·자를 사사로이 만들어 규격에 맞지 않는데도 시장에서 사용한 자는 태50에 처하고,

[율문1b] 그로 인해 증감이 있는 때에는 증감된 바를 계산하여

절도에 준하여 논한다.

　[율문1a의 소] 의하여 말한다: 영(관시령 습유718쪽)에 의거하면, "곡두·저울·자 등은 담당관사가 매년 측량하고 교감하여 인을 찍고 서명해서 사용에 충당한다."고 하였다. 만약 사가에서 스스로 만들어 규격에 맞지 않는데도 시장에서 사용한 자는 태50에 처하고, [율문1b의 소] 그로 인해 증감된 것을 (도죄의) 장물로 (계산한 죄가 태50보다) 무거운 때에는 증감된 바를 계산하여 절도에 준하여 논한다.

[律文2a] 即用斛斗秤度出入官物而不平, 令有增減者坐贓論,
[律文2b] 入己者以盜論.
[律文3] 其在市用斛斗秤度雖平, 而不經官司印者笞四十.

　[律文2a의 疏] 議曰: 即用斛斗秤度出入官物, 增減不平, 計所增減坐贓論.
　[律文2b의 疏] 「入己者以盜論」, 因其增減, 得物入己以盜論, 除、免、倍贓依上例.
　[律文3의 疏] 「其在市用斛斗秤度雖平」, 謂校勘訖, 而不經官司印者笞四十.

[율문2a] 만약 곡두·저울·자를 사용하여 관물을 내고 들이는데 공평하게 (사용하지) 않음으로써 증감이 있게 한 자는 좌장으로 논하고,
[율문2b] 자기에게 들인 자는 절도로 논한다.
[율문3] 만약 시장에서 사용하는 곡두·저울·자가 비록 규격에 맞을지라도 관사의 검인을 받지 않은 자는 태40에 처한다.

　[율문2a의 소] 의하여 말한다: 만약 곡두·저울·자를 사용하여 관물을 내고 들이는데 공평하게 (사용하지) 않음으로써 증감이 있게 한 자는 증감된 바를 계산하여 좌장(잡1)으로 논한다.

[율문2b의 소] "자기에게 들인 자는 절도로 논한다."는 것은, 만약 증감으로 인해 얻은 재물을 자신에게 들였다면 절도로 논하여 제명·면관·배장은 위의 예(명53.4)에 의거한다는 것이다.

[율문3의 소] "만약 시장에서 사용하는 곡두·저울·자가 비록 규격에 맞을지라도"라는 것은, 교감을 마쳤으나 관사의 검인을 받지 않은 자는 태40에 처한다는 것을 말한다.

제421조 잡 33. 강박에 의한 매매, 가격 조종, 담합의 죄(賣買不和較固)

[律文1a] 諸賣買不和, 而較固取者; 較, 謂專略其利. 固, 謂障固其市.

[律文1b] 及更出開閉, 共限一價; 謂賣物以賤爲貴, 買物以貴爲賤.

[律文1a의 疏] 議曰: 賣物及買物人, 兩不和同, 「而較固取者」, 謂强執其市不許外人買, 故注云「較, 謂專略其利. 固, 謂障固其市」;

[律文1b의 疏] 「及更出開閉」, 謂販鬻之徒共爲姦計, 自賣物者以賤爲貴, 買人物者以貴爲賤, 更出開閉之言, 其物共限一價, 望使前人迷謬, 以將入己.

[율문1a] 무릇 매매함에 합의하지 않고 전단하거나 봉쇄하여 취한 자, 교라는 것은 전단하여 그 이익을 약탈하는 것을 말한다. 고라는 것은 그 매매를 봉쇄하는 것을 말한다.

[율문1b] 및 번갈아 사겠다 안 사겠다고 하면서 함께 하나의 값으로 한정짓거나, 파는 물건은 싼 것을 비싼 것이라고 하고, 사는 물건은 비싼 것을 싼 것이라고 하는 것을 말한다,

[율문1a의 소] 의하여 말한다: 물건을 파는 (사람) 및 물건을 사는 사람 쌍방이 합의되지 않았는데 전단하거나 봉쇄하여 취한 자는, 강제로 그 거래를 장악하여 외부인이 사는 것을 허용하지 않는 (자를) 말한다. 그런 까닭에 주에 이르기를 "교라는 것은 전단하여 그 이익을 약탈하는 것을 말한다. 고라는 것은 그 매매를 봉쇄하는 것을 말한다."고 한 것이다.

[율문1b의 소] 번갈아 사겠다 안 사겠다고 하는 것은, 장사하는 무리들이 함께 간사한 계책을 행하여 자신이 물건을 팔 경우에는 싼 것을 비싼 것이라 하고 남의 물건을 살 경우에는 비싼 것을 싼 것이라 하고, 산다거나 안 산다거나 번갈아 말하면서, 그 물건을 함께 하나의 값으로 한정지어 상대방을 현혹시켜 자신이 차지하기를 바라는 것을 말한다.

[律文2a] **若參市**, 謂人有所賣買, 在傍高下其價, 以相惑亂. **而規自入者: 杖八十**.

[律文2b] **已得贓重者, 計利準盜論**.

[律文2a의 疏] 議曰:「參市」, 謂負販之徒, 共相表裏, 參合貴賤, 惑亂外人, 故注云「謂人有所賣買, 在傍高下其價, 以相惑亂」, 而規賣買之利入己者: 並杖八十.

[律文2b의 疏] 已得利物, 計贓重於杖八十者, 「計利準盜論」, 謂得三疋一尺以上合杖九十, 是名「贓重」, 其贓旣準盜科, 卽合徵還本主.

[율문2a] 또는 거래에 참견하여, 사람이 사고파는데 옆에서 그 값을 높이거나 내려서 혼란스럽게 만드는 것을 말한다. (그 이익을) 자신에게 들이려고 꾀한 자는 장80에 처한다.

[율문2b] 이미 얻은 것을 (도죄의) 장물로 (계산하여 죄가 장60보

다) 무겁다면 이익을 계산하여 절도에 준하여 논한다.

[율문2a의 소] 의하여 말한다: "거래에 참견한다."는 것은, 도붓장수 무리들이 서로 한 통속이 되어 가격을 담합하여 외부인을 혼란하게 하는 것을 말한다. 그런 까닭에 주에 이르기를 "사람이 사고파는데 옆에서 그 값을 높이거나 내려서 혼란스럽게 만드는 것을 말한다."고 한 것이다. 매매한 이익을 자신에게 들이기를 꾀한 자는 장80에 처한다.

[율문2b의 소] 이미 얻은 이익의 물건을 (도죄의) 장물로 계산하여 장80보다 무겁다면 "이익을 계산하여 절도에 준하여 논한다."는 것은, 3필 1척 이상을 얻었다면 장90에 해당함[107]을 말한 것으로, 이를 (정)명하여 "장(죄)가 무겁다."고 한다. 단 이미 절도에 준하여 (논하여) 죄준다고 했으니 장물은 추징하여 본래 주인에게 돌려주어야 한다.

제422조 잡 34. 노비·말·소·낙타 등의
매매에 관한 죄(買奴婢牛馬不立券)

[律文1a] 諸買奴婢, 馬牛駝騾驢已過價, 不立市券, 過三日笞三十,

[律文1b] 賣者減一等.

[律文2] 立券之後, 有舊病者三日內聽悔, 無病欺者市如法, 違者笞四十.

[律文1a의 疏] 議曰: 買奴婢,馬牛駝騾驢等, 依令並立市券. 兩和市賣已過價訖, 若不立券, 過三日, 買者笞三十,

---

107) 절도는 장물을 계산하여 1척이면 장60에 처하고 1필마다 1등씩 더한다. 따라서 3필 1척이면 장90에 처한다(282, 적35).

[律文1b의 疏] 賣者減一等.

[律文2의 疏] 若立券之後, 有舊病而買時不知, 立券後始知者, 三日內聽悔.
三日外無疾病, 故相欺罔而欲悔者市如法, 違者笞四十; 若有病欺, 不受悔者
亦笞四十. 令無私契之文, 不準私券之限.

[율문1a] 무릇 노비·말·소·낙타·노새·나귀를 사고 이미 값을 치
르고 나서, 시권을 만들지 않고 3일이 지났다면 태30에 처하고,
[율문1b] 판 자는 1등을 감한다.
[율문2] (시)권을 만든 뒤 지병이 있을 경우 3일 안에 (매매를) 취
소하는 것을 허락하지만, 병이 없는데도 속인 때에는 매매가 유
효한 것으로 간주한다. 어긴 자는 태40에 처한다.

[율문1a의 쇼] 의하여 말한다: 노비·말·소·낙타·노새·나귀 등을 살
때는 영(관시령 습유720쪽)에 의거하여 모두 시권을 만들어야 한다.
쌍방이 매매에 합의하여 이미 값을 치렀는데도 만약 (시)권을 작
성하지 않고 3일이 지났다면 산 자는 태30에 처하고
[율문1b의 쇼] 판 자는 1등을 감한다.
[율문2의 쇼] 만약 (시)권을 만든 뒤, 지병이 있는 것을 살 때는 몰랐
다가 (시)권을 만든 뒤에야 알았다면 3일 안에 (매매를) 취소하는
것을 허락한다. 3일 이후이거나 지병이 없는데도 고의로 속여서
무효로 하고자 하였다면 매매가 유효한 것으로 간주하며, 어긴 자
는 태40에 처한다. 만약 병을 속인 것이 있는데 매매의 무효를 받
아들이지 않은 때에도 역시 태40에 처한다. 영에 사적인 계약에
관해서는 (조)문이 없기 때문에, 사적인 매매증서에는 (이 규정을)
적용하지 않는다.[108]

---

108) 私契 또는 私券은 市券에 대비되는 용어로 매매의 당사자가 사적으로 작성한
계약서이다. 사적인 매매증서[私券]의 시한에 준해서 (처분하지는) 않는다는 것

[律文3] 卽賣買已訖而市司不時過券者, 一日笞三十, 一日加一等, 罪止杖 一百.

[律文3의 疏] 議曰: 賣買奴婢及牛馬之類, 過價已訖, 市司當時不卽出券者, 一日笞三十. 所由官司依公坐節級得罪, 其挾私者以首從論. 一日加一等, 罪 止杖一百.

[율문3] 만약 매매가 이미 끝났는데도 시의 (관)사가 제때 (시)권을 발급하지 않은 때에는, 1일이면 태30에 처하고, 1일마다 1등씩 더하며 최고형은 장100이다.

[율문3의 소] 의하여 말한다: 노비 및 소나 말 따위를 매매하는데 값을 이미 다 치렀는데도 시의 (관)사가 당시에 곧 (시)권을 발급하지 않은 때에는, 1일이면 태30에 처한다. 담당 관사는 공죄에 의거해서 차등 있게 죄를 받는다(명40.1). 단 사정이 개입된 때에는 수범·종범으로 논한다. 1일마다 1등씩 더하되 최고형은 장100이다.

은 하자 발견의 기한인 3일 이내의 起算日을 시권을 작성한 날로 하며, 사권을 작성한 날로는 하지 않는다는 것을 말한다(일본역『唐律疏議』4, 161쪽, 주6). 그런데 錢大群은 사계와 사권은 서로 같고, 그 성격과 역할은 私人 간의 利息이 있는 채무계약이며, 사인 간에 체결되면 효력을 갖아서 公驗을 거칠 필요는 없었고, 위법이 있어 분규가 발생했을 때 고소하여 관의 처리를 받는다고 해석하였다(錢大群, 『唐律疏議新注』, 880쪽, 주3). 매매증서 발급의 때에는 매매의 적법성 등을 심사하여 발급을 거절할 수도 있기 때문에, 매매증서 발급 懈怠의 기산일은 신고의 날이 아닌 수속 상 발급이 가능한 날이다.

당률소의 권 제27 잡률 모두 28조

역주 이완석

제423조 잡 35. 저자나 사람이 많은 곳에서 소란을 일으킨 죄(在市人衆中驚動擾亂)

[律文1a] 諸在市及人衆中故相驚動令擾亂者杖八十,

[律文1b] 以故殺傷人者減故殺傷一等,

[律文1c] 因失財物者坐贓論;

[律文2] 其誤驚殺傷人者從過失法.

　[律文1의 疏] 議曰: 有人在市內及衆聚之處「故相驚動」, 謂詐言有猛獸之類, 令擾亂者杖八十, 若因擾亂之際而失財物坐贓論; 如是衆人之物累併倍論, 併倍不加重於一人, 失財物者卽從重論. 因其擾亂而殺傷人者「減故殺傷一等」, 驚人致死減一等流三千里, 折一支減一等徒三年之類.

　[律文2의 疏] 其有誤驚因而殺傷人者, 從「過失」法收贖銅入被傷殺之家.

[율문1a] 무릇 저자 및 사람이 무리지어 있는 곳에서 고의로 놀라게 하여 소란을 일으킨 자는 장80에 처하고,

[율문1b] 이 때문에 사람을 살상한 때에는 고살상(죄)에서 1등을 감하며,

[율문1c] 이로 인해 재물이 손실된 때에는 좌장으로 논한다.

[율문2] 단 착오로 놀라게 하여 사람을 살상한 때에는 과실법에 따른다.

　[율문1의 소] 의하여 말한다: 어떤 사람이 저자 및 사람이 무리지어 있는 곳에서 고의로 놀라게 하여, -맹수 따위가 있다고 속여 떠든 것 따위를 말한다.- 소란을 일으킨 자는 장80에 처하고, 만약 소란으로 인해 재물이 손실된 때에는 좌장으로(잡1) 논하는데, 여러 사

람의 재물이면 병합·누계하여 절반으로 논하며(명45.2a),[1] 병합·누계하여 절반한 것이 1인이 (잃은 재물보다) 무겁지 않다면, 곧 (1인이 잃은) 무거운 것에 따라 논한다(명45.1). 소란을 일으켜 사람을 살상한 때에는 "고살상(죄)(투5)에서 1등을 감하니, 사람을 놀라게 하여 사망에 이르게 하였다면 1등을 감해 유3000리에 처하고, (팔·다리) 1개를 부러뜨렸다면 1등을 감해 도3년에 처한다는 것 따위이다.[2]

[율문2의 소] 단 착오로 놀라게 하여 이로 인해 사람을 살상한 때에는 과실법(투38)에 따라 속동을 징수해서 살상당한 집에 들인다.

제424조 잡 36. 제방이나 배의 수리를
법대로 하지 않은 죄(失時不修堤防)

[律文1a] 諸不修隄防及修而失時者, 主司杖七十;

[律文1b] 毁害人家、漂失財物者, 坐贓論減五等;

---

1) 贓罪의 頻犯은 원칙상 병합하여 누계하고 절반한다. 절반하지 않는 경우는 예외이다. 병합하여 누계하고 절반하는 방법은 罪名과 처벌법이 서로 같은가 같지 않는가에 따라 다르다. 죄명과 처벌법이 같은 경우의 병합·누계를 累科라고 하고, 죄명과 처벌법이 같지 않은 경우의 병합·누계를 倂滿이라고 한다. 누과는 단순한 장물의 누계이고, 병만은 무거운 죄의 장물을 가벼운 죄의 장물에 합하여 누계하는 것이다(명45.2a).

2) 故殺은 참형에 해당한다(306, 투5.1b). 만약 놀라게 하여 사망에 이르게 하였다면 고살죄에서 1등을 감하여 유3000리에 처한다. 팔다리 1개를 부러뜨린 것은 도3년에 해당하고(305, 투4.1a) 고의로 그랬다면 1등을 더하여(306, 투5.2) 유2000리에 해당한다. 만약 놀라게 하여 그렇게 되었다면 1등을 감하여 도3년에 처한다.

[律文1c] **以故殺傷人者, 減鬪殺傷罪三等.** 謂水流漂害於人. 卽人自涉而死者, 非.

[律文1d] **卽水雨過常, 非人力所防者, 勿論.**

[律文1a의 疏] 議曰: 依營繕令: 「近河及大水有隄防之處, 刺史·縣令以時檢校. 若須修理, 每秋收訖量功多少, 差人夫修理. 若暴水汛溢, 損壞隄防, 交爲人患者, 先卽修營, 不拘時限.」 若有損壞, 當時不卽修補, 或修而失時者, 主司杖七十.

[律文1b의 疏] 「毁害人家」, 謂因不修補及修而失時, 爲水毁害人家, 漂失財物者, 「坐贓論減五等」, 謂失十疋杖六十, 罪止杖一百; 若失衆人之物, 亦合倍論.

[律文1c의 疏] 「以故殺傷人者, 減鬪殺傷罪三等」, 謂殺人者徒二年半, 折一支者徒一年半之類. 注云「謂水流漂害於人」, 謂由不修理隄防而損害人家, 及行旅被水流漂而致死傷者. 「卽人自涉而死者, 非」, 所司不坐.

[律文1d의 疏] 卽水雨過常, 非人力所防者, 無罪.

[율문1a] 무릇 제방을 수리하지 않거나 수리했더라도 때를 놓친 경우 주사는 장70에 처하고,

[율문1b] (이로 인해) 인가가 훼손되어 피해를 입거나 재물이 떠내려가 잃게 된 때에는 좌장으로 논하되 5등을 감하고,

[율문1c] 이 때문에 사람이 살상된 때에는 투살상죄에서 3등을 감한다. 물이 범람하여 사람에게 해를 입힌 것을 말한다. 만약 사람이 스스로 건너다 사망한 경우는 아니다.

[율문1d] 만약 물·비가 평상시보다 많아 인력으로 막을 수 없었을 때에는 논하지 않는다.

[율문1a의 소] 의하여 말한다: 영선령(습유805쪽)에 의거하면, "황하

및 큰 강3) 부근의 제방이 있는 곳의 자사·현령은 수시로 점검해야 하며, 만약 수리가 필요하면 매년 추수가 다 끝난 뒤 작업의 양을 헤아려 인부를 뽑아 수리한다. 만약 큰물이 범람하여 제방이 파손되거나 무너져 사람들에게 뜻밖의 재난이 닥친 때에는 때의 제한에 구애받지 말고 우선 즉시 수리해야 한다." 만약 파손되거나 무너졌는데 그 즉시 보수하지 않거나 혹은 보수했더라도 때를 놓친 경우 주사는 장70에 처한다.

[율문1b의 소] "인가4)가 훼손되어 피해를 입었다."는 것은, 보수하지 않거나 보수했더라도 때를 놓쳤기 때문에 물에 의해 인가가 훼손되어 피해를 입거나 재물이 물에 떠내려가 잃게 된 것을 말하며, "좌장으로(잡1) 논하되 5등을 감한다."고 한 것은, 10필을 잃었다면 장60에 처하고, 죄는 장100에 그친다는 것을 말한다. 만약 여러 사람의 재물이 손실되었다면 역시 (병합·누계하여) 절반으로 논해야 한다(명45.2a).

[율문1c의 소] "이 때문에 사람을 살상한 때에는 투살상죄(투1~5)에서 3등을 감한다."는 것은, 사람을 살해한 때에는 도2년반에 처하고, (팔·다리) 1개를 부러뜨린 때에는 도1년반에 처한다는 것 따위를 말한다. 주에 "물이 범람하여 사람에게 해를 입힌 것을 말한다."는 것은, 제방을 수리하지 않음으로써 인가가 훼손되고 행인이 물에 떠내려가 사상에 이른 것을 말한다. "만약 사람이 스스로 건너다 죽은 경우는 아니다."라고 하였으니, (이 경우) 담당 관사는

---

3) 당대에는 長江과 黃河를 大川으로, 그 외에 135개의 강을 中川으로, 1252개의 강을 小川으로 지정하였다(『唐六典』권7, 225~226쪽; 『역주당육전』상, 686~687쪽). 다만 營繕令의 취지로 보았을 때, 제방이 설치된 하천은 모두 큰 강[大水]으로 간주했던 것 같다.

4) 人家는 불특정한 사람의 가옥을 말한다. 율에는 "人舍屋"(284, 적37), "人舍宅"(430, 잡42.1b), "私家舍宅"(432, 잡44.1a) 등도 보인다. 단 現住建造物과 非現住建造物이 구별되지 않는다.

처벌하지 않는다.

[율문1d의 소] 곧 물·비가 평소보다 많아 인력으로 막을 수 없었을 때에는 죄가 없다.

[律文2a] **其津濟之處, 應造橋、航及應置船、筏, 而不造置及擅移橋濟者杖七十,**

[律文2b] **停廢行人者杖一百.**

[律文2a의 疏] 議曰:「津濟之處, 應造橋、航」, 謂河津濟渡之處應造橋, 及航者編舟作之, 及應置舟船, 及須以竹木爲筏以渡行人, 而不造置及擅移橋梁、濟渡之所者, 各杖七十.

[律文2b의 疏] 「停廢行人」, 謂不造橋航及不置船筏並擅移橋濟, 停廢行人者, 杖一百.

[율문2a] 만약 물을 건널 수 있는 곳에 다리·배다리를 만들거나 배·뗏목을 설치해야 하는데 만들어 설치하지 않거나 다리나 나루를 함부로 옮긴 자는 장70에 처하고,

[율문2b] (이로 인하여) 행인이 건너지 못하게 된 때에는 장100에 처한다.

[율문2a의 소] 의하여 말한다: "물을 건널 수 있는 곳에 다리·배다리를 만든다."는 것은, 하천을 건널 수 있는 곳에는 다리 및 배다리를 만들고, -(배다리는) 배를 엮어서 만든다.- 배를 두거나 대나무·나무로 뗏목을 만들어 행인을 건너게 해야 한다는 것을 말하며, (다리 등을) 만들거나 설치하지 않은 자 및 함부로 다리나 건너는 곳을 옮긴 자는 각각 장70에 처한다.

[율문2b의 소] "행인이 건너지 못하게 되었다."는 것은, 다리나 배다리를 만들지 않거나 배나 뗏목을 설치하지 않거나 아울러 함부로

다리나 나루를 옮겨 행인이 건너지 못하게 된 것을 말하며, 장100
에 처한다.

제425조 잡 37. 도수에 관한 죄(盜決堤防)

[律文1a] **諸盜決隄防者杖一百,** 謂盜水以供私用. 若爲官檢校, 雖供官用亦是.

[律文1b] **若毀害人家及漂失財物贓重者坐贓論,**

[律文1c] **以故殺傷人者減鬪殺傷罪一等.**

[律文2] **若通水入人家致毀害者, 亦如之.**

   [律文1a의 疏] 議曰: 有人盜決隄防, 取水供用, 無問公私, 各杖一百. 故注云
「謂盜水以供私用. 若爲官檢校, 雖供官用亦同」. 水若爲官, 卽是公坐.

   [律文1b의 疏] 「若毀害人家」, 謂因盜水汎溢以害人家, 漂失財物, 計贓罪重
於杖一百者, 卽計所失財物「坐贓論」, 謂十疋徒一年, 十疋加一等.

   [律文1c의 疏] 「以故殺傷人者」, 謂以決水之故殺傷者, 減鬪殺傷罪一等.

   [律文2의 疏] 若通水入人家致毀害、殺傷者, 一同盜決之罪, 故云「亦如之」.

[율문1a] 무릇 제방을 몰래 터뜨린 자는 장100에 처하고, 물을 훔
쳐 사용으로 쓴 것을 말한다. 만약 관에 의해 관리되는 것으로, 비록
관용으로 썼더라도 역시 그렇다.

[율문1b] 만약 인가가 훼손되어 피해를 입거나 재물이 떠내려가
잃게 되었는데, (손실된 것을 좌장의) 장물로 (계산하여 죄가 장
100보다) 무거운 때에는 좌장으로 논하고,

[율문1c] 이 때문에 사람이 살상된 때에는 투살상죄에서 1등을

감한다.

[율문2] 만약 물을 통하게 하다가 (물이) 인가에 들어가 훼손에 이른 때에도 역시 이와 같다.

[율문1a의 소] 의하여 말한다: 어떤 사람이 제방을 몰래 터뜨려 물을 취해 사용하였다면, 공용으로 썼든 사용으로 썼든 불문하고 각각 장100에 처한다. 그러므로 주에 이르기를 "물을 훔쳐 사용으로 쓴 것을 말한다. 만약 관에 의해 관리되는 것으로, 비록 관용으로 썼더라도 역시 그렇다."라고 한 것이다. 물이 만약 관을 위한 것이면 이것은 공죄이다.

[율문1b의 소] "만약 인가가 훼손되어 피해를 입었다."는 것은, 물을 훔치다 범람하여 인가에 피해를 입히고 재물을 떠내려 보내 잃게 한 것을 말하며, (잃은 것을 좌장의) 장물로 계산한 죄가 장100보다 무거운 때에는 잃은 재물을 계산하여 "좌장(잡1)으로 논한다."고 하였는데, (이는 잃은 것이) 10필이면 도1년에 처하고, 10필마다 1등씩 더한다는 것을 말한다.

[율문1c의 소] "이 때문에 사람이 살상된 때"라 함은, 물을 터뜨린 까닭으로 살상한 경우를 말하며, 투살상죄(투1~5)에서 1등을 감한다.

[율문2의 소] 만약 물을 통하게 하다가 인가로 들어가 훼손·살상에 이른 때에도 모두 (제방을) 몰래 터뜨린 죄와 같으므로 "역시 이와 같다."라고 한 것이다.

[律文3a] 其故決隄防者徒三年,
[律文3b] 漂失贓重者準盜論,
[律文3c] 以故殺傷人者以故殺傷論.

[律文3a의 疏] 議曰: 上文盜水因有殺傷, 此云「故決隄防者」, 謂非因盜水,

或挾嫌隙, 或恐水漂流自損之類而故決之者, 徒三年.

[律文3b의 疏] 漂失之贓重於徒三年, 謂漂失人三十疋贓者, 準盜論, 合流二千里; 若失眾人之物, 亦合倍論.

[律文3c의 疏] 以決隄防之故而殺傷人者, 「以故殺傷論」, 謂殺人者合斬, 折人一支流二千里之類. 上條, 殺傷人減鬪殺傷罪一等. 有殺傷畜産償減價. 餘條準此. 今以故殺傷論, 其殺傷畜産, 明償減價. 下條「水火損敗, 故犯者, 徵償」.

[율문3a] 단 고의로 제방을 터뜨린 자는 도3년에 처하고,

[율문3b] 물에 떠내려가 손실된 (것을 절도의) 장물로 (계산한 죄가 도3년보다) 무거운 때에는 절도에 준하여 논하며,

[율문3c] 이 때문에 사람이 살상된 때에는 고살상으로 논한다.

[율문3a의 소] 의하여 말한다: 위 조문(잡37.1)은 물을 훔치는 것으로 인해 살상한 것이다. 여기서 "고의로 제방을 터뜨린 자"라 함은, 물을 훔치는 것으로 인한 것이 아니라, 혹은 미움을 갖거나 혹은 물이 표류하여 자신이 손해를 입을 것을 염려한 것 따위로 인해 고의로 제방을 터뜨린 자를 말하며, 도3년에 처한다.

[율문3b의 소] 물에 떠내려가 손실된 (것을 절도의) 장물로 (계산한 죄가 도3년보다) 무거운 때라는 것은, 물에 떠내려가 손실된 사람의 (재물이) 30필인 때에는 절도에 준하여 논해서 유2000리에 처해야 한다는 것을 말한다. 만약 여러 사람의 재물을 잃게 하였다면 또한 (병합·누계하여) 절반으로 논해야 한다(명45.2a).

[율문3c의 소] 제방을 터뜨린 까닭으로 사람이 살상된 때에는 "고살상(투5)으로 논한다."라고 하였으니, 사람이 살해된 때에는 참형에 처하고, 사람의 (팔·다리) 1개가 부러진 때에는 유2000리에 처해야 한다는 것 따위를 말한다. 위의 조항(잡4.1)에서는 "사람을 살상한 때에는 투살상죄(투1~5)에서 1등을 감한다. 축산을 살상한 때에

는 감손된 가치를 배상한다. 다른 조항도 이에 준한다."고 하였다. (따라서) 지금 "고살상(투5)으로 논한다."고 하였으니, 만약 축산이 살상되었다면 감손된 가치를 배상하게 한다는 것은 명확하다.[5] 아래 조항(잡46)에도, "물·불로 손상되거나 파괴되었는데, 고의로 범한 때에는 배상(가)를 추징한다."고 규정되어 있다.

제426조 잡 38. 관선을 타는 자가 한도 이상의 의복·식량을 실은 죄(乘官船違限私載)

[律文1] 諸應乘官船者, 聽載衣糧二百斤. 違限私載若受寄及寄之者, 五十斤及一人各笞五十, 一百斤及二人各杖一百, 但載即坐. 若家人隨從者勿論. 每一百斤及二人各加一等, 罪止徒二年.

[律文1의 疏] 議曰: 應乘官船之人, 聽載隨身衣糧二百斤. 若二百斤外更載, 若受人寄物及寄物之人物滿五十斤及一人者各笞五十, 一百斤及二人各杖一百. 稱「各」者, 謂人之與物得罪各等, 亦不限所載遠近, 故注云「但載即坐」. 若將家人隨從者, 皆不坐. 每一百斤及二人各加一等, 罪止徒二年.

[율문1] 무릇 관선을 탈 수 있는 자는 의복·식량 200근을 싣는 것을 허용한다. 한도를 위반하고 사사로이 실거나 또는 부탁을

---

5) 城 안 거리에서 수레나 말을 까닭 없이 달려서 사람을 살상한 자는 鬪殺傷罪에서 1등을 감하여 처벌하고 만약 畜産이 살상되었다면 감손된 가치만큼 배상해야 한다(392, 잡4.1). 이처럼 투살상죄에서 1등을 감해 처벌하는 범행으로 축산을 살상했을 때에 감손된 가치를 배상케 하므로, 그보다 무거운 故殺傷罪로 처벌하는 범행으로 축산을 살상했을 때 감손된 가치를 배상케 하는 것은 당연하다.

받은 것 및 부탁한 것이 50근이거나 1인이면 각각 태50에 처하고, 100근이거나 2인이면 각각 장100에 처하며, 단지 실었으면 처벌한다. 만약 가인이 따라가는 때에는 논하지 않는다. 매 100근 및 2인마다 각각 1등씩 더하되 죄는 도2년에 그친다.

[율문1의 소] 의하여 말한다: 관선을 탈 수 있는 사람은 휴대하는 의복·식량 200근을 싣는 것을 허용한다. 만약 200근 외에 더 싣거나, 또는 다른 사람이 부탁한 물건을 받거나 물건을 부탁한 사람은 (더 실은) 물건이 만 50근이거나 (더 실은 사람이) 1인인 때에는 각각 태50에 처하고, 100근 및 2인이면 각각 장100에 처한다. "각각"이라 한 것은 (더 실은) 사람과 물건은 죄를 받는 것이 각각 같다는 것을 말하며, 또한 실은 것의 (행선지는) 원근을 따지지 않으므로 주에 이르기를 "단지 실었으면 처벌한다."고 한 것이다. 만약 가인을 거느리고 가는 때에는 모두 처벌하지 않는다. 매 100근 및 2인마다 각각 1등을 더하고, 죄는 도2년에 그친다.

[律文2] 從軍征討者, 各加二等.

[律文3] 監當主司知而聽之, 與同罪.

[律文4] 空船者, 不用此律.

[律文2의 疏] 議曰:「從軍征討者」, 謂以船轉運軍資而私自財物若受寄及寄之者,「各加二等」, 謂五十斤及一人各杖七十, 一百斤及二人各徒一年半, 每一百斤及二人各加一等, 罪止徒三年.

[律文3의 疏]「監當主司知而聽之」, 謂監船官司知乘船人私載·受寄者, 與寄之者罪同, 故云「與同罪」.

[律文4의 疏] 若是空船, 雖私載·受寄, 準行程無違者並悉無罪, 故云「不用此律」.

[율문2] 정토에 종군하는 때에는 각각 2등씩 더한다.

[율문3] 감독을 담당하는 주사가 알고도 허락하였다면 더불어 죄가 같다.

[율문4] 공선인 때에는 이 율을 적용하지 않는다.

[율문2의 소] 의하여 말한다: "정토에 종군하는 때"라 함은, 배로 군수물자를 운반하는데 사사로이 자신의 물자를 싣거나 또한 부탁을 받거나 부탁한 것을 말하고, "각각 2등을 더한다."는 것은, 50근 및 1인이면 각각 장70에 처하고, 100근 및 2인이면 각각 도1년반에 처하며, 매 100근 및 2인마다 각각 1등씩 더하되 죄는 도3년에 그친다는 것을 말한다.

[율문3의 소] "감독을 담당하는 주사가 알고도 허락하였다."는 것은, 배를 감독하는 관사가 승선인이 사사로이 싣거나 부탁을 받은 것을 알았다는 것을 말하며, 부탁한 자와 더불어 죄가 같다. 그러므로 "더불어 죄가 같다."라고 한 것이다.

[율문4의 소] 만약 공선이라면 비록 사사로이 싣거나 부탁을 받았더라도 행정6)에 준해 어김이 없는 경우 모두 무죄이다. 그러므로 "이 율을 적용하지 않는다."고 한 것이다.

---

6) 당대 수로의 行程은 다음과 같다. 무거운 배인 경우 거슬러 올라갈 때 黃河는 하루 30리이고, 長江은 40리, 나머지 하천은 45리이다. 빈 배인 경우 거슬러 올라갈 때 황하는 40리, 장강은 50리, 나머지 하천은 60리이다. 물길을 따라 내려가는 배는 가볍거나 무겁거나 똑같이 황하는 하루에 150리, 장강은 100리, 나머지 하천은 70리이다(『唐六典』권3, 80쪽; 『역주당육전』상, 347~348쪽).

제427조 잡 39. 배의 수리를 법대로
하지 않은 죄(行船茹船不如法)

[律文1a] **諸船人行船, 茹船寫漏,安標宿止不如法若船木筏應廻避而不廻避**
者笞五十,

[律文1b] **以故損失官私財物者坐贓論減五等,**

[律文1c] **殺傷人者減鬪殺傷三等.**

[律文1a의 疏] 議曰:「船人」, 謂公私行船之人.「茹船」, 謂茹塞船縫.「寫
漏」, 謂寫去漏水.「安標宿止」, 謂行船宿泊之所, 須在浦島之內, 仍卽安標,
使來者候望. 違者, 是「不如法」;「若船木筏應廻避者」, 或泝沂相逢, 或在洲
嶼險處, 不相廻避, 覆溺者多, 須準行船之法, 各相廻避, 若湍磧之處, 卽泝
上者避泝流之類, 違者各笞五十.

[律文1b의 疏] 以不茹,寫,廻避之故, 損失官私財物者,「坐贓論減五等」, 謂
十疋杖六十, 十疋加一等, 罪止杖一百.

[律文1c의 疏]「殺傷人者減鬪殺傷罪三等」, 殺人者徒二年半, 折人一支者徒
一年半之類.

[율문1a] 무릇 선인이 배의 운항, 배를 땜질하고 누수를 퍼내는
것, 안전표지하고 정박하는 것을 법대로 하지 않거나, 또는 배·
뗏목은 마땅히 회피하여야 하는데 회피하지 않은 자는 태50에
처하고,

[율문1b] 이 때문에 관사의 재물이 손실된 때에는 좌장으로 논하
되 5등을 감하고,

[율문1c] 사람이 살상된 때에는 투살상(죄)에서 3등을 감한다.

[율문1a의 소] 의하여 말한다: "선인"이란 공·사로 배를 운항하는 사람을 말한다. "배를 땜질하는 것"이란 배의 틈새를 때워서 막는 것을 말한다. "누수를 퍼내는 것"이란 누수를 퍼서 버리는 것을 말한다. "안전표지하고 정박하는 것"이란, 배를 운항하다 숙박하는 곳은 반드시 포구나 섬 안이어야 하고, 안전표지를 설치하여 오는 배가 살필 수 있게 해야 한다는 것을 말한다. (이것들을) 위반한 것이 "법대로 하지 않았다."는 것이다. "또는 배·뗏목은 마땅히 회피하여야 한다."는 것은, 순류와 역류가 만나는 곳 혹은 모래톱·섬 (같은) 험한 곳에서 서로 회피하지 않으면 전복되어 물에 빠지는 경우가 많으므로 반드시 배의 운항법에 준해 각각 서로 회피해야 하며, 만약 급류·암초가 있는 곳에서는 곧 거슬러 올라가는 배가 흐름을 따라가는 (배를) 피해주는 것 따위를 말하며, 위반한 자는 각각 태50에 처한다.

[율문1b의 소] 땜질하지 않고, (누수를) 퍼내지 않고, 회피하지 않은 까닭으로 관사의 재물이 손실된 때에는 "좌장(잡1)으로 논하되 5등을 감한다."는 것은, 10필이면 장60에 처하고, 10필마다 1등을 더하되 죄는 장100에 그친다는 것을 말한다.

[율문1c의 소] "사람이 살상된 때에는 투살상(죄)(투1~5)에서 3등을 감한다."는 것은, 사람이 살해된 때에는 도2년반에 처하고, 사람의 (팔·다리) 1개가 부러진 때에는 도1년반에 처한다는 것 따위이다.

[律文2] 其於湍磧尤難之處, 致有損害者又減二等.

[律文3] 監當主司, 各減一等.

[律文4] 卒遇風浪者, 勿論.

[律文2의 疏] 議曰: 激水爲湍, 積石爲磧. 謂湍磧險難之所, 其有損失財物或殺傷人者,「又減二等」, 謂失財物於坐贓上減七等, 殺傷人者減鬪殺傷五等.

[律文3의 疏] 「監當主司, 各減一等」, 謂各減行船人罪一等.

[律文4의 疏] 卒遇暴風巨浪而損失財物及殺傷人者, 並不坐.

[율문2] 단 급류·암초가 있어 특히 험난한 곳에서 손해를 입힌 때에는 또 2등을 감한다.

[율문3] 감독을 담당하는 주사는 각각 1등을 감한다.

[율문4] 갑자기 풍랑을 만난 때에는 논하지 않는다.

[율문2의 소] 의하여 말한다: 물살이 빠른 곳이 급류, 바위가 많은 곳이 암초이다. 급류·암초 등 험난한 곳에서 만약 재물이 손실되거나 혹은 사람이 살상된 때에는 또 2등을 감한다는 것을 말하는데, 즉 (이는) 재물이 손실된 경우는 좌장(잡1)에서 7등을 감하고, 사람이 살상된 경우는 투살상(죄)(투1~5)에서 5등을 감한다는 것이다.

[율문3의 소] "감독을 담당하는 주사는 각각 1등을 감한다."는 것은, 각각 배를 운항하는 사람의 죄에서 1등을 감한다는 것을 말한다.

[율문4의 소] 갑자기 폭풍과 큰 물결을 만나 재물이 손실되거나 사람이 살상된 때에는 모두 처벌하지 않는다.

제428조 잡 40. 산릉의 조역 내에서 실화한 죄(山陵兆域內失火)

[律文1a] 諸於山陵兆域內失火者徒二年,

[律文1b] 延燒林木者流二千里,

[律文1c] 殺傷人者減鬪殺傷一等.

[律文2] 其在外失火而延燒者, 各減一等. 餘條在外失火準此.

[律文1a의 疏] 議曰:「山陵」, 前已釋訖.「兆域」者, 鄭展云:「除地爲塋, 將有形兆.」韋昭曰:「兆, 域也. 起土爲塋域.」『孝經』曰:「卜其宅兆而安厝之.」然山陵兆域之所皆有宿衛之人, 而於此內失火者徒二年.

[律文1b의 疏] 延燒兆域內林木者流二千里,

[律文1c의 疏] 殺傷人者減鬪殺傷一等.

[律文2의 疏]「其在外失火」, 謂於兆域外失火, 延燒兆域內及林木者,「各減一等」, 謂延燒兆域內徒二年上減一等, 若延燒林木者流二千里上減一等. 注云「餘條在外失火準此」, 餘條謂「庫藏」以下諸條, 因在外失火延燒者, 各減於內失火一等.

[율문1a] 무릇 산릉의 조역 내에서 실화한 자는 도2년에 처하고,

[율문1b] 불이 번져 임목을 불태운 때에는 유2000리에 처하며,

[율문1c] 사람을 살상한 때에는 투살상(죄)에서 1등을 감한다.

[율문2] 단 밖에서 실화했는데, 불이 번져 불태운 때에는 각각 1등을 감한다. 다른 조항의 밖에서 실화한 것은 이에 준한다.

[율문1a의 소] 의하여 말한다: '산릉'은 앞에서 이미 해석하였다.[7] '조역'[8]이란, 등전이 이르기를 "땅을 파서 무덤을 만들었으니 장차 길조가 있을 것이다."라 하였고, 위소는 "조는 영역이다. 흙을 북돋아 무덤의 영역으로 삼는다."라고 하였다. 『효경』(권9, 70쪽)에 이르기를 "묘혈과 영역을 점쳐 안치한다."고 하였다. 이러하므로 산릉

---

7) 율에서는 황제의 무덤을 '山陵'이라고 부른 이유를 옛 제왕의 무덤을 산에 두었기에 때문이라고 해석하거나(명6.2의 주의 소) 혹은 무덤의 높고 큼이 산이나 언덕 같기 때문이라고 설명하였다(58, 위1.1a의 소). 단 당의 황제릉은 太宗의 昭陵 이후 대개 산의 중턱에 墓坑을 뚫어 만들고 무덤을 쌓지 않았다.

8) '兆域'은 陵墓의 墓域을 말하며, 주위에 담장을 둘러치고 문을 설치하였다. 또한 宿衛와 名籍을 두어 사람들이 함부로 출입하는 것을 막았다(58, 위1.1a의 소).

의 조역의 장소에는 모두 숙위하는 사람이 있는 것인데,9) 그런데도 이 안에서 실화한 자는 도2년에 처한다.

[율문1b의 쇼] 불이 번져 조역 내의 임목을 불태운 때에는 유2000리에 처하고,

[율문1c의 쇼] 사람을 살상한 때에는 투살상(죄)(투1~5)에서 1등을 감한다.

[율문2의 쇼] "단 밖에서 실화했다."는 것은, 조역 밖에서 실화했는데 불이 번져 조역 내 및 그 임목을 태웠다는 것을 말한다. "각각 1등을 감한다."는 것은, 불이 번져 조역 내를 태웠다면 도2년에서 1등을 감하고, 만약 불이 번져 임목을 불태운 때에는 유2000리에서 1등을 감한다는 것을 말한다. 주에 이르기를 "다른 조항의 밖에서 실화한 것은 이에 준한다."고 한 것에서 다른 조항이란 '고장'(잡41) 이하의 여러 조항을 말하며, 밖에서 실화한 것으로 인해 불이 번져 불태운 때에는 각각 안에서 실화한 때에서 1등을 감한다는 것이다.

제429조 잡 41. 고장 및 창 안에서 불을 피운 죄(庫倉燃火)

[律文] 諸庫藏及倉內皆不得燃火. 違者徒一年.

 [律文의 疏] 議曰: 凡官庫藏及敖倉內有舍者, 皆不得燃火. 違者徒一年.

---

9) 이 조항의 행위 주체는 보통 宿衛人이지만 외부인일 경우에도 그 처벌은 같다고 해석해야 한다. 또한 외부인이 실화하였을 경우 숙위인 역시 처벌되었을 것으로 보인다.

[율문] 무릇 고장 및 창 안에서는 모두 불을 피울 수 없다. 위반한 자는 도1년에 처한다.

[율문의 소] 의하여 말한다: 무릇 관의 고장 및 오창10) 안에 있는 사택에서는 모두 불을 피울 수 없다. 위반한 자는 도1년에 처한다.

제430조 잡 42. 실화죄(失火及非時燒田野)

[律文1a] 諸失火及非時燒田野者笞五十, 非時, 謂二月一日以後、十月三十日以前. 若鄕土異宜者, 依鄕法.

[律文1b] 延燒人舍宅及財物者杖八十,

[律文1c] 贓重者坐贓論減三等,

[律文1d] 殺傷人者減鬪殺傷二等.

[律文1a의 疏] 議曰:「失火」, 謂失火有所燒, 及不依令文節制而非時燒田野者, 笞五十. 其於當家之內失火者, 皆罪失火之人. 注云「非時, 謂二月一日以後、十月三十日以前. 若鄕土異宜者, 依鄕法」, 謂北地霜早, 南土晚寒, 風土亦旣異宜, 各須收穫總了, 放火時節不可一準令文, 故云「各依鄕法」.

[律文1b의 疏] 延燒人舍宅及財物者, 各杖八十.

[律文1c의 疏]「贓重者」, 謂計贓得罪重於杖八十, 坐贓論減三等. 準贓二十疋以上, 卽從贓科.

[律文1d의 疏] 殺傷人者,「減鬪殺傷罪二等」, 謂燒殺人者, 失火及燒田之人

---

10) 庫는 器仗・絹綿 등을 보관하는 곳이고 倉은 粟麥 등을 저장하는 곳이다. 柴草・雜物을 저장하는 곳은 積聚라고 하였다(214, 구19.1의 소). 庫藏은 관의 창고를 의미하고, 敖倉은 秦代 敖山에 설치한 穀倉인데 당시 저명한 糧倉이었기 때문에 이후 국가의 糧倉을 敖倉이라 하였다.

減死二等, 合徒三年; 不合償死者, 從本殺傷罪減, 其贓若損衆家之物者, 倂
累亦倍論.

[율문1a] 무릇 실화한 자 및 때가 아닌데 전야를 불태운 자는 태
50에 처하고, 때가 아니라는 것은, 2월 1일 이후부터 10월 30일 이전
까지를 말한다. 만약 지역의 풍토가 다를 경우에는 그 지역의 법에 의
거한다.
[율문1b] 불이 번져 사람의 사택 및 재물이 불에 탄 때에는 장80
에 처하며,
[율문1c] (불에 탄 것을 좌장의) 장물로 (계산한 죄가 장80보다)
무거운 때에는 좌장으로 논하되 3등을 감하고,
[율문1d] 사람이 살상된 때에는 투살상(죄)에서 2등을 감한다.

[율문1a의 소] 의하여 말한다: 실화한 자 -실화해서 불에 탄 바가 있
는 것을 말한다.- 및 영문의 규정에 의거하지 않고 때가 아닌데 전
야를 불태운 자는 태50에 처한다. 단 자기 집에서 실화한 때에는
모두 실화한 사람을 죄준다. 주에 이르기를 "때가 아니라는 것은,
2월 1일 이후부터 10월 30일 이전까지를 말한다. 만약 지역의 풍
토가 다를 경우에는 그 지역의 법에 의거한다."는 것은, 북방은 일
찍 서리가 내리고 남방은 추위가 늦게 와서 풍토가 원래 다른데
각각 수확을 다 마쳐야 하므로, 불을 놓는 시기를 일률적으로 영문
(전령 습유657쪽)에 준할 수 없다는 것이다. 그러므로 "각각 그 지역
의 법에 의거한다."고 말한 것이다.
[율문1b의 소] 불이 번져 타인의 사택 및 재물이 불에 탄 때에는 각
각 장80에 처한다.
[율문1c의 소] "(불에 탄 것을 좌장의) 장물로 (계산한 죄가 장80보
다) 무거운 때"란, (불에 탄 것을 좌장의) 장물로 계산하여 얻는 죄

가 장80보다 무겁다는 것을 말하며, (이 경우) 좌장(잡1)으로 논하
되 3등을 감하니 장물에 준하여 20필 이상이면 곧 좌장(죄)에 따라
처벌하는 것이다.11)

[율문1d의 소] "사람이 살상된 때에는 투살상(죄)(투1~5)에서 2등을
감한다."는 것은, 사람이 불에 타죽은 경우 실화한 사람 및 밭을
불태운 사람은 사(죄)에서 2등을 감해 도3년에 해당한다는 것을
말하며, (살해한 죄가) 사형에 해당하지 않는 경우 본살상죄에서
감한다.12) 단 (실화로) 손상된 것이 만약 여러 집의 재물이면 병
합·누계하고 절반하여 논한다(명45.2a).

[律文2] 其行道燃火不滅而致延燒者, 各減一等.

[律文2의 疏] 議曰: 人在行路之上, 或須燃火, 事了發去, 皆須滅之. 若不撲
滅, 而致延燒他人林木,舍宅,財物或殺傷人者, 各減上文罪一等: 謂延燒贓少
者杖八十上減一等; 贓重者坐贓上減四等, 罪止徒一年; 殺傷人者減鬪殺傷三
等. 故云「各減一等」.

[율문2] 단 길을 가다가 불을 피우고 끄지 않아 불이 번져 불태운

---

11) 불에 탄 사택 및 재물의 가치를 장물로 계산하여 얻는 좌장죄에서 3등을 감하
   여 형을 정하는데, 그 형이 이 조항에서 규정된 장80보다 무거울 때는 이 조
   항이 아닌 좌장죄를 적용한다. 絹 20필의 가치에 해당하는 장물의 좌장죄는
   본래 도1년반에 해당하나(389, 잡1), 이 조항에 따라 3등을 감하면 장90이 되
   어 장80보다 무거워진다. 그래서 소에서 장물의 가치가 견 20필 이상이면 좌
   장죄에 따라 처벌한다고 한 것이다.
12) "죽음으로 죗값을 하지 않는 경우"란 鬪殺罪가 사형에 해당하지 않는 경우를
   말한다. 즉 양인이 타인의 부곡을 毆殺하면 사형에서 1등을 감하고 노비는 또
   1등을 감하며(320, 투19.2), 弟妹 및 兄弟의 子孫·外孫을 구타하여 살해하면
   도3년에 처하고, 고의로 살해하면 유3000리에 처하는(328, 투27.4) 것 따위를
   그 예로 들 수 있다. 이러한 범주에 속하는 사람을 실화로 살해한 경우 그 투
   살상의 本條에서 2등을 감한다는 뜻이다.

때에는 각각 1등을 감한다.

[율문2의 소] 의하여 말한다: 사람이 길을 가다가 혹 불을 피웠으면, 일을 마치고 떠나갈 때는 모두 반드시 불을 꺼야 한다. 만약 불을 끄지 않아 번져서 타인의 임목·사택·재물이 불에 타거나 혹은 사람이 살상된 때에는 각각 위 조문의 죄에서 1등을 감하니, 곧 불이 번져 탄 것을 (좌장의 장물로 계산하여 죄가 장80보다) 가벼울 때에는 장80에서 1등을 감하고, 불탄 것을 (좌장의 장물로 계산하여 죄가 장80보다) 무거운 때에는 좌장(잡1)에서 4등을 감하되 죄는 도1년에 그치며, 사람이 살상된 때에는 투살상(죄)(투1~5)에서 3등을 감한다. 그러므로 "각각 1등을 감한다."고 한 것이다.

제431조 잡 43. 관부·공해의 건물 및 창고에서 실화한 죄(官廨倉庫失火)

[律文1a] 諸於官府廨院及倉庫內失火者徒二年,

[律文1b] 在宮內加二等. 廟、社內亦同.

[律文2a] 損害贓重者坐贓論,

[律文2b] 殺傷人者減鬪殺傷一等.

[律文2c] 延燒廟及宮闕者絞, 社減一等.

[律文1a의 疏] 議曰: 若有人於內外官府公廨院宇之中及倉庫內失火者, 徒二年.

[律文1b의 疏] 「宮內加二等」, 宮內, 謂殿門外有禁門, 其內並是. 若失火者, 徒三年. 注云「廟、社內亦同」, 謂於宗廟及太社院內失火, 亦徒三年.

[律文2a의 疏] 「損害贓重者」, 謂因失火延燒, 有所損害財物, 計贓重於徒二年者, 卽準坐贓科之, 謂燒官府廨內財物, 計贓五十疋合徒三年.

[律文2b의 疏] 若因失火有殺傷人者,「減鬪殺傷罪一等」, 謂殺人者流三千
里, 傷人折二支徒三年. 若殺傷畜産, 不合從上條稱減鬪殺傷一等償減價, 自
從水火損敗誤失不償.

[律文2c의 疏] 延燒廟及宮闕者絞, 社減一等流三千里.

[율문1a] 무릇 관부와 공해의 건물 및 창고 안에서 실화한 자는
도2년에 처하고,

[율문1b] 궁 안이면 2등을 더하며, 종묘·태사 안도 역시 같다.

[율문2a] 손상된 것을 (좌장의) 장물로 (계산하여 죄가 이보다) 무
거운 때에는 좌장으로 논하고,

[율문2b] 사람이 살상된 때에는 투살상(죄)에서 1등을 감하며,

[율문2c] 불이 번져 종묘 및 궁궐이 불에 탄 때에는 교형에 처하
고, 태사이면 1등을 감한다.

[율문1a의 소] 의하여 말한다: 만약 내외 관부·공해의 건물이나 창
고 안에 있던 사람이 실화한 때에는 도2년에 처한다.

[율문1b의 소] "궁 안이면 2등을 더한다."에서 궁 안이란 전문 밖에
금문13)이 있는데 그 안은 모두 궁 안임을 말하며, 만약 (그 안에
서) 실화한 자는 도3년에 처한다. 주에 이르기를 "종묘·태사 안도
또한 같다."고 한 것은, 종묘 및 태사의 원내에서 실화한 자 역시
도3년에 처한다는 것을 말한다.

[율문2a의 소] "손상된 것을 (좌장의) 장물로 (계산하여 죄가 이보다)

---

13) 禁門은 宮門이다. 율에서는 궁문에 모두 籍禁이 있다고 하였는데, 적금이 있기
에 금문이라고 칭하는 것이다. 長安城의 중앙 北邊의 宮城에 나있는 문이 宮
城門이다. 궁성 안은 太極宮·東宮·掖庭宮의 3부분으로 나뉘며 각각은 장벽에
의해 둘러싸여 있었다. 그 문이 殿門이며, 전문과 궁성문의 중간에 궁문이 위
치하였다(일본역『唐律疏議』4, 181쪽, 주4).

무거운 때"라는 것은, 실화로 인한 불에 타서 손상된 재물이 있는데, (이를 좌장의) 장물로 계산한 (죄가) 도2년보다 무거운 때를 말하며, (이 경우) 좌장(잡1)에 준해서 죄를 준다는 것은, 소실된 관부·공해 내 재물을 장물로 계산한 것이 50필이면 도3년에 해당한다는 것을 말한다.

[율문2b의 소] 만약 실화로 인해 사람이 살상된 때에는 "투살상죄(투1~5)에서 1등을 감한다."는 것은, 사람이 살해된 때에는 유3000리에 처하고, 사람이 (팔·다리) 2개가 부러진 상해를 입은 때에는 도3년에 처한다는 것을 말한다. 만약 축산이 살상되었다면 위 조문(잡4.1)의 "투살상죄에서 1등을 감하고 감손된 가치를 배상하게 한다."는 (규정에) 따라서는 안 되고, 당연히 물·불로 파손되었는데 과실인 경우에는 배상하지 않는다(잡46)는 (규정에) 따른다.

[율문2c의 소] (불이) 번져 종묘 및 궁궐이 불에 탄 때에는 교형에 처하고, 태사는 1등을 감해 유3000리에 처한다.

제432조 잡 44. 방화죄(燒官府私家舍宅)

[律文1a] 諸故燒官府廨舍及私家舍宅若財物者徒三年,

[律文1b] 贓滿五疋流二千里, 十疋絞.

[律文2] 殺傷人者以故殺傷論.

　[律文1a의 疏] 議曰: 凡官府廨宇及私家舍宅, 無問舍宇大小, 並及財物多少, 但故燒者徒三年.

　[律文1b의 疏] 計贓滿五疋流二千里, 贓滿十疋者絞.

　[律文2의 疏] 「殺傷人者以故殺傷論」, 謂因放火而殺人者斬, 傷人折一支者

流二千里之類. 若對主故燒非積聚延燒之物, 只同「棄毀人財物」論.

[율문1a] 무릇 관부의 건물 및 사가의 사택 또는 재물을 고의로 불태운 자는 도3년에 처하고,

[율문1b] (소실된 재물의 가치를) 장물로 (계산하여) 만 5필이면 유2000리에 처하고, 10필이면 교형에 처한다.

[율문2] 사람이 살상된 때에는 고살상으로 논한다.

[율문1a의 소] 의하여 말한다: 무릇 관부의 건물 및 사가의 사택은 그 사우의 대소와 아울러 재물의 다소를 불문하고 단지 고의로 불태운 자는 도3년에 처한다.

[율문1b의 소] (소실된 재물의 가치를 계산한) 장물이 만 5필이면 유 2000리에 처하고, 장물이 만 10필이면 교형에 처한다.[14]

[율문2의 소] "사람이 살상된 때에는 고살상(투5)으로 논한다."는 것은, 방화로 인해 사람이 살해된 때에는 참형에 처하고, 사람이 (팔·다리) 1개가 부러진 상해를 입혔다면 유2000리에 처하는 것 따위를 말한다. 만약 쌓여 있어 불이 번지지 않는 물건을 주인과 마주하고 고의로 불태웠다면, 단지 "타인의 재물을 버리거나 훼손한 것"(잡54.1)과 같이 논한다.

---

14) 이 조항은 官府·私家의 건물 방화죄를 규정하고 있다. 이와 유사하게, 타인의 숨屋·재물에 불을 지르고 훔친 자는 소실된 재물과 훔친 물건을 합쳐 장물로 계산하여 강도죄(284, 적37)로 논한다.

제433조 잡 45. 화재를 알리지 않거나
끄지 않은 죄(見火起不告救)

[律文1] 諸見火起, 應告不告, 應救不救, 減失火罪二等. 謂從本失罪減.

[律文2] 其守衛宮殿, 倉庫及掌囚者皆不得離所守救火, 違者杖一百.

[律文1의 疏] 議曰: 見火起燒公私廨宇, 舍宅, 財物者, 並須告見在及隣近之人共救. 若不告不救, 「減失火罪二等」, 謂若於官府廨宇內及倉庫, 從徒二年上減二等合徒一年; 若於宮及廟, 社內, 從徒三年上減二等徒二年; 若於私家, 從笞五十上減二等笞三十. 故注云「從本失罪減」, 明即不從延燒減之.

[律文2의 疏] 其守衛宮殿, 倉庫及掌囚者, 雖見火起, 並不得離所守救火, 違者杖一百. 雖見火起不告, 亦不合罪.

[율문1] 무릇 불이 난 것을 보면 알려야 하는데 알리지 않거나, 꺼야 하는데 끄지 않았다면 실화한 죄에서 2등을 감한다. 본래의 실(화)죄에서 감한다는 것을 말한다.

[율문2] 단 궁전·창고를 수위하거나 죄수를 관장하는 자는 모두 책임지역을 이탈하여 불을 끌 수 없다. 위반한 자는 장100에 처한다.

[율문1의 소] 의하여 말한다: 불이 나서 공·사의 건물·사택·재물이 타는 것을 본 자는 모두 현지 및 인근의 사람에게 알려 함께 꺼야 한다. 만약 알리지 않거나 끄지 않았다면 "실화한 죄(잡40·42·43)에서 2등을 감한다."는 것은, 만약 관부의 건물 안 및 창고에서라면 도2년에서(잡43.1a) 2등을 감해 도1년에 처하고, 만약 궁 및 종묘·태사 안이라면 도3년에서(잡43.1b) 2등을 감해 도2년에 처하며, 사

가라면 태50에서(잡42.1a) 2등을 감해 태30에 처한다는 것을 말한다. 그러므로 주에 이르기를 "본래의 실(화)죄에서 감한다."고 하여, 불이 번져 불태운 것에 따라 감하지 않는다는 것을 분명히 한 것이다.

[율문2의 소] 단 궁전·창고를 수위하거나 죄수를 관장하는 자는 비록 불이 난 것을 보았더라도 결코 책임지역을 이탈하여 불을 끌 수 없다. 위반한 자는 장100에 처한다. 비록 불이 난 것을 보고 알리지 않았더라도 역시 죄에 해당하지 않는다.

제434조 잡 46. 물·불로 인한 손해의 배상(水火損敗徵償)

[律文] 諸水火有損敗, 故犯者徵償, 誤失者不償.

[律文의 疏] 議曰:「水火有所損敗」, 謂上諸條稱水火損敗得罪之處.「故犯者徵償」, 若「故決隄防」、「通水入人家」若「故燒官府廨舍及私家舍宅, 財物」, 有所損敗之類, 各徵償. 其稱「失火」之處及「不修隄防而致損害」之類, 各不償.

[율문] 무릇 물·불로 손상되거나 파괴되었는데, 고의로 범한 때에는 배상(가)를 추징하며, 과실인 때에는 배상하게 하지 않는다.

[율문의 소] 의하여 말한다: "물·불로 손상되거나 파괴되었다."는 것은, 위의 여러 조항(잡36·37·39·40·42~44) 중에 물·불로 손상되거나 파괴되어 죄를 얻는 경우를 말한다. 예컨대 "고의로 범한 때에는 배상(가)를 추징한다."는 것은, "고의로 제방을 터뜨린 것", "물을 통하게 하다가 인가에 들어가게 (한 경우)"(잡37) 또는 "관부의 건물 및 사가의 사택 또는 재물을 고의로 불태운 것"(잡44)과 같이, 손상

되거나 파괴된 것이 있는 경우 등은 각각 배상(가)를 추징한다는 것이다. 단 "실화"의 경우(잡40·41·43) 및 "제방을 수리하지 않아 손상·피해에 이른 경우"(잡36) 등은 각각 배상하게 하지 않는다.

제435조 잡 47. 신에게 바치는 물품 등을 버리거나 훼손한 죄(棄毀亡失神御之物)

[律文1] 諸棄毀大祀神御之物若御寶、乘輿服御物及非服而御者各以盜論,
[律文2] 亡失及誤毀者準盜論減二等.

[律文1의 疏] 議曰:「棄毀大祀神御之物」, 祠令, 天地, 宗廟, 神州等爲大祀. 「神御」, 謂供神所御之物. 「若御寶」, 謂皇帝八寶, 太皇太后、皇太后、皇后寶. 以稱「御」者三后亦同. 「乘輿服御物」, 謂皇帝服御之物. 「及非服而御」, 謂帷帳几杖之屬. 「非服而供御者」以上義, 名例及職制並具釋訖. 有棄毀者各以盜論, 賊盜律, 盜大祀神御之物、乘輿服御物者流二千五百里, 非服而御之物徒一年半, 贓重者計贓各加凡盜一等. 盜御寶者絞. 稱「以盜論」者與眞盜同, 入十惡, 非服而御之物等不入十惡. 據賊盜律:「其擬供神御及供而廢闕, 若饗薦之具已饌呈者, 徒二年, 未饌呈者, 徒一年半.」又盜御寶條, 擬供服御等亦並徒二年. 今此條上言「棄毀大祀」, 下稱「非服而御以盜論」; 準「非服而御徒一年半」, 擧下明上, 卽棄毀擬供服御, 準罪徒一年半以上, 亦各以盜論.
[律文2의 疏] 「亡失及誤毀者, 準盜論減二等」, 並各從準盜罪上減二等. 準盜論者, 不在除、免、倍贓, 監主加罪, 加役流之例. 棄毀中祀神御之物減大祀二等, 棄毀小祀神御之物又減二等. 中祀以下, 不入十惡.

[율문1] 무릇 대사의 신에게 바치는 물품, 또는 어보와 황제가 입

고 쓰는 물품 및 입고 쓰는 물품은 아니지만 (황제가) 사용하는
물품을 버리거나 훼손한 자는 각각 절도로 논하고,

[율문2] 망실하거나 착오로 훼손한 자는 절도에 준하여 논하되 2
등을 감한다.

[율문1의 소] 의하여 말한다: "대사의 신에게 바치는 물품을 버리거
나 훼손하였다."는 것에서 (대사는) 사령에 "천지·종묘·신주 등(에
대한 제사를) 대사로 한다."15)고 하였다. "신에게 바치는 물품"이
란 신이 쓰도록 바치는 물품을 말한다. "어보"란 황제의 팔보16)
(및) 태황태후·황태후·황후의 보를 말하는데, "어"라고 칭하는 경
우 삼후도 역시 같기 때문이다(명51.1). "황제가 입고 쓰는 물품"이
란 황제가 사용하는 의복·거마 등의 물품을 말한다. "입고 쓰는 물
품은 아니지만 (황제가) 사용하는 물품"이란 유장·궤장 따위를 말
한다. "입고 쓰는 물품은 아니지만 (황제가) 사용하는 물품" 이상
의 뜻은 명례(명6.6) 및 직제율(직15·16)에서 모두 구체적으로 해석
하였다. (이러한 것들을) 버리거나 훼손한 자는 각각 절도로 논한
다. 적도율에 (의거하면) 대사의 신에게 바치는 물품(적23.1), 황제
가 입고 쓰는 물품(적24.2a)을 절도한 자는 유2500리에 처하고, (황
제가) 입고 쓰는 물품은 아니지만 (황제가) 사용하는 물품이면 도1
년반에 처하며(적24.2c), (버리거나 훼손한 것을 절도의) 장물로 (계
산하여 죄가 이보다) 무거운 때에는 장물을 계산하여 각각 일반

---

15) 昊天上帝·五方帝·皇地祇·神州·宗廟에 대한 제사가 大祀이고, 日·月·星·辰·社
稷·先代帝王·岳·鎮·海·瀆·帝社·先蠶·孔宣父·齊太公·諸太子廟가 中祀이며, 司
中·司命·風師·雨師·衆星·山林·川澤·五龍祠 등 및 州縣社稷·釋奠이 小祀이다
(『唐六典』권7, 120쪽; 『역주당육전』상, 431쪽).
16) 御寶는 황제 및 태황태후·황태후·황후의 인장을 가리키며, 황제의 八寶는 神
寶·受命寶·皇帝行寶·皇帝之寶·皇帝信寶·天子行寶·天子之寶·天子信寶를 말한
다(362, 사1.1).

도죄(적35)에 1등을 더한다(적33). 어보를 훔친 때에는 교형에 처한다(적24.1). (이상은) "절도로 논한다."고 칭했기 때문에 진정 도죄와[17] 같이 십악(명6)을 적용하지만, (단) (황제가) 입고 쓰는 물품은 아니지만 (황제가) 사용하는 물품은 십악을 적용하지 않는다. 적도율(적23.2)에 의거하면, "단 신이 쓰도록 바치려고 예정했거나, 바쳐서 쓰고 물렀거나, 또는 이미 갖추어 차려서 들인 제물을 (절도한 자는) 도2년에 처하고, 아직 차려서 들이지 않은 것을 (절도한 자는) 도1년 반에 처한다." 또한 어보 절도의 조항(적24.2b)에 의거하면, (황제가) 입고 쓰는 물품으로 바치려고 예비한 것 등(을 절도한 자는) 역시 모두 도2년에 처한다. 지금 이 조항의 첫 구절은 "대사(의 신에게 바치는 물품을) 버리거나 훼손"이고, 마지막 구절은 "(입고 쓰는 물품은 아니지만 황제가) 사용하는 것을 (버리거나 훼손한 자는) 절도로 논한다."라고 하였는데, "(황제가) 입고 쓰는 것이 아닌 물품을 (절도한 자는) 도1년반에 처한다."(적24.2c)는 (조항에) 준해서, 아래 (조문을) 들어보면 위 (조문도) 분명해지니, 곧 (황제가) 입고 쓰는데 바치려고 예비한 물품을 버리거나 훼손한 것도 죄에 준하면 도1년반 이상이 되므로 역시 각각 절도로 논해야 한다.[18]

---

17) 枉法으로 논하거나[以枉法論], 절도로 논한다[以盜論]고 한 것은 모두 眞犯과 같다(명53.4). 大祀의 신에게 바치는 물품·어보·황제가 입고 쓰는 물품을 절도하는 것은 모두 十惡(명6.6)에 들어가므로, 이것들을 버리거나 훼손한 것도 십악에 들어가는 것이다.

18) 이 조항의 1항은 大祀의 신에게 바치는 물품, 또는 御寶·황제가 입고 쓰는 물품 및 입고 쓰는 물품은 아니지만 황제가 사용하는 물품을 버리거나 훼손한 자는 각각 절도로 논한다는 규정이다. 이 조항에는 황제가 입고 쓰는 물품으로 예비한 것을 버리거나 훼손한 때의 죄의 규정이 없는데, 이 범행도 절도로 논하는지에 대한 의문이 제기된다. 그런데 황제가 입고 쓰는 물품으로 예비한 것의 절도죄는 도2년에 해당하고 입고 쓰는 물품이 아니지만 황제가 사용하는 물품의 절도죄는 도1년반에 해당하는데(271, 적24.2c), 가벼운 죄인 후자를

[율문2의 소] "망실하거나 착오로 훼손한 자는 절도에 준하여 논하되 2등을 감한다."라고 하였으니, 모두 각각 도죄에 준해서 2등을 감한다. 절도에 준하여 논하는 때에는 제명·면관·배장·감주가죄·가역류의 법례를 적용하지 않는다(명53.2·3). 중사의 신에게 바친 물품을 버리거나 훼손한 때에는 대사의 경우에서 2등을 감하고, 소사의 신에게 바친 물품을 버리거나 훼손한 때에는 또 2등을 감한다(직8.4). 중사 이하는 십악(명6.6)에 포함하지 않는다.

제436조 잡 48. 대사의 구단을 훼손한 죄(毀大祀丘壇)

[律文1a] 諸大祀丘壇將行事有守衛而毀者流二千里,

[律文1b] 非行事日徒一年.

[律文2] 壝門各減二等.

　[律文1a의 疏] 議曰:「大祀丘壇」, 謂祀天於圜丘, 祭地於方丘, 五時迎氣祀五方上帝並各有壇. 此等將行祭祀各有守衛, 此時有損壞丘壇者流二千里.

　[律文1b의 疏] 「非行事日」, 謂非祭祀之日而毀者徒一年.

　[律文2의 疏] 「壝門各減二等」, 壝門謂丘壇之外擁土爲門. 毀壝門者, 將行事之日徒二年半, 非行事日杖九十. 故云「各減二等」. 毀中·小祀, 各遞減二等.

[율문1a] 무릇 대사의 구단에서 제사를 지내려고 수위를 배치했는데 훼손한 자는 유2000리에 처하고,

───────────────

절도로 논한다고 규정한 점을 들어보면 그보다 무거운 죄인 전자를 절도로 논한다는 것은 분명하다. 이것이 소가 해석하고자 하는 바이다.

[율문1b] 제사 지내는 날이 아니면 도1년에 처한다.

[율문2] 유문은 각각 2등을 감한다.

[율문1a의 소] 의하여 말한다: "대사의 구단"이라는 것은, 환구에서 하늘에 제사지내고, 방구에서 토지에 제사지내며, 오시에 기를 맞이하여 오방의 상제에 제사지내는데, 모두 각각 단이 있음을 말한다. 이러한 곳에서 장차 제사지내려 할 때에는 각각 수위가 있다. 이때 구단을 훼손하거나 파괴한 자는 유2000리에 처한다.

[율문1b의 소] "제사 지내는 날이 아니다."라는 것은 제사일이 아님을 말하며, 훼손한 자는 도1년에 처한다.

[율문2의 소] "유문은 각각 2등을 감한다."라고 한 것에서, "유문"이란 구단 밖에 흙을 쌓아 만든 문을 말한다. 유문을 훼손한 자는 제사 지내는 날이면 도2년반에 처하고 제사 지내는 날이 아니면 장90에 처한다. 그러므로 "각각 2등을 감한다."라고 한 것이다. 중·소사(의 유문)을 훼손한 때에는 각각 차례로 2등을 감한다(직8.4).

제437조 잡 49. 부·절·인을 버리거나 훼손한 죄(棄毀亡失符節印)

[律文1] 諸棄毀符、節、印及門鑰者各準盜論,

[律文2] 亡失及誤毀者各減二等.

[律文1의 疏] 議曰: 棄毀符、節、印及門鑰者, 各準盜法論罪. 賊盜律:「盜宮殿門符、發兵符、傳符流二千里, 使節及皇城、京城門符徒三年, 餘符徒一年, 門鑰各減三等.」「盜官文書印徒二年, 餘印杖一百.」

[律文2의 疏] 其亡失符、節、印以下, 誤毀者「各減二等」, 謂各減棄毀之罪二等.

[율문1] 무릇 부·절·인 및 문의 열쇠를 버리거나 훼손한 자는 각 각 절도에 준하여 논한다.

[율문2] 망실하거나 착오로 훼손한 때에는 각각 2등을 감한다.

[율문1의 소] 의하여 말한다: 부·절·인19) 및 문의 열쇠를 버리거나 훼손한 자는 각각 절도의 법에 준하여 죄를 논한다. 적도율(적 27.1a)에 "궁·전의 문부·발병부·전부를 절도한 자는 유2000리에 처 하고, 사절 및 황성·경성의 문부라면 도3년에 처하며, 나머지 부는 도1년에 처하고, 문의 열쇠는 각각 3등을 감한다."라고 규정되어 있고, (적도율에) "관문서인을 절도한 자는 도2년에 처하고, 그 밖 의 인장은 장100에 처한다."(적25)라고 규정되어 있다.

[율문2의 소] 단 부·절·인 이하를 망실하였거나 착오로 훼손한 때에 는 "각각 2등을 감한다."는 것은, 각각 버리거나 훼손한 죄에서 2등 을 감한다는 것을 말한다.

제438조 잡 50. 제서·관문서를 버리거나 훼손한 죄(棄毀亡失制書官文書)

[律文1a] 諸棄毀制書及官文書者準盜論,

[律文1b] 亡失及誤毀者各減二等. 毀, 須失文字. 若欲動事者, 從詐增減法.

---

19) 符는 좌우 두 쪽을 勘合하여 거짓이 없음을 증명하는 신표이다. 단 아래 조항 (438, 잡50.1a의 소)의 符는 관문서이다. 節은 旌節로 大將帥·使臣이 사용하는 신표로, 황제가 전권을 위임했다는 것을 상징한다. 印은 관사에서 관문서에 날인하여 시행하는 官文書印과 각 州 등에서 封函印 및 畜産에 사용하는 그 밖의 인(272, 적25)을 포괄해서 말한다.

[律文2] **其誤毀失符、移、解、牒者杖六十.** 謂未入所司而有本案者.

[律文1a의 疏] 議曰:「棄毀制書」, 棄、毀不相須. 毀者, 須失文字.「制書」, 勅及奏抄亦同.「官文書」, 謂曹司所行公案及符、移、解、牒之類.「準盜論」, 謂各準盜法得罪, 賊盜律:「盜制書者, 徒二年; 官文書, 杖一百.」

[律文1b의 疏]「亡失」, 謂不覺遺落及被盜;「誤毀」, 謂誤致毀損, 破失文字: 各減二等. 故注云「毀, 須失文字」. 謂制、勅、奏抄徒一年, 官文書杖八十. 若盜毀欲動事者, 自從增減法, 制、勅及奏抄合死, 官文書卽依詐僞律「詐僞官文書及增減」法. 主司自有所避, 卽從「違式造立」科罪, 杖罪以下杖一百, 徒罪以上加一等.

[律文2의 疏] 誤毀符、移、解、牒者杖六十. 注云「謂未入所司而有本案者」, 謂未入曹司之間而卽誤致毀者. 關、刺律雖無文, 亦與符、移同罪.

[율문1a] 무릇 제서 및 관문서를 버리거나 훼손한 자는 절도에 준하여 논하고,

[율문1b] 망실하거나 착오로 훼손한 자는 각각 2등을 감한다. 훼손은 반드시 문자가 없어진 것(만을 의미한다). 만약 내용을 바꾸고자 한 때에는 거짓으로 증감시킨 법에 따른다.

[율문2] 단 부·이·해·첩을 착오로 훼손하거나 잃어버린 자는 장60에 처한다. 아직 담당 관사에 접수되지 않고 원안이 있는 경우를 말한다.

[율문1a의 소] 의하여 말한다: "제서를 버리거나 훼손하였다."에서 버린 것과 훼손한 것은 둘 다일 필요 없이 (하나만으로 죄가 된다). 훼손이라는 것은 반드시 문자가 없어진 것(만을 의미한다). "제서"(라 한 것은) 칙 및 주초도 역시 같다. "관문서"란 각급 관사에서 시행하는 공안 및 부·이·해·첩 따위를 말한다.[20] "절도에 준하여 논한다."는 것은, 각각을 절도한 법(적26)에 준하여 죄를 받는

것을 말한다. 적도율(적26.1)에 "제서를 절도한 자는 도2년에 처하고, 관문서는 장100에 처한다."(라고 규정되어 있다.)

[율문1b의 소] "망실"이란 잃어버리거나 도둑맞은 것을 깨닫지 못한 것을 말하고, "착오로 훼손하였다."는 것은 착오로 훼손하여 문자가 없어지기에 이른 것을 말하며, 각각 2등을 감한다. 그러므로 주에 이르기를 "훼손은 반드시 문자가 없어진 것(만을 의미한다)."라고 한 것이다. (이 같은 행위가) 제·칙·주초에 (대한 것이면) 도1년에 처하고 관문서에 (대한 것이면) 장80에 처함을 말한다. 만약 훔치거나 훼손하여 내용을 바꾸고자 한 때에는, 당연히 증감한 법에 따라야하니 제·칙 및 주초(에 대한 것이면) 사형에 해당하고(사6.1a), 관문서에 (대한 것이면) 사위율의 "거짓으로 관문서를 만들거나 증감한" 법(사8.1)에 따른다. 주사 스스로 피하고자 하는 바가 있어서 (버리거나 훼손하였다면) "식을 어기고 (문안을) 만든 것"(사8.2)에 따라 죄를 과해서, 장죄 이하는 장100에 처하고 도죄 이상은 1등을 더한다.

[율문2의 소] 부·이·해·첩을 착오로 훼손한 자는 장60에 처한다. 주에 이르기를 "아직 담당 관사에 접수되지 않고 원안이 있는 경우를 말한다."라고 한 것은, 아직 담당 관사에 접수되지 않은 사이에 착오로 훼손에 이른 것을 말한다. 관·자는 율에 규정이 없지만 역

---

20) 당대 公文書는 크게 王言과 官文書로 나뉜다. 왕언은 황제가 내리는 문서로 制·敕·册이 있다. 관문서에는 상급관사에서 하급관사로 하달하는 符와 하급관사에서 상급관사로 상신하는 牒, 그리고 관사 간에 서로 문의하는 關·刺·移 등이 있다(『唐六典』권2, 10~11쪽; 『역주당육전』상, 138쪽). 왕언은 다시 册書·制書·慰勞制書·發日敕·敕旨·論事敕書·敕牒으로 세분된다(『唐六典』권9, 273~274쪽; 『역주당육전』중, 94~95쪽). 신하가 황제에게 올리는 문서로는 奏抄·奏彈·露布·議·表·狀이 있는데(『唐六典』권8, 241~242쪽; 『역주당육전』중, 21~22쪽) 그 중 奏抄는 황제의 서명이 들어가기에 制書와 격이 같다(112, 직22.2의 문답).

시 부·이와 죄가 같다.

제439조 잡 51. 제서·관문서의 봉인을 몰래 열어 문서를 본 죄(私發制書官文書)

[律文1a] 諸私發官文書印封視書者杖六十,

[律文1b] 制書杖八十,

[律文2] 若密事各依漏泄坐減二等.

[律文3a] 卽誤發視者各減二等.

[律文3b] 不視者, 不坐.

[律文1a의 疏] 議曰: 官司行下文書, 多有封印, 而有私發印封視書者杖六十.

[律文1b의 疏] 視制書, 杖八十.

[律文2의 疏] 「若密事各依漏泄坐減二等」, 職制律: 「漏泄大事應密者絞」, 減二等徒三年; 「非大事應密徒一年牛」, 減二等杖一百.

[律文3a의 疏] 「誤發視者各減二等」, 謂誤發, 因視制書杖六十; 官文書笞四十; 大事應密視者, 徒三年上減二等徒二年; 非大事應密視者, 杖一百上減二等杖八十.

[律文3b의 疏] 「不視者不坐」, 謂初雖誤發, 竟不視書者, 無罪.

[율문1a] 무릇 사사로이 관문서의 봉인을 열어 문서를 본 자는 장60에 처하고,

[율문1b] 제서이면 장80에 처한다.

[율문2] 만약 기밀 사안이면 각각 누설(죄)에 의거하여 처벌하되

2등을 감한다.

[율문3a] 만약 착오로 열었다가 본 자는 각각 2등을 감하고,

[율문3b] 보지 않은 자는 처벌하지 않는다.

[율문1a의 소] 의하여 말한다: 관사에서 하달하는 문서는 대부분 봉인되어 있다. 사사로이 봉인을 열어 문서를 본 자는 장60에 처한다.[21]

[율문1b의 소] 제서를 보았다면 장80에 처한다.

[율문2의 소] "만약 기밀 사안이면 각각 누설(죄)에 의거하여 처벌하되 2등을 감한다."는 것은, 직제율(직19.1)에 "기밀로 해야 할 대사를 누설한 자는 교형에 처한다."고 (규정되어 있으니) 2등을 감하여 도3년에 처하고, "대사가 아니지만 기밀로 해야 할 것이면 도1년반에 처한다."고 (규정되어 있으니) 2등을 감하여 장100에 처한다는 것이다.[22]

[율문3a의 소] "착오로 열었다가 본 자는 각각 2등을 감한다."는 것은, 착오로 열었는데 이로 인해 제서를 보았다면 장60에 처하고, 관문서이면 태40에 처함을 말한다. 기밀로 해야 할 대사를 본 자는 도3년에서 2등을 감해 도2년에 처하고 대사가 아니지만 기밀로 해야 되는 것을 본 자는 장100에서 2등을 감해 장80에 처한다.

[율문3b의 소] "보지 않은 자는 처벌하지 않는다."는 것은, 처음에는 비록 착오로 열었더라도 끝내 문서를 보지 않은 자는 무죄라는 것을 말한다.

---

21) 당의 내외 관사에는 대부분 勾檢官이 설치되어 "受事發辰"의 책무를 담당하였다. 공문서의 전달은 구검관이 그 收發을 전담하고 다른 사람은 함부로 뜯어서 읽을 수 없게 하여, 공무를 그르치거나 기밀을 누설하는 일을 방비하였다(劉俊文, 『唐律疏議箋解』, 1917쪽, 解析).

22) 기밀로 해야 할 대사는 謀反·大逆·謀叛을 밀고하고 체포하는 일과 외적·도적을 정벌·엄습하려고 도모하는 일이다(109, 직19.1a의 소). 대사가 아니지만 기밀로 해야 하는 일은 바람·구름·氣象·天色의 이상을 보고하는 경우이다(109, 직19.1b의 소).

제440조 잡 52. 주수가 부서를 망실한 죄(主守亡失簿書)

[律文1] 諸主守官物而亡失簿書, 致數有乖錯者, 計所錯數以主守不覺盜論.

    [律文1의 疏] 議曰: 凡是官物, 皆立簿書. 主守之人亡失簿書, 爲失簿書之故, 遂令物數乖錯者, 計所錯之數, 依不覺盜論. 廐庫律: 「主司不覺盜者, 五疋笞 二十, 十疋加一等, 過杖一百, 二十疋加一等, 罪止徒二年.」

[율문1] 무릇 관물을 주수하는 (사람이) 부서를 망실하여 수에 틀림이 있게 된 때에는 틀린 수를 계산하여 주수가 절도를 적발하지 못한 죄로 논한다.

    [율문1의 소] 의하여 말한다: 무릇 관물은 모두 부서23)를 작성한다. 주수하는 사람이 부서를 망실하였는데, 부서를 잃어버린 까닭으로 물건의 수에 틀림이 있게 된 때에는 틀린 수를 계산하여 절도를 적발하지 못한 죄에 의거하여 논한다. 구고율(구15.2)에 (의거하면), "주사가 절도를 적발하지 못한 경우, (견) 5필이면 태20에 처하고 10필마다 1등씩 더하며, 장100이 넘으면 20필마다 1등씩 더하되, 죄는 도2년에 그친다."

[律文2] 其主典替代者, 文案皆立正案分付後人, 違者杖一百. 並去官不免.

    [律文2의 疏] 議曰: 謂主典替代, 所有文案皆須立正案分付承後人, 違而不付者合杖一百. 縱雖去官, 不同名例免法, 故注云「並去官不免」.

---

23) 簿書는 官物 재고 보고서 따위인 簿帳을 포함하여 관물의 수량관리에 관한 帳簿·文書를 가리킨다.

[율문2] 단 주전이 교체될 때에는 문안은 모두 정안을 작성하여 후임자에게 인계한다. 위반한 자는 장100에 처한다. 모두 관을 떠나도 (죄를) 면하지 못한다.

[율문2의 소] 의하여 말한다: 주전이 교체될 때에는 모든 문안을 반드시 정안으로 작성하여[24] 후임자에게 인계해야 하며, 위반하고 인계하지 않은 자는 장100에 처한다는 것을 말한다. 설령 관을 떠나더라도 명례율(명16.2)의 (관을 떠난 뒤 발각된 공죄 이하는) 면하는 법과 같게 하지 않는다. 그러므로 주에 이르기를 "모두 관을 떠나도 (죄를) 면하지 못한다."고 한 것이다.

제441조 잡 53. 관·사의 전원에서 함부로 채소·과일 등을 먹은 죄(私食官私田園瓜果)

[律文1a] 諸於官私田園, 輒食瓜果之類坐贓論,

[律文1b] 棄毀者亦如之,

[律文1c] 卽持去者準盜論.

[律文1a의 疏] 議曰: 稱「瓜果之類」, 卽雜蔬菜等皆是. 若於官私田園之內, 而輒私食者坐贓論.

[律文1b의 疏] 其有棄毀之者, 計所棄毀亦同輒食之罪, 故云「亦如之」.

[律文1c의 疏] 持將去者, 計贓準盜論. 並徵所費之贓各還官·主.

---

24) 文案이란 관사에서 시행된 모든 공문서이며, 正案은 정식으로 만들어진 案卷으로 보인다(錢大群, 『唐律疏議新注』, 905쪽).

[율문1a] 무릇 관·사의 전원에서 함부로 채소·과일 따위를 먹었다면 좌장으로 논하고,

[율문1b] 버리거나 훼손한 자는 역시 이와 같이 하며,

[율문1c] 만약 가지고 간 자는 절도에 준하여 논한다.

[율문1a의 소] 의하여 말한다: "채소·과일 따위"라고 하였으니, 여러 소채 등은 모두 그렇다. 만약 관·사의 전원 안에서 함부로 사사로이 먹은 자는 좌장(잡1)으로 논한다.

[율문1b의 소] 단 버리거나 훼손한 자는 버리고 훼손한 것을 계산하여 역시 함부로 먹은 것과 같은 죄를 준다. 그러므로 "역시 이와 같다."고 한 것이다.

[율문1c의 소] 가지고 간 자는 장물을 계산하여 절도에 준하여 논한다. 모두 소비한 장물을 징수하여 각각 관이나 주인에게 돌려준다.

[律文2] 主司給與者加一等.

[律文3] 彊持去者以盜論.

[律文4] 主司卽言者不坐.

[律文5] 非應食官酒食而食者, 亦準此.

[律文2의 疏] 議曰: 當園主司, 將瓜果之屬給與人食者, 加坐贓罪一等, 謂一尺笞三十, 一疋加一等. 給與將去者, 準盜上加一等, 一尺杖七十, 一疋加一等.

[律文3의 疏] 「強持去者」, 謂以威若力強持將去者以盜論, 計贓同眞盜之法, 其贓倍徵, 贓滿五疋者免官. 若監臨主司自強取者加凡盜罪二等, 除名, 倍贓並依常律.

[律文4의 疏] 主司當卽言告者, 主司不坐.

[律文5의 疏] 「非應食官酒食而輒食者, 亦準此」, 謂輒食者坐贓論, 棄毀者亦同. 持去者準盜論, 強持去者以竊盜論. 若主司私持去者並同監主盜法. 若非主司, 不因食次而持去者以盜論, 強者依強盜法.

[율문2] 주사가 준 때에는 1등을 더한다.

[율문3] 강제로 가지고 간 자는 절도로 논하고,

[율문4] 주사는 즉시 말했다면 처벌하지 않는다.

[율문5] 먹어서는 안 되는 관의 주식을 먹은 자도 역시 이에 준한다.

[율문2의 소] 의하여 말한다: (전)원을 담당하는 주사가 채소·과일 등을 다른 사람에게 주어 먹게 한 때에는 좌장죄(잡1)에 1등을 더한다는 것은, (그 가치가 견) 1척이면 태30에 처하고, 1필마다 1등씩 더한다는 것을 말한다. 주어 가져가게 한 때에는 절도에 준한 죄에 1등을 더해, 1척이면 장70에 처하고 1필마다 1등씩 더한다.

[율문3의 소] "강제로 가지고 간 자"라 함은, 위협 또는 폭력으로(적 34.1a) 강제로 가져간 자를 말하는데, (이 경우) 절도로 논하니, 장물을 계산하여 진정 도죄의 법과 같게 하고, 그 장물은 배로 추징하며(명33.1c의 주), 장물이 만 5필이면 면관한다(명19.1). 만약 감림하는 주사가 직접 강제로 취했다면 일반 도죄에 2등을 더하며(적 36), 제명·배장은 모두 통상의 율에 의거한다.[25]

[율문4의 소] 주사가 즉시 보고한 경우, 주사는 처벌하지 않는다.

[율문5의 소] "먹어서는 안 되는 관의 주식을 함부로 먹은 자도 이에 준한다."는 것은, 함부로 먹었다면 좌장(잡1)으로 논하고, 버리거나 훼손한 때에도 역시 같다는 것을 말한다. (또한 관의 주식을) 가지고 간 자는 절도에 준하여 논하고, 강제로 가지고 간 자는 절도로 논한다. 또한 주사가 사사로이 가져갔다면 모두 감림·주수의 절도를 처벌하는 법(적36)과 같게 한다.[26] 만약 주사가 아니고 먹고 남

---

25) 監臨·主守가 감림 범위 안에서 絹 1필 이상을 횡령하여 盜罪를 범한 경우 除名한다(명18.2 및 283, 적36). 절도로[以盜] 논하거나 도죄의 처벌법에 따르는 [從盜] 죄를 범한 경우에도 또한 제명한다. 아울러 도죄에 부가되는 倍贓 역시 징수한다(명33.1c의 주),

26) 監臨官이 관할 구역 내에서 酒食이나 채소·과실을 받은 경우, 坐贓으로 논한

은 것[27]이 아닌데 가져 간 때에는 절도로 논하며, 강제로 가져간
때에는 강도법(적34)에 의거한다.

제442조 잡 54. 관·사의 기물 및 수목·농작물을 버리거나 훼손한 죄(棄毀器物稼穡)

[律文1] 諸棄毀官私器物及毀伐樹木、稼穡者準盜論,
[律文2] 卽亡失及誤毀官物者各減三等.

[律文1의 疏] 議曰:「棄毀官私器物」, 謂是雜器,財物, 輒有棄擲,毀壞,「及
毀伐樹木,稼穡者」,「種之曰稼, 斂之曰穡」, 麥,禾之類: 各計贓準盜論.

[律文2의 疏]「卽亡失及誤毀」, 謂亡失及誤毀官私器物,樹木,稼穡者, 各減故
犯三等, 謂其贓並備償. 若誤毀,失私物, 依下條例償而不坐.

[율문1] 무릇 관·사의 기물을 버리거나 훼손하거나 수목·농작물
을 훼손하거나 벤 자는 절도에 준하여 논한다.
[율문2] 만약 관물을 망실하거나 착오로 훼손한 자는 각각 3등을
감한다.

[율문1의 소] 의하여 말한다: 관·사의 기물을 버리거나 훼손하거나,
-잡기·재물을 함부로 버리거나 훼손하거나 파괴한 것을 말한다.-
수목·농작물을 훼손하거나 벤 자는 -보리·벼 따위를 심는 것을 가,

다(144, 직54.1).
27) "가지고 간다[持去]."라는 행위는 시간상 "먹는다[食]."의 행위 이후에 진행되므로
가지고 가는 것은 "먹고 남은 것[食次]"이 된다. 『說文』에서도 "次는 不前이다."
라 하여 시간상 뒤에 있는 것임을 밝혔다(錢大群,『唐律疏議新注』, 907쪽, 주7).

거두는 것은 색이라고 한다.- 각각 장물을 계산하여 절도에 준하여 논한다.

[율문2의 소] '만약 망실하거나 착오로 훼손'하였다는 것은, 관·사[28] 의 기물·수목·농작물을 망실하거나 착오로 훼손하였다는 것을 말하며, 각각 고의로 범한 죄에서 3등을 감하고 그 장물은 모두 배상케 한다는 것을 의미한다. 만약 착오로 사물을 훼손하거나 잃어버렸다면 아래 조항(잡57)의 예에 의거하여 배상하게 하되 처벌하지 않는다.

제443조 잡 55. 타인의 비·갈이나 돌짐승을 훼손한 죄(毁人碑碣石獸)

[律文1a] 諸毁人碑碣及石獸者徒一年,

[律文1b] 卽毁人廟主者加一等.

[律文2] 其有用功修造之物而故損毁者計庸坐贓論,

[律文3] 各令修立;

[律文4] 誤損毁者但令修立, 不坐.

[律文1a의 疏] 議曰: 喪葬令, 五品以上聽立碑, 七品以上立碣, 塋域之內亦有石獸. 其有毁人碑碣及石獸者, 徒一年.

---

28) 원문의 '官私'에서 '私'는 衍文일 것이다. 왜냐하면 율문이 "관물을 망실하거나 착오로 훼손한 자는 각각 3등을 감한다."고 규정하고 있고, 또 소에서 "착오로 사물을 훼손하거나 잃어버렸다면 아래 조항(445, 잡57)의 예에 의거하여 배상하게 하되 처벌하지 않는다."라고 해석하고 있기 때문이다(戴炎輝, 『唐律各論』 下, 712~713쪽).

[律文1b의 疏]「卽毁人廟主者加一等」, 徒一年半.

[律文2의 疏]「其有用功修造之物」, 謂樓·觀·垣·塹之類而故損毁者, 計修造功庸「坐贓論」, 謂十疋徒一年, 十疋加一等.

[律文3의 疏] 仍令依舊修立.

[律文4의 疏] 若誤毁損者, 但令修立, 不坐.

[율문1a] 무릇 타인의 비·갈 및 돌짐승을 훼손한 자는 도1년에 처하고,

[율문1b] 만약 타인의 사당의 신주를 훼손한 자는 1등을 더한다.

[율문2] 단 공력을 들여 만든 물건을 고의로 훼손한 때에는 그 비용을 계산하여 좌장으로 논한다.

[율문3] (훼손된 물건은) 각각 수리하거나 세우게 한다.

[율문4] 착오로 훼손한 때에는 단지 수리하거나 세우게 하고 처벌하지 않는다.

[율문1a의 소] 의하여 말한다: 상장령(습유832쪽)에, 5품 이상은 비를 세우는 것을 허용하고, 7품 이상은 갈을 세우는 것을 (허용하며), 묘지의 구역 안에 역시 돌짐승을 두는 (것을 허용한다)고 하였다.[29] 만약 타인의 비·갈 및 돌짐승을 훼손한 자는 도1년에 처한다.

[율문1b의 소] "만약 타인의 사당의 신주를 훼손한 자는 1등을 더한다."(고 하였으니) 도1년반에 처한다.

[율문2의 소] "단 공력을 들여 만든 물건"이라는 것은, 다락·누각·담·구덩이 등을 말하며, 고의로 훼손한 때에는 공력의 가치를 계

---

29) 碑는 뿔이 없는 용의 머리에 거북 받침이며, 받침 위의 높이는 9척을 초과할 수 없다. 碣은 둥근 머리에 네모 받침으로, 받침 위 높이는 4척을 초과할 수 없다. 石人·石獸는 3품 이상이 6개, 5품 이상이 4개를 세울 수 있다(『唐六典』권4, 120쪽; 『역주당육전』상, 430쪽).

산하여30) "좌장(잡1)으로 논한다."는 것은, 10필이면 도1년에 처하고 10필마다 1등씩 더한다는 것을 말한다.

[율문3의 소] 그대로 원상대로 수리하고 세우게 한다.

[율문4의 소] 만약 착오로 훼손하였다면 단지 수리하고 세우게 하되 처벌하지 않는다.

제444조 잡 56. 청구하여 받은 군기를 반납하지 않거나 훼손한 죄(停留請受軍器)

[律文1a] 諸請受軍器, 事訖停留不輸者, 十日杖六十, 十日加一等, 百日徒一年;

[律文1b] 過百日不送者, 減私有罪二等.

[律文2] 其棄毀者準盜論.

[律文1a의 疏] 議曰:「請受軍器」, 鍪·甲·矟·弩·弓·箭之類. 征戍事訖, 停留不輸者, 十日杖六十, 十日加一等, 百日徒一年.

[律文1b의 疏] 「過百日不送者, 減私有罪二等」, 擅興律私有甲一領流上減二等, 徒二年半之類.

[律文2의 疏] 其有或棄或毀者「準盜論」, 各依賊盜律, 盜甲弩者流二千里, 禁兵器徒二年. 如此之類, 並準盜法.

[율문1a] 무릇 청구하여 받은 군기를 일이 끝난 뒤에도 남겨두고 반납하지 않은 자는, 10일이면 장60에 처하고, 10일마다 1등씩

---

30) 공력의 가치는 1인의 1일을 絹 3척으로 계산한다(명34.2a).

더하여 100일이면 도1년에 처하고,

[율문1b] 100일이 지났는데 반송하지 않은 때에는 (금병기) 사유죄에서 2등을 감한다.

[율문2] 단 버리거나 훼손한 자는 절도에 준하여 논한다.

[율문1a의 소] 의하여 말한다: "청구하여 받은 군기"는 투구·갑옷·창·쇠뇌·활·화살 따위이다.31) 정벌·방어의 일이 끝났는데 남겨두고 반납하지 않은 자는, 10일이면 장60에 처하고 10일마다 1등씩 더하여 100일이면 도1년에 처한다.

[율문1b의 소] "100일이 지났는데 반송하지 않은 때에는 (금병기) 사유죄에서 2등을 감한다."는 것은, 천흥율(천20.2)에 (의거하면) 갑옷 1령을 사유한 (죄는) 유(형에 해당하니, 만약 갑옷 1령을 반송하지 않았다면) 2등을 감해 도2년반에 처한다는 것 따위이다.

[율문2의 소] 만약 혹 버리거나 훼손한 때에는 절도에 준하여 논한다고 하였으니, (갑옷·쇠뇌 또는 금병기를 버리거나 훼손한 때에는) 각각 적도율(적28)의 갑옷·쇠뇌를 절도한 자는 유2000리에 처하고 금병기라면 도2년에 처한다는 (규정)에 의거하며, 이와 같은 따위는 모두 모두 절도의 처벌법에 준한다.

[律文3a] 若亡失及誤毀傷者以十分論: 亡失一分, 毀傷二分, 杖六十; 亡失二分, 毀傷四分, 杖八十; 亡失三分, 毀傷六分, 杖一百;

[律文3b] 即不滿十分者, 一當一分論.

[律文3c] 其經戰陣而損失者, 不坐.

[律文4] 儀仗各減二等.

---

31) 당대에 병기는 北都軍器監에서 제조하고(『唐六典』권22, 577쪽; 『역주당육전』하, 105쪽) 武庫에서 관리하였으므로(『唐六典』권16, 460쪽; 『역주당육전』중, 463쪽), 병기의 지급처와 반납처는 무고일 것이다.

[律文3a의 疏] 議曰: 諸官器仗,「若亡失及誤毀傷者, 以十分論」, 謂諸百事, 十事爲一分之類. 若亡失一分, 或毀傷二分, 假有諸百事, 亡失十事, 或毀傷二十事, 各杖六十; 若亡失二分, 毀傷四分, 杖八十; 亡失三分, 毀傷六分, 杖一百. 其分數各與上解義同. 罪止杖一百.

[律文3b의 疏]「即不滿十分者, 一當一分論」, 謂諸九事爲九分之類, 亦依亡失、毀傷準分爲罪. 仍依令備償.

[律文3c의 疏] 其經戰陣而損失者, 不坐、不償.

[律文4의 疏]「儀仗各減二等」, 儀仗謂非兵器, 若有亡失、誤毀, 各依十分之法, 各減軍器罪二等. 若亡失、毀傷罪名不等者, 即以重法倂滿輕法.

[율문3a] 만약 망실하거나 착오로 훼손한 때에는 10분으로 논한다. 망실한 것이 1분이거나 훼손한 것이 2분이면 장60에 처하고, 망실한 것이 2분이거나 훼손한 것이 4분이면 장80에 처하며, 망실한 것이 3분이거나 훼손한 것이 6분이면 장100에 처한다.

[율문3b] 만약 10분에 차지 않으면 1건마다 1분으로 논한다.

[율문3c] 단 전투하다가 손실한 때에는 처벌하지 않는다.

[율문4] 의장은 각각 2등을 감한다.

[율문3a의 소] 의하여 말한다: 관에 청구하여 받은 기장을 만약 망실하거나 착오로 훼손한 때에는 10분으로 논한다는 것은, 100건을 청구하였다면 10건을 1분으로 한다는 것 따위를 말한다. 예컨대 망실한 것이 1분이거나 혹은 훼손한 것이 2분이라는 것은, 가령 100건을 청구하였는데 10건을 망실하거나 혹은 20건을 훼손하였으면 각각 장60(에 처한다는 것이다). 만약 망실한 것이 2분이거나 훼손한 것이 4분이면 장80에 처하고, 망실한 것이 3분이거나 훼손한 것이 6분이면 장100에 처한다. 단 분의 수는 각각 위에서 해석한(명45.3b의 주2) 뜻과 같다. 죄는 장100에 그친다.

[율문3b의 소] "만약 10분에 차지 않으면 1건마다 1분으로 논한다."
는 것은, 9건을 청구하였다면 9분으로 하는 것 따위를 말하며, 역
시 망실·훼손한 분에 준해서 죄를 준다. 그대로 영(군방령 습유379
쪽)[32]에 의거해서 배상하게 한다.

[율문3c의 소] 단 전투하다가 손실한 때에는 처벌하지 않고 배상하
게 하지도 않는다.

[율문4의 소] "의장은 각각 2등을 감한다."는 (율문)에서 의장은 병기
가 아닌 것을 말하며, 만약 망실하거나 착오로 훼손하였다면 각각
10분법에 의거해서 각각 군기(를 망실하거나 훼손한) 죄에서 2등
을 감한다. 만약 망실과 훼손의 처벌규정이 같지 않은 때에는 중
죄를 경죄에 병만한다(명45.2a).

제445조 잡 57. 배상과 처벌의 유무에 관한 통례(毁亡官私器物)

[律文1a] 諸棄毁、亡失及誤毁官私器物者各備償, 謂非在倉庫而別持守者.

[律文1b] 若被强盜者各不坐、不償.

[律文2] 卽雖在倉庫故棄毁者, 徵償如法.

[律文3] 其非可償者, 坐而不備. 謂符、印、門鑰、官文書之類.

[律文1a의 疏] 議曰: 官私器物, 其有故棄、毁或亡失及誤毁者, 各備償. 注云

---

32) 宋 軍器令에는 "전투하지 않고 甲仗을 손실한 경우에는 2/3에 대해 죄를 다스
리고, 전투하다가 손실한 경우는 죄를 다스리지 않으며 손실은 官에서 수리한
다."고 규정되어 있다(『慶元條法事類』권80, 910쪽). 日本令에도 전투하다가 잃
어버린 것은 징수를 면하고 손실한 것은 관에서 수리하며 전투하지 않고 손실
한 것은 2/3를 징수하도록 규정되어 있다(『令義解』권5, 194쪽). 唐令도 이와
유사했을 것으로 추정된다.

「謂非在倉庫而別持守者」, 謂倉庫之外別處持守, 而有棄毀、亡失及誤毀官私器物, 始合備償.

[律文1b의 疏] 若被强盜, 各不坐、不償.

[律文2의 疏] 雖在倉庫之內, 若有故棄毀, 徵償如法.

[律文3의 疏] 其非可償者, 止坐其罪, 不合徵償. 故注云「謂符、印、門鑰、官文書」, 稱「之類」者, 寶、節、木契、制勅並是.

[율문1a] 무릇 관·사의 기물을 버리거나 훼손하거나 망실하거나 착오로 훼손한 자는 각각 배상한다. 창고에 있는 것이 아니라 별도로 보관하며 지키는 것을 말한다.

[율문1b] 만약 강도당한 때에는 각각 처벌하지 않고 배상하지도 않는다.

[율문2] 만약 비록 창고에 있더라도 고의로 버리거나 훼손한 때에는 배상(가)를 징수하는 것을 법대로 한다.

[율문3] 단 배상할 수 없는 것은 처벌하되 배상하지는 않는다. 부·인·문의 열쇠·관문서 따위를 말한다.

[율문1a의 소] 의하여 말한다: 관·사의 기물을 만약 고의로 버리거나 훼손하거나 혹은 망실하거나 착오로 훼손한 자는(잡47·53·54) 각각 배상하게 한다. 주에 이르기를 "창고에 있는 것이 아니라 별도로 보관하며 지키는 것을 말한다."라고 한 것은, 창고 밖의 별도의 곳에서 보관하며 지키는 관·사의 기물을 버리거나 훼손하거나 망실하거나 착오로 훼손한 때에는 배상하게 한다는 것을 말한다.

[율문1b의 소] 만약 강도당했다면 각각 처벌하지 않고 배상하게 하지도 않는다.

[율문2의 소] 비록 창고 안에 있더라도 만약 고의로 버리거나 훼손하였다면 배상(가)를 징수하는 것을 법대로 한다.

[율문3의 소] 단 배상할 수 없는 것은(잡49·50) 단지 그 죄만 처벌하고 배상하게 해서는 안 된다. 그러므로 주에 이르기를 "부·인·문의 열쇠·관문서 따위를 말한다."고 한 것이다. '따위'라고 한 것은, 보·절·목계·제칙도 모두 그렇다는 것이다.

제446조 잡 58. 망실한 부·인 등을 찾은 때의 처분(亡失符印求訪)

[律文1a]　　諸亡失器物、符、印之類應坐者皆聽三十日求訪，　不得然後決罪. 若限內能自訪得及他人得者免其罪,

[律文1b]　限後得者追減三等.

　[律文1a의 疏] 議曰:「若亡失器物,符,印之類」, 寶及門鑰亦同. 爲亡失應合罪者, 未得卽決, 皆聽三十日求訪, 限滿不得, 然後決罪. 若三十日內自訪得及他人得者, 免其亡失之罪.

　[律文1b의 疏] 三十日限外得者, 追減三等; 若已經奏決, 不合追減.

[율문1a] 무릇 기물·부·인 따위를 망실하여 처벌될 자는 모두 30일 동안 찾는 것을 허락하고, 찾아내지 못한 연후에 죄를 판결한다. 만약 기한 안에 자신이 찾아냈거나 다른 사람이 찾았다면 그 죄를 면하고,

[율문1b] 기한 뒤에 찾아낸 때에는 3등을 추후에 감한다.

　[율문1a의 소] 의하여 말한다: "만약 기물·부·인 따위를 망실하였다."라고 하였는데(잡47·49·54) 보 및 문의 열쇠(의 망실) 역시 같

다. 망실하여 응당 죄에 해당하는 자는 즉시 그 죄를 판결할 수 없으며, 모두 30일 동안 찾는 것을 허락하고, 기한이 찼는데도 찾지 못했다면 그 뒤에 죄를 판결한다.[33] 만약 30일 안에 자신이 찾아냈거나 다른 사람이 찾았다면 그 망실한 죄를 면해 준다.

[율문1b의 소] 30일의 기한을 넘어 찾아낸 때에는 3등을 추후에 감하지만, 만약 이미 판결을 상주하였다면 추후에 감해서는 안 된다 (표1.4의 주).

[律文2] 官文書,制書, 程限內求訪得者, 亦如之.

[律文2의 疏] 議曰: 官文書及制書,「程限內求訪得者」, 謂曹司執行案, 各有程限, 公式令:「小事五日程, 中事十日程, 大事二十日程. 徒罪以上獄案, 辯定後三十日程.」其制,勅皆當日行下, 若行下處多, 事須抄寫, 依公式令:「滿二百紙以下, 限二日程, 每二百紙以下, 加一日程. 所加多者, 不得過五日. 赦書, 不得過三日.」若有亡失, 各於此限內訪得者亦得免罪, 限外得者坐如法. 然制、勅事重, 程限一日, 如有稽廢, 得罪不輕, 若許以三旬追訪, 稽者皆須注失, 所以不與亡失器物同例. 若官文書,制書事已行訖, 無程者亦依三十日爲限.

[율문2] 관문서·제서를 (망실하고) 처리기한 안에 찾아낸 때에도 역시 이와 같다.

[율문2의 소] 의하여 말한다: 관문서 및 제서를 (망실하고)(잡50) "처리기한 안에 찾아낸 때"라는 것은, 담당부서에서 안건을 집행할 때에는 각각 처리기한이 있음을 말하는데, 공식령(습유595쪽)에 "소사

---

33) 망실한 기물의 찾는 기한이 30일인 것에 비해, 망실한 官牧의 畜産은 100일의 찾는 기한이 주어졌으며, 기일이 지나도 찾지 못하면 배상 책임도 있었다(『唐六典』권17, 487쪽; 『역주당육전』중, 544쪽). 또한 율에 의거하여 잃어버린 것이 1두이면 牧長과 牧子는 태30에 처하고 3두마다 1등을 더한다. 장100을 넘으면 10두마다 1등을 더하되 죄는 도3년에 그친다(196, 구1.1).

는 5일, 중사는 10일, 대사는 20일을 기한으로 한다. 도죄 이상의 옥안은 변정 후 30일을 처리기한으로 한다."고 하였다. 단 제·칙은 모두 당일에 시행하여 하달하고 만약 하달할 곳이 많아 문서를 베껴야 한다면, 공식령(습유598쪽)에 의거하여 "200장 이하는 2일을 처리기한으로 하고 200장 이하마다 1일의 기한을 더한다. 더해야 할 날이 많아도 5일을 넘겨서는 안 된다. 사서는 3일을 넘겨서는 안 된다." 만약 망실하였으나 각각 이 기한 안에 찾아냈다면 또한 그 죄를 면할 수 있지만, 기한을 넘겨 얻었다면 법대로 처벌한다. 그러나 제·칙의 일은 중대하므로 그 처리기한이 1일이고, 만약 지체해서 (일을) 집행하지 못하게 하였다면 죄를 받는 것이 가볍지 않다. 만약 30일 동안 찾는 것을 허용하면 지체한 자가 모두 반드시 망실이라고 주기할 것이므로 기물을 망실한 것과(잡58) 같은 법례로 하지 않는 것이다. 만약 관문서·제서가 그 일이 이미 시행되어 처리기한이 없을 경우에는 역시 30일을 그 기한으로 한다.

[律文3] 卽雖故棄擲, 限內訪得, 聽減一等.

[律文3의 疏] 議曰: 器物,符,印之類以下, 雖有規避而故棄擲, 限內訪得者, 聽減本失罪一等.

[율문3] 만약 비록 고의로 버렸더라도 기한 안에 찾았다면 1등 감하는 것을 허락한다.

[율문3의 소] 의하여 말한다: 기물·부·인 따위 이하는 비록 스스로 (잘못을) 회피하고자 고의로 버렸더라도, 기한 안에 찾았다면 본래의 망실죄(잡47·49·50·54)에서 1등 감하는 것을 허락한다.

제447조 잡 59. 매장물에 관한 죄(得宿藏物隱而不送)

[律文] 諸於他人地內得宿藏物隱而不送者, 計合還主之分, 坐贓論減三等.
若得古器形制異, 而不送官者, 罪亦如之.

　[律文의 疏] 議曰: 謂凡人於他人地內得宿藏物者, 依令合與地主中分. 若有
　隱而不送, 計應合還主之分, 「坐贓論減三等」, 罪止徒一年半. 注云「若得古
　器形制異, 而不送官者」, 謂得古器鍾鼎之類, 形制異於常者, 依令送官酬直.
　隱而不送者, 卽準所得之器, 坐贓論減三等, 故云「罪亦如之」.

[율문] 무릇 타인의 토지 안에서 매장물을 습득하고서, 숨기고
(주인의 몫을) 보내지 않은 자는 주인에게 돌아갈 몫을 계산하
여 좌장으로 논하되 3등을 감한다. 만약 고기로 형상이 특이한 것
을 습득하고 관에 보내지 않은 자의 죄 역시 이와 같다.

　[율문의 소] 의하여 말한다: 일반인이 타인의 토지 안에서 매장물을
　습득한 때에는 영(잡령 습유855쪽)에 의거해서 토지의 주인과 반으
　로 나눠야 한다는 것을 말한다. 만약 숨기고 보내지 않았다면 마
　땅히 주인에게 돌아갈 몫을 계산하여 "좌장(잡1)으로 논하되 3등을
　감한다."고 하였으니, 죄는 도1년반에 그친다.[34] 주에 이르기를
　"만약 고기로 형상이 특이한 것을 습득하고 관에 보내지 않은 자"
　라는 것은, 고기인 종·정 따위로 형상이 통상의 것과 다른 것을 습
　득했다면 영(잡령 습유855쪽)에 의거하여 관에 보내고 그 대가를 보

---

34) 좌장죄는 장물이 絹 1척이면 태20에 처하고 1필마다 1등씩 더한다. 10필이면
　　도1년에 처하고 10필마다 1등씩 더하되 최고형은 도3년이다. 이 조항에서 장
　　물이 50필이면 도3년이 되지만 다시 3등을 감하기 때문에 도1년반으로 논한
　　다. 즉 장물이 50필 이상이어도 죄는 도1년반에 그친다.

상받아야 하는데 숨기고 보내지 않은 자를 말하며, 습득한 기물에 준하여 좌장(잡1)으로 논하되 3등을 감한다. 그러므로 "죄 역시 이와 같다."고 한 것이다.

[律文의 問] 曰: 官田宅, 私家借得, 令人佃食; 或私田宅, 有人借得, 亦令人佃作, 人於中得宿藏, 各合若爲分財?

[律文의 答] 曰: 藏在地中, 非可豫見, 其借得官田宅者, 以見主·見佃人爲主, 若作人及耕犁人得者, 合與佃住之主中分. 其私田宅, 各有本主, 借者不施功力, 而作人得者, 合與本主中分. 借得之人, 旣非本主, 又不施功, 不合得分.

[율문의 문] 묻습니다: 관의 전택을 사가가 빌려서 다른 사람에게 전식하게 하거나, 혹은 사가의 전택을 어떤 사람이 빌려서 또 다른 사람에게 전작하게 하였는데, (전)인이 (그 토지에서) 매장물을 습득했다면 각각 어떻게 재물을 나누어야 합니까?

[율문의 답] 답한다: 토지에 매장된 것은 미리 알 수 있는 것이 아니다. 단 관의 전택을 빌린 때에는 현주·현전인을[35] 주인으로 한다. (따라서) 만약 작인 및 경리인이 (매장물을) 습득했다면 전(작)하면서 (거)주하는 주인과 반으로 나누어야 한다. 단 사가의 전택을 빌렸을 경우에는 각각 본주가 있고, 빌린 자는 공력을 들이지 않았기 때문에 작인이 (매장물을) 습득했다면 본주와 반으로 나누어야 한다. 빌린 사람은 본주도 아니고 또 공력을 들이지도 않았기 때문에 그 몫을 얻을 수 없다.

---

35) '見主'는 관의 宅地를 현재 빌린 借主를 말하며 그가 곧 토지의 주인[主]이 된다. 만약 다른 사람이 佃作하다가 매장물을 발견하면 주인인 차주와 佃人이 매장물을 반으로 나누어야 한다. 따라서 율에서 언급된 '主'를 단순히 토지 소유의 주체로만 해석하기 곤란하며, 토지 賃借 권한의 보유자라는 의미까지 포함해야 할 것이다.

제448조 잡 60. 유실물 습득에 관한 죄(得闌遺物不送官)

[律文1] 諸得闌遺物滿五日不送官者各以亡失罪論, 贓重者坐贓論.

[律文2] 私物, 坐贓論減二等.

　[律文1의 疏] 議曰: 得闌遺之物者, 謂得寶·印·符·節及雜物之類卽須送官, 滿五日不送者, 各得亡失之罪. 「贓重者」, 謂計贓重於亡失者坐贓論, 罪止徒三年.

　[律文2의 疏] 「私物, 坐贓論減二等」, 罪止徒二年. 其物各還官·主.

[율문1] 무릇 유실물을 습득하고 5일이 차도록 관에 보내지 않은 자는 각각 망실죄로 논하되, (습득물을 좌장의) 장물로 (계산한 죄가 망실죄보다) 무거운 때에는 좌장으로 논한다.

[율문2] 사물이면 좌장으로 논하되 2등을 감한다.

　[율문1의 소] 의하여 말한다: 유실물을 습득하였다는 것은 보·인·부·절 및 기타 잡다한 물건 따위를 습득하였다는 것을 말하며, 곧 반드시 관에 보내야 하는데36) 5일이 차도록 보내지 않은 자는 각각 망실죄를 받는다.37) "(습득물을 좌장의) 장물로 (계산한 죄가

---

36) 宋 捕亡令에 의하면, 유실물을 전달받은 縣·市司·金吾衛는 30일 간 縣·市의 門外에 揭示하고 아울러 1년 간 그 色目을 村坊의 문에 게시하는데 원래 주인이 나타나지 않으면 몰관한다. 또 가축의 경우 官印이 있고 私記가 없는 것은 관으로 보내고 관인이 없는 것이나 관인이 있는데 사기도 있는 것은 1년을 지낸 뒤 관에 들인다. 송 雜令에 의하면, 수해에 의해 유실된 竹木은 그것을 건져낸 자가 河岸에 積聚한 뒤 표지를 세우고 관사에 신고하는데 30일이 지나도록 주인이 나타나지 않으면 습득자에게 준다(『宋刑統』권27, 446쪽; 『천성령역주』권25, 328쪽; 『천성령역주』권30, 649쪽). 日本令에도 유실물 처리와 관련된 영문이 존재한다(『令義解』권9, 308쪽; 『令集解』권38, 937쪽; 『令集解』권10, 335쪽). 따라서 唐令에도 유사한 규정이 있었을 것이다.

망실죄보다) 무거운 때"라는 것은, (보내지 않은 유실물을) 장물로 계산한 (좌장죄가 각각의) 망실죄(잡47·49·50·54·56)보다 무거운 때를 말하며,[38] 이 경우 좌장(잡1)으로 논하되 죄는 도3년에 그친다. **[율문2의 소]** "사물이면 좌장(잡1)으로 논하되 2등을 감한다."고 하였으니 죄는 도2년에 그친다. 그 물건은 각각 관이나 주인에게 돌려준다.

제449조 잡 61. 영 및 별식을 위반한 죄(違令式)

[律文1] **諸違令者笞五十**, 謂令有禁制而律無罪名者.

[律文2] **別式減一等**.

　[律文1의 疏] 議曰：「令有禁制」, 謂儀制令「行路, 賤避貴, 去避來」之類, 此

---

37) 유실된 병기를 습득하면 軍防令에 따라 即日 官으로 보내야한다. 5일 이내에 관으로 보내면 違令(449, 잡61.1)의 죄를 묻고 30일이 넘도록 관으로 보내지 않으면 禁兵器를 私有한 법과 같이 처벌한다(243, 천20). 5일에서 30일까지는 이 조항에 따라 그 가격을 계산하여 官物이라면 坐贓으로 논하고 私物은 좌장으로 논하되 2등을 감한다.

38) 습득한 물건을 장물로 계산한 坐贓罪가 각각의 亡失罪보다 처벌이 무거운 경우에는 좌장죄로 처벌하라는 뜻이다. 예를 들어, 군대 무기의 망실죄는 10分으로 논하여 1/10을 망실하면 장60에 처하고 2/10는 장80에 처하고 3/10은 장100에 처하며 그 최고형은 장100이다(444, 잡56.3). 좌장죄에서 장물이 견 1척이면 태20에 처하고 1필마다 1등씩 더하며, 10필이면 도1년에 처하고 10필마다 1등씩 더하되 최고형은 도3년이다(389, 잡1.1). 만약 청구하여 받은 군대 무기의 3/10을 망실하였다면, 그 망실죄는 장100이다. 그런데 망실한 무기를 장물로 계산하여 견 10필의 가치가 산출되었다면 좌장죄로는 도1년에 해당한다. 이런 경우 양자를 비교하여 형이 가벼운 망실죄가 아닌 무거운 좌장죄로 처벌한다.

是「令有禁制, 律無罪名」, 違者得笞五十.

[律文2의 疏] 「別式減一等」, 謂禮部式「五品以上服紫, 六品以下服朱」之類, 違式文而著服色者笞四十, 是名「別式減一等」. 物仍沒官.

[율문1] 무릇 영을 위반한 자는 태50에 처한다. 영에 금지 규정이 있으나 율에 처벌규정이 없는 경우를 말한다.

[율문2] 별식은 1등을 감한다.

[율문1의 소] 의하여 말한다: "영에 금지 규정이 있다."는 것은, 의제령(습유510쪽)에 "길을 갈 때 천인은 귀인을 피해 가고, 가는 자는 오는 자를 피한다."[39]는 것 따위를 말하며, 이것이 "영에 금지 규정이 있으나 율에 처벌규정이 없다."는 것으로, 위반한 자는 태50에 처한다.

[율문2의 소] "별식은 1등을 감한다."는 것은, 예부식에 "5품 이상은 자색을 입고, 6품 이하는 주색을 입는다."라고 한 것 따위인데, 식의 규정을 위반하고 (금한) 복색을 입은 것은 태40에 처함을 말한다. 이것이 "별식은 1등을 감한다."고 한 것이다. 물건은 그대로 관에 몰수한다.

제450조 잡 62. 해서는 안 되는데 행한 죄(不應得爲)

[律文1] **諸不應得爲而爲之者笞四十,** 謂律、令無條, 理不可爲者.

---

39) 일반적인 行路에서 천한 자가 귀한 자를 피하고, 젊은 자가 나이 든 자를 피하며, 가벼운 물건을 든 자가 무거운 물건을 든 자를 피하고, 가는 자가 오는 자를 피한다(『唐六典』권4, 115쪽; 『역주당육전』상, 416쪽).

[律文2] 事理重者杖八十.

　[律文1의 疏] 議曰: 雜犯輕罪, 觸類弘多, 金科玉條, 包羅難盡. 其有在律在令無有正條, 若不輕重相明, 無文可以比附. 臨時處斷, 量情爲罪, 庶補遺闕, 故立此條. 情輕者笞四十,

　[律文2의 疏] 事理重者杖八十.

[율문1] 무릇 마땅히 해서는 안 되는데 행한 자는 태40에 처한다. 율·영에 조항은 없으나 이치상 해서는 안 되는 것을 말한다.

[율문2] 사안이 이치상 무거운 때에는 장80에 처한다.

　[율문1의 소] 의하여 말한다: 잡다한 경범죄는 범하는 종류가 매우 많아 법이 모두 다 포괄하기 어렵다. 단 율·영에 해당 조항이 없고 또한 (죄의) 경중이 서로 분명하지 않아 유추할 조문이 없으면(명50), 임시로 처단하되 그 정을 헤아려 죄를 주어 빠진 것을 보충해야 하기 때문에 이 조항을 두었다. 정이 가벼운 때에는 태40에 처하고,

　[율문2의 소] 사안이 이치상 무거운 때에는 장80에 처한다.[40]

---

40) 율 전체에서 '마땅히 해서는 안 되는데 행한[不應得爲]' 죄에 의거해서 처벌한다는 소의 해석이 다수 존재한다. 처벌의 실례를 들어보면, 포망률(463, 포13.3의 소)에서 관호·부곡의 도망을 유도한 경우 그에 대한 처벌을 명시한 율 正文은 없지만 '不應得爲' 중 사안이 이치상 무거운 쪽을 적용하여 장80에 처하도록 규정하였다. 단옥률(478, 단10.2의 소)에서도 죄수의 고문이 허용된 한계에 이르렀는데도 죄수가 자백하지 않으면 보증인을 세우고 석방할 수 있으나 보증인 없이 석방한 경우, '不應得爲'의 죄에 해당하여 죄인이 유죄 이상이면 위반한 사람은 사안이 이치상 무거운 쪽에 따르고 도죄 이하이면 가벼운 쪽에 따르도록 규정하였다.

당률소의 권 제28 포망률 모두 18조

역주 이완석

[疏] 捕亡律者, 魏文侯之時, 里悝制法經六篇, 捕法第四. 至後魏, 名捕亡律.
北齊名捕斷律. 後周名逃捕律. 隋復名捕亡律. 然此篇以上, 質定刑名, 若有
逃亡, 恐其滋蔓, 故須捕繫, 以寘疏網, 故次雜律之下.

[소] 포망률은 위 문후 때 이회가 『법경』 6편을 제정하면서 제4편에
포법을 두었던 것에서 유래한다(『진서』권30, 922쪽). 북위에 이르러
포망률이라 했고, 북제에서는 포단율이라 했으며(『수서』권25, 705쪽),
북주에서는 도포율이라 했다.1) 수에서는 다시 포망률이라 불렀다.2)
그런데 이 편 앞에서 (죄의) 성질에 따라 처벌규정을 정했다고 해도,
만약 (죄인이) 도망하면 그것이 만연될 것이 염려되는 까닭에, 반드
시 체포하여 관대하지만 빠져나갈 수 없는 법망3)에 가두어야 한다.
그러므로 잡률의 아래에 둔다.

제451조 포망 1. 도망자 체포를 위한 출동을
지체한 죄(捕罪人逗留不行)

[律文1a] 諸罪人逃亡, 將吏已受使追捕而不行及逗留; 謂故方便之者. 雖行,

---

1) 北周의 大律 25편 중 '逃捕'라는 篇目은 존재하지 않는다. 제23편이 '逃亡'이므
   로, 본문의 '逃捕'는 '逃亡'의 誤記인 듯하다(『隋書』권25, 707쪽).
2) 隋 文帝 開皇 연간에 律 12편을 정하면서 제11편을 '捕亡'이라 명명했다(『隋書』
   권25, 712쪽).
3) 원문의 '疏網'은 『老子』(73章, 任爲篇)에서 유래했다. 하늘의 그물은 넓고 광대
   하여 그 그물의 눈이 성글지만 선악의 응보는 반드시 내리고 절대로 놓치는
   법이 없다(天網恢恢, 疏而不失)고 하여, 간명하지만 철저한 법의 이상적 모습
   을 비유한다.

與亡者相遇, 人仗足敵不鬪而退者: 各減罪人罪一等; 鬪而退者, 減二等.

[律文1b] 卽人仗不敵, 不鬪而退者減三等, 鬪而退者不坐.

[律文1a의 疏] 議曰: 依捕亡令, 囚及征人·防人·流人·移鄉人逃亡, 及欲入寇賊, 若有賊盜及被傷殺, 並須追捕. 其「罪人逃亡」, 謂犯罪事發而亡, 囚與未囚並是. 將吏已受使追捕者, 謂見任武官爲將, 文官爲吏, 已受使追捕罪人. 「而不行及逗留」, 謂故作迴避逗留及詐爲疾患不去之類; 雖行, 與亡者相遇, 人兵器仗足得相敵, 不戰鬪而退者: 「各減罪人罪一等」, 謂罪人合死, 將吏處流三千里之類. 「鬪而退者」, 謂人仗足敵, 鬪而退者減二等, 若罪人應死, 將吏合徒三年.

[律文1b의 疏] 「卽人仗不敵」, 謂賊多兵少, 或器仗不敵, 「不鬪而退者減三等」, 罪人應死, 將吏徒二年半. 「鬪而退者不坐」, 謂人仗不敵, 計盡力窮, 知難而退者, 不坐.

[율문1a] 무릇 죄인이 도망했는데, 장·이가 추격하여 체포하라는 사(명)을 이미 받고도 출동하지 않거나 지체한[4] 경우, 고의로 편의에 따른 것을 말한다. (그리고) 비록 출동했더라도 도망자와 만나서 인원과 무기가 대적하기에 충분한데도 싸우지 않고 퇴각한 때에는 각각 죄인의 죄에서 1등을 감하고, 싸우다 퇴각한 때에는 2등을 감한다.

[율문1b] 만약 인원과 무기가 (부족하여) 대적할 수 없어 싸우지 않고 퇴각한 때에는 3등을 감하며, 싸우다 퇴각한 때에는 처벌하지 않는다.

---

4) 원문의 '逗留'는 '逗遛'라고도 한다. 漢代의 軍法에서는, 行軍하는데 머뭇거리며 적을 두려워하는 자를 腰斬에 처했는데(『漢書』권6, 204쪽), 이를 逗留法이라 했다(『後漢書』권1하, 60쪽).

[율문1a의 소] 의하여 말한다: 포망령(습유657쪽)에 의거하면, 수인 및 출정인·방수인·유배인·이향인이 도망하거나, 구적에 들어가려고 하는 (사람이 있거나), 혹은 도적 및 살상이 발생하면 모두 추격하여 체포해야 한다. 단 (율문의) "죄인이 도망하다."라는 것은 죄를 범한 일이 발각된 뒤에(명29.1) 도망한 것을 말하며, 수감되었든 수감되지 않았든 모두 그렇다. 장·이가 추격하여 체포하라는 사(명)을 이미 받았다는 것은, 현임의 무관을 장이라 하고 문관을 이라 하는데, (이들이) 죄인을 추격하여 체포하라는 사(명)을 이미 받았다는 것을 말한다. "출동하지 않거나 지체했다."는 것은, 고의로 회피하거나 지체한 것 및 질환을 사칭하고 가지 않은 것 따위를 말하며, 비록 출동했더라도 도망자와 만나서 인병과 무기가 충분하여 대적할 만한데도 싸우지 않고 퇴각한 때에는 "각각 죄인의 죄에서 1등을 감한다."는 것은 죄인이 사형에 해당하면 장·이는 유3000리에 처하는 것(명56.2b의 소) 따위를 말한다. "싸우다 퇴각한 때"라 함은 인원과 무기가 대적하기에 충분한데도 싸우다 퇴각한 경우를 말하며, (이 때에는 죄인의 죄에서) 2등을 감하니, 예컨대 죄인이 사형에 해당하면 장·이는 도3년에 해당한다.

[율문1b의 소] "만약 인원과 무기가 (부족하여) 대적할 수 없다."는 것은 적은 많은데 병력이 적거나 혹은 무기가 대적할 수 없음을 말하며, (이러한 경우) "싸우지 않고 퇴각한 때에는 3등을 감한다."고 했으니, 죄인이 사형에 해당하면 장·이는 도2년반에 처한다. "싸우다 퇴각한 때에는 처벌하지 않는다."는 것은, 인원과 무기가 (부족하여) 대적할 수 없고 계책이 다하고 역량도 소진되어 곤란함을 알고 퇴각한 때에는 처벌하지 않음을 말한다.

[律文2] 卽非將吏, 臨時差遣者, 各減將吏一等.

[律文3a] 三十日內能自捕得罪人, 獲半以上; 雖不得半, 但所獲者最重: 皆除其罪.

[律文3b] 雖一人捕得, 餘人亦同.

[律文3c] 若罪人已死及自首各盡者, 亦從免法; 不盡者, 止以不盡人爲坐.

[律文2의 疏] 議曰:「即非將吏」, 謂非見任文武官, 即停家職資及勳官之類, 臨時州縣差遣領人追捕者, 各減將吏罪一等. 雖非將吏, 奉勅差行者, 亦同將吏之法, 不在減一等之限.

[律文3a의 疏] 三十日內自捕得罪人,「獲半以上」, 謂十人逃亡, 獲得五六者;「雖不得半, 但所獲者最重」, 假有徒、流、死囚一時逃走, 捕得死罪一人, 雖不得徒、流九人: 仍除其罪.

[律文3b의 疏] 雖是一人捕得, 衆共失囚之人並同免法.

[律文3c의 疏]「若罪人已死」, 謂自死及被他人殺, 若能歸首, 十人俱盡者, 亦從免法; 若罪人自首不盡, 止以不盡之人準罪爲坐.

[율문2] 만약 장·이가 아니라 때를 당하여 차출되어 파견된 자는 각각 장·이의 (죄에서) 1등을 감한다.

[율문3a] 30일 안에 직접 죄인의 절반 이상을 포획했거나, 비록 절반을 포획하지 못했더라도 일단 포획된 자의 (죄가) 가장 무겁다면 모두 그 죄를 면제한다.

[율문3b] 비록 1인이 (죄인을) 포획했더라도 (체포임무를 띤) 나머지 다른 사람도 역시 같다.

[율문3c] 만약 죄인들이 이미 사망하거나 자수하여 다 없어졌다면 역시 (죄를) 면하는 법에 따른다. 다 없어지지 않았다면 단지 없어지지 않은 사람만으로 처벌한다.

[율문2의 소] 의하여 말한다: "만약 장·이가 아니다."라는 것은, 현임

의 문·무관이 아니라 곧 정가직자[5] 및 훈관[6] 따위로 때를 당하여 주·현에서 차출·파견되어 사람들을 이끌고 추격·체포하는 자를 말하며, 각각 장·이의 죄에서 1등을 감한다. 비록 장·이는 아니라도 조칙을 받들어 차출해서 출동한 자는 역시 장·이의 법과 같게 하며 1등을 감하는 범위에 넣지 않는다.

[율문3a의 소] 30일 안에 직접 죄인을 체포하여 "절반 이상을 포획했다."는 것은 10인이 도망했는데 5·6인을 포획한 것을 말한다. 비록 절반을 포획하지 못했더라도 단 포획된 자의 (죄가) 가장 무겁다면, 가령 도죄수·유죄수·사죄수가 일시에 도주했는데 (그 가운데) 사죄수 1인만을 포획했다면, 비록 도죄수·유죄수 9인을 포획하지 못했더라도 역시 그 죄를 면제한다.

[율문3b의 소] 비록 여럿이 함께 죄수를 (체포하다가) 놓쳤더라도, 1인이 포획했다면 모두 같이 (죄를) 면하는 법을 적용한다.

[율문3c의 소] 만약 죄인이 이미 사망하거나, -스스로 사망하거나 타인에게 피살된 것을 말한다.- 또는 돌아와 자수하게 하여 (죄수) 10인이 다 없어졌다면 역시 (죄를) 면하는 법에 따른다. 만약 죄인이 다 자수하지 않았다면 단지 (자수하지) 않은 사람의 죄에 따라 (장·이를) 처벌한다.

---

5) 당의 제도에서 職事官은 임기[官秩]가 차면 일반적으로 관직에서 해임된 후 다음 銓選을 기다리는데, 해임 전의 資歷를 지니고 집에서 대기하는 관인을 停家職資라 통칭했다(劉俊文, 『唐律疏議箋解』, 1953쪽, 箋釋3).

6) 勳官은 功勳에 의거해 수여하는 관품이다. 처음에는 軍功만으로 제한되었으나 후에는 文官에게도 수여했다. 훈관은 12등급이 있으며 12轉은 上柱國으로 정2품에 비견되고, 11전은 柱國으로 종2품에 비견된다. 이하로 上護軍(정3품), 護軍(종3품), 上輕車都尉(정4품), 輕車都尉(종4품), 上騎都尉(정5품), 騎都尉(종5품), 驍騎尉(정6품), 飛騎尉(종6품), 雲騎尉(정7품)가 있으며 1전인 武騎尉는 종7품에 비견된다(『唐六典』권2, 40~41쪽; 『역주당육전』상, 238~242쪽). 職事官은 훈관을 兼帶하는 경우가 있지만, 이 조항에서의 훈관은 직사관을 겸대하지 않은 사람을 말한다.

[律文4a] **限外若配贖以後, 能自捕得者, 各追減三等;**

[律文4b] **卽爲人捕得及罪人已死若自首, 各追減二等.**

[律文4의 注] 已經奏決者, 不在追減之例. 餘條追減準此.

　[律文4a의 疏] 議曰: 失罪人經三十日, 追捕不得, 無官蔭者或配徒,流, 有官蔭者或已徵贖, 此後能自捕得罪人, 各追減前所斷罪三等.

　[律文4b의 疏] 卽他人捕得及罪人身死訖若罪人自首, 各得追減二等.

　[律文4의 注의 疏] 注云「已經奏決者, 不在追減之例」, 謂將吏以下失罪人, 其罪已經奏決徒,流,笞,杖之類, 不在追減之例. 「餘條追減準此」, 謂「亡失寶印」及「不覺失囚」等稱「追減」者, 若事經奏決亦不在追減之例, 故云「餘條準此」.

[율문4a] 만약 기한이 지나 (장·이의 도·유죄를) 집행하거나 속 (동을 징수)한 뒤에 직접 (죄인을) 포획한 때에는 각각 소급하여 3등을 감하고,

[율문4b] 타인이 포획하거나 죄인이 이미 사망하거나 또는 자수했다면 각각 소급하여 2등을 감한다.

[율문4의 주] 이미 처결을 주청한 때에는 소급하여 감하는 예를 적용하지 않는다. 다른 조항에서 소급하여 감하는 것은 이에 준한다.

　[율문4a의 소] 의하여 말한다: 죄인을 놓치고 30일이 지나도록 체포하지 못하면, 관·음이 없는 자는 도형·유형에 처하고 관·음이 있는 자는 속(동)을 징수하는데, 그 이후에 (장·이가) 직접 죄인을 체포했다면 각각 소급해서 앞서 처단한 죄에서 3등을 감한다.

　[율문4b의 소] 만약 다른 사람이 포획하거나 죄인이 이미 사망하거나 또는 자수했다면 각각 소급하여 2등을 감한다.

　[율문4의 주의 소] 주에 이르기를 "이미 처결을 주청한 때에는 소급하여 감하는 예를 적용하지 않는다."라고 한 것은, 장·이 이하가 죄인

을 놓쳤는데 그 죄가 이미 도형·유형·태형·장형 따위로 처결하도
록 주청된 때에는 소급하여 감하는 예를 적용하지 않음을 말한다.
"다른 조항에서 소급하여 감하는 것은 이에 준한다."라는 것은, "보·
인의 망실"(잡47·49) 및 "감시 소홀로 죄수를 잃음"(포16) 등의 (조항
에서) "소급하여 감한다."라고 칭한 것은, 만약 사안이 이미 처결하
도록 주청된 때에는 역시 소급하여 감하는 예를 적용하지 않음을
말한다. 그러므로 "다른 조항은 이에 준한다."라고 한 것이다.

제452조 포망 2. 저항하는 죄인을 살해한 죄(罪人拒捕)

[律文1] 諸捕罪人而罪人持仗拒捍. 其捕者格殺之, 及走逐而殺, 走者, 持
仗,空手等. 若迫窘而自殺者, 皆勿論;

　[律文1의 疏] 議曰:「捕罪人」, 謂上條將吏以下捕罪人. 而罪人乃持仗拒捍,
　「仗」謂兵器及杵棒之屬. 其捕者以其拒捍因而格殺之; 及罪人逃走捕者逐而殺
　之, 注云「走者, 持仗,空手等」, 慮其走失, 故雖空手亦許殺之;「若迫窘而自殺」,
　謂罪人被捕, 逼迫窮窘, 或自殺或落坑穽而死之類: 皆悉勿論.

[율문1] 무릇 죄인을 체포하는데 죄인이 무기를 가지고 저항하여
그 체포사가 그를 가격하여 살해하거나, 도주하므로 추격하여
살해하거나, 도주하는 경우에는 무기를 가졌든 맨손이었든 같다. 또
는 (죄인이) 궁지에 몰려 자살한 때에는 모두 논하지 않는다.

　[율문1의 소] 의하여 말한다: "죄인을 체포하는데"라는 것은 앞 조항
　의 장·이 이하가 죄인을 체포하는 것을 말한다. "죄인이 무기를 가
　지고 저항하여"의 "무기"는 병기 및 곤봉 따위를 말한다. "그 체포

자가 그 (죄인이) 저항하기 때문에 가격하여 살해하거나 죄인이 도주하여 체포자가 추격하여 살해했다."는 (조문의) 주에 이르기를 "도주하는 경우에는 무기를 가졌든 맨손이었든 같다."라고 한 것은, 그 (죄인의) 도주를 염려하기 때문에 비록 맨손이었더라도 역시 살해하는 것을 허용한다는 것이다. "혹은 (죄인이) 궁지에 몰리어 자살했다."는 것은, 죄인이 체포될 궁지에 몰리어 자살하거나 혹은 구덩이나 함정에 떨어져 사망하는 것 따위를 말하며, 모두 논하지 않는다.

[律文2] 卽空手拒捍而殺者, 徒二年.

[律文3a] 已就拘執及不拒捍而殺或折傷之, 各以鬪殺傷論,

[律文3b] 用刃者從故殺傷法;

[律文2의 疏] 議曰: 謂罪人空手, 雖相拒捍, 不能爲害, 而格殺之者徒二年.

[律文3a의 疏] 若罪人已被拘執及元無拒捍之心, 而殺或折傷之, 各依鬪訟律以鬪殺傷論,

[律文3b의 疏] 用刃者從故殺傷法.

[율문2] 만약 (죄인이) 맨손으로 저항하는데 살해한 자는 도2년에 처한다.

[율문3a] 이미 체포되었거나 저항하지 않는데도 살해하거나 골절상을 입혔다면 각각 투살상으로 논하고,

[율문3b] 날붙이를 사용한 때에는 고살상법에 따르되,

[율문2의 소] 의하여 말한다: 죄인이 맨손이고 비록 저항하지만 해칠 정도는 아닌데 가격하여 살해한 자는 도2년에 처한다는 것을 말한다.

[율문3a의 소] 만약 죄인이 이미 체포되었거나 원래 저항할 마음이 없었는데도 살해했거나 골절상을 입혔다면 각각 투송률(투2~5)에

의거하여 투살상으로 논하고,

[율문3b의 소] 날붙이를 사용한 때에는 고살상법(투5)에 따른다.

[律文3c] 罪人本犯應死而殺者, 加役流.

[律文4a] 卽拒毆捕者加本罪一等,

[律文4b] 傷者加鬪傷二等,

[律文4c] 殺者斬.

[律文3c의 疏] 議曰: 謂罪人本犯合死, 已就拘執及不拒捍而捕殺之者, 加役流.

[律文4a의 疏] 「卽拒毆捕者, 加本罪一等」, 假有罪人本犯徒三年, 而拒毆捕人, 流二千里.

[律文4b의 疏] 「傷者, 加鬪傷二等」, 假有拒毆捕者折一齒, 加凡鬪二等, 合徒二年之類.

[律文4c의 疏] 殺捕人者斬, 捕人不限貴賤, 殺者合斬.

[율문3c] 죄인의 본래 범한 (죄가) 사형에 해당하는데 살해한 자는 가역류에 처한다.

[율문4a] 만약 (죄인이) 저항하며 체포자를 구타한 때에는 본래의 죄에 1등을 더하고,

[율문4b] 상해한 때에는 투상(죄)에 2등을 더하며,

[율문4c] 살해한 때에는 참형에 처한다.

[율문3c의 소] 의하여 말한다: 죄인의 본래 범한 (죄가) 사형에 해당하는데, 이미 체포되었거나 저항하지 않는데도 체포하여 살해한 자는 가역류에 처한다는 것을 말한다.

[율문4a의 소] 만약 (죄인이) 저항하며 체포자를 구타한 때에는 본래

의 죄에 1등을 더하므로, 가령 죄인이 본래 도3년의 (죄를) 범했는데 저항하며 체포자를 구타했으면 유2000리에 처한다.

[율문4b의 소] "상해한 때에는 투상(죄) 2등을 더한다."는 것은, 가령 저항하며 체포인을 구타하여 치아 1개를 부러뜨렸다면 일반 투상(죄)(투1~4)에 2등을 더하여 도2년에 해당한다는 것 따위이다.

[율문4c의 소] 체포인을 살해한 때에는 참하는데, 체포인은 귀천을 구분하지 않고 살해한 자는 참형에 처해야 한다.

제453조 포망 3. 강도·강간 등 중죄인이 아닌 범인을 체포·구금한 죄(不言請輒捕)

[律文1] 諸被人毆擊折傷以上若盜及强姦, 雖傍人皆得捕繫, 以送官司. 捕格法, 準上條.

[律文1의 注] 卽姦同籍內, 雖和, 聽從捕格法.

  [律文1의 疏] 議曰: 有人毆擊他人折齒·折指以上若盜及强姦, 雖非被傷·被盜·被姦家人及所親, 但是傍人, 皆得捕繫以送官司. 「捕格法, 準上條」, 持仗拒捍, 其捕者得格殺之; 持仗及空手而走者, 亦得殺之. 其拒捕·不拒捕並同上條「捕格」之法.

  [律文1의 注의 疏] 「卽姦同籍內」, 言同籍之內, 明是不限良賤親疎, 雖和姦亦聽從上條「捕格」之法.

[율문1] 무릇 사람이 구타·가격당하여 골절상 이상을 입거나 또는 (강·절)도 및 강간당했다면, 비록 인근의 사람이라 하더라도

모두 (범인을) 체포·포박하여 관사에 송치할 수 있다. 체포·가격의 법은 위의 조항에 준한다.

[율문1의 주] 만약 동일 호적 내의 (사람을) 간했다면 비록 화간이라도 체포·가격의 법에 따르는 것을 허용한다.

[율문1의 소] 의하여 말한다: 어떤 사람이 타인을 구타·가격하여 치아나 손·발가락을 부러뜨린 것 이상의 상해를 입혔거나 혹은 (강·절)도 및 강간했다면, 비록 상해·강도·절도·강간당한 (사람의) 가인이나 친척이 아니고 단지 인근 사람이라도 모두 체포·포박하여 관사에 송치할 수 있다. "체포·가격의 법은 위의 조항에 준한다."라 했으니(표2), (죄인이) 무기를 가지고 저항했다면 체포자가 가격하여 살해할 수 있고, 무기를 가졌든 맨손이었든 도주하는 경우 역시 살해할 수 있다. 이 경우 체포에 저항하든 저항하지 않든 (체포하다가 살상한 것은) 모두 위 조항의 "체포·가격"의 법과 같다.

[율문1의 주의 소] "만약 동일 호적 내의 (사람을) 간했다."라고 하여 동일 호적 내라고 언급한 것은 양천과 친소를 구분하지 않는다는 것을 밝힌 것이니, 비록 화간이라도 역시 위 조항의 체포·가격의 법에 따르는 것을 허용한다.

[律文1의 問] 曰: 親戚共外人和姦, 若捕送官司, 即於親有罪. 律許捕格, 未知捕者得告親罪以否?

[律文1의 答] 曰: 若男女俱是本親, 合相容隱, 既兩俱有罪, 不合捕格、告言. 若所親共他人姦, 他人即合有罪, 於親雖合容隱, 非是故相告言, 因捕罪人, 事相連及, 其於捕者不合有罪. 和姦之人, 兩依律斷.

[율문1의 문] 묻습니다: 친척이 외인과 함께 화간했는데 만약 (외인을) 체포하여 관사에 송치하면 곧 친척에게도 죄가 있게 됩니다. 율에서는 (이 경우) 체포·가격하는 것을 허용했는데, 체포자는 친

척의 죄를 고한 죄7)를 받습니까?

[율문1의 답] 답한다: 만약 남녀가 모두 (체포자와) 본래 친척이면 서로 숨겨주어야 하므로,8) 원래 쌍방이 모두 죄가 있어도 체포·가격하거나 고해서는 안 된다. 만약 친척이 타인과 화간했다면, 타인은 곧 마땅히 죄가 있고 친척(의 죄는) 숨겨주어야 하지만, 고의로 고한 것이 아니라 죄인을 체포하는 것으로 인해 사건이 (친척에게까지) 미치게 된 것이므로, 그 체포자는 유죄에 해당하지 않는다. 화간한 사람은 쌍방 모두 율(잡22~28)에 의거하여 단죄한다.

[律文2a] 若餘犯, 不言請而輒捕繫者笞三十,

[律文2b] 殺傷人者以故殺傷論,

[律文2c] 本犯應死而殺者加役流.

[律文2a의 疏] 議曰:「若餘犯, 不言請」, 謂非毆擊人折傷以上若盜及強姦, 或

---

7) 친속을 告한 경우 고한 것이 거짓이라면 고한 자는 誣告의 죄를 받으며, 고한 것이 사실이라도 고한 자는 다음과 같이 처벌한다. 조부모·부모를 고한 자는 교형에 처한다. 기친 존장·외조부모·남편·남편의 조부모를 고한 자는 도2년에 처하는데, 만약 도2년보다 무거운 죄를 무고한 경우 무고한 죄에 3등을 더해 처벌한다. 대공친 존장의 경우 1등을 감하여 도1년반에 해당하고, 소공·시마친 존장은 2등을 감하여 도1년에 처하며, 이보다 무거운 죄를 무고한 경우 1등을 더해 처벌한다. 또한 시마·소공친 비유를 고한 죄는 장80에 해당하며, 무고한 경우는 일반인을 무고한 것으로 논한다. 대공친 이상 비유를 고한 경우에는 차례로 1등을 감하며, 감한 것보다 무거운 죄를 무고한 경우 기친의 비유를 무고했으면 무고한 죄에서 2등을 감하고, 대공친 비유를 무고했으면 1등을 감한다(345, 투44~347, 투46). 고한 것이 사실이어도 고한 자를 처벌하는 이유에 대해 율에서는 대개 친속은 서로 숨겨줘야[容隱] 하기 때문이라고 설명하고 있다(명46.1a의 소).

8) 동거 또는 대공 이상 친속 및 외조부모·외손 또는 孫婦·남편의 형제 및 형제의 아내의 죄는 숨겨주어도[容隱] 처벌되지 않는다. 소공친 이하가 서로 숨겨주었다면 일반인이 숨겨준 죄에서 3등을 감한다. 다만 謀叛 이상의 죄는 해당하지 않는다(명46).

和姦同籍內, 此外有犯, 須言請官司, 不得輒加捕繫, 如捕繫者笞三十,

[律文2b의 疏] 因而殺傷人者以故殺傷論.

[律文2c의 疏] 「本犯應死」, 謂餘犯合死, 捕而殺者合加役流.

[율문2a] 만약 다른 범죄에 대하여 (관사에) 알려 (체포·구금할 것을) 요청하지 않고 함부로 체포·구금한 자는 태30에 처하고,

[율문2b] 사람을 살상한 때에는 고살상으로 논하며,

[율문2c] 본래 범한 죄가 사형에 해당하는 (죄인을) 살해한 때에는 가역류에 처한다.

[율문2a의 소] 의하여 말한다: "만약 다른 범죄에 대하여 (관사에) 알려 (체포·구금할 것을) 요청하지 않았다."라는 것은, 타인을 구타하여 골절상 이상인 것 및 절도·강도죄 및 강간죄, 혹은 동일 호적 내 (사람들 사이의) 화간이 아닌 다른 범죄가 있다면 반드시 관사에 알려 (체포·구금할 것을) 요청해야 하고, 함부로 체포·구금할 수 없음을 말한다. 만약 체포·구금한 자는 태30에 처한다.

[율문2b의 소] 그로 인하여 사람을 살상한 때에는 고살상(투5)으로 논한다.

[율문2c의 소] "(죄인의) 본래 범한 죄가 사형에 해당한다."는 것은 (죄인의 죄가 위에서 열거한 것) 외의 범죄로 사형에 해당하는 것을 말하며, 체포하다가 살해한 때에는 가역류에 해당한다.

제454조 포망 4. 죄인의 체포를 돕지 않은 죄(道路行人不助捕)

[律文1] 諸追捕罪人而力不能制, 告道路行人, 其行人力能助之而不助者杖

八十,

[律文2] **勢不得助者勿論**. 勢不得助者, 謂隔險難及馳驛之類.

[律文1의 疏] 議曰:「追捕罪人」, 謂將吏以下據法追捕, 及在律文聽私捕繫. 而力不能拘制, 告道路行人,「其行人力能助之」, 謂行者人杖堪制罪人而不救 助者, 行人合杖八十.

[律文2의 疏] 「勢不得助者」, 謂隔川谷, 垣籬, 塹柵之類不可踰越過者及馳驛 之類. 稱「之類」者, 官有急事及私家救疾赴哀, 情事急速, 亦各無罪.

[율문1] 무릇 죄인을 추격하여 체포하다가 힘으로 제압할 수 없어 길가는 행인에게 알렸는데, 그 행인이 도울 힘이 있는데도 돕지 않은 때에는 장80에 처한다.

[율문2] 형세 상 도울 수 없을 경우는 논하지 않는다. 형세 상 도울 수 없다는 것은 험난함으로 막혀 있거나 역마를 달리고 있는 것 따위를 말한다.

[율문1의 소] 의하여 말한다: "죄인을 추격하여 체포하다."라는 것은, 장·이 이하가 법에 의거하여 (죄인을) 추격하여 체포하거나 율문에서 사적으로 체포·구금하는 것이 허용된 경우(표1)를 말한다. 그런데 힘으로 구금·제압하지 못하여 길가는 행인에게 알렸고, "그 행인이 도울 힘이 있는데도", -행인의 인원과 무기가 죄인을 제압할 수 있는 경우를 말한다.- 구조하지 않은 행인은 장80에 처해야 한다.

[율문2의 소] "형세 상 도울 수 없다."는 것은 하천이나 계곡, 담장이나 울타리, 참호나 목책 등으로 막혀 있어 건너거나 뛰어 넘어 통과할 수 없거나 (급한 일로) 역마를 달리는 것 따위를 말한다. "따위"라고 한 것은, 관에 급한 일이 있거나 사가에서 병자를 치료하거나 상사를 알리기 위해 가는 것과 같이 사정이 급박한 경우

역시 각각 죄가 없다는 것이다.

제455조 포망 5. 체포의 사실을 누설·폭로하여 죄인을 도망하게 한 죄(捕罪人漏露其事)

[律文1] 諸捕罪人, 有漏露其事令得逃亡者, 減罪人罪一等.

[律文1의 注] 罪人有數罪, 但以所收捕罪爲坐.

[律文1의 疏] 議曰:「捕罪人」, 謂上條將吏以下受使追捕. 而有漏露應捕之事, 令使罪人逃避者, 漏露之人減罪人罪一等.

[律文1의 注의 疏] 注云「罪人有數罪」者, 假有一人, 或行强盜, 兼復殺人, 又欲謀叛: 若爲謀叛而捕, 漏露者唯從謀叛減一等; 若爲賊盜或殺人而捕, 漏露者卽從賊盜, 殺人上減一等, 不論謀叛. 故云「但以所收捕罪爲坐」.

[율문1] 무릇 죄인을 체포하는데 그 사실을 누설·폭로함으로써 도망가게 한 자는 죄인의 죄에서 1등을 감한다.

[율문1의 주] 죄인에게 여러 죄가 있으면 단지 체포하려고 한 바의 죄로써 처벌한다.

[율문1의 소] 의하여 말하다: "죄인을 체포하는데"라는 것은, 앞의 조항(포1)의 장·이 이하가 사(명)을 받고 추격하여 체포하는 것을 말한다. 체포에 관한 사실을 누설·폭로함으로써 죄인을 도피케 한 경우 누설·폭로한 사람은 죄인의 죄에서 1등을 감한다.

[율문1의 주의 소] 주에 이르기를 "죄인에게 여러 죄가 있다."라고 한 것은, 가령 어떤 한 사람이 혹 강도를 행하고 아울러 다시 살인하

고 또 모반하고자 했다는 것이다. (이 경우) 만약 모반으로 체포하는 것이면 누설·폭로한 사람은 모반죄에서 1등을 감하고, 만약 적도 또는 살인으로 체포하는 것이면 누설·폭로한 자도 적도(죄) 및 살인(죄)에서 1등을 감하며, 모반에 대해서는 논하지 않는다. 그러므로 "체포하려고 한 바의 죄로써 처벌한다."고 한 것이다.

[律文2a] 未斷之間, 能自捕得除其罪,

[律文2b] 相容隱者爲捕得亦同. 餘條相容隱爲捕得, 準此.

[律文3] 卽他人捕得若罪人已死及自首, 又各減一等.

[律文2a의 疏] 議曰 : 「未斷之間」, 謂漏露之罪, 未經斷定. 能自捕得罪人者, 除其失囚之罪.

[律文2b의 疏] 「相容隱者爲捕得」, 謂同居及大功以上親·外祖父母·外孫若孫之婦·夫之兄弟及兄弟妻, 奴婢·部曲爲主捕得, 並同身自捕獲, 皆除其罪. 注云「餘條相容隱爲捕得, 準此」, 假如上條將吏受使追捕罪人致失者, 相容隱捕得, 亦與自捕得同. 故云「亦準此」.

[律文3의 疏] 「卽他人捕得若罪人已死」, 謂自死及被他人殺者皆同, 及自首, 又各於罪人上更減一等, 總減罪人罪二等.

[율문2a] (누설·폭로한 사람의 죄가) 아직 처단되기 전에 스스로 (죄인을) 체포했다면 그 죄를 면제한다.

[율문2b] 서로 숨겨줄 수 있는 자가 (대신 죄인을) 체포한 경우도 역시 같다. 다른 조항에서 서로 숨겨줄 수 있는 자가 (대신) 체포한 것도 역시 이에 준한다.

[율문3] 만약 타인이 체포하거나 또는 죄인이 이미 사망하거나 자수한 경우에는 또 각각 1등을 감한다.

[율문2a의 소] 의하여 말한다 : "아직 처단되기 전"이라는 것은 누설·

폭로한 죄가 아직 확정되지 않았음을 말한다. 스스로 죄인을 체포한 경우는 (누설·폭로하여) 죄수를 도망가게 한 죄를 면제한다.

[율문2b의 소] "서로 숨겨줄 수 있는 자가 (대신 죄인을) 체포한 경우"라는 것은 동거(자) 및 대공 이상 친속·외조부모·외손, 또는 손부, 남편의 형제 및 형제의 처가 (죄인을 체포하거나) 노비·부곡이 주인을 위해 체포한 경우를 말하며(명46.1),[9] 모두 자신이 직접 포획한 것과 같이 모두 (누설·폭로한) 죄를 면제한다. 주에 이르기를 "다른 조항에서 서로 숨겨줄 수 있는 자가 (대신) 체포한 경우도 역시 이에 준한다."고 했으니, 가령 위 조항(포1)과 같이 장·이가 사(명)을 받고 죄인을 추격하여 체포하다가 죄인을 놓친 경우 서로 숨겨줄 수 있는 자가 체포해도 역시 (장·이) 자신이 직접 체포한 것과 같다. 그러므로 "역시 이에 준한다."고 한 것이다.

[율문3의 소] 만약 타인이 체포한 경우, 혹은 죄인이 이미 사망하거나 -죄인이 자살했든 타인에게 피살되었든 모두 같다는 것을 말한다.- 죄인이 자수한 경우에는 또 각각 죄인의 죄에서 다시 1등을 감하므로, 총계하여 죄인의 죄에서 2등을 감한다는 것이다.

---

9) "서로 숨겨줄 수 있다[相容隱]"는 것은, 소에 열거된 친속이 서로 숨겨주어도 (468, 포18) 처벌을 받지 않는 것을 말한다. 반면에 한 쪽이 다른 한 쪽을 告한 때에는 親屬告言罪로 처벌된다. 노비·부곡은 그 주인에 대해 일방적인 숨겨줄 의무를 지며, 주인은 노비·부곡을 숨겨주는 것이 허용되지 않는다(명46.1b의 소).

제456조 포망 6. 강도·살인이 발생했는데 즉시 구조하지 않은 죄(被强盜不救助)

[律文1a] 諸隣里被强盜及殺人, 告而不救助者杖一百,

[律文1b] 聞而不救助者減一等.

[律文1c] 力勢不能赴救者, 速告隨近官司, 若不告者亦以不救助論.

[律文2] 其官司不卽救助者徒一年.

[律文3] 竊盜者, 各減二等.

[律文1a의 疏] 議曰: 依『禮』:「五家爲隣, 五隣爲里.」 旣同邑落, 隣居接續, 而被强盜及殺人者, 皆須遞告, 卽救助之. 若告而不救助者, 杖一百.

[律文1b의 疏] 雖不承告, 聲響相聞, 而不救助者, 減一等杖九十.

[律文1c의 疏] 「力勢不能赴救者」, 謂賊强人少, 或老小羸弱, 不能赴救者, 速告隨近官司, 若不告者亦以不救助罪科之.

[律文2의 疏] 「其官司不卽救助者」, 依捕亡令:「有盜賊及傷殺者, 卽告隨近官司、村坊、屯驛. 聞告之處, 率隨近軍人及夫, 從發處追捕.」 若其所在官司知而不卽救助者, 徒一年.

[律文3의 疏] 「竊盜, 各減二等」, 謂隣里被竊盜, 承告而不救助者從杖一百上減, 聞而不救助者從杖九十上減, 官司承告不卽救助者從徒一年上減.

[율문1a] 이웃이 강도 및 살인을 당하여 알렸는데도 구조하지 않은 자는 장100에 처하고,

[율문1b] (소리를) 듣고도 구조하지 않은 자는 1등을 감한다.

[율문1c] 역량 및 형세가 (약하여) 즉시 달려가 구조할 수 없을 때에는 신속하게 가까운 관사에 알려야 하며, 만약 알리지 않은

자는 역시 구조하지 않은 것으로 논한다.

[율문2] 단 관사가 즉시 구조하지 않은 때에는 도1년에 처한다.

[율문3] 절도의 경우는 각각 2등을 감한다.

[율문1a의 소] 의하여 말한다: 『주례』(권15, 461쪽)에 의거하면, "5가를 인이라 하고 5린을 이라 한다." (이는) 원래 같은 읍락으로 이웃하여 거주하며 이어져 있으므로 강도 및 살인을 당할 경우 모두 반드시 차례로 알리고 즉시 구조해야 하며,10) 만약 알렸는데도 구조하지 않은 자는 장100에 처한다.

[율문1b의 소] 비록 알림을 받지 않았지만 (소란한) 소리를 듣고도 구조하지 않은 자는 1등을 감하여 장90에 처한다.

[율문1c의 소] "역량 및 형세가 (약하여) 즉시 달려가서 구조할 수 없을 때"라는 것은, 도적이 강한데 인원이 적거나 혹은 노·소(인)이라 허약해서 즉시 달려가서 구조할 수 없는 경우를 말하며, (이 경우) 신속하게 가까운 관사에 알려야 하며, 만약 알리지 않은 자는 역시 구조하지 않은 죄를 과한다.

[율문2의 소] "그 관사가 즉시 구조하지 않았다."는 것은, 포망령(습유 729쪽)에 의거하면 "도적 및 살상이 발생하면 즉시 가까운 관사·촌·방11)·둔·역에 알리며, 알림을 받은 곳에서는 부근의 군인 및

---

10) 율에는 강도 및 살인이 발생했을 때 피해자와 같은 伍에 속한 자가 坊正·村正 등 이상이 土司에 신고해야할 의무와 그를 위반했을 때의 처벌이 규정되어 있다(360, 투59.1). 捕亡令에도 도적 및 살상이 발생하면 가까운 관사·村·坊·屯·驛에 통보하여 追捕하도록 규정되어 있다(456, 포6.2의 소).

11) 영에 의하면, 100戶를 1里로 삼고 5리를 1鄕으로 삼는다. 이에는 이정 1인을 두는데, 호구를 按比하고, 農桑을 課植하며, 非違를 검찰하고, 부역을 催驅하는 것을 관장한다. 이로 보면 이와 향은 縣의 하부 행정 단위라고 할 수 있다. 이와는 별도로 邑은 坊으로 구획하고, 坊正 1인을 두어 坊門의 管鑰을 관장하고 姦非를 독찰하게 했는데 그 課役을 면제했다. 田野는 自然村 위주로 村正 1인을 두었는데 그 職掌은 방정과 같았다(『通典』권3, 63쪽). 소에 인용된 捕亡

정부를 거느리고 사건이 발생한 장소로 가서 죄인을 추격·체포해야 하는데, 그 지역의 관사가 알고도 즉시 구조하지 않은 때에는 도1년에 처한다는 것이다.

[율문3의 소] "절도의 경우는 각각 2등을 감한다."는 것은, 이웃이 절도를 당했는데 알림을 받고도 구조하지 않은 자는 장100에서 2등을 감하고, (소리를) 듣고도 구조하지 않은 자는 장90에서 2등을 감하며, 관사가 알림을 받고도 즉시 구조하지 않은 때에는 도1년에서 2등을 감한다는 것을 말한다.

제457조 포망 7. 정토에 종군할 자의 도망죄(從軍征討亡)

[律文1a] 諸征名已定及從軍征討而亡者; 一日徒一年, 一日加一等, 十五日絞;

[律文1b] 臨對寇賊而亡者斬.

[律文2] 主司故縱, 與同罪. 下條準此.

[律文1a의 疏] 議曰: 「征名已定」, 謂衛士及募人征名已定訖, 及從軍征討而亡者, 一日徒一年, 一日加一等, 八日流三千里, 十五日絞.

[律文1b의 疏] 若「臨對寇賊」, 謂壁壘相對, 矢石將交而亡者斬. 亦據應戰之人.

[律文2의 疏] 「主司故縱, 與同罪」, 謂主司知情, 容其亡避, 各與亡者罪同. 亡者合斬, 主司合絞. 注云「下條準此」, 謂下條「向防及在防未滿而亡者」, 主

숙에 도적 및 살상이 발생하면 촌·방에 보고하도록 하고 이는 언급하지 않는데, 아마도 이는 인위적으로 편성된 행정 조직인데 비하여 촌·방은 실제 거주지 위주로 편성된 생활구역이기 때문일 것이다.

司故縱亦各同罪. 其臨對寇賊而有亡者, 但亡即坐, 不計日數及行遠近. 其有
從軍征討而亡, 未滿十五日軍還者, 未還以前依征亡之法, 征還之後從軍還亡
罪而斷. 將未還之日, 倂滿軍還之日累科.

[율문1a] 출정자로 이름이 정해졌거나 정벌에 종군하고 있는데
도망한 자는 1일이면 도1년에 처하고, 1일마다 1등씩 더하며,
15일이면 교형에 처한다.

[율문1b] 구적과 대치하고 있는데 도망한 자는 참형에 처한다.

[율문2] 주사가 고의로 방임했다면 더불어 같은 죄를 준다. 아래
조항은 이에 준한다.

[율문1a의 소] 의하여 말한다: 출정자로 이름이 정해졌거나 -위사12)
및 모인13)이 출정자로 이름이 정해졌다는 것을 말한다.- 정벌에 종
군하고 있는데 도망한 자는 1일이면 도1년에 처하고, 1일마다 1등
씩 더하여 8일이면 유3000리에 처하며, 15일이면 교형에 처한다.

[율문1b의 소] 만약 "구적과 대치하고 있다."는 것은 벽루가 서로 대
치하고 화살과 돌이 교차하는 것을 말하며, (이러한 때) 도망한 자
는 참형에 처한다. (이 조항은) 역시 전투해야 하는 사람에 의거해
서 (적용한다).

[율문2의 소] "주사가 고의로 방임했다면 더불어 같은 죄를 준다."는
것은 주사가 실정을 알면서도 그 도망을 용인했다면 각각 도망자

---

12) 衛士는 折衝府 소속의 府兵으로 京師에 상번하는 자를 말한다. 부병은 6품 이
하의 자손 및 白丁으로 職役이 없는 자를 簡點하여 충원하는데, 丁男(21~59세)
이 되면 名籍에 올리고 60세에 면했다. 각 절충부의 부병은 경사의 12(혹은
16)衛와 10率府에 각각 예속되어, 교대로 상번하여 숙위했다(『唐六典』권5, 156
쪽; 『역주당육전』상, 498~501쪽)

13) 募人은 衛士가 아닌 丁男을 임시로 김募하여 출정하는 군대에 충원되거나(227,
천4.1의 소), 잡역에 충당된 자(123, 직33.2의 소)를 말한다.

와 더불어 죄가 같다는 것을 말한다. (따라서) 도망자가 참형에 해당하면 주사는 교형에 처해야 한다.[14] 주에 이르기를 "아래 조항은 이에 준한다."라고 한 것은, 아래 조항에서 "(방인이) 방수하는 곳으로 가다가, 또는 방수 기간이 아직 만료되지 않았는데 도망"(표8)하는 것을 주사가 고의로 방임했다면 역시 각각 (도망자와 더불어) 죄가 같다는 것을 말한다. 단 구적과 대치하고 있는데 도망한 자가 있는 경우 단지 도망했으면 곧 (참형으로) 처벌하며, 도망한 일수 및 도망간 거리의 멀고 가까움을 따지지 않는다. 단 정벌에 종군했다가 도망했는데 15일이 차기 전에 (출정했던) 군대가 귀환했다면, (군대가) 귀환하기 이전의 (일수는) 출정했다가 도망한 법(표7.1a)에 따라 논하고, 귀환한 이후의 (일수는) 군대가 귀환할 때 도망한 죄(표7.3b)로써 단죄하되, 군대가 귀환하기 이전의 도망한 일수를 군대가 귀환한 이후의 도망한 일수에 합해서 (군대가 귀환할 때 도망한 죄로) 처벌한다.

[律文3a] 軍還而先歸者, 各減五等;

[律文3b] 其逃亡者, 同在家逃亡法.

[律文3a의 疏] 議曰: 軍雖凱還, 須依部伍, 若不隨團隊而輒先歸者, 各減軍亡罪五等.

[律文3b의 疏] 「其逃亡者, 同在家逃亡法」, 謂一日笞四十, 十日加一等, 罪止流二千里. 若軍還先歸, 一日徒一年上減五等合杖六十, 罪止徒一年半. 日若少, 從先歸日料; 日若多, 從有軍名亡法.

---

14) 主司가 고의로 방임했다면 도망한 자와 더불어 같은 죄를 준다[與同罪]. 여기서 '與同罪'는 같은 죄로 처벌한다는 뜻이지만, 소에서 "도망자가 참형에 해당하면 주사는 교형에 해당한다."고 해석한 것은 '與同罪'의 경우 眞犯과 같을 수 없기 때문에 사형의 경우 교형에 처하는데 그친다는 명례율(명53.1)에 의거한 것이다.

[율문3a] 군대가 귀환하는데 먼저 귀환한 자는 각각 5등을 감하고,
[율문3b] 단 (군대가 귀환하는데) 도망한 자는 집에서 도망한 것
과 같은 법을 (적용한다).

[율문3a의 소] 의하여 말한다: 군대가 비록 개선하더라도 반드시 대
오에 따라야 한다. 만약 단·대15)를 따르지 않고 함부로 먼저 귀환
한 자는 각각 군에서 도망한 죄에서 5등을 감한다.16)

[율문3b의 소] "단 (군대가 귀환하는데) 도망한 자는 집에서 도망한
것과 같은 법을 (적용한다)."17)라는 것은 1일이면 태40에 처하고,
10일마다 1등씩 더하며, 최고형은 유2000리임을 말한다. 만약 군
대가 귀환하는데 먼저 귀환했다면 1일이면 도1년에서 5등을 감하
여 장60에 처하며, 최고형은 도1년반이다. 일수가 적으면 먼저 귀
환한 일수에 따라 처벌하고, 일수가 많으면 군적에 이름이 있는데
도망한 법(표11.4)에 따른다.

---

15) 折衝府의 부대 구성은 다음과 같다. 50명을 隊라고 하고 隊正을 그 장으로 삼
는다. 2隊를 1旅라고 하고 旅帥를 그 장으로 삼는다. 2旅를 1團으로 하고 校尉
를 그 장으로 삼는다. 절충부는 상·중·하의 3등급으로 나뉘며 上府는 5단, 中
府는 4단, 下府는 3단이 설치되었다. 절충부의 장관은 折衝都尉이다(『唐六典』
권25, 644~645쪽; 『역주당육전』중, 239~245쪽).

16) 여기서 군에서 도망한 죄[軍亡罪]는 출정자의 이름을 정해 출정이 예정된 군대
에서 도망한 죄, 정토에 종군하고 있는 군대에서 도망한 죄, 적과 대치하고 있
는 군대에서 도망한 죄를 상정할 수 있다. 이 군대들이 귀환하고 있는데 소속
장병이 먼저 귀환한 경우 각각의 도망죄에서 5등을 감한다는 뜻이다.

17) 軍籍에 이름이 들어있는 자가 집에서 도망한 경우, 1일이면 태40에 처하고 10
일마다 1등씩 더하며 최고형은 유2000리이다(461, 표11.4).

제458조 포망 8. 방인의 도망죄(防人向防及在防亡)

[律文] 諸防人向防及在防未滿而亡者, 鎭人亦同. 一日杖八十, 三日加一等.

[律文의 疏] 議曰:「防人向防」, 謂上道訖逃走, 及在防年限未滿而亡者, 鎭人亦同, 一日杖八十, 三日加一等. 旣無罪止之文, 加至流三千里. 亡日未到罪止, 鎭防日已滿者, 計應還之日同在家亡法, 累倂爲罪.

[율문] 방인이 방수하는 곳으로 가다가, 또는 방수 기간이 아직 만료되지 않았는데 도망한 때에는 진인도 역시 같다. 1일이면 장80에 처하고, 3일마다 1등을 더한다.

[율문의 소] 의하여 말한다: 방인이 방수하는 곳으로 가다가 -길을 떠난 뒤에 도주하는 것을 말한다.-, 또는 방수 기간이 아직 만료되지 않았는데 도망한 때에는, -진인도 역시 같다.- 1일이면 장80에 처하고, 3일마다 1등씩 더한다. 원래 최고형에 관한 조문이 없으므로 더해서는 유3000리에 이른다.[18] 도망일수가 아직 최고형에 이르지 않았는데 진수나 방수 (기간이) 이미 만료된 경우는, 귀환할 (시점 이후의) 일수를 계산하여 (군적에 이름이 있는 자가) 집에서 도망한 법을 적용하되, (만료되기 전의 일수를 귀환할 시점 이후의 일수에) 누계해서 처벌한다.

---

18) 형을 더할 때는 사형에까지 이를 수 없으며, 오직 本條에서 "더하여 사형에 이른다."라고 한 경우에만 사형에 이를 수 있는데, 그 때에도 교형에 한한다 (명56.3).

제459조 포망 9. 복역하는 죄수의 도망죄(流徒囚役限內亡)

[律文1] 諸流徒囚役限內而亡者, 犯流·徒應配及移鄉人未到配所而亡者, 亦同. 一日笞四十, 三日加一 等, 過杖一百, 五日加一等.

> **[律文1의 疏]** 議曰:「流·徒囚」, 謂或流或徒. 各在其役限內而亡者. 注云 犯流·徒應配及移鄉人未到配所而逃亡者, 各與流徒囚役限內而亡罪同, 一日 笞四十, 三日加一等, 十九日合杖一百. 過杖一百, 五日加一等, 五十九日流 三千里.

[율문1] 유·도(죄)수가 복역 기한 내에 도망한 때에는, 유죄·도죄를 범하여 (복역할 곳에) 배속될 (사람) 및 이향될 사람이 배속 장소에 도착하기 전에 도망한 때도 역시 같다. **1일이면 태40에 처하고, 3일마다 1등씩 더하며, 장100을 초과하면 5일마다 1등씩 더한다.**

> **[율문1의 소]** 의하여 말한다: "유·도(죄)수"는 유(형)이나 도(형)에 처해진 자를 말한다. 각각 그 복역 기한 안에 도망한 자는, 주에서 말한 바와 같이 유죄·도죄를 범하여 (복역할 곳에) 배속될 (사람) 및 이향될 사람이 배속 장소에 도착하기 전에 도망한 때 각각 유(죄)·도(죄)수가 복역 기한 내에 도망한 때와 죄가 같은데, 1일이면 태40에 처하고, 3일마다 1등씩 더하며, 19일이면 장100에 처해야 한다. 장100을 초과하면 5일마다 1등씩 더하고, 59일이면 유 3000리에 처한다.

[律文2a] 主守不覺失囚, 減囚罪三等; 卽不滿半年徒者, 一人笞三十, 三人 加一等, 罪止杖一百.

[律文2b] 監當官司, 又減三等.

[律文2c] **故縱者, 各與同罪.**

[律文2a의 疏] 議曰:「主守」, 謂主守囚徒之人及部領流移人等. 不覺囚亡「減因罪三等」, 謂從囚本罪上減三等, 不從逃坐減之. 「卽不滿半年徒者」, 謂徒役將滿, 餘日不滿半年徒而有逃亡者, 不計逃日而科, 唯據亡人之數爲罪, 「一人笞三十, 三人加一等」, 謂四人亡合笞四十; 不覺二十二人亡卽至罪止, 合杖一百.

[律文2b의 疏] 「監當官司, 又減三等」, 謂減主守罪三等, 不覺二十二人亡者, 罪止杖七十.

[律文2c의 疏] 「故縱者, 各與同罪」, 稱「各」者, 謂監當官司及主守各與亡囚本犯罪同.

[율문2a] 주수가 감시소홀로 죄수를 잃었다면 죄수의 죄에서 3등을 감한다. 만약 (도망한 죄수의 남은 형기가) 도 반년 미만인 경우는 1인이면 태30에 처하고, 3인마다 1등씩 더하며, 죄는 장100에 그친다.

[율문2b] 감독·주관하는 관사는 다시 3등을 감한다.

[율문2c] 고의로 방임한 자는 각각 더불어 같은 죄를 준다.

[율문2a의 소] 의하여 말한다: "주수"는[19] 수감되거나 도(역)하는 사람의 간수를 주관하는 (관사) 및 유배·이향되는 사람[20] 등을 인솔하는[21] (관사를) 말한다. 죄수가 도망친 것을 적발하지 못했다면

---

19) 여기서 主守는 전담해서 죄수를 지키는 사람이나 典獄 따위를 말한다(466, 포16.1a의 소).

20) 移鄕이란 살인범이 恩赦에 의해 사형을 면제받았더라도 사망자의 집에 기친 이상의 친속이 있다면 1000리 밖으로 옮겨 복수를 피하게 하는 제도이다(265, 적18.1a의 소).

21) 원문의 '部領'은 대오를 편성하여 官物·罪囚·畜産을 인솔·수송한다는 의미이다(133, 직43.1a의 소).

"죄수의 죄에서 3등을 감한다."라는 것은, 죄수의 본래 죄에서 3등을 감하고 도망죄에서 감하지 않는다는 것을 말한다. "만약 (도망한 죄수의 남은 형기가) 도 반년 미만인 경우"라는 것은, 도역이 거의 만기가 되어 남은 일수가 도 반년 미만인데 도망한 자가 있으면 도망 일수를 계산하여 죄주는 것이 아니라 오직 도망자의 수에 의거하여 죄준다는 것을 말하며, "1인이면 태30에 처하고, 3인마다 1등씩 더한다."는 것은, 4인이 도망했으면 태40에 처해야 하고, 22인이 도망하는 것을 적발하지 못했으면 곧 최고형인 장100에 처해야 한다는 것을 말한다.

[율문2b의 소] "감독·주관하는 관사는 다시 3등을 감한다."는 것은 주수의 죄에서 3등을 감하는 것을 말하니, 곧 22인이 도망한 것을 적발하지 못한 경우 죄는 장70에 그친다.

[율문2c의 소] "고의로 방임한 자는 각각 더불어 같은 죄를 준다."에서 '각각'이라 한 것은, 감독하는 관인 및 주수는 각각 도망한 죄수가 본래 범한 죄와 같다는 것을 말한다.

제460조 포망 10 숙위인의 도망죄(宿衛人亡)

[律文1] 諸宿衛人在直而亡者, 一日杖一百, 二日加一等.

[律文2] 卽從駕行而亡者, 加一等.

[律文1의 疏] 議曰:「宿衛人」, 謂諸衛大將軍以下,當番衛士以上. 在直番限內而有逃亡者, 一日杖一百, 二日加一等, 計一十七日流三千里. 直滿以後, 卽同在家亡法.

[律文2의 疏] 卽從駕行者, 以其陪從事重, 故加宿衛一等之坐, 亡者一日徒一

年, 二日加一等, 十五日流三千里.

[율문1] 무릇 숙위인이 당직하다가 도망한 때에는 1일이면 장100에 처하고, 2일마다 1등씩 더한다.

[율문2] 만약 황제를 수행하다가 도망한 때에는 1등을 더한다.

[율문1의 소] 의하여 말한다: "숙위인"은 모든 위의 대장군 이하 번을 담당하는 위사 이상을 말하는데, 당직·당번 기한 내에 도망한 자가 있으면, 1일이면 장100에 처하고 2일마다 1등씩 더하며, (도망한 일수를) 계산하여 17일이면 유3000리에 처한다. 당직이 만료된 이후는 곧 (군적에 이름이 있는 자가) 집에서 도망한 법(표11.4)과 같다.

[율문2의 소] 만약 황제를 수행하는 때에는 (황제를) 배종하는 일이 중요하기 때문에 숙위보다 1등의 처벌을 더하니, 도망한 자는 1일이면 도1년에 처하고, 2일마다 1등씩 더하며, 15일이면 유3000리에 처한다.

[律文2의 問] 曰: 衛士於宮城外守衛, 或於京城諸司守當, 或被配於王府上番, 如此之徒, 而有逃亡者, 合科何罪?

[律文2의 答] 曰: 宮城之外, 兼及皇城, 京城, 若有逃亡, 罪亦與宿衛不別. 若其準減三等之例, 即太輕於在家而亡. 是知守當雜犯有減三等之科, 逃亡之輩得罪與宿衛不異.

[율문2의 문] 묻습니다: 위사는 궁성 밖에서 수위하거나, 혹은 경성의 각 관사에서 수위를 맡거나, 혹은 왕부에 배속되어 상번하기도 하는데, 이와 같은 무리들이 도망했다면 어떤 죄에 해당합니까?

[율문2의 답] 답한다: 궁성의 밖 및 황성·경성에서 (수위하더라도) 만약 도망했다면 죄는 역시 숙위와 다를 바가 없다. 만약 3등을 감

하는 예에 준하면 곧 (군적에 이름이 있는 자가) 집에서 도망한 (죄보다) 지나치게 가볍다. (따라서 위사가) 수위를 담당하다가 범한 여러 죄에 대해서는 3등을 감하여 처벌하는 규정(위23.4)이 있지만,[22] 도망의 허물로 받는 죄는 숙위와 다르지 않음을 알 수 있다.

제461조 포망 11. 정부·잡장 및 공호·악호·잡호의 도망죄(丁夫雜匠亡)

[律文1] 諸丁夫、雜匠在役及工、樂、雜戶亡者, 太常音聲人亦同. 一日笞三十, 十日加一等, 罪止徒三年.

[律文2a] 主司不覺亡者, 一人笞二十, 五人加一等, 罪止杖一百;

[律文2b] 故縱者, 各與同罪.

[律文1의 疏] 議曰: 丁謂正役, 夫謂雜徭, 及雜色工匠, 諸司工、樂、雜戶, 注云「太常音聲人亦同」. 丁夫、雜匠並據在役逃亡, 工、樂以下在家亡者亦是. 一日笞三十, 十日加一等, 罪止徒三年.

[律文2의 疏] 主司謂監當主司, 不覺逃亡者, 計人數坐之, 一人笞二十, 五人加一等, 四十一人逃亡, 卽至罪止杖一百. 主司故縱者, 各與逃亡者同罪.

---

22) 위금율(80, 위23.4)에는 宮城門 밖의 모든 곳에서 수위를 담당하는 자가 冒名相代의 죄를 제외한 다른 죄를 범한 경우 숙위의 죄에서 3등을 감한다는 통례 규정이 있다. 그런데 숙위인의 도망죄는 1일이면 장100에 처하고 2일에 1등씩 더하되, 죄는 유3000리에 그친다. 따라서 만약 숙위의 죄에서 3등을 감하는 예를 적용한다면 최고형은 도2년이 되는데, 이는 軍籍에 이름이 있는 자가 집에서 도망한 경우의 최고형인 유2000리(461, 포11.4)보다 가볍게 된다. 이 때문에 罪刑의 경중을 조절하기 위해 수위가 도망한 죄는 숙위가 도망한 죄와 같다고 해석한 것이다.

[율문1] 무릇 정부·잡장이 복역 중에 (도망한 때) 및 공호·악호·잡호가 도망한 때에는 태상음성인도 역시 같다. 1일이면 태30에 처하고, 10일마다 1등씩 더하되, 죄는 도3년에 그친다.

[율문2a] 주사가 도망을 적발하지 못한 때에는 1인이면 태20에 처하고, 5인마다 1등씩 더하되, 죄는 장100에 그친다.

[율문2b] 고의로 방임한 때에는 각각 (도망한 자와) 더불어 같은 죄를 준다.

[율문1의 소] 의하여 말한다: 정은 정역(을 지는 자)를 말한다. 부는 잡요(를 지는 자)를 말한다. (잡장과 공호·악호·잡호는) 여러 종류의 공장과 모든 관사의 공호·악호·잡호(를 말하며), 주에 이르기를 "태상음성인도 역시 같다."고 했다.[23] 정부·잡장은 모두 복역 중에 도망한 것에 의거하고, 공호·악호 이하는 집에서 도망한 때 역시 그러한데, 1일이면 태30에 처하고 10일마다 1등씩 더하며 죄는 도3년에 그친다.

[율문2의 소] 주사는 감독·주관하는 주사를 말하며, 도망을 적발하지 못한 때에는 사람의 수를 계산하여 처벌하는데, 1인이면 태20에 처하고, 5인마다 1등씩 더하며, 41인이 도망했으면 곧 최고형인 장100에 이른다. 주사가 고의로 방임한 때에는 각각 도망한 자와

---

23) 官奴婢가 恩赦로 인해 한 번 면하면 番戶(官戶)가 되고, 두 번 면하면 雜戶가 되며, 세 번 면하면 양인이 된다. 잡호는 太常音聲人과 함께 각기 縣의 호적에 속해 있으나 각각 해당 관사에 복역하고, 州縣에 課役을 부담하지 않는다. 잡호의 복역 기간은 2년에 5番이며, 1번은 1개월이다(『唐六典』권6, 193쪽 및 『역주당육전』상, 618~621쪽: 265, 적18.1의 소). 工戶·樂戶는 관호와 같이 주현에 호적은 없으나 특수 기술을 가지고 少府監·太常寺에서 봉사한다는 점에서 일반 관호보다 약간 지위가 높다. 太常音聲人은 악호가 상승한 계층으로 독립 호적을 가지며 잡호보다 약간 지위가 높아 거의 양인과 같다(명28.1a의 소: 192, 호43.5의 소: 249, 적2.4의 문답).

더불어 죄가 같다.

[律文3] 卽人有課役, 全戶亡者, 亦如之;

[律文4] 若有軍名而亡者, 加一等.

[律文5a] 其人無課役及非全戶亡者, 減二等;

[律文5b] 卽女戶亡者, 又減三等.

[律文6a] 其里正及監臨主司故縱戶口亡者, 各與同罪;

[律文6b] 不知情者, 不坐.

[律文3의 疏] 議曰:「人有課役」, 謂或有課無役, 或有役無課, 而全戶亡者, 亦如丁夫在役逃罪, 一日笞三十, 十日加一等, 罪止徒三年.

[律文4의 疏]「若有軍名而亡」, 謂衛士、掌閑、駕士、幕士之類名屬軍府者, 總是「有軍名」. 其幕士屬衛尉、駕士屬太僕之類不隸軍府者, 卽不同軍名之例. 有軍名而亡者, 雖非全戶, 加一等合流二千里.

[律文5의 疏]「其人無課役」, 謂全戶亡者; 其有課役, 謂「非全戶亡者」: 各減有課役全戶亡罪二等, 罪止徒二年. 若其人無課役, 又非全戶亡者, 又減二等, 罪止徒一年.「卽女戶亡」, 亦謂全戶而亡者,「又減三等」, 總減有課役亡者五等, 罪止杖一百; 婦女非全戶亡, 又減二等, 合杖八十.

[律文6의 疏]「其里正及監臨主司」, 折衝府於軍人亦同監臨之例, 故縱戶口、軍人亡者各與亡者罪同, 不知情者不坐.

[율문3] 만약 사람이 과·역이 있는데 호 전부가 도망한 때에는 역시 이와 같이 하고.

[율문4] 만약 군(적)에 이름이 있는데 도망한 때에는 1등을 더한다.

[율문5a] 단 사람이 과·역이 없는데 (도망했거나) 호구 전부가 도망한 것이 아닌 때에는 2등을 감하고,

[율문5b] 만약 여자 호가 도망한 때에는 또 3등을 감한다.

[율문6a] 단 이정 및 감림주사가 고의로 호구의 도망을 방임한 때에는 각각 더불어 같은 죄를 주되,

[율문6b] 정을 모른 때에는 처벌하지 않는다.

[율문3의 소] 의하여 말한다: "사람이 과·역이 있다."는 것은 과(세)는 있지만 (요)역이 없거나, 혹은 (요)역은 있지만 과(세)가 없는 (사람을 포함함을) 말하며, (이런 사람의) 호구 전체가 도망한 때에는 역시 정·부가 복역 중에 도망한 죄와 같이 1일이면 태30에 처하고, 10일마다 1등씩 더하며 죄는 도3년에 그친다.

[율문4의 소] "만약 군(적)에 이름이 있는데 도망하다."라는 것은 위사·장한·가사·막사 따위의 이름이 군부에 속해 있으면 모두 "군(적)에 이름이 있다."는 것이다. 단 막사가 위위시에 속하고, 가사가 태복시에 속하는 것 따위로 군부에 예속하지 않은 자는 곧 군(적)에 이름이 있는 자의 예와 같게 하지 않는다.[24] 군(적)에 이름이 있는데 도망한 자는 비록 호 전부가 도망하지 않았다고 해도 1

---

24) 掌閑은 殿中省 尙乘局에 소속된 雜任이다. 정원은 5,000명으로 六閑의 말을 기르는 일을 담당했다(『唐六典』권11, 330~331쪽;『역주당육전』중, 221쪽). 駕士는 內侍省과 太僕寺에 소속된 잡임이다. 內僕局, 乘黃署, 典廐署, 典牧署에 각각 140인, 140인, 800인, 160인이 배치되어 궁중의 車駕와 말을 몰고 부리는 일을 담당한 것으로 보인다(『唐六典』권12, 346쪽 및 『역주당육전』중, 236쪽;『唐六典』권18, 476~477쪽 및 『역주당육전』중, 496~497쪽). 幕士는 殿中省 尙舍局(『唐六典』권11, 329쪽;『역주당육전』중, 216쪽), 衛尉寺 守宮署(『唐六典』권16, 458쪽;『역주당육전』중, 454쪽), 鴻臚寺 司儀署(『唐六典』권18, 501쪽;『역주당육전』중, 550쪽), 太子左春坊 典設局(『唐六典』권26, 658쪽;『역주당육전』하, 251쪽)에 소속된 잡임이다. 정원은 8,000인, 1,600인, 16인, 600인으로 大祭祀·大朝會·大駕行幸 등의 국가 의례에 필요한 帳幕 등을 설치하고 청소하는 일을 담당한 것으로 보인다. 『唐六典』에서 찾을 수 있는 장한·가사·막사의 원 소속은 위와 같으나 본 소의를 보면 軍府에도 이런 직임들이 존재하였던 것으로 생각된다.

등을 더하여 유2000리에 해당한다.

[율문5의 소] "단 사람이 과·역이 없으면"이란 호 전부가 도망한 경우를 말하고, (사람이) 과·역이 있으면 "호 전부가 도망한 것이 아닌 경우"를 말하는데, 각각 과·역이 있는 (사람의) 호 전부가 도망한 죄에서 2등을 감하고, 죄는 도2년에 그친다. 만약 사람이 과·역이 없고 또 호 전부가 도망한 것이 아닌 때에는 또 2등을 감하며, 죄는 도1년에 그친다. "만약 여자 호가 도망하다."라는 것은 역시 호 전부가 도망한 것을 말하며, "또 3등을 감하므로," 과·역이 있는데 도망한 (호의 죄)에서 총 5등을 감하고, 죄는 장100에 그친다. 부녀 호가 호 전부가 도망한 것이 아니면 또 2등을 감하여 (최고형은) 장80에 해당한다.

[율문6의 소] "단 이정 및 감림주사", 그리고 군인에 대해서 감림과 같은 예를 적용하는 절충부가[25] 호구·군인의 도망을 고의로 방임한 때에는 각각 도망한 자와 더불어 죄가 같으며, 정을 몰랐다면 처벌하지 않는다.

[律文6의 問] 曰: 有軍名而亡, 於他處附貫, 課役如法, 唯無軍名, 合當何罪?

[律文6의 答] 曰: 「逃亡」之罪, 多據闕課; 無課之輩, 責其「浮遊」. 亦旣編戶, 見在課役如法, 準式仍徵賦役, 附處復有課輸於官, 課役無違, 唯免軍名, 合罪依例「逃亡自首減罪二等」坐之, 仍勒還本所.

[율문6의 문] 묻습니다: 군(적)에 이름이 있는데 도망하여 다른 곳에서 호적에 올리고 과·역은 법과 같이 했으나, 오직 군(적)에 이름이 없다면 어떤 죄에 해당합니까?

---

25) 명례율에 의하면 州·縣·鎭·戍·折衝府 등의 判官 이상은 각각 관할하는 구역 내에서 監臨이 된다(명54.1의 주1). 절충부에서 판관 이상의 관은 長官인 折衝都尉, 通判官인 左右果毅都尉·別將·長史, 판관인 兵曹參軍事이다.

[율문6의 답] 답한다: "도망"의 죄는 대개 과(역) 포탈에 의거하니, 과(역)이 없는 무리는 "(다른 곳에서) 부랑한 것"만을 견책한다(포 12.1). 역시 이미 호적에 편재되어 현재 과·역을 법과 같이 (부담하고) 식에 준하여 그대로 부역을 징발하며 호적에 올린 곳에서 관에 과(세)를 수납하여 과·역을 위반함이 없고, 오직 군(적)에 이름을 올리는 것만 면했다면, 죄는 "도망했다가 자수한 자는 죄를 2등 감한다."(명37.6c의 소)는 예에 의거해서 처벌해야 하고, 그대로 본적지로 귀환시킨다.

제462조 포망 12. 민이 다른 곳에서 부랑한 죄(浮浪他所)

[律文1a] 諸非亡而浮浪他所者, 十日笞十, 二十日加一等, 罪止杖一百;
[律文1b] 卽有官事在他所, 事了留住不還者亦如之.
[律文1c] 若營求資財及學宦者, 各勿論.
[律文2] 闕賦役者, 各依亡法.

[律文1의 疏] 議曰:「非亡」, 謂非避事逃亡, 而流宕他所者, 十日笞十, 二十日加一等, 一百九十日罪止杖一百. 卽有官事已了, 留住不歸者, 亦同浮浪之罪. 若營求資財者, 謂貿遷有無, 遠求利潤;「及學宦者」, 或負笈從師, 或棄繻求仕: 各逐其業, 故並勿論.

[律文2의 疏] 「闕賦役者, 各依亡法」, 謂因此不歸致闕賦役, 各準逃亡之法, 依狀科罪: 若全戶者罪止徒三年, 非全戶者減二等.

[율문1a] 무릇 도망은 아니지만 타지에서 부랑하는 자는 10일이면 태10에 처하고, 20일마다 1등씩 더하되, 죄는 장100에 그친다.

[율문1b] 만약 공무가 있어 타지에 머물다가 일을 마치고도 머물러 살면서 귀환하지 않은 자도 역시 이와 같다.

[율문1c] 만약 영업하여 재물을 구하는 (자) 및 학업 또는 출사하려는 자는 논하지 않는다.

[율문2] 부역을 포탈한 자는 각각 도망법에 의거한다.

[율문1의 소] 의하여 말한다: "도망은 아니다."라는 것은 일을 회피해서 도망한 것은 아니지만 타지에 유랑하는 것을 말하며, 10일이면 태10에 처하고, 20일마다 1등씩 더하되, 190일이면 최고형인 장100에 처한다. 만약 공무를 이미 마쳤는데 머물러 살면서 귀환하지 않은 자도 역시 부랑자와 죄와 같다. "만약 영업하여 재물을 구하는 자"라 함은 (물산의) 유무를 교역하고 옮겨 멀리서 이윤을 추구하는 자를 말하며, "학업 또는 출사하려는 자"는 혹은 책 상자를 지고 스승을 따르고 혹은 통행증26)조차 버릴 정도로 (굳은 결심으로) 벼슬을 구하여, 각각 그 (본)업을 추구하니 모두 논하지 않는다.

[율문2의 소] "부역을 포탈한 자는 각각 도망법에 의거한다."는 것은, 이 귀환하지 않은 것으로 인해 부역을 포탈하기에 이르렀으면 각각 도망의 법(표11)에 준하되 (죄)상에 의거하여 죄를 준다는 것을 말하니, 만약 호 전부이면 죄는 도3년에 그치며, 호 전부가 아니면 2등을 감한다.

---

26) 옛날에 關을 출입할 때는 통행증인 傳을 제시해야 했는데, 傳은 천을 두 조각으로 나누어 만들었다. '繻'는 천의 나누어진 가장자리이며, 이를 맞추어 보아 합치하는 것을 신표로 삼았으므로 '繻'라고도 했다. 繻는 서민들이 관을 통과할 때 썼다. 前漢 시기 終軍이 18세 때 博士 弟子로 천거되어 京師로 가다가 函谷關을 통과할 때 관을 지키는 吏卒이 그에게 繻를 주었다. 종군이 처음에는 무엇인지 몰랐다가 이것이 돌아갈 때 관을 통과할 수 있는 전(符信)이라는 말을 듣고 버리고 떠나며 "대장부가 서쪽으로 나아가서는 다시 전을 가지고 돌아가지는 않겠다."라고 말했다(『漢書』권64하, 2819~2820쪽). 이는 長安으로 가서 기필코 관직을 얻어 錦衣還鄉이 아니면 돌아가지 않겠다는 뜻이다.

제463조 포망 13. 관호·관노비 및 부곡·사노비의 도망죄(官戶奴婢亡)

[律文1] 諸官戶、官奴婢亡者, 一日杖六十, 三日加一等.

[律文1의 注] 部曲、私奴婢亦同.

[律文2a] 主司不覺亡者, 一口笞三十, 五口加一等, 罪止杖一百.

[律文2b] 故縱官戶亡者與同罪, 奴婢準盜論.

[律文3] 卽誘導官私奴婢亡者準盜論, 仍令備償.

[律文1의 疏] 議曰: 官戶及官奴婢逃亡者, 一日杖六十, 三日加一等.

[律文1의 注의 疏] 注云「部曲、私奴婢亦同」, 部曲雖取良人之女, 其妻若逃亡, 罪同部曲.

[律文2a의 疏] 「主司不覺」, 謂不覺官戶、官奴婢亡者, 一口笞三十, 五口加一等, 三十六口罪止杖一百.

[律文2b의 疏] 故縱官戶亡者同官戶逃亡之罪, 罪止流, 準加杖二百之法; 故縱官奴婢亡者「準盜論」, 謂計贓五疋徒一年, 五疋加一等.

[律文3의 疏] 「卽誘導官私奴婢亡者」, 謂不將入己, 導引令亡者並準盜論, 五疋徒一年, 五疋加一等, 仍令備償. 故縱亡者得罪不償. 若誘導官戶、部曲亡者, 律無正文, 當「不應得爲從重」杖八十. 與同行者, 同過致資給之罪.

[율문1] 무릇 관호·관노비가 도망한 때에는 1일이면 장60에 처하고, 3일마다 1등씩 더한다.

[율문1의 주] 부곡·사노비도 역시 같다.

[율문2a] 주사가 도망을 적발하지 못한 때에는 1구이면 태30에 처하고, 5구마다 1등씩 더하되, 죄는 장100에 그치며,

[율문2b] 관호가 도망하는 것을 고의로 방임한 때에는 더불어 같은 죄를 주고, (관)노비(가 도망하는 것을 방임한 때에)는 절도에 준하여 논한다.

[율문3] 만약 관·사노비의 도망을 유도한 자는 절도에 준하여 논하고, 아울러 배상케 한다.

[율문1의 소] 의하여 말한다: 관호·관노비가 도망한 때에는 1일이면 장60에 처하고, 3일마다 1등씩 더한다.

[율문1의 주의 소] 주에 이르기를 "부곡·사노비도 역시 같다."고 했으므로, 부곡이 비록 양인의 딸을 처로 삼았더라도 그 처가 만약 도망했다면 죄는 부곡과 같다.

[율문2a의 소] "주사가 적발하지 못하다."라는 것은 관호·관노비의 도망을 깨닫지 못한 것을 말하며, 1구이면 태30에 처하고 5구마다 1등씩 더하되, 36구이면 최고형인 장100에 처한다.

[율문2b의 소] (주사가) 관호의 도망을 고의로 방임한 때에는 관호의 도망죄와 같으며, 죄는 유형에 그치되 장200으로 대체하는 법에 준한다.27) 관노비의 도망을 고의로 방임한 때에는 "절도에 준하여 논한다."는 것은, (관노비를) 장물로 계산하여 5필이면 도1년에 처하고, 5필마다 1등씩 더한다는 것을 말한다.28)

---

27) 主司가 관호의 도망을 고의로 방임한 경우, 주사는 도망자와 같은 처벌을 받는다. 그런데 도망자가 천인이면 실제 도·유형을 과하지 않고 장형으로 대체하여 처벌한다(명47.2). 즉 도1년은 장120으로 대체하고, 1등마다 장20씩 더하여 도3년이면 장200이 되며, 이 이상을 초과할 수 없다. 따라서 도망으로 인한 처벌이 유형에 해당되어도 장200에 그친다. 고의로 방임한 주사 역시 실제 유형에 처해지지 않고 장형으로 대체하며, 관품이 있는 주사는 장형을 속동으로 환산해서 징수한다.

28) 율에서 노비는 재물과 동일시된다. 예컨대, 謀反·大逆 죄인의 部曲·資財·田宅은 관에 몰수되는데 이 때 노비는 자재와 같음으로 따로 적시하지 않는다고 해석하고 있으며(248, 적1.1c의 소), 양인을 妄認하여 자신의 부곡·노비 등으

[율문3의 소] "만약 관·사노비의 도망을 유도하다."라는 것은 자기에게 들이려는 것이 아니라 이끌어 도망가게 한 것을 말하며, 모두 절도에 준하여 논하니, 5필이면 도1년에 처하고, 5필마다 1등씩 더하며, 아울러 배상케 한다. (그러나) 도망을 고의로 방임한 때에는 처벌은 받되 배상하지는 않는다. 만약 관호·부곡의 도망을 유도한 때에는 율에 해당 조문이 없으므로, '마땅히 해서는 안 되는데 행한' 죄의 무거운 쪽(잡62.2)에 해당하니 장80에 처한다. 더불어 같이 행한 자는 통과해서 이르게 하고 물자를 공급한 죄(포18.1)와 같다.

제464조 포망 14. 관인의 도망죄(在官無故亡)

[律文1] 諸在官無故亡者, 一日笞五十, 三日加一等, 過杖一百, 五日加一等.
[律文2] 邊要之官, 加一等.

　[律文1의 疏] 議曰:「在官」, 謂在令·式有員, 見在官者. 無故私逃者, 一日笞五十, 三日加一等. 過杖一百, 五日加一等, 五十六日流三千里.
　[律文2의 疏] 「邊要之官」, 戶部式:「靈·勝等五十九州爲邊州.」 此乃居邊爲要, 亡者加罪一等, 謂品官以上, 一日杖六十, 三日加一等.

[율문1] 무릇 관에 재직하고 있으면서 이유 없이 도망한 자는 1일이면 태50에 처하고 3일마다 1등씩 더하되, 장100을 초과하

로 삼은 경우는 사람을 略取한 것으로 논하되 1등을 감하지만 타인의 노비 및 재물을 망인한 경우는 절도에 준하여 논하되 1등을 감한다(375, 사14). 결국 관노비의 도망을 고의로 방임한 경우는 국가 재물에 손해를 입힌 것이 되므로, 관노비를 장물로 계산해서 절도에 준하여 처벌하도록 규정한 것이다.

면 5일마다 1등을 더한다.

[율문2] 변경 요처의 관은 1등을 더한다.

[율문1의 소] 의하여 말한다: "관에 재직하고 있다."는 것은, 영·식에 정원이 있는²⁹⁾ 관(직)에 현재 재임하고 있다는 것을 말한다. 이유 없이 사사로이 도망한 자는 1일이면 태50에 처하고, 3일마다 1등씩 더하되, 장100을 초과하면 5일마다 1등씩 더하니, 56일이면 유 3000리에 처한다.

[율문2의 소] "변경 요처의 관"이라는 것은, 호부식에 "영·승주 등 59주를 변주로 삼는다."고 했는데 이곳들이 바로 변경에 있는 요처가 되며, 도망한 자는 1등을 더한다는 것은 품관 이상은 1일이면 장60에 처하고, 3일마다 1등씩 더한다는 것을 말한다.

제465조 포망 15. 죄수의 도망죄(被囚禁拒捍走)

[律文1a] 諸被囚禁拒捍官司而走者流二千里,

[律文1b] 傷人者加役流,

[律文1c] 殺人者斬, 從者絞.

[律文2] 若私竊逃亡, 以徒亡論.

[律文2의 注] 事發未囚而亡者, 亦同.

[律文1a의 疏] 議曰:「被囚禁」, 不限有罪無罪, 但據狀應禁者, 散禁亦同.

---

29) 내외 관사의 정원 수는 唐令 중 三師三公臺省職員令·寺監職員令·衛府職員令·東宮王府職員令·州縣鎭戍嶽瀆關津職員令 및 內外命婦職員令에 규정되어 있는데, 이는 『唐六典』 각 권의 표목에 전제되어 있다(『唐六典』권6, 183쪽; 『역주 당육전』상, 570쪽). 式은 吏部式으로 추정되지만 현재 전해지지 않는다.

拒捍官司而强走者, 流二千里.

[律文1b의 疏] 「傷人者」, 謂因拒捍, 傷主司及捕捉之人者加役流,

[律文1c의 疏] 殺人者斬, 從者絞. 不至死者, 依首從法.

[律文2의 疏] 「若私竊逃亡」, 謂被囚禁而私逃者, 從上條「流·徒囚役限內而亡, 一日笞四十, 三日加一等, 過杖一百, 五日加一等」, 此是事發更爲, 合重其坐.

[律文2의 注의 疏] 注云「事發未囚而亡者, 亦同」, 謂罪人事發被追, 拒捍官司逃走及私竊逃亡, 亦與「在禁逃亡」罪同.

[율문1a] 무릇 죄수로 구금되어 있는 자가 관사에 항거하고 달아난 때에는 유2000리에 처하고,

[율문1b] 사람을 상해한 때에는 가역류에 처하며,

[율문1c] 사람을 살해한 때에는 참형에 처하고, 수종한 자는 교형에 처한다.

[율문2] 만약 몰래 도망한 때에는 도(역수)가 도망한 것으로 논한다.

[율문2의 주] 사건이 발각되고 아직 죄수로 (구금되지) 않은 자가 도망한 것도 역시 같다.

[율문1a의 소] 의하여 말한다: "죄수로 구금되어 있다."라는 것은 유죄·무죄를 불문하고 단지 (정)상에 의거하여 죄수로 구금되어야 하는 경우를 말하며, 산금[30]도 역시 같다. 관사에 항거하고 억지로 달아난 자는 유2000리에 처한다.

[율문1b의 소] "사람을 상해한 때"라는 것은, 항거로 인하여 주사 및

---

30) 散禁은 형구를 채우지 않고 죄인을 囚禁하는 것을 말한다. 唐 獄官令에 의하면 死罪에 해당하는 죄수를 수금할 때는 칼·수갑을 채우고, 사죄인 부인이나 流罪 이하 죄수는 수갑을 채우지 않으며, 杖罪 죄수는 형구를 채우지 않고 수금한다(469, 단1.1a의 소).

체포하려는 사람을 상해한 것을 말하며 가역류에 처한다.

[율문1c의 소] 사람을 살해한 때에는 참형에 처하고 수종한 자는 교형에 처한다. 사망에 이르지 않은 경우는 수범·종범을 (구분하는) 법(명42)에 의거한다.[31]

[율문2의 소] "만약 몰래 도망했다."는 것은 죄수로 구금되어 있는데 몰래 도망한 것을 말하며, 위 조항(포9.1)의 "유·도(죄)수가 복역 기한 내에 도망한 때에는 1일이면 태40에 처하고, 3일마다 1등을 더하며, 장100을 초과하면 5일마다 1등을 더한다."는 (규정)에 따르되, 이는 사건이 발각된 뒤에 다시 범한 것이므로 그 처벌을 거듭해야 한다(명29.1).

[율문2의 주의 소] 주에 이르기를 "사건이 발각되고 아직 죄수로 (구금되지) 않은 자가 도망한 것도 역시 같다."라고 한 것은, 죄인이 사건이 발각되어 추격을 당하다가 관사에게 항거하고 도주하거나 몰래 도망했다면 역시 "구금 중에 도망한" 죄와 같음을 말한다.

　[律文2의 問] 曰: 有人據狀不合禁身, 被官人枉禁, 拒捍官司逃走, 合得何罪?
　[律文2의 答] 曰: 本罪不合因禁, 枉被官人禁留, 雖卽逃亡, 不合與囚亡之罪; 若有拒捍殺傷, 止同故殺傷法. 私竊逃亡, 同在家逃亡之罪. 若判案禁者, 雖

---

31) 죄수로 구금되었는데 항거하여 달아나다가 사람을 상해했지만 사망에 이르지 않은 경우 공범 각각의 역할을 따져서 종범은 1등(혹은 2등)을 감하여 처벌(308, 투7.1)하라는 의미이다. 다만 명례율(명43.3)에서 도망죄는 수범·종범을 구분하지 않는다고 했으나, 이 조항은 도망자의 수범·종범을 구분하는 特例로 보아야 할 것이다. 그렇다면 단순한 抗拒 逃亡罪도 역시 수범·종범을 구분해야 한다. 왜냐하면 상해했을 때의 종범의 죄는 가역류에서 1등을 감한 도3년이 되는데, 이는 단순한 항거 도망죄의 형인 유2000리보다 가벼운 것이어서 형의 공평성을 상실한다. 따라서 단순한 항거 도망죄의 종범 역시 1등을 감하여 도3년에 처한다고 해석해야 한다(戴炎輝, 『唐律各論』下, 751쪽; 일본역『唐律疏議』4, 238쪽, 주1).

本無罪, 亦同囚例.

[율문2의 문] 묻습니다: 어떤 사람이 (정)상에 의거하면 신체 구금에 해당하지 않는데 관인에게 억울하게 구금되어 관사에 항거하고 도주했다면 어떤 죄에 해당합니까?

[율문2의 답] 답한다: 본래의 죄가 구금에 해당하지 않은데 억울하게 관인에게 구금되었다면, 비록 도망했더라도 죄수의 도망죄에 해당하지 않으니, 만약 항거하여 (사람을) 살상했다면 단지 고살상의 법(투5)과 같다. 사적으로 몰래 도망했다면 집에서 도망한 죄(포11)와 같다. 만약 문안을 판정하여 구금한 때에는32) 비록 본래 무죄라도 역시 죄수의 예와 같다.

제466조 포망 16. 주수가 죄수를 잃은 죄(主守不覺失囚)

[律文1a] 諸主守不覺失囚者減囚罪二等,

[律文1b] 若囚拒捍而走者又減二等.

[律文2a] 皆聽一百日追捕. 限內能自捕得及他人捕得若囚已死及自首, 除其罪;

[律文2b] 卽限外捕得及囚已死若自首者, 各又追減一等.

[律文1a의 疏] 議曰: 主守者, 謂專當守囚之人, 典獄之類. 「不覺失囚者減囚罪二等」, 假失死囚, 合徒三年之類.

[律文1b의 疏] 若囚拒捍强走, 力不能制, 又減二等.

---

32) 장관의 동의[同判]를 거쳐서 문안을 만들어 죄수로 구금한 것을 말한다(476, 단8.1의 소).

[律文2a의 疏] 皆聽一百日追捕. 限內能自捕得;「及他人捕得者」, 不限親疎; 若囚已死; 及自歸首: 並除失囚之罪.

[律文2b의 疏] 卽百日限外捕得及囚已死若囚自首, 各又追減失囚本罪一等. 稱「追減」者, 謂失囚之罪已經斷訖者, 仍更追減; 若已奏決者, 不在追減之例.

[율문1a] 무릇 주수가 감시소홀로 죄수를 잃은 때에는 죄수의 죄에서 2등을 감하고,

[율문1b] 만약 죄수가 항거하며 도주했다면 또 2등을 감한다.

[율문2a] 모두 100일 안에 추격하여 체포하는 것을 허락한다. 기한 안에 자신이 체포하거나 타인이 체포한 경우, 또는 죄수가 이미 사망하거나 자수했다면 그 죄를 면제한다.

[율문2b] 만약 기한이 지난 뒤에 체포하거나 죄수가 이미 사망 또는 자수한 때에는 각각 소급하여 또 1등을 감한다.

[율문1a의 소] 의하여 말한다: 주수라는 것은 전담해서 죄수를 지키는 사람이나 전옥33) 따위를 말한다. "감시소홀로 죄수를 잃은 때에는 죄수의 죄에서 2등을 감한다."라는 것은, 가령 사(죄)수를 잃었다면 도3년에 해당한다는 것 따위를 말한다.

[율문1b의 소] 만약 죄수가 항거하여 억지로 도주했는데 힘으로 제압할 수 없었다면 또 2등을 감한다.

[율문2a의 소] 모두 100일 안에 추격하여 체포하는 것을 허락한다. 기한 안에 자신이 체포하거나 타인이 체포한 경우 -(타인은) 친소

---

33) 당은 府·州·縣에 모두 典獄을 설치했다. 京兆·河南·太原府는 각 18인을 두고, 大都督府는 16인을, 中都督府는 14인을, 下都督府는 12인을 두었다. 上州는 14인, 中州는 12인, 下州는 8인을 두고, 萬年·長安·河南·洛陽·奉先·太原·晉陽縣은 14인, 上縣은 10인, 中縣은 8인, 下縣은 6인을 두었다(『唐六典』권30, 三府督護州縣官吏).

를 불문한다.- 혹은 죄수가 이미 사망하거나 귀순하여 자수했으면 모두 죄수를 잃은 죄를 면제한다.

[율문2b의 쇼] 만약 100일 기한 뒤에 체포하거나 죄수가 이미 사망 또는 자수한 때에는 각각 소급하여 죄수를 잃은 본래의 죄에서 또 1등을 감한다. "소급하여 감한다."는 것은, 죄수를 놓친 죄가 이미 단죄된 경우 곧 다시 소급하여 감한다는 것을 말한다. 만약 이미 상주하여 황제가 재결했으면 소급하여 감하는 예를 적용하지 않는다.

[律文3] 監當之官, 各減主守三等.

[律文4a] 故縱者, 不給捕限, 卽以其罪罪之;

[律文4b] 未斷決間, 能自捕得及他人捕得若因已死及自首, 各減一等. 謂此篇內監臨主司應坐, 當條不立捕訪限及不覺故縱者, 並準此法.

　　[律文3의 疏] 議曰:「監當之官」, 謂檢校專知囚者. 卽當直官人在直時, 其判官準令合還, 而失囚者, 罪在當直之官.「各減主守三等」, 謂減囚罪五等; 囚若拒捍而走, 得減囚罪七等之類.

　　[律文4a의 疏]「故縱者, 不給捕限」, 謂主守及監當之官, 故縱囚逃亡者, 並不給限捕訪. 卽以其罪罪之者, 謂縱死囚得死罪, 縱流·徒囚得流·徒罪之類.

　　[律文4b의 疏]「未斷決間」, 謂官當收贖者未斷, 死及笞杖者未決, 能自捕得及他人捕得若囚已死及自首, 各減一等.

[율문3] 감독·주관하는 관은 각각 주수의 (죄에서) 3등을 감한다.

[율문4a] 고의로 방임한 때에는 체포 기한을 주지 않고 곧 그 (죄수의) 죄로 죄를 주되,

[율문4b] 아직 단죄·집행되지 않은 사이에 자신이 직접 체포하거나 타인이 체포하거나 또는 죄수가 이미 사망했거나 자수했으

면 각각 1등을 감한다. 이 편 안에서 감림주사가 마땅히 처벌되어야 하는데 해당 조항에 체포·수색의 기한 및 감시를 소홀히 한 것과 고의로 방임한 것에 대한 (규정이) 없는 경우는 모두 이 법에 준한다는 것을 말한다.

[율문3의 소] 의하여 말한다: "감독·주관하는 관"이라는 것은 죄수(에 관한 업무를) 감독·주관하는 자를 말한다. 만약 당직관인은 당직하고 있고 그 판관은 영에[34] 의거하여 퇴근했는데 죄수를 놓친 경우, 죄는 당직한 관인에게 있다. "각각 주수의 (죄에서) 3등을 감하라."라는 것은 죄수의 죄에서 5등을 감하고, 죄수가 항거하여 도주했다면 죄수의 죄에서 7등을 감한다는 것 따위를 말한다.

[율문4a의 소] "고의로 방임한 때에는 체포 기한을 주지 않는다."는 것은, 주수 및 감독·주관하는 관사가 죄수의 도망을 고의로 방임한 때에는 모두 체포·수색 기한을 주지 않음을 말한다. 곧 그 (죄수의) 죄로써 죄를 주어라라는 것은 사(죄)수를 놓아주었다면 사죄를 받고, 유·도(죄)수를 놓아주었다면 유·도죄를 받게 되는 것 따위를 말한다.

[율문4b의 소] "아직 단죄·집행되지 않은 사이"라는 것은 관당하거나 속을 징수할 자가 아직 단죄되지 않았거나 사형 및 태형·장형에 처해야 할 자가 아직 집행되지 않았음을 말하며, (이 사이에) 자신이 직접 체포하거나 타인이 체포하거나 죄수가 이미 사망 또는 자수했으면 각각 1등을 감한다.

[律文4의 注] 謂此篇內, 監臨主司應坐, 當條不立捕訪限及不覺故縱者, 並

---

34) 당대에 모든 내외 관인은 해가 뜨면 출근해서 업무를 보고 午時가 되면 퇴근하며, 업무 시간 이후 사안이 있으면 당직 관인이 그것을 살폈다(『唐六典』권1, 12쪽; 『역주당육전』상, 141쪽).

準此法.

[律文4의 注의 疏] 議曰: 上條征人逃亡者, 主司故縱與同罪, 及流徒囚限內
而亡, 監當官司不立捕限及不覺故縱, 如此之類, 並準此條爲法.

[율문4의 주] 이 편 안에서 감림주사가 마땅히 처벌되어야 하는데
해당 조항에 체포·수색의 기한 및 감시를 소홀히 한 것과 고의
로 방임한 것에 대한 (규정이) 없는 경우는 모두 이 법에 준한
다는 것을 말한다.

[율문4의 주의 소] 의하여 말한다: 앞 조항의 "정벌에 종군한 사람이
도망한 경우 주사가 고의로 방임했다면 더불어 같은 죄를 준다."
(포7.2)라는 (율문) 및 "유·도(죄)수가 복역기한 내인데 도망한 경
우"의 (율문에) 감독·주관하는 관사에 대해서는 체포의 기한이나
감시를 소홀히 한 것이나 고의로 방임한 경우(포9.1) 등에 대해서는
(규정이) 없는데, 이와 같은 따위는 모두 이 조항에 준하여 (처벌)
법으로 삼는다는 것이다.

제467조 포망 17. 관할구역 안에 다른 지역의 도망자·부랑자 및 관호·부곡·노비를 용인한 죄(容止他界逃亡浮浪)

[律文1a] 諸部內容止他界逃亡浮浪者; 一人里正笞四十, 謂經十五日以上者,
坊正、村正同里正之罪. 若將家口逃亡浮浪者, 一戶同一人爲罪. 四人加一等;

[律文1b] 縣內五人笞四十, 十人加一等;

[律文1c] 州隨所管縣通計爲罪. 皆以長官爲首, 佐職爲從.

[律文1d] 各罪止徒二年.

[律文2] 其官戶、部曲、奴婢, 亦同.

　[律文1a의 疏] 議曰:「部內」, 謂部界之內.「容止他界逃亡浮浪者, 一人里正笞四十」, 謂容止經十五日以上, 始科里正之罪. 坊正、村正部內容止逃亡, 亦同里正之罪.「若將家口逃亡浮浪者」, 家口不限多少, 一戶同一人爲罪.「四人加一等」, 即五人逃亡及以浮浪笞五十, 二十五人杖一百, 三十七人徒二年.

　[律文1b의 疏]「縣內五人笞四十, 十人加一等」, 九十五人合徒二年.

　[律文1c의 疏]「州隨所管縣, 通計爲罪」, 謂州管二縣者, 十人笞四十, 一百九十人徒二年, 管縣更多準此通計爲坐.「皆以長官爲首, 佐職爲從」, 旣無「以下」之文, 即明不及主典.

　[律文1d의 疏] 各罪止徒二年.

　[律文2의 疏] 其容止官戶、部曲、奴婢, 亦同良人之法.

[율문1a] 무릇 관할구역 내에 다른 지역의 도망자나 부랑자가 머무는 것을 용인한 경우, 1인이면 이정은 태40에 처하고, 15일 이상을 경과한 경우를 말한다. 방정·촌정은 이정의 죄와 같다. 만약 가구를 거느리고 도망·부랑한 때에는 1호를 1인과 같이 죄준다. 4인마다 1등씩 더한다.

[율문1b] 현 내는 5인이면 태40에 처하고, 10인마다 1등씩 더한다.

[율문1c] 주는 관할하는 현의 수에 따라서 연동해서 계산하여 죄준다. 모두 장관을 수범으로 하고 좌직을 종범으로 한다.

[율문1d] 각각 죄는 도2년에 그친다.

[율문2] 단 관호·부곡·노비 역시 같다.

　[율문1a의 소] 의하여 말한다: "관할구역 내"라는 것은 관할구역의 경계 안을 말한다. "다른 지역의 도망자나 부랑자가 머무는 것을

용인한 경우, 1인이면 이정은 태40에 처한다."는 것은, 머무르는 것을 용인한지 15일 이상 경과해야만 비로소 이정에게 죄준다는 것을 말한다. 방정·촌정이 관할구역 안에 도망자가 머무는 것을 용인했으면 역시 이정의 죄와 같다. "만약 가구를 거느리고 도망· 부랑한 때"에서 가구는 많고 적음을 불문하고 1호를 1인과 같이 죄준다. "4인마다 1등씩 더한다."는 것은 곧 5인이 도망하여 부랑하고 있으면 태50에 처하고, 25인이면 장100에 처하며, 37인이면 도2년에 처한다는 것이다.

[율문1b의 소] "현 내는 5인이면 태40에 처하고, 10인마다 1등씩을 더한다."라고 했으니 95인이면 도2년에 처한다.

[율문1c의 소] "주는 관할하는 현의 수에 따라서 연동해서 계산하여 죄준다."35)는 것은, 주가 2개의 현을 관할할 경우 10인이면 태40에 처하고, 190인이면 도2년에 처한다는 것을 말한다. 관할하는 현이 더 많더라도 이에 준해서 연동해서 계산하여 처벌한다. "모두 장관을 수범으로 하고 좌직36)을 종범으로 한다."에서 원래 '이하'라는

---

35) 연동해서 계산하여 죄준다는 의미의 通計法은 公罪에 대하여 상급관사의 형을 완화시키기 위한 것인데, 호혼률(152, 호3.1b의 소)에 그 通例에 대한 주석이 있다. '州는 관할하는 縣의 다소에 따라 연동해서 계산하여 죄를 준다.'것은 예컨대 주가 2개 이상의 현을 관할한다면 곧 반드시 연동해서 계산해야 하는데, 2개 현을 관할하는 때에는 탈루·증감한 20口에 태30에 처하고 3개 현을 관할하는 때에는 30구에 태30에 처하는 것이다. '더하는 것을 계산할 때에도 이에 준한다.'라는 것은 1개 현은 30구마다 1등씩 더하므로, 즉 주가 2개 현을 관할하는 때에는 60구마다 1등씩 더하고 3개 현을 관할하는 때에는 90구마다 1등씩 더하며 만약 10개 현을 관할한다면 300구마다 1등씩 더하는 것이다. '만약 탈루·증감이 모두 1개 현에만 있는 (경우의 현의 죄에서 1등을 감한다.)'라는 것은 주가 3개 현을 관할한다면 1개 현 내의 탈루가 30구가 되어야 비로소 주를 태30에 처하고 만약 4개 현을 관할한다면 1개 현 내의 탈루가 40구가 되어도 주는 역시 태30에 처해지는 것이다. 그러한 까닭에 "주는 관할하는 현의 수에 따라서 연동해서 계산하여 죄준다."고 한 것이라고 해석하였다.

36) 관사의 長官을 제외한, 해당 관사 내 9품 이상의 관은 모두 佐職이라고 칭한다

문(자)가 없는 것은 곧 주전에게는 연좌가 미치지 않음을 밝힌 것이다.

[율문1d의 소] 각각 죄는 도2년에 그친다.

[율문2의 소] 단 관호·부곡·노비가 머무는 것을 용인한 경우도 역시 양인의 법과 같다.

[律文3] 若在軍役有犯者, 隊正以上、折衝以下, 各準部內有盜賊之法.

[律文3의 疏] 議曰: 稱「軍役有犯者」, 謂於行軍征役之所容止逃亡浮浪, 卽準州縣以下得罪, 隊正、隊副同里正, 校尉、旅帥減隊正一等, 折衝、果毅隨所管校尉多少爲罪. 故云「隊正以上、折衝以下, 各準部內有盜賊之法」.

[율문3] 만약 군역하는 곳에 범함이 있으면 대정 이상 절충 이하는 각각 관할구역 안에서 도적이 발생한 것에 관한 법에 준한다.

[율문3의 소] 의하여 말한다: "군역하는 곳에서 범함이 있다."는 것은 행군·정역하는 장소에 도망자의 부랑을 용인하면 곧 주·현 이하에 준하여 죄를 받으니, 대정·대부는 이정과 같고, 교위·여수는 대정에서 1등을 감하며, 절충·과의는 관할하는 교위의 많고 적음에 따라 죄를 받는다는 것을 말한다. 그러므로 "대정 이상 절충 이하는 각각 관할구역 안에서 도적이 발생한 것에 관한 법에 준한다."(적54.4)고 한 것이다.

제468조 포망 18. 죄인 은닉의 죄(知情藏匿罪人)

[律文1] 諸知情藏匿罪人若過致資給, 謂事發被追及亡叛之類. **令得隱避者, 各減罪人罪一等.**

[律文1의 注1] 藏匿無日限, 過致資給亦同. 若卑幼藏隱, 匿狀已成, 尊長知而聽之, 獨坐卑幼. 部曲·奴婢首匿, 主後知者, 與同罪.

[律文1의 注2] 卽尊長匿罪人, 尊長死後, 卑幼仍匿者, 減五等; 尊長死後, 雖經匿, 但已遣去而事發, 及匿得相容隱之侶, 並不坐. 小功已下, 亦同減例.

[律文1의 注3] 若赦前藏匿罪人, 而罪人不合赦免, 赦後匿如故; 不知人有罪, 容寄之後, 知而匿者: 皆坐如律.

[律文1의 注4] 其展轉相使而匿罪人, 知情者皆坐, 不知者勿論.

> **[律文1의 疏]** 議曰:「知情藏匿」, 謂知罪人之情, 主人爲相藏隱. 過致資給者, 謂指授道途, 送過險處, 助其運致, 幷資給衣糧, 遂使凶人潛隱他所. 注云「謂事發被追」, 若非事發, 未是罪人, 故須事發被追, 始辨知情之狀.「及亡叛之類」, 謂逃亡或叛國, 雖未追攝, 行卽可知. 過致資給令隱避者, 減罪人罪一等, 合流三千里之類. 稱「之類」者, 或有亡命山澤, 不從追喚, 皆是.

[율문1] 무릇 정을 알면서 죄인을 숨겨주거나 통과해서 이르게 하고 물자를 공급해서 사건이 발각되어 추격을 받거나 도망·반하는 것 따위를 말한다. **죄인이 은신·도피할 수 있게 한 자는 각각 죄인의 죄에서 1등을 감한다.**

[율문1의 주1] 숨겨준 것은 일수의 제한이 없으며, 통과해서 이르게 하고 물자를 공급한 경우도 역시 같다. 만약 비유가 숨겨주고 숨겨준 (죄)상이 이미 성립된 뒤에 존장이 알고 그것을 허용했더라도 오직 비

유만 처벌한다. 부곡·노비가 주동하여 죄인을 숨겨주었는데 주인이 뒤에 알았다면 더불어 같은 죄를 준다.

[율문1의 주2] 만약 존장이 죄인을 숨겨주었는데, 존장이 사망한 뒤에도 비유가 그대로 숨겨주었다면 5등을 감한다. 존장이 사망한 뒤에 비록 이전에 죄인을 숨겨주었더라도 죄인이 다른 곳으로 떠난 뒤에 사건이 발각되거나 서로 숨겨줄 수 있는 자의 공범을 (숨겨준 때에는) 모두 처벌하지 않는다. 소공친 이하는 역시 (통상의) 감하는 예와 같다.

[율문1의 주3] 만약 은사령이 내리기 전에 죄인을 숨겨주었는데 죄인이 사면에 해당하지 않아 은사령이 내린 뒤에도 이전과 같이 숨겨준 경우와, 사람이 죄가 있다는 것을 모르고 의탁하는 것을 허용한 뒤에 (죄가 있음을) 알게 되었으면서도 (그대로) 숨겨준 경우는 모두 율과 같이 처벌한다.

[율문1의 주4] 단 옮겨가며 서로 부탁하여 죄인을 숨겨준 경우, 정을 안 자는 모두 처벌하고 정을 모른 자는 논하지 않는다.

  [율문1의 소] 의하여 말한다: "정을 알면서 숨겨주다."라는 것은, 죄인의 정을 알고도 주인이 숨겨주는 것을 말한다. 통과해서 이르게 하고 물자를 공급했다는 것은, 길을 안내하고 험난한 곳을 건너게 하여 그 이동을 돕거나 아울러 의복과 양식을 지급함으로써 마침내 흉악한 죄인이 다른 지역에 몰래 숨을 수 있게 한 것을 말한다. 주에 "사건이 발각되어 추격을 받고 있는 것을 말한다."라고 했으니, 만약 사건이 발각되지 않았으면 아직 죄인이 아니므로 반드시 사건이 발각되어 추격을 받아야 비로소 정을 안 (죄)상으로 판별한다. "도망·반하는 것 따위"라는 것은 도망 혹은 국가에 (배)반하는 것을[37] 말하며, (이 경우) 비록 아직 추격을 받고 있지 않더라

---

37) '국가에 배반하는 것[叛國]'이란 謀叛을 가리킨다. 적도율에서 모반이란 국가를 배반하여 국내외의 적대 세력에 투항하고자[背國投僞] 한 것을 말한다고 해석

도 실행했으면 곧 알 수 있는 것이니, 통과해서 이르게 하고 물자를 공급하여 은신·도피할 수 있게 한 자는 죄인의 죄에서 1등을 감하여 유3000리에 해당한다는 것 따위이다. "따위"라고 칭한 것은 혹 심산·대택으로 망명하여 소환에 응하지 않은 자도[38] 모두 그렇다는 것이다.

[律文1의 注1] 藏匿無日限, 過致資給亦同. 若卑幼藏隱, 匿狀已成, 尊長知而聽之, 獨坐卑幼. 部曲·奴婢首匿, 主後知者, 與同罪.

[律文1의 注1의 疏] 議曰: 藏匿無日限者, 謂不限日之多少, 但藏匿卽坐. 過致資給亦同無日限. 若卑幼藏隱, 匿狀旣成, 以其同居, 得相容隱, 故尊長知而聽之, 獨坐卑幼, 尊長不坐. 部曲·奴婢作首, 隱匿罪人, 「主後知者, 與同罪」, 謂同部曲·奴婢, 各減罪人罪一等, 以主不爲部曲·奴婢隱故也.

[율문1의 주1] 숨겨준 것은 일수의 제한이 없으며, 통과해서 이르게 하고 물자를 공급한 경우도 역시 같다. 만약 비유가 숨겨주고 숨겨준 (죄)상이 이미 성립된 뒤에 존장이 알고 그것을 허용했더라도 오직 비유만 처벌한다. 부곡·노비가 주동하여 죄인을 숨겨주었는데 주인이 뒤에 알았다면 더불어 같은 죄를 준다.

[율문1의 주1의 소] 의하여 말한다: "숨겨준 것은 일수의 제한이 없다."는 것은, 일수의 많고 적음을 제한하지 않고 단지 숨겨 주었다면 처벌한다는 것을 말한다. 통과해서 이르게 하고 물자를 공급한 것도 역시 일수의 제한이 없다. 만약 비유가 죄인을 숨겨주고 숨겨준 (죄)상이 이미 성립했다면, 그 동거자는 서로 숨겨줄 수 있으

했다(251, 적4.1의 소).

38) 深山·大澤으로 망명하여 소환에 응하지 않은 것 역시 謀叛으로 논한다(251, 적4.3a의 소).

므로 존장이 알고도 허용했더라도 오직 비유만을 처벌하고 존장은 처벌하지 않는다.[39] 부곡·노비가 주동하여 죄인을 숨겨주었는데 "주인이 뒤에 알았다면 더불어 같은 죄를 준다."는 것은 (주인은) 부곡·노비와 같이 각각 죄인의 죄에서 1등을 감한다는 것을 말하는데, 주인은 부곡·노비를 위해서 숨겨줄 수 없기 때문이다.

[律文1의 注2] 卽尊長匿罪人, 尊長死後, 卑幼仍匿者. 減五等; 尊長死後, 雖經匿但已遣去而事發, 及匿得相容隱者之侶, 並不坐. 小功以下, 亦同減例.

[律文1의 注2의 疏] 議曰: 謂尊長在日, 自匿罪人, 容其相隱, 尊長死後, 卑幼匿之如故, 亦不限日之多少, 減尊長罪五等, 總減罪人罪六等. 尊長死後, 雖經匿但發遣去, 後罪始發覺; 及匿得相容隱者之徒侶, 假有大功之親共人行盜, 事發被追, 俱來藏匿, 若糾其徒侶, 親罪卽彰, 恐相連累: 故並不與罪. 「小功以下, 亦同減例」, 卽例云:「小功以下相容隱, 減凡人三等.」今匿小功、總麻親之侶, 亦準此例減之, 總減罪人罪四等, 故云「亦同減例」.

[율문1의 주2] 만약 존장이 죄인을 숨겨주었는데, 존장이 사망한 뒤에도 비유가 그대로 숨겨주었다면 5등을 감한다. 존장이 사망한 뒤에 비록 죄인을 이전에 숨겨주었더라도, 죄인이 다른 곳으로 떠난 뒤에 사건이 발각되거나 서로 숨겨줄 수 있는 자의 공범을 (숨겨준 때에는) 모두 처벌하지 않는다. 소공친 이하는 역시 (통상의) 감하는 예와 같다.

[율문1의 주2의 소] 의하여 말한다: 존장이 생존 시에 스스로 죄인을

---

39) 동거 또는 대공 이상 친속 및 외조부모·외손 또는 *孫婦*·남편의 형제 및 형제의 아내의 죄는 숨겨주어도[容隱] 처벌되지 않는다. 부곡·노비가 주인을 위해 숨겨주어도 처벌되지 않는다. 소공친 이하가 서로 숨겨주었다면 일반인이 숨겨준 죄에서 3등을 감한다. 다만 *謀叛* 이상의 죄는 해당하지 않는다(명46).

숨겨주었다면 그 (비유가 존장의 죄를) 숨겨주는 것이 허용되지만, 존장이 사망한 뒤에도 비유가 이전과 같이 죄인을 숨겨주었다면 역시 일수의 많고 적음을 한하지 않고 존장의 죄에서 5등을 감하니, 결국 죄인의 죄에서 6등을 감한다는 것을 말한다. 존장이 사망한 뒤에 비록 숨겨주었더라도 떠난 뒤에 비로소 (은닉한) 죄가 발각되었거나 서로 숨겨줄 수 있는 자의 공범을 숨겨준 경우, 가령 대공친이 타인과 함께 도죄를 범한 뒤 사건이 발각되어 추격을 받자 함께 와서 은닉해주었는데 만약 그 공범을 규탄하면 친속의 죄도 곧 드러나게 되어 (친속이) 연루될 것을 염려하여 모두 죄를 주지 않는 것이다. "소공친 이하는 역시 (통상의) 감하는 예와 같다."라는 것은, 곧 예에서 "소공 이하 친속이 서로 숨겨주면 일반인의 죄에서 3등을 감한다."(명46.2)고 했으니, 지금 소공·시마친의 공범을 숨겨주었으면 역시 이 예에 의거하여 죄를 감하여, 결국 죄인의 죄에서 4등을 감하게 된다. 그러므로 "역시 (통상의) 감하는 예와 같다."라고 한 것이다.

[律文1의 注3] 若赦前藏匿罪人, 而罪人不合赦免, 赦後匿如故; 不知人有罪, 容寄之後, 知而匿者: 皆坐如律.

[律文1의 注3의 疏] 議曰:「赦前藏匿罪人, 而罪人不合赦免」, 假有匿十惡人, 會赦, 十惡不合赦免, 赦後匿如故; 及不知人有罪, 容寄之後, 知而匿者: 並依藏匿之罪科之.

[율문1의 주3] 만약 은사령이 내리기 전에 죄인을 숨겨주었는데 죄인이 사면에 해당하지 않아 은사령이 내린 뒤에도 이전과 같이 숨겨준 경우와, 사람이 죄가 있다는 것을 모르고 의탁하는 것을 허용한 뒤에 (죄가 있음을) 알게 되었으면서도 (그대로) 숨

겨준 경우는 모두 율과 같이 처벌한다.

[율문1의 주3의 소] 의하여 말한다: "은사령이 내리기 전에 죄인을 숨
겨주었는데 죄인이 사면에 해당하지 않다."라는 것은, 가령 십악을
범한 사람을 숨겨주었는데 은사령이 내렸으나 십악은 사면에 해당
하지 않아(단21) 은사령이 내린 뒤에도 이전과 같이 숨겨주거나, 사
람이 죄가 있다는 것을 모르고 의탁하는 것을 허용한 뒤에 (죄가
있음을) 알게 되었으면서도 (그대로) 숨겨준 경우는 모두 (죄인을)
숨겨준 죄에 의거하여 처벌한다.

[律文1의 注4] 其展轉相使而匿罪人, 知情者皆坐, 不知者勿論.

[律文1의 注4의 疏] 議曰: 展轉相使匿罪人者, 假有甲知情匿罪人, 又囑付乙
令匿, 乙又囑丙遣匿, 如此展轉相使匿者. 乙·丙知是罪人, 得藏匿之罪. 不知
情者無罪. 故云「勿論」.

[율문1의 주4] 단 옮겨가며 서로 부탁하여 죄인을 숨겨준 경우, 정
을 안 자는 모두 처벌하고 정을 모른 자는 논하지 않는다.

[율문1의 주4의 소] 의하여 말한다: 옮겨가며 서로 부탁하여 죄인을
숨겨준 경우라는 것은 가령 갑이 정을 알고도 죄인을 숨겨주었고,
또 다시 을에게 그 죄인을 숨겨주도록 부탁했으며, 을은 또 병에게
죄인을 숨겨주도록 부탁했다면, 이와 같이 옮겨가며 서로 부탁하
여 죄인을 숨겨준 경우, 을·병이 죄인임을 알았으면 숨겨준 죄를
받게 되고, 정을 몰랐으면 죄가 없다. 그러므로 "논하지 않는다."라
고 한 것이다.

[律文2] 罪人有數罪者, 止坐所知.

[律文2의 疏] 議曰: 「罪人有數罪」, 謂或殺人, 或姦盜. 止坐所知者, 謂於所

知之罪上減一等之類.

[율문2] 죄인에게 수죄가 있는 경우는 단지 아는 것만으로 처벌한다.

[율문2의 소] 의하여 말한다: "죄인에게 수죄가 있다."라는 것은, 혹은 살인하고 혹은 간이나 (절)도를 했음을 말한다. "단지 아는 것만으로 처벌한다."는 것은, 아는 바의 죄에서 1등을 감한다는 것 따위이다.

[律文2의 問] 曰: 有奴婢匿一流囚, 主後知之, 主合得何罪?

[律文2의 答] 曰: 有奴婢首匿流囚, 罪合減一等徒三年, 加杖二百. 主後知者, 與奴婢同科, 亦準奴婢之罪, 合杖二百; 其應例減、收贖, 各準其主本法, 仍於二百上減、贖. 若奴婢死後, 主匿如故, 即得自匿之罪, 不合準奴婢爲坐.

[율문2의 문] 묻습니다: 노비가 유(죄)수 1인을 숨겨주었는데 주인이 뒤에 알았다면 주인은 어떤 죄를 받게 됩니까?

[율문2의 답] 답한다: 노비가 주동하여 유(죄)수를 숨겨주었다면 죄는 1등을 감하여 도3년에 해당하지만, 장200으로 대체한다(명47.2). 주인이 뒤에 알았다면 노비와 같은 죄를 주되, 역시 노비의 죄에 준하여 장200에 해당한다. 단 예에 따라 죄를 감하고 속(동)을 징수할 수 있는 경우에는(명10·11) 각각 그 주인의 본래 (처벌)법에 준하되, 역시 장200에서 감하고 속(동)을 징수한다. 만약 노비가 사망한 뒤에도 주인이 이전과 같이 숨겨주었다면 곧 직접 숨겨준 죄를 받게 되며, 노비가 숨겨준 죄에 준하여 처벌해서는 안 된다.

당률소의 권 제29 단옥률 모두 14조

역주 이완석

[疏] 議曰: 斷獄律之名起自於魏, 魏分里悝囚法而出此篇. 至北齊與捕律相合, 更名捕斷律. 至後周復爲斷獄律. 『釋名』云: 「獄者, 確也, 以實囚情. 皋陶造獄, 夏曰夏臺, 殷名羑里, 周曰圜土, 秦曰囹圄, 漢以來名獄.」 然諸篇罪名, 各有類例, 訊捨出入, 各立章程. 此篇錯綜一部條流, 以爲決斷之法, 故承衆篇之下.

[소] 의하여 말한다: 단옥률이란 명칭은 (삼국) 위에서 비롯되었다. 위에서는 이회의 (『법경』 중) 수법을 나누어서 이 편을 만들었다.[1] 북제에 이르러 포율과 합쳐 포단율로 명칭을 바꾸었다. 북주에 이르러 다시 단옥률이라 했다.[2] 『석명』(권5, 석궁실)에서 이르기를, "옥이란 확실하게 한다는 뜻이다. (그곳에서) 죄수의 죄상을 핵실한다. 고요[3]가 옥을 만들었는데, 하에서는 '하대'라 했고, 은에서는 '유리'라 했으며,[4] 주에서는 '환토'라 했고, 진에서는 '영어'라 했는데, 한대 이래 '옥'이라 불렀다."고 하였다. 그런데 앞의 모든 편의 죄명은 각각 유형에 따른 (법)례가 있어, 죄를 묻거나 면하거나 덜거나 더하는 것에 대해 각각 규정을 두었다. 이 편은 (모든

---

1) 원문의 '里悝'는 전국시대 魏의 李悝이다. 이회는 盜法·賊法·囚法·捕法·雜法·具法의 6편으로 구성된 『法經』을 撰했다. 삼국시대 魏에서는 囚律·興律 등에서 繫囚·鞫獄·斷獄 등에 관한 조문들을 모아서 따로 繫訊·斷獄律로 편성했다 (『晉書』권30, 922~924쪽).

2) 北齊에서는 河淸 3년(564)에 齊律 12편을 제정했는데, 그 중 제9편이 捕斷律이었다. 北周에서는 保定 3년(563)에 大律 25편을 제정했는데, 그 중 제25편이 斷獄律이었다(『隋書』권25, 705~707쪽).

3) 皋陶는 咎繇라고도 하며, 舜의 신하로 作士 즉 獄官의 長을 지냈는데, 法理에 통달하여 법을 만들고, 刑獄으로 사회질서를 바로잡았다고 한다(『史記』권1, 39쪽).

4) 夏臺는 현 河南省 禹縣의 남쪽에 있었던 옛 지명으로, 夏 桀王이 商 湯王을 가두었던 곳이다(『史記』권2, 88쪽). 羑里는 현 河南省 湯陰縣의 북쪽에 있던 옛 지명으로, 商 紂王이 周 文王을 가두었던 곳이다(『史記』권3, 106쪽).

편의 규정을) 종합하여 한 부의 체례(를 만들어서) 결단의 법으로
삼았으므로 뭇 편들의 다음에 둔다.

제469조 단옥 1. 관사가 죄수 구금에 관한
법을 위반한 죄(囚應禁不禁)

[律文1a] 諸囚應禁而不禁, 應枷、鏁、杻而不枷、鏁、杻及脫去者, 杖罪笞三
十, 徒罪以上遞加一等;

[律文1b] 廻易所著者, 各減一等.

　[律文1a의 疏] 議曰: 獄官令:「禁囚: 死罪枷、杻, 婦人及流以下去杻, 其杖罪
　散禁.」又條:「應議、請、減者, 犯流以上若除、免、官當, 並鏁禁」. 卽是犯笞者
　不合禁, 杖罪以上始合禁推. 其有犯杖罪不禁, 應枷、鏁、杻而不枷、鏁、杻及脫
　去者: 杖罪笞三十, 徒罪不禁及不枷、鏁若脫去者笞四十, 流罪不禁及不枷、鏁
　若脫去者笞五十, 死罪不禁及不枷、鏁、杻若脫去者杖六十, 是名「遞加一等」.
　[律文1b의 疏] 「廻易所著者, 各減一等」, 謂應枷而鏁, 應鏁而枷, 是名「廻
　易所著」, 徒罪者笞三十, 流罪笞四十, 死罪笞五十.

[율문1a] 무릇 죄수가 구금되어야 하는데 구금하지 않거나, 가・
쇄・추를[5] 채워야 하는데 채우지 않거나 (채운 형구를) 벗겨준
자는, (죄수가) 장죄인 경우 태30에 처하고, 도죄 이상인 경우

---

　5) 枷는 죄인의 목에 씌우는 木製의 칼, 鏁는 발 등에 채우는 쇠사슬, 杻는 손에
　　채우는 목제 수갑인데, 당에서는 영으로 이들 형구의 크기・무게 등을 규정했
　　다(『唐令拾遺』, 795쪽).

차례로 1등을 더하며,

[율문1b] 채울 (형구를) 바꾼 자는 각각 1등을 감한다.

[율문1a의 소] 의하여 말한다: 옥관령(습유781쪽)에 "죄수를 구금하면, 사죄(수)는 가·추를 채우고, 부인 및 유죄 (이하의 죄수)는 추를 채우지 않으며, 단 장죄(수)는 형구를 채우지 않고 구금한다."고 했다. 또 다른 조항(옥관령 습유783쪽)에서는 "의·청·감해야 할 자6) 가 유죄 이상 또는 제명·면관·관당(에 해당하는 죄)를 범한 경우7)

---

6) ① 議해야할 자는 다음과 같다. 議親(皇帝의 袒免 이상 친속과 태황태후·황태후의 시마 이상 친속과 황후의 소공 이상 친속)·議故(황제의 故舊)·議賢(큰 덕행이 있는 사람)·議能(큰 才藝가 있는 사람)·議功(큰 功勳이 있는 사람)·議貴(職事官 3품 이상, 散官 2품 이상과 爵 1품인 사람)·議勤(공무에 노고가 큰 사람)·議賓(前 왕조의 제사를 받들며 後 왕조의 國賓이 된 사람)이 해당된다. ② 請해야할 자는 다음과 같다. 황태자비의 대공 이상 친속, 八議에 해당하는 자의 기친 이상 친속 및 孫, 문무 직사관 4품 이하 5품 이상, 산관 3품 이하 5품 이상, 勳官 및 작 2품 이하 5품 이상인 관인이 해당된다. ③ 減할 자는 다음과 같다. 6·7품의 문무 직사관·산관·衛官·훈관 및 5품 이상 관품이나 작으로 請章을 적용받을 수 있는 자의 조부모·부모·형제·자매·처·자·손이 해당된다(명7~10).

7) ① 除名하는 죄는 다음과 같다. 加役流·反逆緣坐流·子孫犯過失流·不孝流·會赦猶流의 5流罪(명11)와 十惡·故殺罪와 살인 모의와 反·逆 연좌와 監臨·主司의 범죄와 雜犯 死罪囚가 구금 중에 사망하거나 사형을 면하여 특별히 유배되었거나 사형을 피해 도망친 경우이다. ② 免官하는 죄는 다음과 같다. 관인이 관할 범위 내에서 범한 姦·盜·略人罪 및 受財枉法罪에 의해 제명 처분을 받았으나 恩降令이 내려 免官法을 따라야 하는 경우(명18)와 관인이 관할 범위 밖에서 범한 간·도·약인죄 및 受財不枉法罪와 유·도죄수가 도망한 경우와 사죄수인 조부모·부모의 수감 중에 樂을 연주·감상하거나 혼인한 죄(명19)가 있다. ③ 免所居官하는 죄는 다음과 같다. 관인이 감림 구역 내에서 범한 간·도·약인죄 및 不枉法罪에 의해 제명 처분을 받았으나 恩赦令이 내려 면소거관하는 경우(명18)와 父·祖의 이름을 범하는 관직에 취임한 죄와 조부모·부모를 모시지 않은 죄와 부모상중에 자식을 낳거나 첩을 얻은 죄와 부모의 상중에 호적을 따로 하고 재산을 나눈 죄와 상중에 관직을 구한 죄와 감림주수의 천인 간죄(명20)가 있다. 또한 관인은 도·유죄를 범한 경우 官當할 수 있다(명17).

모두 쇄금한다."고 했다. 따라서 태죄를 범한 자는 구금해서는 안
되고, 장죄 이상(을 범한 자부터) 비로소 구금하여 추국한다. 만약
장죄를 범한 (죄수를) 구금하지 않거나, 가·쇄·추를 채워야 하는
데 가·쇄·추를 채우지 않거나 (형구를) 벗겨준 자가 있으면, (죄수
가) 장죄이면 태30에 처하고, 도죄인데 구금하지 않거나 또는 가·
쇄를 채우지 않거나 벗겨준 자는 태40에 처하며, 유죄인데 구금하
지 않거나 또는 가·쇄를 채우지 않거나 벗겨준 자는 태50에 처하
고, 사죄인데 구금하지 않거나 또는 가·쇄·추를 채우지 않거나 벗
겨준 자는 장60에 처하니, 이것이 (정)명하여 "차례로 1등을 더한
다."는 것이다.

[율문1b의 소] "채울 (형구를) 바꾼 자는 각각 1등을 감한다."는 것
은, 가를 채워야 하는데 쇄를 채우거나 쇄를 채워야 하는데 가를
채운 자는 -이것이 (정)명하여 "채울 (형구를) 바꿨다."는 것이다.-
(죄수가) 도죄이면 태30에 처하고, 유죄이면 태40에 처하며, 사죄
이면 태50에 처한다는 것을 말한다.

[律文2] 即囚自脫去及廻易所著者罪亦如之.

[律文3] 若不應禁而禁, 及不應枷、鏁、杻而枷、鏁、杻者杖六十.

　[律文2의 疏] 議曰: 即囚自擅脫去枷、鏁、杻者, 徒罪笞四十, 流罪以上遞加一
　等; 即囚自廻易所著者, 各減一等. 故云「亦如之」.

　[律文3의 疏] 「若不應禁而禁及不應枷、鏁、杻而枷、鏁、杻」, 並謂據令不合者,
　各杖六十.

[율문2] 만약 죄수가 스스로 채운 (형구를) 벗거나 바꾼 경우에도
죄는 역시 같다.

[율문3] 만약 구금하지 않아야 하는데 구금하거나, 가·쇄·추를

채우지 않아야 하는데 가·쇄·추를 채운 자는 장60에 처한다.

[율문2의 소] 의하여 말한다: 만약 죄수가 스스로 함부로 가·쇄·추를 벗은 경우, 도죄(수)이면 태40에 처하고, 유죄(수) 이상이면 차례로 1등을 더한다. 만약 죄수가 스스로 채운 바 (형구를) 바꾼 경우, 각각 1등을 감한다. 그러므로 "역시 (담당 관리의 처벌과) 같다."고 한 것이다.

[율문3의 소] "또한 구금하지 않아야 하는데 구금하거나, 가·쇄·추를 채우지 않아야 하는데 가·쇄·추를 채웠다."는 것은, 모두 영8)에 부합하지 않게 한 것을 말하며, 각각 장60에 처한다.

제470조 단옥 2. 죄수에게 날붙이 등의 물건을 준 죄(與囚金刃等物)

[律文1a] 諸以金刃及他物, 可以自殺及解脫, 而與囚者杖一百;

[律文1b] 若囚以故逃亡及自傷、傷人者徒一年,

[律文1c] 自殺、殺人者徒二年.

[律文1d] 若囚本犯流罪以上, 因得逃亡, 雖無傷殺亦準此.

[律文1a의 疏] 議曰: 「金刃」, 謂錐·刀之屬. 「他物」, 謂繩·鋸之類. 可以自

---

8) 죄수의 구금에 관한 영은 단옥률(469, 단1.1a의 소)에서 인용된 것 외에『唐六典』과 天聖令 등에 약간의 令文이 더 남아있다. 이를 정리해 보면 다음과 같다. 死罪囚는 枷·杻를 채우고, 婦人 및 流罪 이하의 죄수는 杻를 채우지 않으며, 議·請·減해야할 자가 유죄 이상 또는 除名·免官·官當에 해당하는 죄를 범한 경우 모두 鏁禁하고 職事官 및 勳官, 散官 7품 이상은 쇄금한다. 杖罪囚와 공무에 따른 徒罪囚 및 80세 이상 10세 이하·廢疾者·임신부·侏儒와 같은 죄인은 모두 형구를 채우지 않고 구금[散禁]한다(『唐令拾遺』, 781쪽·783쪽·790쪽).

殺及解脫枷鎖杻, 雖囚之親屬及他人與者, 物雖未用, 與者卽杖一百.

[律文1b의 疏] 若以得金刃等故, 因得逃亡或自傷害或傷他人, 與物者徒一年;

[律文1c의 疏] 若囚自殺或殺他人, 與物者徒二年;

[律文1d의 疏] 若囚本犯流罪以上, 因得金刃等物而得逃亡者, 雖無殺傷, 與物者亦徒二年.

[율문1a] 무릇 자살할 수 있거나 (형구를) 풀 수 있는 날붙이 및 그 밖의 물건을 죄수에게 준 자는 장100에 처하고,

[율문1b] 만약 죄수가 그것으로 도망하거나 또는 스스로 상해하거나 타인을 상해한 때에는 도1년에 처하며,

[율문1c] 자살하거나 살인한 때에는 도2년에 처한다.

[율문1d] 만약 죄수가 본래 범한 것이 유죄 이상인데 (그것으로) 인해 도망할 수 있었다면, 비록 살상이 없더라도 역시 이에 준한다.

[율문1a의 소] 의하여 말한다: "날붙이"는 송곳·칼 따위를 말한다.[9] "그 밖의 물건"이란 노끈이나 톱 따위를 말한다. (죄수가 이 물건들로) 자살하거나 가·쇄·추를 풀 수 있으니, 죄수의 친속[10]이든 타인이든 주었다면 물건을 아직 사용하지 않았더라도, 준 자는 곧 장100에 처한다.[11]

---

9) 투송률에서 '刃'이란 쇠붙이의 크고 작음에 관계없이 살인할 만한 것이라고 정의하고 있다(304, 투3.2의 주). 즉 원문의 '金刃'은 살상력이 있는 모든 날붙이일 것이나 여기에서는 죄수가 자살하거나 형구를 풀 수 있는 기능이 있는 물건 전반을 가리킨다.

10) 親屬이란 本服으로 시마친 이상이거나 대공친 이상과 혼인한 家를 말한다 (143, 직53.3의 주의 소). 대공친 이상과 혼인한 집안은 堂兄弟의 부인의 집안이나 堂兄弟의 아들·딸이 혼인한 집안을 말한다(299, 적52.2의 소).

11) 율에서 언급한 '金刃', '他物' 이외에도 紙筆, 酒, 錢物, 杵棒 따위도 옥에 들이는

[율문1b의 소] 만약 날붙이 등을 얻었기 때문에 (죄수가) 이로 인해 도망할 수 있었거나, 혹은 스스로 상해하거나 혹은 타인을 상해했다면 물건을 준 자는 도1년에 처한다.

[율문1c의 소] 만약 죄수가 자살하거나 혹은 타인을 살해했다면 물건을 준 자는 도2년에 처한다.

[율문1d의 소] 만약 죄수가 본래 범한 것이 유죄 이상인데 날붙이 등의 물건을 얻음으로 인해 도망할 수 있었다면 비록 살상이 없더라도 물건을 준 자는 역시 도2년에 처한다.

[律文2] 卽囚因逃亡, 未斷之間, 能自捕得及他人捕得若囚自首及已死, 各減一等.

[律文3] 卽子孫以可解脫之物與祖父母·父母, 部曲·奴婢與主者, 罪亦同.

 [律文2의 疏] 議曰: 謂囚因得金刀及他物之故, 以自解脫而得逃走, 與物人罪未斷之間, 能自捕得及他人捕得, 若囚自來歸首及囚自死, 或他人殺之者亦同, 「各減一等」, 謂徒以下囚逃者一年徒上減, 流·死囚逃者二年徒上減.

 [律文3의 疏] 「卽子孫以可解脫之物」, 謂稱「孫」者, 曾·玄同, 而與祖父母·父母, 或部曲·奴婢與主者, 並與凡人罪同. 亦不合輒自捕捉, 若官司遣捕而送者無罪, 自捕送官者同告法. 若有傷殺而逃亡者, 後能捕獲, 與物之人各依前傷殺之罪, 不合減科.

[율문2] 만약 (그것으로) 인해 죄수가 도망한 뒤 (물건을 준 자가) 아직 단죄되지 않은 동안에, 능히 스스로 (도망한 죄수를) 체포하거나, 타인이 체포하거나 또는 죄수가 자수하거나 사망했다면, 모두 (물건을 준 자의 죄를) 1등 감한다.

―――――――

 것을 금한다(『唐令拾遺』, 790쪽).

[율문3] 만약 자·손이 (형구를) 풀 수 있는 물건을 조부모·부모에게 주거나 부곡·노비가 주인에게 준 경우에도 죄는 역시 같다.12)

[율문2의 소] 의하여 말한다: 죄수가 날붙이 및 그 밖의 물건을 얻었기 때문에 스스로 형구를 풀어 도주할 수 있었는데, 물건을 준 사람의 죄가 아직 판결이 나지 않은 기간에 (물건을 준 자가) 능히 스스로 (도망간 죄수를) 체포하거나, 타인이 체포하거나, 혹은 죄수가 스스로 돌아와서 자수하거나, 죄수 자신이 사망한 경우 -혹 타인이 죄수를 살해한 경우도 또한 같다.- "모두 1등을 감한다."는 것을 말한다. 예컨대 도죄 이하의 죄수가 도망한 경우에는 도1년에서 감하고, 유·사죄의 죄수가 도망한 경우에는 도2년에서 감한다.

[율문3의 소] "만약 자·손이 (형구를) 풀 수 있는 물건을" -손이라고 칭한 것은 증손·현손도 같다.13)- 조부모·부모에게 주거나 혹은 부곡·노비가 주인에게 준 경우도 모두 일반인과 죄가 같다. (이 때 자·손이나 부곡·노비는) 역시 함부로 스스로 체포해서는 안 되지만, 만약 관사가 파견해서 체포하여 보낸 때에는 무죄이고, 스스로 체포하여 관에 보낸 경우에는 (조부모 등을) 고한 법14)과 같다. 만약 (받은 물건으로) 살상하고 도망한 경우 뒤에 물건을 준 사람이

---

12) 동거자 또는 대공 이상의 친속 및 외조부모·외손 또는 孫婦·남편의 형제 및 형제의 처에게 죄가 있을 때 서로 숨겨주는 것[容隱]과 부곡·노비가 주인을 숨겨주는 것은 죄를 논하지 않는다. 또한 사건에 관해 누설하거나 소식을 은밀히 전한 것도 처벌하지 않는다(명46.1). 그런데 이 조항에서는 자·손이 조부모·부모에게 혹은 부곡·노비가 주인에게 형구를 풀 수 있는 물건을 준 경우 처벌한다고 규정하여, 구금된 이후에는 숨겨주는 관계라도 특별 처분하지 않음을 분명히 밝히고 있다.

13) 율에서 孫이라고 한 것은 증손·현손도 같고, 조부모라고 한 것은 증조·고조도 같다(명52.1·2).

14) 子·孫이나 부곡·노비가 조부모·부모나 주인을 告한 죄는 교형에 해당한다(345, 투44.1; 349, 투48.1a).

능히 체포했더라도 각각 앞의 (도망한 죄수가) 살상한 경우의 죄에 의거해서 (상해했다면 도1년, 살해했다면 도2년에 처하며), 감해서 처벌해서는 안 된다.

제471조 단옥 3. 사죄수를 살해한 죄(雇傭人殺死囚)

[律文1] 諸死罪囚辭窮竟, 而囚之親故爲囚所遣雇傭人殺之及殺之者, 各依本殺罪減二等.

[律文2] 囚若不遣雇傭及辭未窮竟而殺, 各以鬪殺罪論, 至死者加役流.

　[律文1의 疏] 議曰: 謂犯死罪囚, 辭狀窮竟, 而囚之緦麻以上親及故舊爲囚所遣或雇人、傭人而殺訖者, 其所遣雇傭之人, 及受雇傭殺者, 各依尊卑、貴賤本殺罪上減二等科之.

　[律文2의 疏] 囚若不遣, 親故雇傭人殺, 及囚雖遣雇傭人殺而辭狀未窮竟而殺者, 其所遣之人及受雇傭者, 各依尊卑、貴賤以鬪殺罪論, 至死者加役流.

[율문1] 무릇 사죄수의 자백이 끝난 뒤, 죄수의 친속·고구가 죄수의 시킴을 받아서 사람을 고용하거나 부탁하여 그를 살해하거나 (고용되거나 부탁받아) 살해한 자는 각각 본조의 살해죄에서 2등을 감한다.

[율문2] 죄수가 만약 고용·부탁하도록 시키지 않았거나 혹은 자백이 끝나기 전에 살해했다면 각각 투살죄로 논하되 사죄에 이른 때에는 가역류에 처한다.

　[율문1의 소] 의하여 말한다: 사죄를 범한 죄수의 자백이 끝난 뒤,[15]

죄수의 시마 이상 친속이나 고구가16) 죄수의 시킴을 받아 사람을
고용하거나 혹은 사람에게 부탁하여17) 살해한 경우, 고용·부탁한
사람 및 고용되거나 부탁을 받아 살해한 자는 각각 (피살자와의)
존비·귀천 (관계)에 따른 본조의 살해죄에서 2등을 감해서 죄를
준다.

[율문2의 소] 죄수가 만약 시키지 않았는데 친속·고구가 사람을 고
용·부탁하여 살해하거나, 혹은 죄수가 비록 사람을 고용·부탁하여
(자신을) 살해하라고 시켰더라도 취조가 끝나기 전에 살해한 때에
는, 그 시킴을 받은 사람 및 고용되거나 부탁을 받은 자는 각각 존
비·귀천(의 관계)에 따른 투살죄18)로 논하되, 사죄에 이른 때에는
가역류에 처한다.

[律文2의 問] 曰: 其囚本犯死罪, 辭未窮竟, 又不遣人雇倩殺之, 而囚之親故
雇倩人殺及殺之者, 合得何罪?

[律文2의 答] 曰: 辭雖窮竟, 不遣雇倩人殺之; 雖遣雇倩殺之, 辭未窮竟: 此
等二事, 各依鬪殺爲罪, 至死者加役流. 若辭未窮竟, 復不遣雇倩殺之而輒殺

---

15) 죄상에 대한 신문이 끝나 죄수가 죄를 自伏하여 자백 내용이 정해지면 죄수
본인이 供狀[辭]을 작성하고 확인한다. 만약 죄수가 글을 알지 못하면 主典이
피의자의 구술에 따라 작성한 뒤 判官을 대면하여 읽고 보여준다. 이 과정을
거쳐 제출된 자료를 바탕으로 판결하는 法司가 죄상에 적합한 법조문을 찾아
적용하게 된다(『천성령역주』, 457쪽). 또한 재판[獄]이 종결되면 도죄 이상은
각각 죄수와 그 가속에게 죄명을 알리고 이어서 죄수의 진술을 받는다. 만약
죄수가 불복하는 경우는 그 스스로 訴하는 것을 허락한다(490, 단22).

16) 故舊는 평소 친하게 지내는 家門 혹은 명성을 흠모하는 친구 등을 말한다(148,
직58의 소).

17) '고용[雇]'이라는 것은 재물을 받거나 혹은 받을 약속을 한 경우이고, '부탁[倩]'
이라는 것은 무보수인 경우이다(207, 구12.4의 소).

18) 이 조항(471, 단3)에서 死罪囚를 살해한 범인과 관련하여 언급하고 있는 존비·
귀천에 따른 鬪殺罪와 故殺罪의 本條는 다음과 같다.

가해자와 피해자(死罪囚)의 관계		鬪殺罪	故殺罪	本 條
친속 존비	夫가 妻 살해	교형	참형	투24.1
	夫가 妾 살해	도3년	도3년	투24.1
	妻가 夫 살해	참형	참형	투25.1
	媵·妾이 夫 살해	참형	참형	투25.1
	시마친·소공친·대공친의 兄姉 살해	참형	참형	투26.1
	시마친·소공친·대공친 존장 살해	참형	참형	투26.1
	시마친·소공친·대공친 존장이 비유 살해	교형	교형	투26.2
	兄姉 살해	참형	참형	투27.1
	백숙부모·고모·외조부모 살해	참형	참형	투27.2
	弟妹 및 兄弟의 子·孫 살해	도3년	유3000리	투27.4
	조부모·부모 살해	참형	참형	투28.1
	조부모·부모가 자·손 살해	맨손: 도1년반 흉기: 도2년	맨손: 도2년 흉기: 도2년반	투28.2
	嫡母·繼母·慈母·養父母가 자·손 살해	맨손: 도2년 흉기: 도2년반	맨손: 도2년반 흉기: 도3년	투28.2
	처·첩이 夫의 조부모·부모 살해	참형	참형	투29.1
	조부모·부모가 子婦·孫婦 살해	도3년	유2000리	투29.2
	조부모·부모가 자·손의 첩 살해	도2년	도2년반	투29.2
	처·첩이 죽은 夫의 조부모·부모 살해	참형	참형	투30.1
	옛 시조부모·부모가 자·손의 옛 처·첩 살해	교형	교형	투30.2
	처가 前夫의 자식 살해	교형	교형	투32.1
	繼父 살해	참형	참형	투32.2
	처가 夫의 기친 이하, 시마친 이상의 존장 살해	참형	참형	투33.1
	처가 夫의 기친 이하, 시마친 이상의 비유 살해	교형	교형	투33.2
	처가 夫의 형제의 자식 살해	교형	교형	투33.2
신분 귀천	부곡·노비가 주인을 살해	참형	참형	투22.1
	부곡·노비가 옛 주인 살해	참형	참형	투36.1
無關	일반인(故舊가 포함) 살해	교형	참형	투5
	제자가 스승 살해	참형	참형	투32.2

者, 各同鬪殺之法, 至死者並皆處死, 不合加役流.

[율문2의 문] 묻습니다: 그 죄수가 본래 사죄를 범했지만, 자백이 끝나지 않았을 뿐더러 또 사람에게 고용·부탁하여 자신을 살해하라고 시키지 않았는데도, 죄수의 친속·고구가 사람을 고용·부탁해서 그를 살해하거나 (고용되거나 부탁받아 그를) 살해한 자는 무슨 죄에 해당합니까?

[율문2의 답] 답한다: 자백이 비록 끝났더라도 사람을 고용·부탁하여 자신을 살해하라고 시키지 않았거나, 비록 사람을 고용·부탁하여 살해하라고 시켰더라도 자백이 끝나지 않았다면, 이러한 두 가지 사안은 각각 투살에 의거하여 죄를 주고 사죄에 이른 때에는 가역류에 처한다. 만약 자백이 끝나지 않았을 뿐더러 게다가 고용·부탁하여 자신을 살해하라고 시키지 않았는데도 함부로 살해한 자는, 각각 투살의 법과 같게 하여 사죄에 이른 경우 모두 사형에 처하며, 가역류에 처해서는 안 된다.

[律文3] 辭雖窮竟, 而子孫於祖父母·父母, 部曲·奴婢於主者, 皆以故殺罪論.

[律文3의 疏] 議曰: 「辭雖窮竟」, 謂死罪辯定訖, 而子孫於祖父母·父母, 部曲·奴婢於主, 雖被祖父母·父母及主所遣而輒殺者, 及雇人·倩人殺者, 其子孫及部曲·奴婢皆以故殺罪論: 子孫仍入「惡逆」, 部曲·奴婢經赦不原. 其被雇倩之人, 仍同上解減鬪殺罪二等.

[율문3] 자백이 비록 끝났더라도 자·손이 조부모·부모에 대해서, 부곡·노비가 주인에 대해서 (범한) 경우에는 모두 고살죄로 논한다.

[율문3의 소] 의하여 말한다: "자백이 비록 끝났다."는 것은 사죄의

공장(供狀)이 확정되었음을 말하는데, (이 때) 자·손이 조부모·부모를, 부곡·노비가 주인을 함부로 살해하거나 남을 고용·부탁하여 살해한 경우 비록 조부모·부모 및 주인의 시킴을 받았더라도 그 자·손 및 부곡·노비는 모두 고살죄로 논한다. 자·손은 그대로 "악역"을 적용하고,[19] 부곡·노비는 은사령이 내려도 용서하지 않는다.[20] 단 고용되었거나 부탁을 받은 사람은 역시 앞의 해석과 같이 투살죄에서 2등을 감한다.

제472조 단옥 4. 주수가 죄수의 재물을 받고 진술을 번복하는 요령을 알려준 죄(主守導囚翻異)

[律文1a] 諸主守受囚財物, 導令翻異及與通傳言語, 有所增減者以枉法論, 十五疋加役流, 三十疋絞;

  [律文1a의 疏] 議曰:「主守」謂專當掌囚, 典獄之屬. 受囚財物, 導引其囚令翻異文辯, 及得官司若支證外人言語爲報告通傳, 有所增減其罪者以枉法論, 依無祿枉法受財: 一尺杖九十, 一疋加一等, 十五疋加役流, 三十疋絞.

[율문1a] 무릇 주수가 죄수로부터 재물을 받고 (진술을) 번복하는 요령을 알려주거나 (죄수에게) 말을 전달하여 (죄에) 증감이 있

---

19) 조부모·부모에 대한 구타와 謀殺은 十惡의 惡逆에 해당하므로(명6.4의 주), "故殺"한 경우 역시 惡逆에 속하는 것이다. 악역은 恩赦이 내려도 형벌이 감면되지 않는다(489, 단21.1).
20) 부곡·노비가 주인을 구타·謀殺·강간한 경우에는 모두 恩赦로 용서되지 않는다(489, 단21.1).

게 된 경우에는 왕법으로 논하되, (장물이) 15필이면 가역류에
처하고, 30필이면 교형에 처한다.

[율문1a의 소] 의하여 말한다: "주수"란 전담해서 죄수를 관장하고
옥을 관리하는 속(리)를 말한다. (이들이) 죄수로부터 재물을 받고
그 죄수에게 (진술을) 번복하는 요령을 알려주거나 혹은 관사나
증인21)·외인의 말을 취하여 알리거나 전달함으로써 그 죄를 증감
한 바가 있는 경우 왕법으로 논하되, 봉록이 없는 사람이 왕법하여
재물을 받았을 때의 처벌규정에 따라서, 1척이면 장90에 처하고, 1
필마다 1등씩 더하며, 15필이면 가역류에 처하고, 30필이면 교형
에 처한다.22)

[律文1b] 贓輕及不受財者減故出入人罪一等;

[律文2a] 無所增減者笞五十.

[律文2b] 受財者以受所監臨財物論.

[律文3] 其非主守而犯者, 各減主守一等.

[律文1b의 疏] 議曰:「贓輕」, 謂受贓得罪輕於減囚罪一等者.「及不受財」,
唯通言語.「減故出入人罪一等」, 謂導令翻異及通傳言語出入囚死罪者處流
三千里, 出入流罪以下各減本罪一等之類.

[律文2a의 疏] 雖卽敎導及通傳言語, 於囚罪無所增減者笞五十.

[律文2b의 疏] 若無增減而受財者, 以受所監臨財物論, 一尺笞四十, 一疋加
一等, 八疋徒一年.

---

21) 원문의 "支證"은 證人을 말한다(戴炎輝,『唐律各論』下, 769쪽).
22) 俸祿이 없는 사람이 재물을 받고 법을 왜곡하여 적용(枉法)한 경우는 監臨主司
    의 형(1척이면 장100에 처하고, 1필마다 1등을 더하며, 15필이면 교형에 처함)
    에서 1등을 감하되 장물이 20필일 때 교형에 처한다(138, 직48.2). 본 조문의
    처벌 규정은 대체로 이 직제율과 같으나, 다만 30필일 때 교형에 처하도록 하
    여 교형의 장물 기준액이 더 높다.

[律文3의 疏] 「其非主守而犯者」, 謂非監當囚人, 而有外人導囚翻異, 有所增減各減主守罪一等: 若受財於主守贓上減一等, 若不受財者於囚罪上減二等; 雖通言語, 無所增減笞四十.

[율문1b] 장(죄)가 가볍거나 재물을 받지 않은 경우에는 고의로 사람의 죄를 덜거나 더한 죄에서 1등을 감한다.

[율문2a] (죄에) 증감이 없을 경우에는 태50에 처하고,

[율문2b] 재물을 받은 자는 수소감림재물로 논한다.

[율문3] 단 주수가 아닌 자가 (이 죄를) 범한 때에는 각각 주수(의 죄)에서 1등을 감한다.

[율문1b의 소] 의하여 말한다: "장(죄)가 가볍다."는 것은 장물을 받아 얻은 죄가 죄수의 죄에서 1등을 감한 것보다 가벼운 것을 말하고,[23] "재물을 받지 않았다."는 것은 오직 말을 전했을 뿐이라는 것이다. "고의로 사람의 죄를 덜거나 더한 죄에서 1등을 감한다." (단19)는 것은 (진술을) 번복하는 요령을 알려주거나 말을 전함으로써 죄수의 사죄를 덜거나 더한 자는 유3000리에 처하고, 유죄 이하를 덜거나 더했으면 각각 본죄에서 1등을 감한다는 것 따위를 말한다.[24]

---

23) 예컨대 주수가 流罪囚로부터 재물을 받았으나, 그 재물을 왕법죄의 장물로 계산한 죄가 죄수의 죄인 유죄에서 1등 감한 도3년보다 가볍다는 뜻이다. 도3년에 해당하는 왕법죄의 장물은 6필 1척이므로, 받은 재물이 이보다 적다면 장죄가 가벼운 경우가 된다.

24) '고의로 사람의 죄를 덜거나 더한 죄[故出入人罪]'의 논죄 방법은 다음과 같다. 동일한 종류의 형벌 안에서 가벼운 것을 무거운 것으로 죄를 더했다면 더한 만큼으로 논한다. 형벌의 종류가 바뀐 경우, 笞罪를 杖罪로 더하거나 徒罪를 流罪로 더했다면 역시 더한 만큼으로 논한다. 태·장죄를 도·유죄로 더하거나 도·유죄를 死罪로 더했다면 全罪로 논한다. 고의로 죄를 던 경우의 논죄 방법 또한 이와 같다(487, 단19.1·2·3). 소에서 든 예처럼 사람에게 고의로 사죄를

[율문2a의 소] 비록 (진술) 번복하는 요령을 알려주거나 말을 전달했어도 죄수의 죄에 증감된 바가 없을 때에는 태50에 처한다.

[율문2b의 소] 만약 증감이 없는데도 재물을 받은 자는 수소감림재물(직50)로 논하여, 1척이면 태40에 처하고, 1필마다 1등씩 더하며, 8필이면 도1년에 처한다.25)

[율문3의 소] "단 주수가 아닌 자가 (이 죄를) 범했다."는 것은, 수인을 감독·담당하는 사람이 아닌 외인이 죄수가 (진술을) 바꾸는 방법을 도운 것을 말하며, (이로 인해 죄에) 증감이 있게 되었다면 각각 주수의 죄에서 1등을 감하고, 만약 재물을 받았다면 주수가 장물을 받은 죄에서 1등을 감한다. 만약 재물을 받지 않았다면 죄수의 죄에서 2등을 감하고, 말을 전달했으나 (죄에) 증감된 바가 없으면 태40에 처한다.

제473조 단옥 5. 죄수에게 필요한 의식·의약을 청·급하지 않은 죄(不給囚衣食醫藥)

[律文1a] 諸囚應請給衣食醫藥而不請給及應聽家人入視而不聽、應脫去枷、鎖、杻而不脫去者杖六十、

[律文1b] 以故致死者徒一年.

더했다면, 사죄로 처벌된다. 그런데 진술을 번복하는 요령을 알려주거나 말을 전함으로써 죄수의 사죄를 더했다면 고의로 사람의 죄를 더한 죄에서 1등을 감하므로 사죄에서 1등을 감해 유3000리로 처벌되는 것이다.

25) 監臨하는 관인이 감림하는 지역에서 공적인 일과 관계없이 재물을 받은 受所監臨罪는 1척이면 태40에 처하고, 1필마다 1등을 더하며 8필이면 도1년에 처하고, 8필마다 1등을 더하며 50필이면 유2000리에 처한다(140, 직50.1a)

[律文2a] **卽減竊囚食笞五十,**

[律文2b] **以故致死者絞.**

[律文1a의 疏] 議曰: 準獄官令:「囚去家懸遠絕餉者, 官給衣糧, 家人至日依數徵納. 囚有疾病, 主司陳牒, 請給醫藥救療.」此等應合請給, 而主司不爲請給及主司不卽給; 準令, 「病重聽家人入視」而不聽及「應脫去枷、鏁、杻」而所司不爲脫去者: 所由官司合杖六十.

[律文1b의 疏] 「以故致死者」, 謂不爲請及雖請不卽爲給衣糧、醫藥, 病重不許家人入視及不脫去枷、鏁、杻, 由此致死者, 所由官司徒一年.

[律文2a의 疏] 卽減竊囚食者, 不限多少笞五十.

[律文2b의 疏] 若由減竊囚食, 其囚以故致死者, 減竊之人合絞.

[율문1a] 무릇 마땅히 의식·의약의 지급을 요청해야 할 죄수인데 지급을 요청하지 않거나, 마땅히 가인이 들어가 돌보는 것을 허락해야 할 (자인데) 허락하지 않거나, 가·쇄·추를 풀어 주어야 할 (자인데) 풀어 주지 않은 자는 장60에 처하고,

[율문1b] 이 때문에 (죄수가) 사망하게 되었다면 도1년에 처한다.

[율문2a] 만약 죄수의 음식을 덜어 절취한 때에는 태50에 처하고,

[율문2b] 이 때문에 (죄수가) 사망하게 되었다면 교형에 처한다.

[율문1a의 소] 의하여 말한다: 옥관령(습유790~791쪽)에 준하면, "죄수가 집에서 매우 멀리 떨어져 있어 음식을 보낼 수 없는 경우에는 관에서 의식을 지급하고, 가인이 오는 날 (지급한) 수량만큼 거두어들인다. 죄수에게 질병이 있으면 주사는 문서로 알리어 의약의 지급과 치료를 요청해야 한다." 이와 같이 마땅히 지급을 요청해야 하는데 주사가 지급을 요청하지 않거나 (요청했는데도) 주사가 즉시 지급하지 않은 경우, 영(옥관령 습유790쪽)에 준하면 "병이 중하면 가인이 들어가 돌보는 것을 허락해야 하는데" 허락하지 않은

경우 및 가·쇄·추를 풀어 주어야 하는데도 담당자가 풀어 주지 않은 경우,26) 책임을 맡은 관사는 장60에 처한다.

[율문1b의 소] "이 때문에 (죄수가) 사망하게 되었다."는 것은, (죄수를) 위해 의식·의약을 요청하지 않거나 요청했는데도 즉시 지급하지 않거나, 혹은 병이 중한데도 가인이 들어가 돌보는 것을 허락하지 않거나 가·쇄·추를 풀어 주지 않았기 때문에, 이로 말미암아 (죄수가) 사망에 이른 것을 말하며, 책임을 맡은 관사는 도1년에 처한다.

[율문2a의 소] 만약 죄수의 음식을 덜어 절취한 자는 많고 적음을 구분하지 않고 태50에 처한다.

[율문2b의 소] 만약 죄수의 음식을 덜어 절취함으로써 그 죄수가 사망하게 되었다면 음식을 덜어 절취한 자는 교형에 처해야 한다.

제474조 단옥 6. 고신해서는 안 되는 자를 고신한 죄(據衆證定罪)

[律文1a] 諸應議、請、減若年七十以上、十五以下及廢疾者, 並不合拷訊, 皆據衆證定罪, 違者以故失論.

[律文1b] 若證不足, 告者不反坐.

[律文1a의 疏] 議曰:「應議」, 謂在名例八議人;「請」, 謂應議者期以上親及孫若官爵五品以上者;「減」, 謂七品以上之官及五品以上之祖父母, 父母、兄弟、姊妹、妻、子孫者;「若年七十以上、十五以下及廢疾」, 依令, 一支廢、腰脊折、癡

---

26) 구금된 죄수는 일반적인 사안에 대하여 告할 수가 없지만, 獄官의 이와 같은 가혹 행위에 대한 告만은 허용되었다(352, 투51.1).

瘂、侏儒等: 並不合拷訊, 皆據衆證定罪. 稱「衆」者, 三人以上明證其事, 始合
定罪. 「違者以故失論」, 謂不合拷訊而故拷訊, 致罪有出入者, 卽依下條故出
入人及失出入人罪法; 其罪雖無出入而枉拷者, 依前人不合捶拷法, 以鬪殺傷
論, 至死者加役流, 卽以鬪殺傷爲故、失.

[律文1b의 疏] 若證不滿三人, 告者不反坐, 被告之人亦不合入罪.

[율문1a] 의·청·감해야할 자 또는 나이 70세 이상과 15세 이하
및 폐질자는 모두 다 고신해서는 안 되며, 모두 중증에 의거하
여 죄를 정한다. 위반한 자는 고의나 과실로 논한다.

[율문1b] 만약 증인이 부족하더라도 고한 자는 반좌하지 않는다.

[율문1a의 소] 의하여 말한다: "의해야할 자"란 명례의 팔의[27]에 해
당하는 사람을 말하고, "청해야할 자"란 의해야할 자의 기 이상의
친속 및 손자 또는 관·작이 5품 이상인 자를[28] 말하며, "감해야할
자"란 7품 이상의 관인이나 (관·작) 5품 이상인 (자의) 조부모·부
모·형제·자매·처·자손인 자를[29] 말하며, 또는 나이 70세 이상과
15세 이하 및 폐질자는 -영(호령 습유228쪽)에 의거하면, "팔다리 하
나를 못 쓰거나 허리·척추가 부러졌거나 지적장애·발성장애, 왜소
증" 등이다.- 결코 고신해서는 안 되며, 모두 중증에 의거하여 죄를

---

27) 議親(황제의 袒免 이상 친속과 태황태후·황태후의 시마 이상 친속과 황후의
    소공 이상 친속)·議故(황제의 故舊)·議賢(큰 덕행이 있는 사람)·議能(큰 才藝
    가 있는 사람)·議功(큰 功勳이 있는 사람)·議貴(職事官 3품 이상, 散官 2품 이
    상과 爵 1품인 사람)·議勤(공무에 노고가 큰 사람)·議賓(前 왕조의 제사를 받
    들며 後 왕조의 國賓이 된 사람)을 말한다(명7).

28) 이 외에도 황태자비의 대공 이상 친속도 請할 자격이 있다. 期 이상의 친속이
    란 伯叔父母·姑·兄弟·姉妹·妻·子 및 兄弟의 子이며, 또한 曾·高祖 역시 기친
    이다(명9.1a).

29) 減할 수 있는 자가 流罪 이하를 범한 경우 모두 1등을 감하는 법례에 따른다
    (명10).

정한다. "중"이라 칭한 것은, 3인 이상이 그 사실을 명확히 증언해야 비로소 죄를 정할 수 있다는 것이다(명55.4). "위반한 자는 고의나 과실로 논한다."는 것은, 고신해서는 안 되는데 고의로 고신하여 죄를 덜거나 더함이 있게 된 경우 곧 아래 조항(단19)의 고의로 사람의 죄를 덜거나 더한 법 및 과실로 덜거나 더한 법에 따른다는 것이다. 단 비록 죄를 덜거나 더함이 없더라도 왕법하여 고신한 경우, 추고할 수 없는 사람을 추고한 법(단15.3)에 따라 투살상으로 논하되 사망에 이른 경우 가역류에 처하며, 투살상은 고의·과실로 구분(하여 적용)한다.[30]

[율문1b의 쇼] 만약 증인이 3인 미만이더라도 고한 자는 반좌(투41)하지 않으며, 피고인도 또한 죄주어서는 안 된다.

[律文1의 問] 曰: 所告之事, 證有二人, 一人證是, 一人證非, 證旣不足, 合科「疑罪」以否?

[律文1의 答] 曰: 律云「據衆證定罪」, 稱衆者三人以上. 「若證不足, 告者不反坐」. 察驗難明, 二人證實, 猶故不合入罪, 況一實一虛, 被告之人全不合坐; 其於告者, 亦得免科. 若全無證人, 自須審察虛實, 以狀斷之. 若三人證實, 三人證虛, 是名「疑罪」. 此解並據應議, 請, 減以下及廢疾以上. 除此色外, 自合拷取實情, 拷滿不服, 反拷告人, 不合從衆證科斷.

[율문1의 문] 묻습니다: 고한 바의 사건에 증인이 2명 있는데, 1인은 그렇다고 증언하고 1인은 아니라고 증언하여 증인이 부족한데, (이 경우) "의죄"를[31] 적용해야 합니까?

---

30) 고신할 수 없음을 분명히 알면서도 고신한 자는 고의로 행한 것으로 보아 본래의 鬪殺傷으로 논하고, 그 사실을 알지 못한 경우 과실에 의한 살상(339, 투38)으로 보아 贖銅으로 논한다는 뜻이다.

31) '疑罪'에서 '疑'라 함은 虛·實의 증인 수가 같거나, 유·무죄의 이유가 대등하거

[율문1의 답] 답한다: 율에 "중증에 의거하여 죄를 정한다."고 했는데, 중이란 3인 이상이다. (또 율에) "증인이 부족하더라도 고한 자를 반좌하지 않는다."고 했다. (따라서) 조사하여 밝히기 어려운데 2인이 사실이라고 증언했으면 오히려 그대로 죄주어서는 안 되는데, 하물며 1인이 사실이라고 증언하고 1인이 거짓이라고 했다면 피고인은 어떤 처벌도 해서는 안 되며, 그 고한 자도 역시 죄를 면제받을 수 있다. 만약 증인이 전혀 없다면, 마땅히 반드시 사실과 거짓을 자세히 조사하여 (정)상으로 판결해야 한다. 만약 3인이 사실이라고 증언하고 3인이 거짓이라고 증언했다면, 이것을 (정)명하여 "의죄"라고 한다. 이 해석은 모두 의·청·감해야할 자 이하부터 폐질자 이상까지에 의거한 것이다. 이러한 부류의 사람들을 제외하면 당연히 고신해서 실정을 얻어내야 하고, 고신이 허용된 한계에 이르렀는데도[32] 불복하면 반대로 고한 사람을 고신하며(단 10.1a), 중증에 따라 판결해서는 안 된다.

[律文2] 其於律得相容隱, 卽年八十以上、十歲以下及篤疾, 皆不得令其爲證, 違者減罪人罪三等.

[律文2의 疏] 議曰:「其於律得相容隱」, 謂同居若大功以上親及外祖父母、外孫若孫之婦, 夫之兄弟及兄弟妻, 及部曲, 奴婢得爲主隱; 其八十以上, 十歲以下及篤疾, 以其不堪加刑: 故並不許爲證. 若違律遣證, 「減罪人罪三等」, 謂遣證徒一年, 所司合杖八十之類.

나, 혹은 사건이 혐의는 있지만 곁에서 보았다고 증언하는 자가 없거나, 혹은 곁에서 들었다고 증언하는 자는 있지만 사건이 혐의 둘 바가 아닌 것 등을 말한다(502, 단34.1의 소).

32) 율에서는 심문만으로 판결할 수 없어 고신이 불가피한 상황(476, 단8.1), 그리고 이 때 고신의 횟수와 방법의 제한(477, 단9) 등에 대하여 엄격히 규정하고 있다.

[율문2] 단 율에서 서로 숨겨주는 것이 허용된 사람이거나 혹은 나이 80세 이상과 10세 이하 및 독질33)은 모두 증인으로 삼을 수 없다. 위반한 자는 죄인의 죄에서 3등을 감한다.

[율문2의 소] 의하여 말한다: "단 율에서 서로 숨겨주는 것이 허용된 (사람)"이란, 동거자 또는 대공 이상 친속 및 외조부모·외손 또는 손부, 남편의 형제 및 형제의 처를 말하며, 부곡·노비는 주인을 위해 숨겨줄 수 있다. 단 나이 80세 이상과 10세 이하 및 독질은 형을 가하는 것을 감낭할 수 없으므로 모두 증인으로 삼는 것을 허락하지 않는다. 만약 율을 위반하고 증언하게 하면 "죄인의 죄에서 3등을 감한다."는 것은 도1년(에 해당하는 죄를) 증언하게 했다면 담당자는 (3등을 감해) 장80에 해당한다는 것 따위를 말한다.

제475조 단옥 7. 죄수가 타인을 허위로 끌어들여 공범으로 삼은 죄(囚妄引人爲徒侶)

[律文] 諸囚在禁, 妄引人爲徒侶者, 以誣告罪論. 卽本犯雖死, 仍準流、徒加杖及贖法.

[律文의 疏] 議曰:「囚在禁, 妄引人爲徒侶者」, 謂盜發者妄引人爲同盜, 殺人者妄引人爲同行之類. 「以誣告罪論」, 謂依鬪訟律:「誣告人者, 各反坐.」卽本犯應死, 不可累加, 故準流、徒加杖法. 其應贖者, 卽準流、徒贖之.

---

33) 篤疾이란 惡疾이 있는 사람, 정신이상자[癲狂], 팔다리 두 개가 불구인 사람[兩肢廢], 두 눈이 먼 사람[兩目盲] 등을 말한다(『唐令拾遺』, 228쪽).

[율문] 무릇 죄수가 구금되어 있으면서 망령되이 (다른) 사람을 끌어들여 공범으로 삼은 때에는 무고죄로 논한다. 만약 본래 범한 것이 비록 사죄이더라도 그대로 유·도형을 장형으로 대체하는 법 및 속하는 법에 준한다.

[율문의 소] 의하여 말한다: "죄수가 구금되어 있으면서 (다른) 사람을 망령되이 끌어들여 공범으로 삼은 경우"란, (강·절)도하다가 발각된 자가 망령되이 사람을 끌어들여 함께 (강·절)도했다고 하거나 살인한 자가 망령되이 사람을 끌어들여 함께 범행했다고 하는 것 따위를 말한다. "무고죄로 논한다."는 것은 "타인을 무고한 자는 각각 반좌한다."[34]는 투송률(투41)에 의거하는 것을 말한다. 만약 본래 범한 (죄가) 응당 사형에 처할 것이면 누계·가중 (처벌)할 수 없기 때문에 유·도형을 장형으로 대체하는 법[35]에 준한다. 단 마땅히

---

34) 反坐는 사람을 誣告하여 씌우려고 한 그 죄를 무고한 자에게 되돌려 처벌하는 것이다. 반좌로 처단할 때는 무고한 그 죄로 처벌하는데 그치고 除名·免官과 같은 종형을 과하지 않으며, 倍贓을 징수하지 않고, 監臨主守라도 죄를 더하지 않으며, 加役流에 처하지 않는다(명53.3). 다만 관인을 제명·면관 등에 해당하는 죄로 무고한 경우 被誣告者에게 부과되는 제명·면관 처분 등을 도형에 비정하여 무고한 자를 되돌려 처벌한다(명23.1의 주1). 또한 사죄를 무고해서 반좌할 경우, 피무고자가 단죄되었으나 사형이 집행되지 않은 때에 한하여 무고한 자는 1등을 감해 유3000리에 처해진다(342, 투41.1의 주의 소).

35) 율에서는 범한 죄가 이미 발각되었거나 이미 복역하고 있는데 다시 죄를 범한 경우와 관련된 규정으로 流罪 重犯의 依留住法決杖(명29.2a), 徒罪 重犯의 準加杖例(명29.3b)가 있다. 즉 이 경우 형을 장으로 대체하는 '加杖'으로 처벌하는데, 이 때 無兼丁加杖(명27), 留住決杖(명28)에 준하여 처벌하는 것으로 보아 이 조항들이 加杖의 기본 규정으로 보인다. 유죄 중범의 경우 유2000리는 장100, 유2500리는 장130, 유3000리는 장160으로 대체하고(명28.1b) 유배지에서 3년을 추가해서 徒役하게 한다(명29.2a). 도죄 중범의 경우 도1년은 장120으로 대체하고 1등마다 장20씩 추가하여 도3년은 장200이다(명27.1b). 그리고 유·도죄의 대체 장형은 200대를 초과할 수 없다(명29.5의 소). 또한 누계·가중이 불가능한 死罪 重犯을 처리하기 규정도 있다. 연로한 부모의 侍養을 위해 雜犯死罪囚가 황제의 재가를 얻어 형의 집행이 연기된 상황에서 사죄를 다시 범

속해야 하는 경우에는 곧 유·도죄에 준해서 그 (죄를) 속한다.[36]

제476조 단옥 8. 죄수를 함부로 고신한 죄(訊囚察辭理)

[律文1] 諸應訊囚者必先以情, 審察辭理, 反覆參驗, 猶未能決, 事須訊問者, 立案同判, 然後拷訊, 違者杖六十.

[律文1의 疏] 議曰: 依獄官令: 「察獄之官, 先備五聽, 又驗諸證信. 事狀疑似, 猶不首實者, 然後拷掠.」 故拷囚之義, 先察其情, 審其辭理, 反覆案狀, 參驗是非. 「猶未能決」, 謂事不明辨, 未能斷決, 事須訊問者, 立案, 取見在長官同判, 然後拷訊. 若充使推勘及無官同判者, 得自別拷. 若不以情審察及反覆參驗而輒拷者, 合杖六十.

[율문1] 무릇 죄수를 신문할 경우에는 반드시 먼저 (실)정에 의거하고 진술의 조리를 자세히 살피며 반복하여 검증하는데, (그래

한 경우, 유죄 중범의 법과 같이 처리한다(명26.2d의 문답). 유형 또는 도형의 대체 장형이 최고 장200이라는 것은 그보다 무거운 사형의 장형 대체 역시 장200이라는 것을 의미한다. 즉, 이 경우의 사죄 중범은 장200으로 대체하라는 의미이다. 따라서 사죄수의 사죄 무고 반좌 처벌은 이 규정에 준하며, 장200을 치고 사형을 집행한다. 다만 본래 범한 사죄가 무고로 범한 사죄보다 가볍다면 본래 범한 사죄를 장으로 대체하고 무고죄의 사형으로 집행할 것이다(명26.2d의 문답).

36) 五刑은 모두 銅을 내어 贖할 수 있으며 그 속동의 수 또한 규정되어 있다(명1~5). 죄를 동을 내어 속할 수 있는 자에는 관품이나 蔭庇의 특전에 따라 속할 수 있는 자(명11), 老·小·廢疾者(명30.1), 과실로 살상한 자(339, 투38) 등이 있으며, 이들이 流罪 이하의 죄를 범했을 때 실형 대신 속동을 징수한다. 이러한 형사상 특전을 지닌 자가 타인을 공범이라고 무고했다가 반좌된 경우에도 본래 범한 죄를 속으로 대체하는 것과 마찬가지로 속동을 징수한다는 뜻이다.

도) 여전히 판결할 수 없어 반드시 고신해야 할 사안이면, 문안을 만들어 (장관이) 동판한 연후에 고신한다. 위반한 자는 장60에 처한다.

[율문1의 소] 의하여 말한다: 옥관령(습유779쪽)에 의거하면, "옥사를 수사하는 관(사)는 먼저 다섯 가지 면37)에서 갖추어 관찰하고, 또 모든 증인과 증거를 조사하여 사건의 (정)상에 혐의가 있는데도 여전히 사실대로 자백하지 않으면 비로소 고신한다." 그러므로 죄수 고신의 올바른 절차는, 먼저 그 (실)정을 살피고 진술의 조리를 살피고 반복해서 (정)상을 살피고 시비를 자세히 조사해서 밝히며, (그래도) 여전히 판결할 수 없어 -사건의 (시비가) 명확히 가려지지 않아 능히 판결할 수 없다는 것을 말한다.- 반드시 고신해야 할 사안이면, 문안을 만들어 현재 장관의 동판을 얻은 후에 고신한다.38) 만약 사인으로 충임되어 재조사해야 하거나 동판할 (장)관이 없는 경우에는 별도로 스스로 고신할 수 있다. 만약 (실)정에

---

37) '五聽'이란 辭聽, 色聽, 氣聽, 耳聽, 目聽을 말한다, 죄수가 바르지 못하면 그 말이 번다하고 조리가 떨어지며, 그 낯빛이 붉어지고, 그 숨을 헐떡이며, 말을 또렷이 알아듣지 못하고, 그 눈빛이 흐릿해 진다. 즉 피의자의 말과 안색, 호흡, 신문하는 관사의 말을 듣는 태도, 눈의 움직임을 관찰하여 죄의 유무를 종합적으로 판단하는 것을 말한다(『周禮注疏』권35, 1073쪽).

38) 죄수를 신문할 때에는 우선 피의자의 공술내용이나 증언·증거 및 신문 시 피의자의 태도에서 얻어진 심증 등을 종합적으로 판단하여 피의자의 진범 여부를 신중하게 조사한다. 그 결과 피의자가 죄를 승복하지 않는 경우에 고신이 필요하다는 취지의 문서를 작성하여 장관의 재가를 얻은 후에야 고신한다. 한도까지 고신했는데도 자백하지 않는 피의자는 보석하도록 규정되어 있다. 그러나 피의자가 진범임이 객관적으로 증명되는 상황에서도 자백을 얻지 못한 경우 피의자를 석방해야만 하면, 이는 아무래도 불합리한 결과가 되어버린다. 이러한 불합리한 결과를 회피하기 위해 이 원칙의 예외를 두어, 이 조항의 율문2에서 만약 장물과 실상이 드러나 증명되었고 사리가 의심되지 않는다면 비록 승복하지 않더라도 곧 실상에 의거하여 판결하라고 규정했다(일본역『唐律疏議』4, 279쪽, 解說).

의거하고 자세히 살피는 것 및 반복하여 검증하는 것을 하지 않고
함부로 고신한 자는 장60에 해당한다.

[律文2] **若贓狀露驗, 理不可疑, 雖不承引, 卽據狀斷之.**

[律文3] **若事已經赦, 雖須追究, 並不合拷.** 謂會赦移鄕及除、免之類.

[律文2의 疏] 議曰：「若贓狀露驗」, 謂計贓者見獲眞贓, 殺人者檢得實狀, 贓
狀明白, 理不可疑, 問雖不承, 聽據狀科斷.

[律文3의 疏] 若事已經赦者, 雖須更有追究, 並不合拷. 注云「謂會赦移鄕及
除、免之類」, 謂殺人會赦, 仍合移鄕; 犯「十惡」、「故殺人」、「反逆緣坐」, 會赦
猶除名; 監臨主守於所監守犯姦、盜、略人若受財而枉法, 會赦仍合免所居官.
稱「之類」, 謂會赦免死猶流及盜、詐、枉法猶徵正贓, 故云「之類」.

[율문2] 만약 장물이 드러나고 (죄의 실)상이 검증되어 의심할 여
지가 없으면, 비록 승복하지 않더라도 곧 (실)상을 근거로 판결
한다.

[율문3] 만약 사안이 이미 사면되었다면, 비록 반드시 (후속 처분
을 위해 실상을) 추구해야 할지라도 결코 고신해서는 안 된다.
은사령이 내리더라도 이향 및 제명·면관 (처분해야 하는 사안) 따위
를 말한다.

[율문2의 쇼] 의하여 말한다: "만약 장물이 드러나고 (죄의 실)상이
검증되었다."는 것은 장물을 계산하여 (죄를 정하는) 경우 실제의
장물이 확보되었거나, 살인의 경우 검증하여 실상을 확보된 것을
말하며, (이처럼) 장물과 실상이 명백하여 의심할 여지가 없다면,
비록 심문에 대해 승복하지 않더라도 실상에 의거하여 죄주는 것
을 허용한다.

[율문3의 쇼] 만약 사안이 이미 사면되었다면 비록 반드시 (후속 처분을

위해 실상을) 추구해서 (죄를 확정해야) 할지라도 결코 고신해서는
안 된다.39) 주에 이르기를 "은사령이 내리더라도 이향40) 및 제명·면관
(처분해야 하는 사안) 따위를 말한다."라고 한 것은, 사람을 살해했다
면 은사령이 내려도 그대로 이향해야 하고(적18.1a), '십악'(명6)·'고살
인'(투5.1b)·'반역연좌'41)를 범했다면 은사령이 내려도 여전히 제명해
야 하며(명18.1b), 감림주수42)가 관할 범위 내에서 간음(잡28)·도(적36)·
약인(적45)의 (죄를) 범하거나 혹은 재물을 받고 왕법했다면(직48) 은사
령이 내려도 그대로 면소거관해야 하는 것(명18.2)을 말한다.43) "따위"

---

39) 관사가 죄인을 신문하는 도중 은사령이 내리면 더 이상 단죄하지 않고 그대로
사면한다. 그런데 이향 및 除名·免官 따위는 단죄가 되어야만 부가해서 처분
할 수 있기 때문에 관사는 계속 신문해서 죄를 확정해야 한다. 이러한 경우에
는 관사가 죄수를 고신해서는 안 된다는 규정이다.

40) 移鄕이란 살인하여 사형에 해당하는 자가 恩赦가 내려 사형을 면했을 때, 피
해자의 집에 期 이상의 친속이 있으면 그 집으로부터 1000리 이상 떨어진 곳
으로 강제 이주시켜 복수를 예방하는 특별처분이다(265, 적18.1a의 소).

41) 反逆緣坐는 謀反·大逆의 연좌를 말한다. 本條(248, 적1)에는 연좌 대상자의 범
위와 처벌 그리고 면제 대상이 자세히 규정되어 있다.

42) 監臨이란 統攝·案驗하는 것을 말하는데, 통섭이란 내외 모든 관사의 長官이
소속 부서를 통제하는 것이며, 안험이란 모든 관사의 判官이 특정 사안을 재
량해서 판단하는 것을 말한다. 州·縣·鎭·戌·折衝府 등의 판관 이상은 관할 구
역 내에서는 모두 監臨官이다. 主守란 몸소 친히 保典하는 것으로, 보전이란
公文의 유지·담당·보관을 말한다. 즉 주수는 문서의 담당관으로 그 사무를 전
담하거나 倉庫·獄囚·雜物 등을 지키거나 담당하는 자를 말한다(명54).

43) 은사령이 내려도 除名·免官·免所居官 된다는 것은 주형은 면해도 종형인 제
명·면관·면소거관은 처분한다는 것인데 이에 해당하는 죄는 다음과 같다. ①
제명: 加役流·反逆緣坐流·子孫犯過失流·不孝流·會赦猶流의 5流罪(명11), 十
惡·故殺罪, 살인모의, 反·逆緣坐, 監臨·主司의 범죄, 雜犯死罪囚가 구금 중에
사망하거나 사형을 면하고 특별히 유배되거나 사형을 피해 도망친 경우. ②
면관: 관인이 관할 범위 내에서 범한 姦·盜·略人罪 및 受財枉法罪에 의해 제
명 처분을 받았으나 恩降令을 만나 免官法을 따라야 하는 경우(명18), 관인이
관할 범위 밖에서 범한 간·도·약인죄 및 受財不枉法罪와 유·도죄수가 도망한
경우, 사죄수인 조부모·부모의 수감 중에 樂을 연주·감상하거나 혼인한 경우
(명19). ③ 면소거관: 관인이 감림 구역 내에서 범한 간·도·약인죄 및 불왕법

라고 칭한 것은, 은사령이 내려 사형을 면하더라도 여전히 유배하거나,[44] (강·절)도·사기·왕법한 (사람이 사면되더라도) 여전히 정장을 징수하는 것(명33.3a)을 말하며,[45] 그러므로 "따위"라고 한 것이다.

제477조 단옥 9. 죄수에 대한 고신을 적법하지
않게 한 죄(拷囚不得過三度)

[律文1a] 諸拷囚不得過三度, 數總不得過二百, 杖罪以下不得過所犯之數.
[律文1b] 拷滿不承, 取保放之.

[律文1a의 疏] 議曰: 依獄官令:「拷囚每訊相去二十日. 若訊未畢, 更移他司, 仍須拷鞫, 即通計前訊以充三度.」 故此條拷囚不得過三度, 杖數總不得過二百.「杖罪以下」, 謂本犯杖罪以下, 笞十以上, 推問不承, 若欲須拷, 不得過所犯笞、杖之數, 謂本犯一百杖, 拷一百不承, 取保放免之類. 若本犯雖徒一年, 應拷者亦得拷滿二百.

죄에 의해 제명 처분을 받았으나 사면령을 만나 면소거관하는 경우(명18), 父·祖의 이름을 범하는 관직에 취임한 죄와 조부모·부모를 모시지 않은 죄, 부모상중에 자식을 낳았거나 첩을 얻은 죄, 부모 상중에 호적을 따로 하고 재산을 나눈 죄, 복상 중에 관직을 구한 죄와 감림주수의 친인 간죄(명20).

44) 은사령이 내려도 여전히 유배하는 자는, 蠱毒을 조잡하거나 소지한 자와 동거하는 家口 및 敎授한 자(262, 적15.3), 소공 존친·從父兄姊를 살해한 자 및 謀反·大逆을 범한 자(489, 단21.2) 등이 있다(명11.2e).

45) 강도(281, 적34), 절도(282, 적35), 枉法(138, 직48), 不枉法(138, 직48), 受所監臨財物(140, 직50) 및 坐贓(389, 잡1)의 죄는 그 취득한 장물, 즉 正贓을 계산하여 형을 정하고 그 정장이 현존하면 官이나 주인에게 반환한다(명33.1a의 소). 강·절도의 경우 죄인에게 정장의 두 배인 倍贓(명33.1c의 주)을 추징한다. 은사령이 내리면 本刑과 배장은 면해도 정장은 그대로 반환한다.

[律文1b의 疏] 拷滿不承, 取保放之.

[율문1a] 무릇 죄수의 고신은 3차를 넘어서는 안 되고, (고신하는 장의) 수는 모두 합해서 200대를 초과해서는 안 되며, 장죄 이하는 범한 바의 (태·장형) 수를 초과할 수 없다.

[율문1b] 고신(의 수가) 찼는데도 승복하지 않으면 보증인을 세워 석방한다.

[율문1a의 소] 의하여 말한다: 옥관령(습유779쪽)에 의거하면, "죄수의 고신은 매번의 (고)신 사이에 20일의 간격을 둔다. 만약 (3차의 고)신을 다하지 않고 다시 다른 관사로 옮겼는데 여전히 고신해야 하면 곧 이전의 (고)신을 연동해서 계산하여 3차에 포함한다." 그러므로 이 조문에서 죄수의 고신은 3차를 넘을 수 없으며, (고신하는) 장의 총수는 200대를 초과할 수 없다고 한 것이다. "장죄 이하"는 본래 범한 죄가 장죄 이하 태10 이상임을 말하며, 추국하여 신문하는데 승복하지 않아 만약 고신하고자 하면 범한 바의 태·장의 수를 초과할 수 없다는 것은, 본래 장100(의 죄)를 범한 (자가) 100대의 고신에도 수긍하지 않으면 보증인을 세워 석방하는 것 따위를 말한다. 만약 본래 범한 (죄가) 비록 도1년이라도 고신해야 할 경우 역시 고신은 200대까지 할 수 있다.

[율문1b의 소] 고신(의 수가) 찼는데도 승복하지 않으면 보증인을 세워 석방한다.

[律文2a] 若拷過三度及杖外以他法拷掠者杖一百,

[律文2b] 杖數過者反坐所剩,

[律文2c] 以故致死者徒二年.

[律文2a의 疏] 議曰:「拷過三度」, 謂雖二百杖, 不得拷過三度.「及杖外以他

法拷掠」, 謂拷囚於法杖之外, 或以繩懸縛, 或用捧拷打, 但應行杖外, 悉爲
「他法」. 犯者合杖一百.

[律文2b의 疏]「杖數過者, 反坐所剩」, 謂囚本犯杖一百, 乃拷二百, 官司得
一百剩罪之類.

[律文2c의 疏]「以故致死者」, 謂拷過三度, 或用他法及杖數有過而致死者,
徒二年.

[율문2a] 만약 3차를 넘겨 고신하거나 장 이외의 다른 방법으로
고신한 자는 장100에 처하고,

[율문2b] 장의 수를 초과한 때에는 초과한 바를 반좌하며,

[율문2c] 이 때문에 (죄수가) 사망하게 되었다면 도2년에 처한다.

[율문2a의 소] 의하여 말한다: "3차를 넘겨 고신했다."는 것은, 비록
200대의 장이라도 고신은 3차를 초과할 수 없음을 말한다. "장 이
외의 다른 방법으로 고신했다."는 것은, 법에서 정한 장46) 이외의
방법으로 죄수를 고신하는 것으로, 혹은 줄로 매달아 묶거나 혹은
몽둥이로 때리는 것 등을 말하며, 단지 마땅히 시행해야하는 장 이
외의 것은 모두 "다른 방법"이 된다. (이를) 범한 자는 장100에 해
당한다.

[율문2b의 소] "장의 수를 초과한 때에는 초과한 바를 반좌(명53.1)한다."
는 것은, 본래 죄수가 장100(의 죄를) 범했는데 200대로 고신했다면,
관사는 100대를 초과한 죄를 받는 것 따위를 말한다.

[율문2c의 소] "이 때문에 (죄수가) 사망하게 되었다."는 3차를 넘겨
고신하거나 다른 방법을 사용하거나 (정해진) 장의 수를 초과함으
로써 (죄수가) 사망에 이르게 된 것을 말하며, (관사는) 도2년에 처

---

46) 고신에 사용하는 杖은 마디 부분을 제거하며 길이는 3척 5촌이다. 장의 굵은
부분의 굵기는 3분 2리이고 가는 부분의 굵기는 2분 2리이다(482, 단14.2의 소).

한다.

[律文3a] **卽有瘡病不待差而拷者亦杖一百,**

[律文3b] **若決杖笞者笞五十,**

[律文3c] **以故致死者徒一年半.**

[律文4a] **若依法拷決而邂逅致死者勿論,**

[律文4b] **仍令長官等勘驗, 違者杖六十.**

[律文4의 注] 拷決之失, 立案、不立案等.

　[律文3a의 疏] 議曰: 拷雖依法, 囚身有瘡若病, 不待差而拷者杖一百,

　[律文3b의 疏] 若決杖笞者笞五十,

　[律文3c의 疏] 若囚瘡病未差而拷及決杖笞致死者徒一年半.

　[律文4a의 疏] 若依法用杖, 依數拷決, 而囚邂逅致死者, 勿論. 「邂逅」, 謂
　不期致死而死, 『詩』云「邂逅相遇」, 言不期而遇.

　[律文4b의 疏] 仍長官以下並親自檢勘, 知無他故, 具爲文案. 若長官等不卽
　勘檢者杖六十.

　[律文4의 注의 疏] 注云「拷決之失」, 謂訊囚及決杖笞於法有失者, 立案、不立
　案等. 其有失者, 依職制律, 失者聽減三等.

[율문3a] 또한 (죄수에게) 외상이나 병이 있는데 차도가 있을 때
까지 기다리지 않고 고신한 자 역시 장100에 처하고,

[율문3b] 만약 장·태형을 집행한 자는 태50에 처하며,

[율문3c] 이 때문에 사망하게 되었다면 도1년반에 처한다.

[율문4a] 만약 법에 따라 고신하거나 (장·태형을) 집행하다가 뜻
하지 않게 (죄수가) 사망에 이른 때에는 논하지 않으며,

[율문4b] 그대로 장관 등으로 하여금 (집행의 과실 여부를) 검증

하게 한다. (이를) 위반한 자는 장60에 처한다.

[율문4의 주] 고신이나 (장·태형을) 집행하다가 범한 과실은 문안을 만들었든 문안을 만들지 않았든 같다.

[율문3a의 소] 의하여 말한다: 고신은 비록 법에 따랐더라도, 죄수의 몸에 외상이나 병이 있는데 차도가 있을 때까지 기다리지 않고 고신한 자는 장100에 처하고,

[율문3b의 소] 만약 장형·태형을 집행한 때에는 태50에 처하며,

[율문3c의 소] 만약 죄수의 외상이나 병이 차도가 없는데도 고신하거나 혹은 장형·태형을 집행하여 사망에 이른 때에는 도1년반에 처한다.

[율문4a의 소] 만약 법에 (정한) 장을 사용해서 (한도 내의) 수에 따라 고신하거나 (태형·장형을) 집행했으나 뜻하지 않게 (죄수가) 사망에 이른 때에는 논하지 않는다. "뜻하지 않게"란 예기치 않았는데 사망에 이른 것을 말하니, 『시경』(권4, 374~376쪽)에 "뜻밖에 서로 만났다."고 한 것은 예기치 않게 만난 것을 말한다.

[율문4b의 소] 그대로 장관 이하가 모두 직접 (시신을) 검증하고, (사망에) 다른 이유가 없음을 확인하면 구체적으로 문안을 작성한다. 만약 장관 등이 즉시 검증하지 않은 때에는 장60에 처한다.

[율문4의 주의 소] 주에 "고신이나 (장·태형을) 집행하다가 범한 과실"이라고 한 것은 죄수를 고신하거나 장·태형을 집행하는 법에 따르지 않은 것을 말하며, (이 경우) 문안을 만들었든 문안을 만들지 않았든 같다. 단 과실이 있는 경우에는 직제율(직2.3a)에 의거하여, 과실인 경우에는 3등을 감하는 것을 허락한다.

제478조 단옥 10. 반고를 위법하게 한 죄(拷囚限滿不首)

[律文1a] 諸拷囚限滿而不首者反拷告人,

[律文1b] 其被殺‧被盜家人及親屬告者不反拷. 被水火損敗者, 亦同.

[律文1c] 拷滿不首, 取保並放.

[律文2] 違者以故失論.

[律文1a의 疏] 議曰: 囚拷經三度, 杖數滿二百而不首, 「反拷告人」, 謂還準前人拷數, 反拷告人. 拷滿復不首, 取保釋放.

[律文1b의 疏] 其被殺‧被盜之家, 若家人及親屬告者, 所訴盜‧殺之人被拷滿不首者, 各不反拷告人. 以殺‧盜事重, 例多隱匿, 反拷告者, 或不敢言. 若被人決水入家, 放火燒宅之類, 家人及親屬言告者, 亦不反拷告人.

[律文1c의 疏] 拷滿不首, 取保並放.

[律文2의 疏] 「違者以故失論」, 違謂若應反拷而不反拷及不應反拷而反拷者. 若故依故‧失依失出入法, 失者依失出入論. 其本法不合拷而拷者, 依前人不合捶拷法, 亦以故失論. 其應取保放而不放者, 從「不應禁而禁」; 不取保放者, 於律有違, 當「不應得爲」, 流以上從重, 徒罪以下從輕.

[율문1a] 무릇 한도가 찰 때까지 고신했는데도 죄수가 자백하지 않을 때에는 경우 고한 사람을 반고한다.

[율문1b] 단 피살되거나 도둑맞은 (자의) 가인 및 친속이 고한 때에는 반고하지 않는다. (결)수‧(방)화의 피해자도 역시 같다.

[율문1c] (고한 사람을 고신하여) 고신(의 수가) 찼는데도 자백하지 않으면, (고한 자와 피고) 모두 보증인을 세우게 하고 석방한다.

[율문2] 위반한 자는 고의‧과실로 (죄를 덜거나 더한 것으로) 논

한다.

[율문1a의 소] 의하여 말한다: 3차에 걸쳐 고신하여 장의 수가 200대가 찼는데도(단9.1a) 죄수가 자백하지 않으면 "고한 사람을 반고한다."는 것은, 피고를 고신한 수에 준하여 거꾸로 고한 사람을 고신한다는 것을 말한다. (그에 대한) 고신(의 수가) 찼는데도 자백하지 않는다면, (둘 다) 보증인을 세우게 하고 석방한다.

[율문1b의 소] 단 피살되거나 도둑맞은 집의 가인 및 친속이 고한 경우 도둑질하거나 살인한 것으로 (고)소된 바의 사람이 (고신을 받고) 고신(의 수가) 찼는데도 자백하지 않은 때에도 각각 고한 사람을 반고하지 않는다. (그 이유는) 살인과 (강·절)도는 사안이 무거워 으레 숨기며 (자복하지 않는데) 고한 사람을 반고한다면 감히 고하지 못할 것이기 때문이다. 만약 사람이 (제방을 터뜨려) 물이 집에 들어오거나(잡37) 방화해서 집을 태운 것 따위는(잡44) (피해자의) 가인 및 친속이 고한 경우 역시 고한 사람을 반고하지 않는다.

[율문1c의 소] (고한 사람을 고신하여) 고신(의 수가) 찼는데도 자백하지 않으면, 보증인을 세우고 (고한 자와 피고) 모두 석방한다.

[율문2의 소] "위반한 자는 고의·과실로 (죄를 덜거나 더한 것으로) 논한다."(는 율문)에서 위반은, 만약 반고해야 하는데 반고하지 않거나 반고하지 않아야 하는데 반고한 것을 말한다. 만약 고의라면 고의로 (죄를) 덜거나 더한 법에 따르고, 과실인 경우 과실로 (죄를) 덜거나 더한 (법)(단19)에 의거해서 논한다. 단 본조의 법에 고신해서는 안 되는 (사람으로 규정되어 있는데) 고신한 자는, '피의자가 매를 쳐서 고신해서는 안 되는 (사람인데) 추고한 법'(단15.3)에 따르되 역시 고의·과실로 (죄를 덜거나 더한 죄로) 논한다.[47]

---

47) 고신할 수 없는 자란, 議·請·減해야할 자 또는 나이 70세 이상과 15세 이하인

보증인을 세워 석방해야 하는데 석방하지 않은 자는 "구금하지 않아야 하는데 구금한" (죄)(단1.3)에 따르며, 보증인을 세우지 않고 석방한 자는 율을 위반한 것이 있어 "마땅히 해서는 안 되는데 행한" 죄(잡62)에 해당하니, (죄인이) 유죄 이상이면 무거운 쪽에 따르고 도죄 이하이면 가벼운 쪽에 따른다.

[律文2의 問] 曰: 律云: 「拷滿不首, 反拷告人.」 其告人是應議、請、減人, 旣不合反拷, 其事若爲與奪?

[律文2의 答] 曰: 律稱「反拷告人」, 明須準前人杖數反拷. 若前人被拷罪不首, 告者亦反拷: 若前人止拷一百不首, 告者亦反拷一百. 是名「反拷告人」. 其應議、請、減人不合反拷, 須準前人拷杖數徵銅.

[율문2의 문] 묻습니다: 율에 "고신(의 수가) 찼는데도 (죄수가) 자백하지 않은 경우, 고한 사람을 반고한다."고 했습니다. 그 고한 사람이 의·청·감해야할 자(명8~10)이면 반고해서는 안 되는데(단6.1a), 그 사건은 어떻게 처리합니까?

[율문2의 답] 답한다: 율에서 "고한 사람을 반고한다."고 말한 것은, 피고가 (받은 고신) 장 수에 준하여 (고한 사람을) 반고한다는 것을 분명히 한 것이다. 만약 피고가 고신을 당한 후에도 (여전히) 죄를 자백하지 않으면 고한 자에 대해서도 또한 반고하니, (예를 들어) 만약 피고가 최고 한도인 100대의 고신에도 자백하지 않으면 고한 자도 역시 100대로 반고한다.48) 이것을 (정)명하여 "고한

사람 및 廢疾者이다(474, 단6.1a).

48) 장죄 이하로 고소·고발된 사람에 대한 고신장의 수는 고소·고발된 죄의 태·장형의 수가 최고 한도가 된다(477. 단9.1a). 따라서 고신장의 최고 한도가 100대라는 것은 피고가 장100에 해당하는 죄로 고소·고발되었다는 것을 의미한다. 단 도1년에 해당하는 죄로 고소·고발된 사람에 대한 고신장의 최고 한

사람을 반고한다."고 하는 것이다. 단 의·청·감해야할 자는 반고해
서는 안 되므로, 반드시 피고가 받은 고신 장 수에 준하여 속동
을[49] 징수한다.[50]

제479조 단옥 11. 추섭의 공문에 따르지 않은 죄(停囚待對牒至不遣)

[律文] 諸鞫獄官停囚待對問者, 雖職不相管, 皆聽直牒追攝. 雖下司亦聽.
牒至不卽遣者笞五十, 三日以上杖一百.

　[律文의 疏] 議曰：「鞫獄官」, 謂推鞫主司.「停囚待對問」, 謂囚徒侶見在他
　所須追待問者. 雖職不相管, 皆聽直牒. 稱「直牒」者, 謂不緣所管上司, 直牒
　所管追攝. 注云「雖下司亦聽」, 假如大理及州, 縣官須追省, 臺之人, 皆得直牒
　追攝, 牒至皆須卽遣. 不卽遣者笞五十, 三日以上杖一百.

[율문] 무릇 국옥관이 죄수를 붙잡아 놓고 (공범을) 기다려 대질
심문하려는 경우, 비록 직무상 서로 관할하는 바가 아니더라도
모두 직접 공문을 보내 (공범을) 추섭하는 것을 허락한다. 하급

　　　도는 통상의 고신장 최고 한도인 200대이다(477, 단9.1a의 소).
49) 杖의 수가 100 이하인 경우에 贓을 거둘 때는 태·장형의 속동은 10마다 銅 1
　　근씩 걷도록 그 액수가 율에 규정되어 있지만(명1·2) 100을 초과한 경우에 징
　　수할 동의 액수에 대해서는 규정이 없다. 이 문제에 대해 戴炎輝는 명례율(명
　　1·2) 규정에 따라 장의 수 10마다 동 1근을 가산하여 장 200이면 속동 20근을
　　거두었을 것으로 추론했다(戴炎輝,『唐律各論』下, 781쪽).
50)『宋刑統』에 인용된 獄官令에 의거하면 誣告로 죄를 얻은 자가 마땅히 贖하는
　　것에 해당하는 경우 그 贖銅은 고발당한 사람에게 준다(『唐令拾遺』, 792쪽).

관사라도 역시 허락한다. **공문이 이르렀는데도 즉시 보내지 않은 자는 태50에 처하고, (보내지 않은 것이) 3일 이상이면 장100에 처한다.**

[율문의 소] 의하여 말한다: "국옥관"이란 추국하는 주사를 말한다. "죄수를 붙잡아 놓고 (공범을) 기다려 대질심문하려는 경우"라는 것은, 죄수의 공범이 현재 다른 곳에 있어 반드시 데려와 대질심문해야 하는 경우를 말한다. (이 경우) 비록 직무상 서로 관할하는 바가 아니더라도 모두 직접 공문을 보내는 것을 허락한다. "직접 공문을 보낸다."는 것은 관할하는 바의 상급 관사를 거치지 않고 (공범을) 관할하는 곳에 직접 공문을 보내어 (공범을) 추섭하는 것을 말한다. 주에 "하급 관사라도 역시 허락한다."고 했으니, 가령 대리시 및 주·현의 관이 성·대의 사람을 추섭해야 하면 모두 직접 공문을 보내 추섭할 수 있다.[51] 공문이 이르면 모두 반드시 즉시 보내야 하며, 즉시 보내지 않은 자는 태50에 처하고, (보내지 않은 것이) 3일 이상이면 장100에 처한다.

---

51) 소에서 말하는 '省'은 尙書省이고 '臺'는 御史臺이다. 상서성은 制·勅을 반행하고 京師와 지방의 모든 관사와 百僚가 작성한 공문을 출납하여 천하의 모든 업무를 관장했다. 그 중 尙書刑部는 천하의 형법 및 죄수에 관한 政令을 관장했다(『唐六典』권6, 179~180쪽; 『역주당육전』상, 547~548쪽). 어사대는 국가의 형법·전장의 정령을 관장하여 조정 烈臣의 기강을 숙정하는 일을 관장했다. 아울러 천하의 사람 중에 억울함을 말함이 있는데 보고함이 없으면 그를 추궁했고 중앙과 지방의 모든 관료의 일 가운데 탄핵해야 할 것을 탄핵했다(『唐六典』권13, 378~379쪽; 『역주당육전』중, 312~313쪽). 大理寺는 나라의 옥사를 심리하여 형을 정하는 일을 관장하고 朝廷百官과 京都 지역의 안건에 대한 審理를 관장하며 아울러 刑部에서 轉交한 지방의 사형 안건에 대한 復核을 관장했다(『唐六典』권18, 502쪽; 『역주당육전』중, 555~556쪽). 즉 대리시와 주현은 상서성 및 어사대와 형사행정 상 상하 관계에 있다.

제480조 단옥 12. 국문하여 고한 죄상 이외의 죄를 찾아낸 죄(依告狀鞫獄)

[律文] **諸鞫獄者皆須依所告狀鞫之, 若於本狀之外別求他罪者, 以故入人罪論.**

[律文의 疏] 議曰:「鞫獄者」, 謂推鞫之官, 皆須依所告本狀推之, 若於本狀之傍更推問, 別求得笞·杖·徒·流及死罪者, 同故入人罪之類. 若因其告狀或應俺捕搜檢, 因而檢得別罪者, 亦得推之. 其監臨主司於所部, 告狀之外知有別罪者, 卽須擧牒, 別更糾論, 不得因前告狀而輒推鞫. 若非監臨之官, 亦不得狀外別擧推勘.

[율문] 무릇 (죄수를) 추국하는 자는 모두 반드시 고장에 의거하여 추국해야 한다. 만약 본래의 (고)장 외에 별도로 다른 죄를 찾아낸 자는 "고의로 사람의 죄를 더한 것"으로 논한다.

[율문의 소] 의하여 말한다: "(죄수를) 추국하는 자"란, 추국하는 관은 모두 반드시 고한 바의 본래의 (고)장에 따라 추국해야 하며, 만약 본래의 (고)장 외에서 다시 추국 신문하여 별도로 태죄·장죄·도죄·유죄 및 사죄를 찾아낸 자는 고의로 사람의 죄를 더한 것(단19)과 같게 한다는 것 따위를 말한다. 만약 그 고장으로 인해 혹 엄습·체포, 수색·검사해서 다른 죄를 찾아낸 경우에는 역시 추국할 수 있다. 단 감림주사는 관할구역에서 고장 외에 별도의 죄가 있음을 안 경우 즉시 반드시 공문을 올려 별도로 다시 규(탄)해서 논할 수 있지만, 전의 고장으로 인해 함부로 추국할 수는 없다. 만약 감림하는 관인이 아니면 역시 고장 외로 별도의 (죄를) 들추어 국문할 수 없다.

제481조 단옥 13. 공범 이송 규정을 위반한 죄(違法移囚)

[律文1] 諸鞫獄官, 囚徒伴在他所者, 聽移送先繫處併論之. 謂輕從重. 若輕
重等, 少從多. 多少等, 後從先. 若禁處相去百里外者, 各從事發處斷之. **違者杖**
一百.

[律文1의 疏] 議曰:「鞫獄官, 囚徒伴在他所者」, 假有諸縣相去各百里內, 東
縣先有繫囚, 西縣囚復事發, 其事相連, 應須對鞫, 聽移後發之囚, 送先繫之
處併論之. 注云「謂輕從重」, 謂輕罪發雖在先, 仍移輕以就重.「若輕重等,
少從多」, 謂兩縣之囚, 罪名輕重等者, 少處發雖在先, 仍移就多處. 若多少
等, 卽移後繫囚從先繫處. 若禁囚之所相去百里外者,「各從事發處斷之」, 旣
恐失脫囚徒, 又慮漏泄情狀, 故令當處斷之. 違者各杖一百.

[율문1] 무릇 국옥관은 죄수의 공범이 다른 곳에 있을 경우 앞서
붙잡아두고 있는 곳으로 이송해서 합쳐서 논하는 것을 허용해
야 한다. 가벼운 쪽을 무거운 쪽으로 (이송함을) 말한다. 만약 가볍고
무거움이 같으면 (수가) 적은 쪽을 많은 쪽으로, 많고 적음이 같으면
뒤에 (계류한) 쪽을 앞서 (계류한) 쪽으로 (이송한다). 만약 감금된 곳
이 서로 100리 이상 떨어진 경우에는 각각 사건이 발각된 곳에서 단
죄한다. **위반한 자는 장100에 처한다**.

[율문1의 소] 의하여 말한다: "국옥관은 죄수의 공범이 다른 곳에 있
는 경우", 가령 현들의 거리가 각 100리 내에 있는 동현에서 먼저
죄수를 붙잡아두고 있는데 서현에서 다시 죄수를 (체포하여) 사건
이 발생했으며, 그 사건들이 서로 연관이 있어 반드시 대질시켜 추
국해야 하면, 뒤에 발각된 죄수를 앞서 붙잡아두고 있는 곳으로 이
송해서 합쳐서 논하는 것을 허용한다. 주에 "가벼운 쪽을 무거운

쪽으로 (이송함을) 말한다."라고 한 것은, 가벼운 죄 쪽이 비록 먼저 발각되었더라도 그대로 가벼운 쪽을 무거운 쪽으로 옮기는 것을 말한다. "만약 가볍고 무거움이 같다면 (수가) 적은 쪽을 많은 쪽으로 (이송한다.)"는 것은, 두 현의 죄수가 죄명의 가볍고 무거움이 같은 경우 적은 쪽이 비록 앞서 발각되었더라도 그대로 많은 쪽으로 옮기는 것을 말한다. 만약 많고 적음이 같다면 곧 뒤에 계류한 죄수를 앞서 계류한 쪽으로 따라 이송한다. 만약 죄수를 감금하고 있는 곳의 거리가 100리 밖인 경우 "각각 사건이 발각된 곳에서 단죄한다."는 것은, 죄수의 무리를 놓쳐버릴 것이 걱정되고 또 (죄의) 정상이 누설될 것이 염려되기 때문에 해당 지역에서 단죄하게 한다는 것이다. 위반한 자는 각각 장100에 처한다.

[律文2] 若違法移囚, 卽令當處受而推之, 申所管屬推劾. 若囚至不受及受而不申者, 亦與移囚罪同.

[律文2의 疏] 議曰:「違法移囚」, 謂移重就輕, 或移多就少之類. 「卽令當處受而推之」, 謂囚至之處卽合受推. 「仍申所管之州推劾」, 謂兩縣囚申州, 兩州囚申省, 並依狀推劾. 囚至不肯爲受, 或受囚不申管屬, 與擅移囚罪同, 亦杖一百. 卽擅移囚縣各隸別州者, 卽受囚之縣申所管之州, 轉牒送囚之州, 依法推劾. 此等移囚並謂兩處事發. 若是一處事發者, 不限遠近, 皆須直牒追攝, 如有違者自從上法.

[율문2] 만약 위법하게 이송한 죄수는 곧 (이송된) 곳에서 받아 추국하되, 관할하는 바의 (상급 관사에) 추국해서 핵실한 것을 보고한다. 만약 죄수가 이르렀는데도 받지 않거나 받고도 보고하지 않은 경우는 역시 (위법하게) 죄수를 이송한 것과 죄가 같다.

[율문2의 소] 의하여 말한다: "위법하게 죄수를 이송했다."는 것은,

무거운 쪽을 가벼운 쪽으로 이송하거나 혹은 많은 쪽을 적은 쪽으로 이송한 것 따위를 말한다. "곧 (이송된) 곳에서 받아 추국한다."는 것은, 죄수가 이른 곳에서 즉시 받아 추국해야 한다는 것을 말한다. "관할하는 바의 (상급 관사에) 추국해서 핵실한 것을 보고한다."는 것은, (같은 주의) 두 현의 죄수라면 주에 보고하고, 두 주의 죄수이면 (상서)성에 보고하며, 모두 (공소)장에 의거해서 추국해서 핵실한다는 것을 말한다. 죄수가 이르렀는데 받지 않거나 혹은 죄수를 받고 관할하는 바의 (상급 관사에) 보고하지 않았다면 함부로 죄수를 이송한 죄와 같이 역시 장100에 처한다. 만약 함부로 죄수를 이송한 현이 각각 다른 주에 속하는 경우, 곧 죄수를 받은 현은 관할하는 바의 주에 보고해서 죄수를 보낸 주로 공문을 전달한 뒤 보내게 하고, 법에 의거해서 추국해서 핵실한다. 이와 같은 죄수의 이송은 모두 두 곳에서 사건이 발각된 경우를 말한다. 만약 한 곳에서 사건이 발각된 경우라면 멀고 가까움에 관계없이 다 직접 공문을 보내 (죄수를) 추섭해야 하며, 만약 위반함이 있는 자는 당연히 앞의 법(단11)에 따른다.

제482조 단옥 14. 태·장형의 집행을 법대로 하지 않은 죄(決罰不如法)

[律文1a] 諸決罰不如法者笞三十,
[律文1b] 以故致死者徒一年.
[律文2] 卽杖麤細長短不依法者, 罪亦如之.
　[律文1a의 疏] 議曰: 依獄官令: 「決笞者腿、臀分受, 決杖者, 背、腿、臀分受,

須數等. 拷訊者亦同. 笞以下願背, 腿分受者, 聽.」決罰不依此條, 是「不如法」, 合笞三十.

[律文1b의 疏] 以此決罰不如法而致死者, 徒一年.

[律文2의 疏] 依令:「杖皆削去節目, 長三尺五寸. 訊囚杖大頭徑三分二釐, 小頭二分二釐. 常行杖大頭二分七釐, 小頭一分七釐. 笞杖大頭二分, 小頭一分五釐.」謂杖長短麤細不依令者笞三十, 以故致死者徒一年. 故云「亦如之」.

[율문1a] 무릇 태·장형을 집행하는 것을 법대로 하지 않은 자는 태30에 처하고,

[율문1b] 이 때문에 (죄수가) 사망하게 되었다면 도1년에 처한다.

[율문2] 만약 장의 규격을 법대로 하지 않은 자의 죄 역시 이와 같다.

[율문1a의 소] 의하여 말한다: 옥관령(습유793쪽)에 의거하면, "태형을 집행할 때는 넓적다리·엉덩이로 나누어 받게 하고, 장형을 집행할 때는 등·넓적다리·엉덩이로 나누어 받게 하며, (나누는) 수는 반드시 같아야 한다. 고신할 경우에도 역시 같다. 태형 이하라도 등과 넓적다리로 나누어 받기를 원하는 경우 허용한다." 형벌을 집행할 때 이 조문에 따르지 않는 것이 "법대로 하지 않은 것"이며, 태30에 해당한다.

[율문1b의 소] 이처럼 태·장형의 집행을 법대로 하지 않아 죄수가 사망에 이른 때에는 도1년에 처한다.

[율문2의 소] 영(옥관령 습유793쪽)에 의거하면, "장은 모두 마디 부분을 제거하며, 길이는 3척 5촌이다. 죄수를 (고)신하는 장은 굵은 부분의 굵기는 3분 2리이고 가는 부분의 굵기는 2분 2리이다. 통상 사용하는 장은 굵은 부분이 2분 7리이고 가는 부분은 1분 7리이다. 태형에 사용하는 장은 굵은 부분이 2분이고 가는 부분은 1

분 5리이다." 즉 장의 규격을 (옥관)령에 의거하지 않고 한 자는 태30에 처하며, 이 때문에 사망하게 되었다면 도1년에 처한다. 그러므로 "역시 이와 같다."고 한 것이다.

당률소의 권 제30 단옥률 모두 20조

역주 이완석

제483조 단옥 15. 감림관이 공적인 일로 장을 쳐서 사람을 살상한 죄(監臨自以杖捶人)

[律文1] 諸監臨之官因公事自以杖捶人致死及恐迫人致死者, 各從過失殺人法;
[律文2] 若以大杖及手足毆擊, 折傷以上減鬪殺傷罪二等.

　[律文1의 疏] 議曰: 謂臨統案驗之官情不挾私, 因公事, 前人合杖,笞, 自以杖捶人致死; 「及恐迫人致死」, 謂因公事, 欲求其情, 或恐喝, 或迫脅, 前人怕懼而自致死者: 各依過失殺人法, 各徵銅一百二十斤入死家. 若前人是卑賤, 罪不至死者, 各依本殺法徵銅.

　[律文2의 疏] 若以大杖及手足毆擊折傷以上者, 自擊,使人擊等, 「減鬪殺傷罪二等」, 謂其應償死者合徒三年之類.

[율문1] 무릇 감림관이 공적인 일로 직접 장으로 사람을 쳐서 사람을 사망에 이르게 하거나 공갈·협박해서 사람을 사망에 이르게 한 때에는 각각 과실로 사람을 살해한 법에 따른다.
[율문2] 만약 큰 장 및 손발로 (사람을) 구타하여 (상해한 것이) 골절상 이상이면 투살상죄에서 2등을 감한다.

　[율문1의 소] 의하여 말한다: 임통·안험하는 관인[1]이 사사로운 뜻을 가지지 않고, 공적인 일로[2] 태·장을 쳐야 할 사람을 직접 장으로

---

1) 臨統은 모든 관사의 長官이 소속 관사 및 관할구역 내에서 통제하는 행위를 말한다. 案驗은 모든 관사의 判官이 그 해당 관사의 사안을 판정하는 행위를 말한다. 모든 관사의 장관과 판관을 監臨官이라 한다(명54.1의 소).
2) 이 소에는 "임통·안험하는 관인이 사사로운 뜻을 가지지 않고, 공적인 일로 태·장을 쳐야 할 사람을 직접 장으로 쳐서"라고만 하고, '공적인 일[公事]'에 대

쳐서 사망에 이르게 한 것을 말하며, "공갈·협박해서 사람을 사망에 이르게 했다."는 것은, 공적인 일에 대한 실정을 밝히고자 하여 공갈 혹은 협박했는데 그 사람이 두려워 스스로 사망에 이른 것을 말하며, 각각 과실살인의 법(투38)에 의거하여 각각 동 120근을 징수하여 사망자의 집에 준다.3) 만약 사망한 사람이 비천하여 (살해한) 죄가 사형에 이르지 않는 경우 각각 본조의 살해죄의 (처벌)법에 의거해서 동을 징수한다.4)

[율문2의 소] 만약 큰 장5)이나 손발로 (사람을) 구타하여 (상해한 것

한 구체적인 해석은 없다. 다만 『大明律直解』(권28)과 『大淸律輯註』(권28)의 決罰不如法條(律後註)에는 공적인 일에 대한 諸家의 해석이 기재되어 있는데, 錢糧을 징수를 최촉하는 것[催徵錢糧], 공적인 일을 캐묻는 것[鞫問公事], 영조·제작을 관장하는 것[提調造作], 공정을 감독하는 것[監督工程] 등이 열거되어 있다. 이로 보면 唐律에서도 감림·주수는 설령 法司가 아니라도 위법의 정황을 구명하기 위하여 그대로 장으로 사람을 칠 수 있고 역시 決罰할 수 있다고 해석할 수 있을 것이다. 다시 말하면 감림관은 공적인 일로 인해 스스로 사람을 장으로 칠 수 있고, 공적인 일로 인하여 장·태를 맞아야 될 사람을 직접 장으로 칠 수 있지만, 다만 이로 인해 사람이 사망에 이른 때에는 過失殺로 처벌한다는 의미이다.

3) 과실로 사람을 살상한 경우 동을 내어 속할 수 있으며(339, 투38), 이 때 속동은 원칙적으로 피해자의 집에 준다(『唐令拾遺』, 792쪽). 이 조항에서의 120근은 교·참형의 贖銅額에 해당한다(명5).

4) 죽은 사람이 비천하여 살해해도 죄가 사형에 이르지 않는 경우는 다음과 같다. 양인이 타인의 부곡을 구타하여 살해했다면 일반인의 경우에서 1등을 감해 유3000리에 처하며 노비의 경우는 다시 1등을 감해 도3년에 처한다(320, 투19.2). 따라서 부곡을 살해한 경우 죄는 유3000리, 속동은 100근이며, 노비를 살해한 경우 죄는 도3년, 속동은 60근이 된다.

5) '큰 장'이란 獄官令에 규정된 장의 규격을 벗어난 장을 말한다. 영에 정한 杖·笞의 규격은 다음과 같다. 장은 모두 마디 부분을 제거하며, 길이는 3척 5촌이다. 죄수를 신문하는 장은 굵은 부분의 굵기는 3분 2리이고 가는 부분의 굵기는 2분 2리이다. 통상 사용하는 장은 굵은 부분이 2분 7리이고 가는 부분이 1분 7리이다. 태형에 사용하는 장은 굵은 부분이 2분이고 가는 부분이 1분 5리이다(482, 단14.2의 소).

이) 골절상6) 이상이면 스스로 때렸든 타인으로 하여금 때리게 했든
마찬가지로 "투살상죄에서 2등을 감한다." 예컨대 죽음으로 죗값을
해야 할 경우이면 도3년에 해당하는 것 따위이다.

[律文3] 雖是監臨主司, 於法不合行罰及前人不合捶拷而捶拷者, 以鬪殺傷
論, 致死者加役流,
[律文4] 卽用刃者各從鬪殺傷法.

[律文3의 疏] 議曰:「雖是監臨主司, 於法不合行罰」, 謂非判事之官及非專當
督領者, 不得輒行捶罰. 假有人犯徒以上罪合送法司, 不送法司, 當曹卽自行
決罰之類;「及前人不合捶拷」, 謂前人無罪, 或雖有罪應合官當, 收贖之類而
輒捶拷者:「以鬪殺傷論」, 謂傷與不傷並依他物鬪毆之法, 其因捶拷而致死
者加役流.

[律文4의 疏]「用刃者」, 謂「監臨之官自以杖捶人致死」以下, 有用刃殺傷者,
各依鬪訟律, 用刃殺者斬, 用兵刃殺者同故殺法.

[율문3] 비록 감림·주사라도 법에 매를 치는 벌을 행할 수 없는
데 (매를 치거나) 피의자가 매를 쳐서 고신해서는 안 되는 (사람
인데) 매를 쳐서 고신한 때에는 투살상으로 논하고, 사망에 이
른 때에는 가역류에 처한다.

---

6) 골절상이란 치아를 부러뜨린 것 이상을 말한다(312, 투11.1a). 치아를 부러뜨
리거나, 귀나 코를 손상시키거나 것, 한쪽 눈을 다치게 하거나 것, 손발가락을
부러뜨리거나 것, 뼈에 금이 가게 하거나 것, 끓는 물이나 불로 상해한 죄는
모두 도1년이며, 치아 두 개 이상 또는 손발가락 두 개 이상 부러뜨리거나 것,
두발을 깎은 죄는 도1년반이다(303, 투2). 날붙이로 상해하거나 늑골을 부러
뜨리거나 것, 양쪽 눈을 다치게 하거나 것, 낙태시킨 죄는 도2년이다(304, 투
3.2). 팔다리를 부러뜨리거나 어긋나게 하거나 것, 한쪽 눈을 멀게 한 죄는 도
3년이다(305, 투4.1a).

[율문4] 만약 날붙이를 사용했다면 각각 투살상법에 따른다.

[율문3의 소] 의하여 말한다: "비록 감림·주사라도 법에 매를 치는 벌을 행할 수 없다."는 것은, 일을 판정하는 관사가 아니거나 감독·통솔하는 자7)가 아니면 함부로 매를 치는 벌을 행할 수 없음을 말한다. 가령 도형 이상의 죄를 범한 사람이 있으면 법사로 이송해야 하는데, 법사로 이송하지 않고 (범인이 속한) 해당부서에서 곧바로 직접 매 치는 벌을 행하는 것 따위이다. "피의자가 매를 쳐서 고신해서는 안 되는 (사람)"이라는 것은, 피의자가 죄가 없거나 혹은 죄가 있더라도 관당 또는 속할 수 있는 것 따위에 해당하는 (사람)이라는 것을 말하며,8) (이 같은 사람을) 함부로 매를 쳐서 고신한 경우 "투살상으로 논한다."는 것은 상해했든 상해하지 않았든 모두 싸우다 다른 물건9)으로 구타한 법(투1.2)에 따르되, 추고로 인하여 사망에 이른 때에는 가역류에 처한다는 것을 말한다.

[율문4의 소] "날붙이10)를 사용했다."는 것은, "감림관이 (공적인 일로) 직접 장으로 사람을 쳐서 사망에 이르게 한 때" 이하에서 날붙이를 사용하여 살상한 자가 있다면 각각 투송률(투5.1)에 의거하는데, 날붙이를 사용하여 살해한 경우는 참형에 처하고 병장기의 날을 사용하여 살해한 경우에는 고살의 법과 같게 한다는 것을 말한다.11)

---

7) '감독·통솔하는[專當督]領] 자'란 錢糧을 최촉하여 징수하는 것[催徵錢糧], 공적인 일을 캐묻는 것[鞫問公事], 영조·제작을 관장하는 것[提調造作], 공정을 감독하는 것[監督工程] 등등의 공적인 일[公事]을 담당하며 人夫·雜匠 등을 통솔하는 자이다. 이들은 업무와 관련한 行罰權을 보유한 것으로 추측된다.

8) 議·請·減해야할 자 또는 나이 70세 이상과 15세 이하 및 廢疾者는 모두 다 고신해서 안 된다(474, 단6.1a). 단 이 소에서 官當·收贖에 해당하는 사람도 예로 들었는데, 9품 이상의 관인은 모두 관당할 수 있고 속할 수 있으므로, 관인 역시 고신해서는 안 되는 사람에 포함할 수 있다.

9) '다른 물건[他物]'이란 손발 이외의 모든 것을 뜻한다(302, 투1.2).

10) 율에서 '날붙이[刃]'란 크기에 상관없이 금속으로 만들어져 사람을 살해할 수 있는 물건을 말한다(304, 투3.2).

[律文4의 問] 曰: 里正、坊正、村正及主典, 因公事行罰前人致死, 合得何罪?

[律文4의 答] 曰: 里正、坊正、村正等, 唯掌追呼催督, 不合輒加笞杖, 其有因公事相毆擊者, 理同凡鬪而科. 主典檢請是司, 理非行罰之職, 因公事捶人者, 亦與里正等同.

[율문4의 문] 묻습니다: 이정·방정·촌정12) 및 주전이13) 공적인 일로 (결)벌을 행하다가 사람을 사망에 이르게 했다면 어떤 죄를 받습니까?

[율문4의 답] 답한다: 이정·방정·촌정 등은 오직 말로 타이르고 독촉할 수 있을 뿐이므로 함부로 태·장을 쳐서는 안 되며, 공적인 일로 구타한 경우에는 이치상 일반인끼리 구타한 것과 같은 죄를 준다. 주전은 검사하고 수리해서 판정을 청하는 것14)이 직분으로 이

---

11) 감림주사라도 법에 매를 때리거나 고신할 수 없는 사람이 매를 때린 경우 鬪殺傷(302~306, 투1~5)으로 논하되 사망에 이른 경우 가역류에 처한다. 만약 날붙이[刃]를 사용했다면 투살상의 처벌법을 그대로 적용하므로 사망에 이른 경우 참형에 처한다(306, 투5.1b). 날붙이도 병장기의 날을 사용했다면 故殺罪를 적용하므로 참형에 처하고(306, 투5.1c), 은사령이 내려도 그대로 제명한다(명18.3a).

12) 영에 의하면, 모든 戶는 100호를 1里로 삼고 5리를 1鄉으로 삼는다. 이에는 里正 1인을 두는데, 호구를 按比하고, 農桑을 課植하며, 비위를 검찰하고, 부역을 催驅한다. 이로 보면 이와 향은 縣의 하부 행정 단위라고 할 수 있다. 이와는 별도로 邑은 坊으로 구획하고, 坊正 1인을 두어 坊門의 管鑰을 관장하고 姦非를 독찰하게 했는데 그 課役을 면제했다. 田野는 自然村 위주로 村正 1인을 두었는데 그 職掌은 방정과 같았다(『通典』권3, 63쪽). 포망률(456, 포6.2)의 소에 인용된 포망령에는 도적 및 살상이 발생하면 촌·방에 보고하도록 하고 이는 언급하지 않는데, 아마도 이는 인위적으로 편성된 행정 조직인데 비하여 촌·방은 실제 거주지 위주로 편성된 생활구역이기 때문일 것이다.

13) 主典은 기록·문서 담당관의 총칭이며(명40.1의 소; 152, 호3.1의 주의 소), 관직명은 각 관사마다 다르다.

14) 원문의 '檢請'은 필요한 사실 및 法條를 조사해서 문서로 작성하여, 判官 이상의 가부 판정을 요청하는 준비작업을 의미한다.

치상 (결)벌을 행하는 직책이 아니므로, 공사로 인하여 사람을 때린 때에는 역시 이정 등과 같게 한다.

제484조 단옥 16. 율·영·격·식의 정문을 인용하지 않고 재판한 죄(斷罪不具引律令格式)

[律文1] 諸斷罪皆須具引律、令、格、式正文, 違者笞三十.

[律文2] 若數事共條, 止引所犯罪者, 聽.

[律文1의 疏] 議曰: 犯罪之人, 皆有條制. 斷獄之法, 須憑正文. 若不具引, 或致乖謬. 違而不具引者, 笞三十.

[律文2의 疏] 「若數事共條」, 謂依名例律:「二罪以上俱發, 以重者論. 卽以贓致罪, 頻犯者並累科.」 假有人雖犯二罪, 並不因贓, 而斷事官人止引「二罪俱發以重者論」, 不引「以贓致罪」之類者, 聽.

[율문1] 무릇 죄를 판결할 때에는 모두 반드시 율·영·격·식의 정문을 완정하게 인용해야 한다. 위반한 자는 태30에 처한다.

[율문2] 만약 여러 일이 (한) 조항에 포함되어 있다면 단지 범한 죄에 관한 부분만 인용하는 것을 허용한다.

[율문1의 소] 의하여 말한다: 죄를 범한 사람에 대해서는 모두 (적용할) 조문이 있다. 판결의 방법은 반드시 정문에 의거하는 것인데 (『진서』권30, 938쪽), 만약 완정하게 인용15)하지 않으면 자칫 어긋나

---

15) 원문의 '具引'은 '상세히 모두 인용함[備細援引]'이란 뜻이다(『大明律集解附例』, 斷罪引律令條 纂註).『大清律集解附例』에서는 쪼개어서 일부 인용[割裂·摘引]하는 것은 律例의 뜻에 부합되지 않고 奸弊의 여지를 만드는 일이라고 했다.『大清

그르치게 된다. (이를) 위반하고 완정하게 인용하지 않은 자는 태 30에 처한다.

[율문2의 소] "만약 여러 일이 (한) 조항에 포함되어 있다면 (단지 범한 죄에 관한 부분만 인용하는 것을 허용한다)."는 것은, 명례율에 "두 개 이상의 죄가 함께 발각되었다면 무거운 것으로 논한다(명 45.1a①). 만약 장물로 인한 조를 여러 번 범했다면 모두 누계하여 죄준다(명45.2a)."고 한 (규정)에 의거하는데, 가령 어떤 사람이 두 가지 죄를 범했으나 모두 장물로 인하지 않았다면,[16] 사건을 판결하는 관사는 단지 "두 개 이상의 죄가 함께 발각되었다면 무거운 것으로 논한다."만을 인용하고, "장물로 인한 죄"는 인용하지 않는 것 따위는 허용한다는 것이다.

律輯註』(권28, 1041쪽)에서도 예를 들어, 강도로 재물을 얻었을 때 '강도를 행해 재물만 얻은 자는 모두 참형에 처한다.'는 律文을 완정하게 인용해야 하며, 단지 '강도는 마땅히 참형에 처한다.'고 축약해서 인용해서는 안 된다고 했다(戴炎輝, 『唐律各論』下, 791쪽).

16) '두 개 이상의 죄가 함께 발각된 경우[二罪以上俱發]'란 죄질이 서로 다르고 또한 독립적인 두 가지 이상의 죄가 함께 발각된 경우 형을 가할 때 하나의 무거운 죄만으로 처단하는 것이다(명45.1a①). '장물로 인한 죄를 여러 번 범한 경우[贓罪頻犯]'는 '二罪以上俱發'의 특수 형태이다. 장물로 인한 죄를 여럿 범했는데 그 죄명과 처벌법이 같은 경우는 단순 누계하여 형을 과하고, 다른 경우는 가장 가벼운 죄의 장물에 무거운 죄들의 장물의 수치를 병합하여 누계한 후 다시 이를 절반하여 가벼운 죄명에 따라 형을 과하는 것이다(명45.2a). 소가 규정한 바는, 예를 들어 어떤 사람이 금지된 병기를 사사로이 소유한 죄(243, 천20)를 범하고 다시 싸우다가 골절상을 입힌 죄(303, 투2)를 범했다면 이 두 죄는 모두 여섯 가지 贓罪에 속하지 않으므로, 곧 '모두 장물로 인하지 않은' 것이어서 '두 개 이상의 죄가 함께 발각되었다면 무거운 것으로 논한다.'는 律文만 인용해도 된다는 뜻이다(錢大群, 『唐律疏議新注』, 982쪽, 주3).

제485조 단옥 17. 상부에 보고하지 않거나 회답을 기다리지 않고 재판한 죄(輒自決斷)

[律文] 諸斷罪應言上而不言上, 應待報而不待報, 輒自決斷者, 各減故失三等.

[律文의 疏] 議曰: 依獄官令:「杖罪以下, 縣決之. 徒以上, 縣斷定, 送州覆審訖, 徒罪及流應決杖, 笞若應贖者卽決配徵贖. 其大理寺及京兆, 河南府斷徒及官人罪並後有雪減, 並申省, 省司覆審無失, 速卽下知; 如有不當者, 隨事駮正. 若大理寺及諸州斷流以上, 若除, 免, 官當者, 皆連寫案狀申省, 大理寺及京兆, 河南府卽封案送. 若駕行幸, 卽準諸州例, 案覆理盡申奏.」若不依此令, 是「應言上而不言上」; 其有事申上, 合待報下而不待報, 輒自決斷者:「各減故, 失三等」, 謂故不申上, 故不待報者, 於所斷之罪減三等; 若失不申上, 失不待報者, 於職制律公事失上各又減三等. 卽死罪不待報輒自決者, 依下文流二千里.

[율문] 무릇 죄를 판결하고, 위에 보고해야 하는데 위에 보고하지 않거나 회답을 기다려야 하는데 회답을 기다리지 않고 함부로 직접 판결을 집행한 경우, 각각 고의·과실로 (죄를 덜고 더한 죄)에서 3등을 감한다.

[율문의 소] 의하여 말한다: 옥관령(습유757쪽)에 의거하면, "장죄 이하는 현에서 집행한다. 도(죄) 이상은 현에서 판결하고 주에 보내 복심을 마친 뒤, 도죄 및 유죄 (가운데) 장형·태형[17]으로 (대체)

---

17) 流罪·徒罪의 대체는 杖刑으로만 집행하므로 이 조항에서의 '태형'은 衍文으로 보인다.

집행해야 할 경우18) 또는 속해야 할 경우에는 곧 (주에서 형을) 집
행하거나 속(동)을 징수하고 (나머지는 상서성에 보고하며), 대리
시 및 경조부·하남부에서 판결한 도죄 및 관인의 죄와 아울러 사
후에 감면한19)것은 모두 상서성에 보고한다. 상서성의 (형부)사는
(보고된 사건을) 복심하여 잘못이 없으면 즉시 아래의 (주와 대리

---

18) 신분 상 특별한 조건을 지닌 자에 대해서는 流罪·徒罪 처벌과 관련해서 특례
로 杖刑으로 대체해서 집행하는 加杖法과 유배하지 않고 머물러 살게 하되 장
형과 도역을 과하는 留住決杖法이 있다. 가장법으로 처벌하는 경우는 다음과
같다. ①도죄를 범했으나 집에 죄인 외에 장정[兼丁]이 없는 경우는 도1년을
장120으로 처벌하고 1등마다 장20을 더하여 도3년이면 장200으로 처벌한다.
도죄 복역 중에 집에 죄인 외에 다른 장정이 없게 되면 복역해야 할 일수를
계산하여 장형 수를 계산하여 집행하고 석방한다(명27). ②官戶·部曲·官私奴
婢가 유죄·도죄를 범한 경우 역시 兼丁이 없는 예에 준하여 장형으로 대체하
지만 노역은 면한다(명47.2). ③업무의 학습이 이미 이루어져 그 일을 전담할
수 있는 공호·악호 등과 天文을 익힌 天文生과 給使·散使가 도죄를 범한 경우
에는 겸정이 없는 예에 준하여 장형으로 대체하고, 본래 임무로 돌려보낸다
(명28.2). 유주결장법으로 처벌하는 경우는 다음과 같다. ①工戶·樂戶·雜戶 및
太常音聲人이 유죄를 범한 경우 유2000리는 장100으로 처벌하고, 1등마다 장
30을 더하며, 거주지에 머무르게 하여 3년간 복역시키며, 가역류를 범한 때에
는 장160으로 처벌하고 4년을 복역시킨다(명28.1). ②업무의 학습이 이미 이
루어져 그 일을 전담할 수 있는 공호·악호 등과 천문을 익힌 天文生과 給使·
散使가 유죄를 범한 경우 각각 장200으로 대체한다(명28.2). ③부인이 유죄를
범한 경우 거주지에 머무르게 하는데, 유2000리는 장60으로 처벌하고, 1등마
다 장20을 더하며, 모두 3년간 복역시키나 가역류는 4년간 복역케 한다(명
28.3). ④유죄를 거듭해서 범한 자는 유배 장소에서 장형으로 대체하고 3년을
더 복역시킨다(명29.2).
19) 원문의 '雪減'이란 억울한 죄의 누명을 벗음으로써 죄를 감면하는 것을 말한
다. 범죄 가운데 徒罪 이상은 縣에서 판결한 뒤 州로 보내 覆審을 마친 뒤,
도죄 및 유죄 가운데 장형·태형으로 집행해야 할 경우와 속동을 징수해야 할
경우에는 속동을 징수하지만, 大理寺 및 京兆府·河南府에서 판결한 도죄 및
관인의 죄가 뒤에 누명을 벗어 감면된[雪減] 경우 모두 상서성에 보고하고, 尙
書刑部에서 복심하여 잘못이 없으면 즉시 하급관사에 알린다고 규정되어 있
다(『唐六典』권6, 189쪽; 『역주당육전』상, 596~597쪽).

시 및 경조부·하남부)에 알리며, 만약 부당한 것이 있으면 사건에 따라 잘못을 지적해서 바로잡게 한다. 만약 대리시 및 모든 주에서 유죄 이상 또는 제명·면관·관당으로 판결한 것은20) 모두 판결문을 연사하여 상서성에 보고하며, 대리시 및 경조부·하남부는 곧 판결문을 밀봉해서 보낸다. 만약 황제가 행행하면 곧 모든 주의 예에 준하여 판결문을 복심해서 처리를 마친 후에 (상서성에) 상신해서 (황제에게) 상주케 한다." 이 영에 의거하지 않은 것이 "위에 보고해야 하는데 위에 보고하지 않았다."는 것이며, 단 사건이 있어 위에 보고했으면 마땅히 회답이 내리기를 기다려야 하는데 회답을 기다리지 않고 함부로 직접 판결을 집행한 경우에는 "각각 고의·과실(로 죄를 덜거나 더한 죄)(단19)에서 3등을 감한다." (이는) 고의로 위에 보고하지 않거나 고의로 회답을 기다리지 않은 경우 판결한 바의 죄에서 3등을 감하며, 만약 과실로 위로 보고하지 않거나 과실로 회답을 기다리지 않은 경우 직제율의 공적인 일에 대한 과실(죄)(직2.3a)(의 규정에) 따라 각각 또 3등을 감한다는 것을 말한다. 만약 사죄(의 판결을 위에 보고했으나) 회답을

20) ①除名하는 죄는 다음과 같다. 加役流·反逆緣坐流·子孫犯過失流·不孝流·會赦猶流의 5流罪와 十惡·故殺罪와 살인 모의와 反·逆 연좌와 監臨·主司의 범죄와 雜犯 死罪囚가 구금 중에 사망하거나 사형을 면하여 특별히 유배되었거나 사형을 피해 도망친 경우이다(명18). ②免官하는 죄는 다음과 같다. 관인이 관할 범위 내에서 범한 姦·盜·略人罪 및 受財枉法罪에 의해 제명 처분을 받았으나 恩降令이 내려 免官法을 따라야 하는 경우와 관인이 관할 범위 밖에서 범한 간·도·약인죄 및 受財不枉法罪와 유·도죄수가 도망한 경우와 사죄수인 조부모·부모의 수감 중에 樂을 즐기거나 혼인한 죄이다(명19). ③免所居官하는 죄는 다음과 같다. 관인이 감림 구역 내에서 범한 간·도·약인죄 및 不枉法罪에 의해 제명 처분을 받았으나 사면령을 만나 면소거관하는 경우와 父·祖의 이름을 범한 죄와 조부모·부모를 모시지 않은 죄와 부모 상중에 자식을 낳았거나 첩을 얻은 죄와 부모 상중에 호적을 따로 하고 재산을 나눈 죄와 服喪 중에 관직을 구한 죄와 감림주수의 천인 간죄이다(명20).

기다리지 않고 함부로 직접 집행한 자는 아래 조문(단29.1)에 의거
하여 유2000리에 처한다.

제486조 단옥 18. 임시 처분한 제·칙으로 죄를
재판한 죄(輒引制敕斷罪)

[律文] 諸制敕斷罪, 臨時處分, 不爲永格者, 不得引爲後比. 若輒引致罪有
出入者, 以故失論.

　[律文의 疏] 議曰:「事有時宜, 故人主權斷.」制敕量情處分, 不爲永格者, 不
　得引爲後比. 若有輒引致罪有出入者, 「以故失論」, 謂故引有出入, 各得下條
　故出入之罪; 其失引者, 亦準下條失出入罪論.

[율문] 무릇 제·칙으로 죄를 판결한 것이 임시적인 처분일 뿐 영
구적인 격으로 삼지 않은 경우에는 뒤에 선례로 인용할 수 없
다. 만약 함부로 인용하여 죄에 덜거나 더함이 있게 된 때에는
고의·과실로 (죄를 덜고 더한 것으로) 논한다.

　[율문의 소] 의하여 말한다: "일에는 때에 따른 마땅함이 있으므로
　황제는 임시로 판단한다."(『진서』권30, 936쪽) 제·칙이 실정을 헤아
　려 처분한 것으로 영구적인 격으로 삼지 않은 경우에는 뒤에 선례
　로 인용할 수 없다. 만약 함부로 인용하여 죄에 덜거나 더함이 있
　게 된 때에는 "고의·과실로 (죄를 덜고 더한 것으로) 논한다." (이
　는) 고의로 인용하여 (죄를) 덜거나 더함이 있으면 각각 아래 조항
　(단19)의 고의로 죄를 덜거나 더한 죄를 받으며, 단 과실로 인용한
　때에는 역시 아래 조항(단19.4)의 과실로 죄를 덜거나 더한 죄에 준

하여 논한다는 것을 말한다.

제487조 단옥 19. 관사가 사람의 죄를 더하거나 던 죄(官司出入人罪)

[律文1a] **諸官司入人罪者**, 謂故增減情狀足以動事者, 若聞知有恩赦而故論決, 及示導令失實辭之類. **若入全罪以全罪論**, 雖入罪, 但本應收贖及加杖者, 止從 收贖,加杖之法.

　[律文1a의 疏] 議曰:「官司入人罪者」, 謂或虛立證據, 或妄搆異端, 捨法用 情, 鍛鍊成罪. 故注云, 謂故增減情狀足以動事者, 若聞知國家將有恩赦而故 論決囚罪, 及示導教令而使詞狀乖異. 稱「之類」者, 或雖非恩赦而有格式改 動, 或非示導而恐喝改詞, 情狀旣多, 故云「之類」.「若入全罪」, 謂前人本無 負犯, 虛搆成罪, 還以虛搆枉入全罪科之.

[율문1a] **무릇 관사가 사람의 죄를 더한 경우** 고의로 정상을 증감 하여 내용을 변동한 것, 또는 은사가 있을 것을 들어 알고 고의로 논 하여 집행하거나 암시적으로 사실을 진술하지 못하게 유도한 것 따위 를 말한다. **만약 전죄를 더했다면 전죄로 논하고**, 비록 죄를 더했 더라도, 단 (죄인이) 본래 속동을 징수하거나 장형으로 대체해야 할 자이면 (관사도) 속동을 징수하거나 장형으로 대체하는 법에 따르는 데 그친다.

　[율문1a의 소] 의하여 말한다: "관사가 사람의 죄를 더한 경우"란, 허 위로 증거를 만들거나 혹은 허위로 다른 단서를 날조하거나 법을 버리고 사적인 감정을 가지고 치밀하게 죄를 엮어내는 것을 말한

다. 그러므로 주에 이르기를 고의로 정상을 증감하여 내용을 변동한 것, 또는 국가에서 장차 은사가 있음을 들어 알고 고의로 죄수의 죄를 논하여 (형을) 집행한 것 및 암시하여 유도해서 진술을 (사실과) 어긋나게 한 것이라고 한 것이다. "따위"라고 한 것은 혹은 비록 은사가 아니더라도 격·식의 개정이 있음을 알았다든지 혹은 암시적으로 유도하지는 않았더라도 공갈하여 진술을 고치게 했다든지 하는 정상은 원래 많으므로 "따위"라고 한 것이다. "만약 전죄를 더했다."란 피의자가 본래 죄가 없는데 허위로 죄를 날조한 것을 말하며, (이 때는) 허위로 날조하여 잘못 더한 전죄를 (관사에게) 되돌려 죄준다.

[律文1a의 注] 雖入罪, 但本應收贖及加杖者, 止從收贖、加杖之法.

[律文1a의 注의 疏] 議曰: 假有入官蔭人及廢疾流罪, 前人合贖入者亦以贖論; 或入官戶、部曲、奴婢幷單丁之人, 前人合加杖者亦依加杖之法收贖: 不用官當及配流、役身之例. 此是官司入人罪, 與誣告之法不同.

[율문1a의 주] 비록 죄를 더했더라도, 단 (죄인이) 본래 속동을 징수할 자이거나 장형으로 대체할 자이면 (관사도) 속동을 징수하거나 장형으로 대체하는 법에 따르는데 그친다.

[율문1a의 주의 소] 의하여 말한다: 가령 관·음인 및 폐질(자)에게 유죄를 더했다면 그 사람은 더해진 (죄를) 속할 수 있는 자이므로 (관사도) 역시 속으로 논하고,21) 혹은 관호·부곡·노비와 아울러

---

21) 관인은 流內 9품 이상을 말하며, 流罪 이하를 贖할 수 있다. 蔭人은 황제의 친속이나 관인의 친속으로 그들의 음을 받아 특별 처분 대상자가 되는 자들이다. 즉 황제의 袒免 이상 친속과 태황태후·황태후의 시마 이상 친속과 황후의 소공 이상 친속은 議章에 해당한다. 황태자비의 대공 이상 친속, 議貴(職事官 3품 이상, 散官 2품 이상과 爵 1품인 사람) 등의 八議에 해당하는 자의 기친

단정인 사람에게 (유죄를) 더했다면 그 사람은 장형으로 대체할 자이므로 (관사도) 역시 장형으로 대체하는 법(명27·28·47)에 의거하여 속(동)을 징수하며,[22] 관당 및 유배·거작하는 예를 적용하지 않는다. 이는 관사가 사람의 죄를 더한 것으로 무고의 법(투41)[23]과는 같지 않은 것이다.

[律文1b] 從輕入重以所剩論;

[律文2a] 刑名易者: 從笞入杖,從徒入流亦以所剩論, 從徒入流者, 三流同比徒一年爲剩; 卽從近流而入遠流者, 同比徒半年爲剩; 若入加役流者, 各計加役年爲剩.

이상 친속 및 孫은 請章에 해당한다. 5품 이상 관인의 조부모·부모·형제·자매·처·자·손은 減章에 해당하며, 7품 이상 관인의 조부모·부모·처·자·손은 贖章에 해당하여 유죄 이하를 범하면 속할 수 있다(명8~11). 또한 5품 이상 妾의 범죄가 十惡이 아닌 경우 유죄 이하면 속으로 논하는 것을 허용하고(명13), 官이 없을 때 범한 죄가 관이 있을 때 발각되면 유죄 이하는 속으로 논한다(명16.1). 그밖에 나이 70세 이상과 15세 이하 및 廢疾인 자는 유죄 이하를 범했을 때 속을 징수한다(명30.1).

22) 도·유죄를 장형으로 대체해서 집행하는 죄의 주체에 대해서는 각주18에서 상세히 설명했다. 이러한 자들의 도·유죄를 더하거나 던 관사를 처벌할 때는 실형 대신 대체해서 집행된 장형의 수만큼 贖銅을 징수한다. 이 경우 속동은 대체 집행한 장10마다 동 2근으로 징수한다(명47.3a)

23) 유죄를 속할 수 있는 官·蔭人 및 廢疾者에게 유죄를 더하거나, 장형으로 대체할 수 있는 관호·부곡·관사노비·單丁에게 고의나 과실로 流罪를 더한 관사는 각각 속동을 징수한다. 그러나 유형에 해당하는 죄로 이들을 誣告한 경우의 반좌법은 이와는 다르다. 즉 관호·부곡·관사노비 및 단정을 무고한 경우 무고자도 유배하지 않고 역시 杖法에 준하여 反坐한다. 관인 및 음인을 무고했을 경우, 가령 白丁이 7품관을 유죄로 告했는데 그것이 사실이면 그 관인은 例減하고(명10) 官當(명17.2)해야 하지만, 그것이 거짓이면 무고자는 반좌하여 그대로 유죄를 받는다. 음인을 무고하였다면 그 사안은 減·贖할 수 있는 것(명11.1)이지만, 반좌될 자는 무고당한 사람의 감·속법에 준할 수 없으니, 모두 실제로 도형·유형에 처한다(342, 투41.1의 주의 소).

[律文2b] 從笞杖入徒流、從徒流入死罪亦以全罪論.

[律文3] 其出罪者, 各如之.

[律文1b의 疏] 議曰:「從輕入重, 以所剩論」, 假有從笞十入三十, 卽剩入笞二十; 從徒一年入一年半, 卽剩入半年徒, 所入官司各得笞二十及半年徒之類.

[律文2a의 疏] 刑名易者, 從笞入杖, 亦得所剩之罪; 從徒入流者, 注云「三流同比徒一年爲剩」, 謂從徒三年入流二千里或二千五百里或流三千里, 遠近雖異, 俱曰流刑, 至於配所役身, 三流同有一年居作, 故從徒入流, 三流同比徒一年爲剩. 卽從近流二千里入至二千五百里或入至三千里者, 「同比徒半年爲剩」. 若從三流入至加役流者, 「各計加役年爲剩」, 但入加役流者加常流役二年, 將加役二年以爲剩罪.

[律文2b의 疏] 「從笞、杖入徒、流, 從徒、流入死罪」, 假有從百杖入徒一年, 卽是全入一年徒坐; 從徒流入死罪, 謂從一年徒以上至三千里流而入死刑者, 亦依全入死罪之法: 故云「亦以全罪論」.

[律文3의 疏] 其出罪者, 謂增減情狀之徒, 足以動事之類. 或從重出輕, 依所減之罪科斷, 從死出至徒、流, 從徒、流出至笞、杖, 各同出全罪之法, 故云「出罪者, 各如之」. 假有囚犯一年徒坐, 官司故入至加役流, 卽從一年至三年, 是剩入二年徒罪, 從徒三年入至三流, 卽三流同比徒一年爲剩, 加役流復剩二年, 卽是剩五年徒坐. 官司從加役流出至徒一年, 亦準此.

[율문1b] 가벼운 (죄를) 무거운 (죄로) 더했으면 더한 만큼으로 논한다.

[율문2a] 형벌의 종류를 바꾼 경우는, 태죄를 장죄로 더하거나 도죄를 유죄로 더했으면 역시 더한 만큼으로 논하고, 도죄를 유죄로 더한 경우 세 가지의 유죄는 똑같이 도죄 1년을 더한 것에 견주고, 만약 가까운 유죄를 먼 유죄로 더한 경우 모두 도죄 반년을 더한 것에 견주며, 만약 가역류로 더했다면 각각 역을 더한 연을 더한 것으로 한다.

[율문2b] 태죄·장죄를 도죄·유죄로 더하거나 도죄·유죄를 사죄로 더했다면 또한 전죄로 논한다.

[율문3] 죄를 던 경우도 역시 각각 이와 같다.

[율문1b의 소] 의하여 말한다: "가벼운 (죄를) 무거운 (죄로) 더했으면 더한 만큼으로 논한다."는 것은, 가령 태10을 30으로 더했다면 곧 태20을 잘못 더한 것이고, 도1년을 1년반으로 더했다면 곧 반년의 도죄를 잘못 더했으므로, 더한 바의 관사는 각각 태20과 반년의 도죄를 받는 것 따위이다.

[율문2a의 소] 형벌의 종류를 바꾼 경우는, 태죄를 장죄로 더했다면 역시 더한 만큼의 죄를 받고, 도죄를 유죄로 더한 경우는 주에 "세 가지의 유죄는 똑같이 도죄 1년을 더한 것에 견준다."고 했으니 도3년을 유2000리, 혹은 2500리, 혹은 3000리로 더했다면 거리는 비록 다르더라도 모두 유형이라고 말하고 배소에 이르러 노역을 하는 바는 세 가지 유죄 똑같이 1년간 거작을 하므로(명24.1) 도죄를 유죄로 더했다면 세 가지 유죄는 똑같이 도죄 1년을 더한 것에 견준다. 만약 가까운 유2000리를 2500리로 더하거나 혹은 3000리로 더한 경우, "모두 도죄 반년을 더한 것에 견준다." 만약 세 가지 유죄를 더하여 가역류에 이른 경우에는 "각각 역을 더한 연을 더한 것으로 한다."고 했는데, 단 가역류로 더한 경우는 통상적인 유죄에 2년의 역을 더한 것이므로 더한 2년의 역을 더한 죄로 삼는다.

[율문2b의 소] "태죄·장죄를 도죄·유죄로 더하거나 도죄·유죄를 사죄로 더했다."는 것은, 가령 장100을 도1년으로 더했다면 곧 1년의 도죄를 전적으로 더한 것으로 처벌하고, 도죄·유죄를 사죄로 더했다면, 도1년 이상부터 유3000리까지를 사죄로 더한 것을 말하는데, 역시 사죄를 전적으로 더한 법에 따르므로 "또한 전죄로 논한다."고 한 것이다.

[율문3의 소] 죄를 던 경우라는 것은, 정상을 증감한 무리들이 족히 사건의 내용을 변동한 것 따위를 말한다. 혹 무거운 (죄를) 가벼운 (죄로) 덜었다면 던 바의 죄에 따라 죄를 주고, 사죄를 도죄·유죄로 덜거나 도죄·유죄를 태죄·장죄로 덜었다면 각각 전죄를 던 법과 같으므로, 이런 까닭에 "죄를 던 경우도 각각 이와 같다."고 한 것이다. 가령 죄수가 1년의 도죄를 범했는데 관사가 고의로 (죄를) 더하여 가역류에 이르게 했다면, 곧 (도죄) 1년을 3년에 이르게 한 것은 2년의 도죄를 더한 것이고, 도3년에서 더하여 세 가지 유죄에 이르게 한 것은 곧 세 가지의 유죄 모두 똑같이 도죄 1년을 더한 것에 견주며, (세 가지 유죄에서) 가역류로 더한 것은 다시 도2년을 더한 것에 (견주니), 곧 (도합) 5년의 도죄를 더한 것으로 처벌한다. 관사가 (만약) 가역류를 줄여 도1년에 이르게 했다면 역시 이에 준한다.

[律文4a] 卽斷罪失於入者, 各減三等;

[律文4b] 失於出者, 各減五等.

[律文5] 若未決放及放而還獲若囚自死, 各聽減一等.

[律文4a의 疏] 議曰:「卽斷罪失於入者」, 上文「故入者, 各以全罪論」, 「失於入者, 各減三等」, 假有從笞失入百杖, 於所剩罪上減三等; 若入至徒一年, 卽同入全罪之法, 於徒上減三等, 合杖八十之類.

[律文4b의 疏] 「失於出者, 各減五等」, 假有失出死罪者, 減五等合徒一年半, 失出加役流亦準此, 「三流同爲一減」, 減五等合徒一年之類.

[律文5의 疏] 若未決放者, 謂故入及失入死罪及杖罪未決, 其故出及失出死罪以下未放; 及已放而更獲;「若囚自死」, 但使囚死, 不問死由:「各聽減一等」, 謂於故出入及失出入上各聽減一等.

[율문4a] 만약 죄를 판결하는데, 과실로 더한 때에는 각각 (고의로 더한 죄에서) 3등을 감하고,

[율문4b] 과실로 던 때에는 각각 (고의로 던 죄에서) 5등을 감한다.

[율문5] 만약 (잘못 판결했으나 형을) 집행하거나 석방하지 않았거나, 석방했더라도 다시 붙잡았거나, 또는 죄수가 스스로 사망했다면, 각각 (죄를) 1등 감하는 것을 허용한다.

[율문4a의 소] 의하여 말한다: 만약 죄를 판결하는데 과실로 더한 경우, 위 율문에서 "고의로 더한 경우 각각 전죄로 논한다."고 하고서[24] "과실로 더한 때에는 각각 (고의로 더한 죄에서) 3등을 감한다."고 했으니, 가령 과실로 태죄를 장100으로 더했다면 잘못 더한 만큼의 죄에서 3등을 감하고, 만약 (태죄를 과실로) 더하여 도1년에 이르게 했다면 곧 전죄를 더한 경우의 처벌법과 같은 도(1년)에서 3등을 감하여 장80에 해당하는 것 따위이다.

[율문4b의 소] "과실로 던 때에는 각각 (고의로 던 죄에서) 5등을 감한다."는 것은, 가령 과실로 사죄를 던 경우 (사죄에서) 5등을 감하여 도1년반에 해당하고, 과실로 가역류를 던 경우 역시 "세 가지 유죄는 똑같이 하나로 해서 감한다."[25]는 이 (규정에) 준하여 5등

---

24) "고의로 더한 경우 각각 전죄로 논한다."는 것은 위 율문(487, 단19.1·2)의 일부를 인용한 것이다. 율문의 전문은 다음과 같다. "무릇 관사가 사람의 죄를 더한 경우, 만약 전죄를 더했다면 전죄로 논하고, 가벼운 (죄를) 무거운 (죄로) 더했으면 더한 만큼으로 논한다. 형벌의 종류를 바꾼 경우는, 태죄를 장죄로 더하거나 도죄를 유죄로 더했으면 역시 더한 만큼으로 논하고, 태죄·장죄를 도죄·유죄로 더하거나 도죄·유죄를 사죄로 더했다면 또한 전죄로 논한다." 또한 注에서는 죄를 더한 것이란 "고의로 정상을 증감하여 내용을 변동한 것"이라 하여 고의성이 있는 경우임을 명시했다.

25) 죄를 감할 때에는 세 가지 유죄는 하나로 해서 감하고, 가역류에서 감해야 할 경우도 세 가지 유죄와 마찬가지로 하나로 해서 감한다(명56.2b). 다시 말해 가역류에서 1등을 감하면 도3년이 된다.

을 감하면 도1년에 해당하는 것 따위이다.

[율문5의 소] "만약 (잘못 판결했으나 형을) 집행하거나 석방하지 않았거나"-고의나 과실로 더한 사죄 및 장죄가 아직 집행되지 않았거나, 고의나 과실로 던 사죄 이하 (죄수를 아직) 석방하지 않았음을 말한다.- "석방했더라도 다시 붙잡았거나, 또는 죄수가 스스로 사망했다면," -죄수가 사망했다면 사망의 이유를 불문한다.- "각각 (죄를) 1등을 감하는 것을 허용한다."는 것은, 고의나 과실로 덜거나 더한 (죄에서) 각각 1등을 감하는 것을 허용한다는 것을 말한다.

[律文6a] 卽別使推事, 通狀失情者, 各又減二等;

[律文6b] 所司已承誤斷訖, 卽從失出入法.

[律文7] 雖有出入, 於決罰不異者, 勿論.

[律文6a의 疏] 議曰：「別使推事」, 謂充使別推覆者. 「通狀失情」, 謂不得本情, 或出或入. 「各又減二等」, 失入者於失入減三等上又減二等, 若失出者於失出減五等上又減二等.

[律文6b의 疏] 「所司已承誤斷訖」, 謂曹司承誤通之狀, 已依斷訖. 「卽從失出入法」, 謂皆從在曹司出入法科之, 並同減五等三等之例. 若未決放及放而還獲若囚自死, 各聽減一等. 其所司承誤已斷訖者, 曹司同「餘官案省不覺」法.

[律文7의 疏] 「雖有出入, 於決罰不異」, 假有官戶部曲官私奴婢, 本犯合徒三年斷入流罪, 或從三流之法科徒三年, 各止加杖二百, 刑名雖有出入, 加杖數卽不殊者, 無罪. 故云「於決罰不異者, 勿論」.

[율문6a] 만약 별도의 사인이 사건을 추국하는데 (그) 죄상을 파악함에 실정을 잃은 경우에는 각각 또 2등을 감하고,

[율문6b] 담당자가 (사인의) 잘못을 받아 판결했다면 곧 과실로 (죄를) 덜거나 더한 법에 따른다.

[율문7] 비록 (죄를) 덜거나 더함이 있더라도 집행된 형벌이 다르지 않은 경우에는 논하지 않는다.

[율문6a의 소] 의하여 말한다: "별도의 사인이 사건을 추국한다."는 것은, 사인을 충임하여 별도로 추국해서 재심하는 것을 말한다. "(그) 죄상을 파악함에 실정을 잃은 경우"라는 것은, 본래의 실정을 파악하지 못하여 (죄를) 덜거나 혹은 더했음을 말한다. "각각 또 2등을 감한다."는 것은, 과실로 더한 것은 (원래) 과실로 더하면 (고의로 더한 죄에서) 3등을 감하는데 그 위에 또 2등을 감한다는 것이다. 또한 과실로 던 것은 (원래) 과실로 덜면 (고의로 던 죄에서) 5등을 감하는데 그 위에 다시 2등을 감한다는 것이다.

[율문6b의 소] "담당자가 (사인의) 잘못을 받아 판결했다."는 것은, 해당 부서의 담당자가 (사인이) 사건의 시말을 잘못 파악한 것을 받아 이에 의거하여 판결했음을 말한다. "곧 과실로 (죄를) 덜거나 더한 법에 따른다."는 것은, 모두 해당 부서의 담당자 (스스로 죄를) 덜거나 더한 처벌법으로 죄주는 것에 따르라는 것이니, 모두 5등·3등을 감하는 예와 같게 한다. 만약 집행·석방하지 않았거나, (혹은) 석방했더라도 다시 붙잡았거나, 또는 죄수가 스스로 사망했다면, 각각 1등 감하는 것을 허용한다. 단 담당자가 (사자의) 잘못을 받아 판결한 경우 담당자는 "다른 관사가 문안을 살폈으나 적발하지 못한 경우"의 (처벌)법(명40.3)[26]과 같게 한다.

[율문7의 소] "비록 덜거나 더함이 있더라도 집행된 형벌이 다르지 않다."라는 것은, 가령 관호·부곡·관사노비의 본래 범행이 도3년에 해당하는데 더하여 유죄로 판결했거나 혹은 세 가지 유죄의 법(에

---

26) 다른 관사 및 상급 관사에서 文案을 살폈으나 잘못을 적발하지 못한 경우에는 각각 1등을 遞減하고 하급 관사가 발각하지 못한 경우에는 또 1등을 체감하며, 각각 원인 유발자를 수범으로 한다(명40.3).

따라야 할 죄를) 도3년으로 (줄여) 판결했다 하더라도 (실제 형의 집행은) 각각 장200으로 대체하는데 그치게 되니,[27] 비록 형벌의 등급에는 덜고 더함이 있으나 대체하는 장형의 수는 다르지 않으니 죄가 없다는 것이다. 그러므로 "집행된 형벌이 다르지 않은 경우에는 논하지 않는다."고 한 것이다.

[律文7의 問] 曰: 有人本犯加役流, 出爲一年徒坐, 放而還獲減一等, 合得何罪?
[律文7의 答] 曰: 全出加役流, 官司合得全罪; 放而還獲減一等, 合徒三年.[28] 今從加役流出爲一年徒坐, 計有五年剩罪; 放而還獲減一等, 若依徒法減一等, 仍合四年半徒. 旣是剩罪, 不可重於全出之坐, 擧重明輕, 止合三年徒罪.

[율문7의 문] 묻습니다: 어떤 사람이 본래 범한 것이 가역류인데 덜어서 도1년으로 처벌하고, (형기를 마쳐) 석방했다가 다시 붙잡았다면 1등을 감해야하는데, (관사는) 어떤 죄를 받습니까?
[율문7의 답] 답한다: 가역류를 전적으로 덜었다면 관사는 전죄를 받아야 하는데, 석방했다가 다시 잡았다면 1등을 감하여 도3년에 해당한다. 지금 가역류를 덜어 도1년에 처했으므로 계산하면 5년을

---

27) 관호·부곡·관사노비의 도죄와 유죄는 모두 장형으로 대체하는 법[加杖法]에 따라 장200으로 대체하고 노역은 면한다(명47.2). 즉 이들이 범한 죄를 더해서 유죄가 되거나 줄어서 도죄가 되어도 그 처벌은 장200으로 동일하므로, 실제 집행한 형은 아무런 차이가 없게 되는 것이다.

28) 滂本, 岱本, 官版本에는 '徒五年'으로 되어 있고, 劉俊文 역시 이에 따랐다. 하지만 日本 大寶律 逸律의 注에는 '徒三年'으로 되어 있어서, 戴炎輝는 도3년이 옳다고 보았다(戴炎輝, 『唐律各論』下, 801쪽, 주4). 논리적으로 생각해보면 가역류를 전적으로 덜었다면 관사는 全罪를 받아 가역류로 처벌받는다. 그런데 석방 후 다시 잡았다면 1등을 감하게 되고 가역류와 세 가지 유죄는 1등으로 취급하여 함께 감하므로 도3년이 된다. 이에 본 역주서에서는 도3년이 옳다고 보아 원문을 '徒三年'으로 수정했다.

던 죄가 있는데,29) 석방했다가 다시 잡았다면 1등을 감해야 하므로 만약 도죄의 등급에 따라 1등을 감하면 그대로 4년반의 도죄에 해당한다.30) (그렇지만) 이는 원래 던 죄이니 전적으로 죄를 면해준 것의 처벌보다 무거워서는 안 되므로, 무거운 쪽의 (처벌을) 들어보면 (이것의 처벌이) 가볍다는 것이 분명하니 도3년에 해당하는데 그친다.31)

제488조 단옥 20. 은사 전의 부당한 재판의 처분에 관한 법을 위반한 죄(赦前斷罪不當)

[律文1a] 諸赦前斷罪不當者, 若處輕爲重宜改從輕,

[律文1b] 處重爲輕卽依輕法.

[律文1a의 疏] 議曰: 處斷刑名, 或有出入不當本罪, 其事又在恩前, 恐判官執非不移, 故明從輕坐之法. 「若處輕爲重宜改從輕」, 假有鬪殺堂兄, 當時作

---

29) 가역류와 세 가지 유죄 간의 잘못 던 바는 도2년이고, 세 가지 유죄와 도3년 간의 잘못 던 바는 도1년이며, 도3년과 도1년 간의 잘못 던 바는 도2년이므로 합해서 도5년이 잘못 던 것이다.

30) 도죄는 도1년부터 도3년까지 5등급이며 한 등급의 차가 반년이다. 따라서 도5년에서 1등을 감하면 4년반이 된다는 뜻이다.

31) 가역류의 죄수를 無罪로 하여 석방했다가 다시 잡았다면 全罪를 받는 것에서 1등을 감하여 도3년이 된다. 가역류 죄수를 도1년으로 덜었다가 다시 잡은 경우는 도4년반이 된다. 가역류를 도1년으로 던 경우가 가역류를 무죄로 던 경우보다 죄는 가벼우나 형이 무겁게 되어버려 불합리해진다. 따라서 단죄해야 하는데 그 처벌 조항이 없지만 죄를 덜어야 할 경우에는 그보다 무거운 죄가 가볍게 처벌된 것을 들어 가볍게 처벌해야 한다는 것을 밝힌다고 한 명례율(명50.1)에 의거해서 도3년으로 처벌하도록 한 것이다.

親兄斷爲「惡逆」, 會赦之後, 改從堂兄坐當「不睦」, 赦若十惡亦原, 處流二千里, 以常赦不免, 故仍處流坐. 又如鬪殺凡人, 斷爲殺緦麻尊長, 會赦十惡不免, 改爲雜犯, 免死移鄕. 此並仍有輕罪. 又有受所監臨五十疋, 斷爲枉法處死, 會赦改爲受所監臨, 不在徵贓之例. 又有犯近流科作遠流, 或止合一官當徒斷用二官以上, 若奏畫訖及流至配所會赦者, 改從本犯近流及還所枉告身; 若未奏畫及流人未到流所會赦者, 卽從赦原. 若應徵銅而處輕爲重, 其銅或在限外未輸, 或在限內納訖, 曾赦者並改從輕法: 其剩納者却還, 未送者依輕罪數徵納, 若限內未納會赦者從赦並免. 稱「輕」者, 全免亦是. 故令云: 「犯罪未斷決, 逢格改者, 格重聽依犯時, 格輕聽從輕法.」 卽總全無罪, 亦名輕法.

[律文1b의 疏] 其「處重爲輕卽依輕法」, 假令犯十惡, 非常赦所不免者, 當時斷爲輕罪及全放, 並依赦前斷定.

[율문1a] 무릇 은사 전에 죄를 판결한 것이 부당한 경우, 만약 가벼운 것을 무거운 것으로 판결했다면 마땅히 고쳐 가벼운 것에 따르고,

[율문1b] 무거운 것을 가벼운 것으로 판결했다면 곧 가벼운 법에 의거한다.

[율문1a의 소] 의하여 말한다: 판결한 형의 등급에 혹 덜거나 더함이 있어 본죄에 해당하지 않고 또 그 사건이 은사 전에 있었다면, 판관이 잘못(된 판결)을 고집하며 고치려 하지 않을 것을 염려하는 까닭에 가벼운 것에 따라 처벌해야 한다는 법을 분명히 밝혀 둔 것이다. "만약 가벼운 것을 무거운 것으로 판결했다면 마땅히 고쳐 가벼운 것에 따른다."는 것은, 가령 싸우다가 사촌형을 살해했는데32) (판결) 당시에 친형으로 판단하여 "악역"으로 (처단)했으면

---

32) 원문의 '堂兄'은 父系 사촌형으로 服制 상 대공친에 해당한다. 대공친 형을 싸우다가 살해하면 참형에 처하며(327, 투26.1e), 十惡의 不睦을 적용한다(명6.8).

은사령이 내린 뒤에는 사촌형(을 싸우다가 살해한 것)으로 고쳐 "불목"으로 처벌해야 하며, 은사가 만약 십악 역시 용서하는 것이면 (사형을 면하고) 유2000리에 처한다(단21.2). (단 이는) 통상적인 은사로서는 면제될 수 없는 (바이기) 때문에 그대로 유형에 처한다.[33] 또 만약 일반인을 싸우다가 살해했으나 시마친 존장을 살해[34](한 불목으로 잘못) 판결했다면, 은사가 내려도 십악(의 하나인 불목)은 면제되지 않으므로 잡범(사죄)[35]로 고쳐 사형을 면하고 이향[36]한다. 이것들은 모두 (사면되더라도) 그대로 가벼운 처벌은 남는 것들이다. 또 수소감림의 (죄에 해당하는 장물) 50필이 있는데 "왕법"으로 단죄하여 사(죄)에 처했다면, 은사령이 내린 뒤에는 수소감림[37]으로 고쳐서 장물을 추징하는 예를 적용하지 않게 한다.[38] 또 가까운 유죄를 범했는데 면 유죄를 과하거나 혹은 단지 1관으로 도죄를 당해야 하는데 2관 이상으로 (당하도록 한)

---

33) 惡逆은 통상적인 은사(常赦)로 사면될 수 없지만, 不睦은 사면 대상이 된다 (488, 단20.2의 소). 단 불목 중 소공 존속·從父兄姊을 살해한 자는 통상적인 은사가 내리면 사형은 면하지만 유2000리에 처한다(489, 단21.2).

34) 일반인을 싸우다가 살해하면 교형에 처한다(306, 투5.1a). 시마 존장을 살해한 죄는 참형에 해당하고(327, 투26.1e) 十惡 중 不睦에 해당한다(명6.8).

35) 雜犯死罪란 十惡, 故殺人, 反逆緣坐, 감림주수의 관할 범위 내의 姦·盜·略人, 受財枉法을 제외한 다른 범행으로 사죄가 된 것을 말한다(명18.3의 소). 이 조항에서의 잡범사죄는 不睦에 해당하지 않아 통상의 은사에 의해 사면될 수 있는 사죄를 의미한다.

36) 移鄕이란 살인하여 사형에 해당하는 자가 恩赦가 내려 사형을 면했을 때, 피해자의 집에 期 이상의 친속이 있으면 그 집으로부터 1000리 이상 떨어진 곳으로 강제 이주시켜 복수를 예방하는 특별처분이다(265, 적18.1a).

37) 감림관이 재물을 받고 왕법한 경우 장물 평가액이 絹 15필이면 교형에 해당하므로, 50필은 당연히 교형에 처한다(138, 직48.1a). 감림관이 감림하는 바에서 견 50필 상당의 재물을 받은 경우 죄는 유2000리에 해당한다(140, 직50.1a)

38) 감림관이 재물을 받고 왕법한 受財枉法罪는 은사령이 내려도 그 正臟을 추징하지만, 감림하는 바에서 재물을 받은 受所監臨罪는 은사령이 내리기 전에 이미 재물을 소비했다면 정장 추징이 면제된다(명33.3).

판결이 있다면, 만약 상주하여 (황제의) 재가를 마쳤거나 유(형을 집행하여) 배소에 이르러 은사가 내린 경우에는 고쳐서 본래 범한 가까운 유죄에 따르게 하거나 잘못 추탈한 바의 고신은 돌려주고, 만약 아직 상주하여 (황제의) 재가를 받지 않았거나 유형인이 아직 배소에 이르기 전에 은사가 내린 경우에는 곧 은사에 따라 (죄를) 용서한다.[39] 만약 속동을 징수할 (죄)인데 가볍게 할 것을 무겁게 처단한 경우, 그 동을 기한[40]이 지났는데도 아직 보내지 않았거나 혹은 기한 내에 이미 납부하고 은사가 내렸다면, 모두 고쳐 가벼운 법에 따르게 하여 그 초과 납부한 것은 되돌려 주고, 아직 보내지 않았다면 가벼운 죄의 수에 의거하여 징수한다. 만약 기한 내이고 아직 (속동을) 납부하지 않았는데 은사가 내린 경우 은사에 따라 (속동을) 모두 면제한다(명33.3b). "가벼운 것"이라고 일컫는 것은 완전한 면제 역시 포함된다. 그러므로 영(옥관령 습유776쪽)에 이르기를 "범한 죄를 아직 판결·집행하지 않았는데 격이 개정된 경우, (개정된) 격이 무거우면 범행 때(의 법)에 의거하는 것을 허용하고 (개정된) 격이 가벼우면 가벼운 법에 따르는 것을 허용한다."고 했지만, 곧 (새로운 격이) 모두[41] 완전히 무죄로 (규정)한 것이라도 역시 (정)명하여 가벼운 법이라고 하는 것이다.

[율문1b의 소] 단 "무거운 것을 가벼운 것으로 (판결)했다면 가벼운 법에 따른다."고 했으니, 가령 십악을 범했고 (그것이) 통상적인

---

39) 유죄를 받은 자가 配所에 도착하기 전, 즉 도중에 은사령이 내리면 行程을 계산하여 그때까지의 여정의 기한이 경과한 자는 사면되지 않는다(명25.1a). 이 조항에서 配流 도중 은사령이 내리면 곧 용서한다는 것은 이 행정 기한을 어기지 않은 경우이다.

40) 贖의 납부 기한은 獄官令에 정해져 있다. 사죄 80일, 유죄 60일, 도죄 50일, 장죄 40일, 태죄 30일이다(493, 단25.1의 소).

41) 이 조항에서 "모두"란 主刑, 從刑, 贖刑 모두를 말한다(戴炎輝, 『唐律各論』下, 803쪽).

은사로 면할 수 없는 것인데, 당시에 가벼운 법이나 완전한 석방으로 판결했다면 모두 은사 전의 판결에 의거해서 (형을) 정한다.

[律文2] **其常赦所不免者依常律;** 常赦所不免者, 謂雖會赦, 猶處死及流若除名、免所居官及移鄉者.

[律文2의 疏] 議曰:「常赦所不免者」, 赦書云「罪無輕重, 皆赦除之」, 不言常赦所不免者, 亦不在免限, 故云「依常律」. 卽: 犯惡逆仍處死, 反、逆及殺從父兄姊、小功尊屬,造畜蠱毒仍流, 十惡,故殺人,反逆緣坐獄成者猶除名, 監守內姦、盜、略人、受財枉法獄成會赦免所居官, 殺人應死會赦移鄉等是.

[율문2] **단 통상적인 은사로 면제되지 않는 바인 경우에는 일반적인 율에 의거한다.** 통상적인 은사로 면제되지 않는 바란 은사가 내려도 여전히 사형 및 유형에 처하거나 혹은 제명·면소거관 및 이향하는 것을 말한다.

[율문2의 소] 의하여 말한다: "통상적인 은사로 면제되지 않는 바"란, 사서에 "죄에 경중(의 구별) 없이 모두 사면한다."고 했지만 통상적인 은사로 면제되지 않는 바도 (면제한다고) 언급하지 않은 경우 역시 면제의 범위에 두지 않기 때문에 "일반적인 율에 의거한다."고 한 것이다. 즉 악역(명6.4)을 범했다면 그대로 사형에 처하고(단21.1), 모반·대역(명6.1·6.2)하거나 종부형자·소공존속을 살해하거나(투26.1·단21.2) 혹은 고독을 만들거나 소지하면(적15.3) (사형은 면하되) 그대로 유형에 처하며, 십악·고살인과 모반·대역의 연좌는 죄가 성립된 경우 (형은 면하되) 여전히 제명하고(명18.1), 감림·주수하는 범위 안에서 간·도·약인했거나 재물을 받고 왕법하여 죄가 성립되었다면 은사를 만나도 (형과 제명은 면하되 여전히) 면소거관하며(명18.2), 살인하여 사형에 처해야 할 (자는) 은사를 만

나면 (사형을 면하고) 이향하는 것(적18.1) 등이 바로 그렇다.

[律文3] 卽赦書定罪名合從輕者, 又不得引律比附入重.

[律文4] 違者各以故、失論.

[律文3의 疏] 議曰:「赦書定罪名, 合從輕者」, 假如貞觀九年三月十六日赦:「大辟罪以下並免. 其常赦所不免, 十惡、祅言惑衆、謀叛已上道等, 並不在赦例.」據赦, 十惡之罪赦書不免, 「謀叛」卽當十惡, 未上道者赦特從原. 叛罪雖重, 赦書定罪名合從輕, 不得引律科斷若比附入重.

[律文4의 疏] 違者以故、失論.

[율문3] 만약 사서에 죄명을 지정하여 마땅히 경죄에 따르도록 한 경우는 다시 율을 인용하거나 유추해서 중죄를 적용해서는 안 된다.

[율문4] 위반한 자는 각각 고의·과실로 (죄를 덜고 더한 것으로) 논한다.

[율문3의 소] 의하여 말한다: "사서에 죄명을 지정하여 마땅히 경죄에 따르도록 한 경우"란, 가령 정관 9년(635) 3월 16일 은사에 "대벽죄 이하는 모두 면제한다. 단 통상적인 은사로 면제할 수 없는 바이거나, 십악(명6)·요언으로 무리를 미혹하게 하거나(적21), 반을 모의하여 이미 길로 나선 것(적4.2a) 등은 모두 은사하는 예에 포함하지 않는다."42)고 했다. (이) 은사에 의거하면, 십악의 죄는 사서에 면하지 않는다고 했는데, "모반"은 곧 십악에 해당하지만 (이미 길로 나선 것만 언급하고) 아직 길을 나서지 않은 경우는 (언급하

---

42) 현재 전해지는 당 太宗의 赦書는 "自貞觀九年三月十六日昧爽以前, 大辟罪已下, 皆赦除之. 其常赦不免者, 不在赦例."라 하여 문장이 다소 다르다(『唐大詔令集』 권83, 478쪽).

지 않음으로써) 은사하는 (예에 포함시켜) 특별히 용서하게 한 것이다.[43] (모)반하여 아직 길을 나서 않은 죄는 비록 중죄이지만 사서에 죄명을 정하여 두었으므로 마땅히 경죄에 따라야 하며, (본조의) 율을 인용하여 판결하거나 또는 유추해서[44] 중죄로 더할 수 없다는 것이다.

[율문4의 소] (위의 세 가지를) 위반한 자는 고의·과실로 (죄를 덜고 더한 것으로) 논한다.

제489조 단옥 21. 사면되지 않는 죄(聞知恩赦故犯)

[律文1] 諸聞知有恩赦而故犯, 及犯惡逆, 若部曲、奴婢毆及謀殺若强姦主者, 皆不得以赦原.

[律文2] 卽殺小功尊屬, 從父兄姊及謀反大逆者, 身雖會赦, 猶流二千里.

  [律文1의 疏] 議曰: 「聞知有恩赦而故犯」, 謂赦書未出, 私自聞知而故犯罪者; 「及犯惡逆」, 謂毆及謀殺祖父母、父母, 殺伯叔父母、姑、兄姊、外祖父母、夫、夫之祖父母、父母, 此名「惡逆」; 若部曲、客女亦同, 並奴婢毆及謀殺若强姦主者: 皆不得以赦原.

---

43) 謀叛이라는 것은 국가를 배반하여 적대세력[僞]에 투항하고자 한 것을 말한다. 반을 모의하여 '이미 길을 나선' 자는 수범·종범을 구분하지 않고 모두 참하며, 반한 자의 妻·子는 유2000리에 처한다. 그리고 '아직 길을 나서지 않은 경우'란 모반을 실행에 옮기지 못하고 사건이 적발된 것을 말한다. 이 경우에 수범은 교형에 처하고 종범은 유3000리에 처하며, 처·자는 연좌하지 않는다 (251, 적4).

44) 원문의 '比附'란 어느 사항의 규정을 가지고 다른 유사한 사안에 대하여 유추 적용하는 처단 방법을 말한다. 즉 甲 사안에 근거할 조문이 없으면 이와 유사한 乙 사안에 관한 규정으로 유추하여 적용한다는 뜻이다(戴炎輝, 『唐律通論』, 17쪽).

[律文2의 疏] 卽殺小功尊屬,從父兄姊及謀反大逆者, 此等雖會赦免死, 猶流
二千里.

[율문1] 무릇 은사가 있을 것을 듣고 알면서 고의로 (죄를) 범한 경우 및 악역을 범하거나 또는 부곡·노비가 주인을 구타·모살 및 강간한 때에는 모두 은사로 용서할 수 없다.

[율문2] 만약 소공존속, 사촌형·누나를 살해하거나 모반·대역한 자 자신은 비록 은사령이 내리더라도 여전히 유2000리에 처한다.

[율문1의 소] 의하여 말한다: "은사가 있을 것을 듣고 알면서 고의로 (죄를) 범했다."는 것은, 사서가 아직 반포되지 않았으나 사적으로 들어서 알고 고의로 죄를 범한 것을 말한다. "악역을 범했다."는 것은, 조부모·부모를 구타하거나 살해를 모의하거나 백숙부모·고모·형자·외조부모·남편·남편의 조부모나 부모를 살해한 것을 말하며, 이를 (정)명하여 "악역"(명6.4)이라 한다. 또는 부곡과 -객녀도 역시 같다.45)- 아울러 노비가 주인을 구타하거나 살해를 모의하거나(적7.1·투22.1) 혹은 강간한(잡26.2) 때에는 (수범·종범) 모두 은사로 용서할 수 없다.

[율문2의 소] 만약 소공존속, 사촌형·누나를 살해하거나(명6.8·투26) 모반·대역한(명6.1·명6.2.1·적1) 자 이들은 은사령이 내리면 비록 사형은 면하지만 여전히 유2000리에 처한다(단20.2).

---

45) 율에서 부곡이라고 칭하는 경우 部曲妻 및 客女도 같다(명47.1).

제490조 단옥 22. 재판을 종결하는 절차에 관한 법을 위반한 죄(獄結竟取服辯)

[律文] 諸獄結竟, 徒以上, 各呼囚及其家屬具告罪名, 仍取囚服辯. 若不服者, 聽其自理, 更爲審詳. 違者笞五十, 死罪杖一百.

[律文의 疏] 議曰:「獄結竟」, 謂徒以上刑名, 長官同斷案已判訖, 徒、流及死罪, 各呼囚及其家屬, 具告所斷之罪名, 仍取囚服辯. 其家人、親屬, 唯止告示罪名, 不須問其服否. 囚若不服, 聽其自理, 依不服之狀, 更爲審詳. 若不告家屬罪名, 或不取囚服辯及不爲審詳, 流、徒罪並笞五十, 死罪杖一百.

[율문] 무릇 재판이 마무리되면 도죄 이상은 각각 죄수와 그 가속을 불러 (판결된) 죄명을 갖추어 알리고 이어서 죄수의 자복하는 말을 취한다. 만약 불복하는 경우는 그 스스로 소(訴)하는 것을 허락하고, 다시 상세히 심사한다. (이 절차를) 위반한 자는 태50에 처하되, (죄수의 죄가) 사죄이면 장100에 처한다.

[율문의 소] 의하여 말한다: "재판이 마무리되었다."는 것은 도 이상의 형벌의 등급으로 장관이 판결문안에 동의하여 판한 것을 말하며, 도죄·유죄 및 사죄는 각각 죄수 및 그 가속을 불러 판결된 바의 죄명만을 갖추어 알리고 이어서 죄수의 자복하는 말을 취한다.46) 단 가족과 친속에게는 단지 죄명만을 알리며, 반드시 그 승복 여부를 물을 필요는 없다. 죄수가 만약 불복하면 직접 소하

---

46) 원문의 '服辯'은 伏辨이라고도 한다. 服은 服罪의 의미이며, 辯은 辯明의 의미이다. 죄수가 자복하는 말을 취한다는 것은 판결된 죄명에 대해 죄수에게 승복 여부를 묻는 것이며 승복했으면 복죄했다고 서명해서 제출하고 불복하면 불복 이유를 해명한다(劉俊文, 『唐律疏議箋解』, 2088쪽, 箋釋1).

는47) 것을 허락하고, 불복장에 따라 다시 상세히 심사한다. 만약 가속에게 죄명을 알리지 않거나, 죄수의 승복을 받지 않거나, 혹은 (소했는데) 상세히 심사하지 않았다면, (죄수의 죄가) 유죄·도죄이면 (관사는) 각각 태50에 처하고, 사죄이면 장100에 처한다.

제491조 단옥 23. 연좌인의 방면·몰관을 법대로 하지 않은 죄(緣坐放沒不如法)

[律文] 諸緣坐應沒官而放之, 及非應沒官而沒之者, 各以流罪故、失論.

　[律文의 疏] 議曰: 賊盜律, 謀反及大逆人子年十五以下及母女、妻妾, 子妻妾亦同, 若祖孫、兄弟、姊妹、並沒官. 男夫年八十及篤疾, 婦人年六十及廢疾並免. 出養、入道及娉妻未成者並不追坐. 若應沒而放, 應放而沒, 各依流罪以故失論, 謂反逆緣坐流三千里, 沒官罪重, 須用三千里流法, 若故同故入出入三千里流, 若失同失出入三千里流. 稱「放」者, 應沒遣流與全放無別, 應流遣沒得罪亦同.

[율문] 무릇 연좌해서 관에 몰수해야 하는데 방면하거나 몰수하지 않아야 하는데 몰수한 자는 각각 유죄를 고의·과실로 (덜거나 더한 것으로) 논한다.

　[율문의 소] 의하여 말한다: 적도율(적1·2)에 (따르면), 모반 및 대역

---

47) 원문의 '理'는 原審官司에 대한 再審 청구이거나 또는 上訴일 것이다. 이 조항에서는 원심관사에 사건의 이유를 진술하고 해명을 더하는 것이며, 원심관사에서 審核査對를 다시 진행한다(『唐六典』권18, 503쪽; 『역주당육전』중, 563쪽; 345, 투44,2의 문답2).

한 사람의 15세 이하의 자와 모·여·처·첩, -자의 처·첩도 역시 같다.- 또는 조·손·형제·자매는 모두 관에 몰수하는데, (그 중) 남자는 80세 이상 및 독질인 자, 여자는 60세 이상 및 폐질인 자[48]는 모두 (몰수를) 면제하며, 출양·입도(한 자) 및 아직 혼인이 성립하지 않았더라도 정혼한 처[49]는 모두 추급하여 처벌하지 않는다. 만약 몰수해야 하는데 방면하거나 방면해야 하는데 몰수했다면 각각 유죄를 고의나 과실로 (덜거나 더한 것으로) 논한다는 것은, 반역에 연좌되는 (백·숙부와 형·제의 자는) 유3000리에 처하는데 몰수는 죄가 (유3000리보다) 무거우므로 반드시 3000리의 유형에 처하는 법을 적용해서, 만약 고의라면 고의로 3000리의 유죄를 덜거나 더한 것과 같게 하고, 만약 과실이라면 과실로 3000리의 유죄를 덜거나 더한 것과 같게 한다는 것을 말한다.[50] "방면한다."고 칭한 것에서, 몰수해야 하는데 유배한 것도 완전히 방면한 것과 다르지

---

48) 疾은 신체의 장애를 의미하며, 그 정도에 따라 殘疾·廢疾·篤疾의 3단계로 나뉜다. 잔질은 한 눈이 먼 것[一目盲]·청각장애[兩耳聾]·손가락 두 개가 없는 것[手無二指]·발가락 세 개가 없는 것[足無三指]·엄지손가락 또는 엄지발가락이 없는 것[手足無大拇指]·부스럼이 나서 머리칼이 다 빠진 것[禿瘡無髮]·심한 치루[久漏下重]·심한 혹과 부종[大癭瘇] 등이고, 폐질은 지적장애[癡]·발성장애[瘂]·왜소증[侏儒]·허리 척추 골절[腰脊折]·팔다리 하나가 불구[一支廢] 등이며, 독질은 정신이상[癲狂], 팔다리 두 개가 불구[二肢廢], 두 눈이 먼 것[兩目盲] 등이다(『宋刑統』권12, 190쪽;『白氏六帖事類集』권9, 疾).

49) 딸의 출가를 허락해서 혼인이 이미 정해졌다면 딸은 그 남편에게 귀속된다. 혼인이 정해졌다는 것은 딸의 혼인을 허락한 서면[許婚之書] 혹은 私約이 있거나 이미 聘財를 받은 것을 말한다. 혼인이 완전히 성립하지 않았다는 것은 吉日을 정했더라도 남녀가 아직 서로 만나지 않은 것을 말한다(249, 적2.3a의 소).

50) 단옥률(487, 단19)에 의거해서, 관에 몰수해야 하는 자를 고의로 몰수하지 않거나 몰수하지 않아야 하는 자를 몰수한 관사는 유3000리에 처하고, 몰수하지 않아야 하는 자를 과실로 몰수한 관사는 유3000리에서 3등을 감하여 도2년으로 처벌하고, 몰수해야 하는 자를 과실로 몰수하지 않은 관사는 유3000리에서 5등을 감하여 도1년으로 처벌한다는 뜻이다.

않으며, 유배해야 하는데 몰수하여 받는 죄도 역시 같다.

제492조 단옥 24. 도·유죄수의 배속을
지체한 죄(徒流送配稽留)

[律文] 諸徒、流應送配所而稽留不送者, 一日笞三十, 三日加一等, 過杖一
百, 十日加一等, 罪止徒二年. 不得過罪人之罪.

[律文의 疏] 議曰:「徒、流應送配所」, 謂徒罪斷訖卽應役身. 準獄官令:「犯
徒應配居作, 在京送將作監, 在外州者供當處官役.」 案成卽送, 而稽留不送;
其流人, 準令:「季別一遣. 若符在季末三十日內至者, 聽與後季人同遣.」 違
而不送者: 一日笞三十, 三日加一等, 過杖一百, 十日加一等, 五十二日罪止
徒二年. 注云「不得過罪人之罪」, 謂罪人應徒一年者, 稽留官司亦罪止徒一年
之類.

[율문] 무릇 도·유(죄수를) 배소로 보내야 하는데 지체하고 보내
지 않은 자는, 1일이면 태30에 처하고 3일마다 1등씩 더하며,
장100을 초과하면 10일마다 1등씩 더하되 죄는 도2년에 그친
다. (지체한 자의 죄는) 죄인의 죄를 초과할 수 없다.

[율문의 소] 의하여 말한다: "도·유(죄수를) 배소로 보내야 하는데 (지
체하고 보내지 않은 자는 처벌한다.)"는 것은, 도죄(수)는 판결이 끝
나면 곧 복역하게 하는데, -옥관령(습유773쪽)에 준하면, "도죄를 범
해서 배속하여 거작하게 할 (자는), 경사에서는 장작감으로 보내고,
외주에서는 해당 지역의 관역에 공급한다."- (배속할 자의) 명단이
이루어지면 곧 보내야 하고 지체하고 보내지 않았다면 (이 처벌을

받으며), 유죄수는 영(옥관령 습유770쪽)에 준하면 "계절별로 한 번 보낸다. 만약 공문이 계절말의 30일 내에 이른 경우에는 다음 계절의 사람과 같이 보내는 것을 허락한다."고 했으니, (이를) 위반하고 보내지 않은 자는, 1일이면 태30에 처하고 3일마다 1등씩 더하며, 장100을 초과하면 10일마다 1등씩 더해 52일이면 최고형인 도2년에 처한다는 것을 말한다. 주에 "(지체한 자의 죄는) 죄인의 죄를 초과할 수 없다."는 것은, 죄인을 도1년에 처해야 하는 경우 지체한 관사도 역시 죄는 도1년에 그친다는 것 따위를 말한다.

제493조 단옥 25. 수납·징수할 물품 및 고신의 납부 기한을 위반한 죄(輸追徵物違限)

[律文1] 諸應輸備、贖、沒、入之物及欠負應徵, 違限不送者, 一日笞十, 五日加一等, 罪止杖一百.

[律文2] 若除、免、官當應追告身, 違限不送者亦如之.

[律文1의 疏] 議曰:「應輸備、贖、沒、入之物」, 備謂亡失官私器物各備償, 贖謂犯法之人應徵銅贖, 沒謂彼此俱罪之贓及犯禁之物沒官, 入者謂得闌遺之物限滿無人識認者入官及應入私之類. 又, 依獄官令:「贖死刑八十日, 流六十日, 徒五十日, 杖四十日, 笞三十日. 若應徵官物者, 準直五十疋以上一百日, 三十疋以上五十日, 二十疋以上三十日, 不滿二十疋以下二十日.」其失有欠負應徵, 違限不送者, 並準令文, 依限送納. 違者一日笞十, 五日加一等, 罪止杖一百.

[律文2의 疏]「若除、免、官當」, 謂犯罪斷除名、免官、免所居官及官當應追告身, 不送者亦一日笞十, 五日加一等, 罪止杖一百.

[율문1] 무릇 배상·속·몰수 또는 들여야 하는 물품 및 결손이 있어 추징하는 것을 수납해야 하는데, 기한을 위반하고 보내지 않은 자는 1일이면 태10에 처하고, 5일마다 1등씩 더하되 죄는 장100에 그친다.

[율문2] 만약 제명·면관·관당 처분되어 응당 추탈되어야 하는 고신을 기한을 위반하고 보내지 않은 자도 역시 이와 같다.

[율문1의 소] 의하여 말한다: "배상·속·몰수 또는 들여야 하는 물품"에서, 배상이란 망실한 관사기물을 각각 배상하는 것(잡57)[51]을 말하고, 속이란 법을 위반한 사람에게서 동을 징수하고 (죄를) 속하는 것(명11·30, 투38)을 말하며, 몰수란 피차 모두에게 죄가 있는 장물이나 (사유를) 금하는 법을 어기고 (소유한) 물건은 관에 몰수하는 것(명32)을 말하고, 들여야 한다는 것은 유실물을 습득하고 기한이 찰 때까지 (자기 소유로) 인지하는 사람이 없을 경우 관에 들여야 하거나 (물건을 습득한) 개인에게 들여야 하는 것(잡60)[52] 따위를 말한다. 또 옥관령(습유788쪽)에 의거하면, "속(동의 수납 기한)은 사형 80일, 유형 60일, 도형 50일, 장형 40일, 태형 30일이다. 만약 관물을 징수해야 하는 경우, (기한은 견의) 가치에 준해서 50

---

51) 배상은 손해배상을 말하며, 통상 훼손·遺失한 물건의 가치와 동등한 액수를 배상한다. 盜罪의 경우에는 훔친 액수의 倍額을 배상해야 한다. 이것을 倍備라고 한다(명33.1c의 주).

52) 유실물을 습득하면 만 5일 내에 官으로 보내야한다. 만약 寶·印·符·節 및 기타 잡다한 물건 따위를 습득하여 만5일이 되도록 관에 보내지 않았다면 亡失罪로 처벌된다. 유실물을 장물로 계산한 坐贓罪가 망실죄보다 무겁다면 좌장으로 처벌한다. 私物인 경우에는 좌장으로 논하되 2등을 감한다. 그 유실물은 각각 관이나 주인에게 돌려준다(448, 잡60). 또한 雜令에 의하면, 홍수에 漂流한 公私의 竹·木을 습득한 경우 쌓아놓고 관사에 보고하며, 30일이 지나도 주인이 나타나지 않은 경우 죽·목은 습득한 사람에게 준다(『宋刑統』권27, 446쪽; 『천성령역주』, 649쪽).

필 이상이면 100일, 30필 이상이면 50일, 20필 이상이면 30일, 20 필 이하이면 20일이다." 단 과실로 인한 결손이 있어[53] 추징하는 것을 기한을 위반하고 보내지 않은 자도 모두 영문에 준하는 기한에 의거하여 보내서 납부하게 한다. 위반한 자는 1일이면 태10에 처하고, 5일마다 1등씩 더하되 죄는 장100에 그친다.

[율문2의 소] "만약 제명·면관·관당 처분되어"라는 것은, (관인이) 죄를 범해서 제명·면관·면소거관 및 관당으로 단죄되면 고신을 추탈하는 것을 말하며, 보내지 않은 자는 역시 1일이면 태10에 처하고, 5일마다 1등을 더하되 죄는 장100에 그친다.

제494조 단옥 26. 임산부를 처형한 죄(處決孕婦)

[律文1a] 諸婦人犯死罪, 懷孕, 當決者聽産後一百日乃行刑.

[律文1b] 若未産而決者徒二年,

[律文1c] 産訖限未滿而決者徒一年.

[律文2] 失者, 各減二等.

[律文3] 其過限不決者, 依奏報不決法.

　[律文1의 疏] 議曰: 婦人犯死罪, 懷孕, 當應行決者, 聽産後一百日乃行刑. 若未産而決者徒二年, 産訖未滿百日而決者徒一年.

　[律文2의 疏] 「失者, 各減二等」, 未産而決徒一年, 産訖限未滿而決者杖

---

53) 원문의 '欠負'는 본래 租稅 미납·官物의 결손 등을 의미한다(『舊唐書』권9, 214쪽; 『舊唐書』권18하, 621쪽; 『全唐文』권49, 代宗卽位赦文, 539-1쪽). 이 조항에서의 欠負는 조세·관물 등을 관리·수송하다가 발생하는 결손을 의미하는 것으로 생각된다.

九十.

[律文3의 疏]「卽過限不決者, 依奏報不決法」, 謂依下條, 卽過限不決者, 違一日杖一百, 二日加一等.

[율문1a] 무릇 부인이 사죄를 범하여 형을 집행해야 하는데 임신 중인 경우, 출산 후 100일이 지난 뒤 형의 집행을 허락한다.

[율문1b] 만약 출산 전에 형을 집행한 자는 도2년에 처하고,

[율문1c] 출산했지만 (집행 금지) 기한이 차지 않았는데 형을 집행한 자는 도1년에 처한다.

[율문2] 과실인 경우, 각각 2등을 감한다.

[율문3] 단 기한이 지났는데도 형을 집행하지 않은 자는, 복주하여 회답을 받고 형을 집행하지 않은 (자에 대한 처벌)법에 의거한다.

[율문1의 소] 의하여 말한다: 부인이 사죄를 범하여 형을 집행해야 하는데 임신 중인 경우, 출산 후 100일이 지난 뒤 형의 집행을 허락한다. 만약 출산 전에 형을 집행한 자는 도2년에 처하고, 출산하고 나서 100일이 차지 않았는데 형을 집행한 자는 도1년에 처한다.

[율문2의 소] "과실인 경우, 각각 2등을 감한다."고 했으니, 출산 전에 (과실로) 형을 집행한 자는 도1년에 처하고, 출산했지만 기한이 차지 않았는데 (과실로) 형을 집행한 자는 장90에 처한다.

[율문3의 소] "단 기한이 지났는데도 형을 집행하지 않은 자는, 복주하여 회답을 받고 형을 집행하지 않은 (자에 대한 처벌)법에 의거한다."는 것은, 아래 조항(단29.3)에 의거하여 만약 기한이 지났는데도 형을 집행하지 않은 자는 1일을 위반했으면 장100에 처하고, 2일마다 1등을 더한다는 것을 말한다.

제495조 단옥 27. 임산부를 고신하거나
장·태를 친 죄(拷決孕婦)

[律文1a] 諸婦人懷孕, 犯罪應拷及決杖笞, 若未産而拷､決者杖一百,

[律文1b] 傷重者依前人不合捶拷法;

[律文1c] 産後未滿百日而拷決者減一等.

[律文2] 失者, 各減二等.

[律文1a의 疏] 議曰: 婦人懷孕, 犯罪應拷及決杖笞, 皆待産後一百日, 然後拷､決. 若未産而拷及決杖笞者杖一百.

[律文1b의 疏] 「傷重者」, 謂傷損之罪重於杖一百者. 「依前人不合捶拷法」, 謂依上條監臨之官, 前人不合捶拷而捶拷者以鬪殺傷論: 若墮胎者合徒二年, 婦人因而致死者加役流.

[律文1c의 疏] 限未滿而拷決者「減一等」, 謂減未産拷決之罪一等.

[律文2의 疏] 「失者, 各減二等」, 謂未産而失拷､決於杖一百上減二等, 傷重於鬪傷上減二等; 若産後限未滿而拷決者於杖九十上減二等, 傷重者於鬪傷上減三等.

[율문1a] 무릇 부인이 임신 중에 죄를 범해서 고신하거나 장·태를 쳐야 하더라도, 만약 출산 전에 고신하거나 매를 친 자는 장 100에 처하고,

[율문1b] (고신하거나 매를 친 결과) 상해죄가 무거운 경우에는 '피의자가 매를 쳐서 고신해서는 안 되는 사람인데 매를 쳐서 고신한 법'에 의거하며,

[율문1c] 출산 후 100일이 차지 않았는데 고신하거나 매를 친 자

는 1등을 감한다.

[율문2] 과실인 경우는 각각 2등을 감한다.

[율문1a의 소] 의하여 말한다: 부인이 임신 중에 죄를 범해서 고신하거나 장·태를 쳐야 하더라도, 모두 출산 후 100일을 기다린 뒤에 고신하거나 매를 쳐야 한다. 만약 출산 전에 고신하거나 장·태를 친 자는 장100에 처한다.

[율문1b의 소] "상해죄가 무거운 경우"란 (죄수를) 손상한 죄가 장100보다 무거운 것을 말한다.54) "피의자가 매를 쳐서 고신해서는 안 되는 사람인데 매를 쳐서 고신한 법"(단15)에 의거한다는 것은 위 조항의 피의자가 매를 쳐서 고신해서는 안 되는 사람인데 감림관이 매를 쳐서 고신한 때에는 투살상으로 논한다는 것을 말하며, 만약 (그 결과) 낙태한 경우 도2년에 처하고(투3.2), 부인이 이로 인하여 사망에 이른 때에는 가역류에 처한다(단15.3).

[율문1c의 소] 기한이 차지 않았는데 고신하거나 매를 친 자는 "1등을 감한다."는 것은, 출산 전에 고신하거나 매를 친 죄에서 1등을 감한다는 것을 말한다.

[율문2의 소] "과실인 경우는 각각 2등을 감한다."는 것은, 출산 전에 과실로 고신하거나 매를 쳤다면 장100에서 2등을 감하고 상해죄가 무거우면 투상죄에서 2등을 감하며, 만약 출산 후 (100일의) 기한이 차지 않았는데 고신하거나 매를 친 자는 장90에서 2등을 감하고, 상해가 무거운 때에는 투상(한 죄)에서 3등을 감한다55)는 것을

---

54) 죄를 범한 임신부에게 고신이나 태·장형을 가하여 입힌 상해죄가 일반인 鬪傷罪로 장100보다 무거운 경우를 말한다(302, 투1~305, 투4). 장100보다 무거운 도1년에 해당하는 일반인 鬪傷罪는 골절상 이상인 경우이며, 따라서 임신부가 고신으로 골절상을 입었다면 고신한 자를 도1년에 처한다는 뜻이다.

55) 출산 후 100일이 차지 않았는데 고신하여 상해가 무거운 경우는 鬪傷罪에서 1등을 감하고 다시 과실로 고신했으면 2등을 감하므로, 도합 3등을 감하게 되

말한다.

제496조 단옥 28. 금지된 시기에 사형을
집행한 죄(立春後秋分前不決死刑)

[律文1] 諸立春以後、秋分以前決死刑者, 徒一年.

[律文2a] 其所犯雖不待時, 若於斷屠月及禁殺日而決者, 各杖六十;

[律文2b] 待時而違者, 加二等.

[律文1의 疏] 議曰: 依獄官令:「從立春至秋分, 不得奏決死刑.」違者徒一年. 若犯「惡逆」以上及奴婢, 部曲殺主者, 不拘此令. 其大祭祀及致齋、朔望、上下弦、二十四氣、雨未晴、夜未明, 斷屠月日及假日, 並不得奏決死刑.

[律文2a의 疏] 其所犯雖不待時,「若於斷屠月」, 謂正月、五月、九月.「及禁殺日」, 謂每月十直日: 月一日、八日、十四日、十五日、十八日、二十三日、二十四日、二十八日、二十九日、三十日. 雖不待時, 於此月日亦不得決死刑, 違而決者各杖六十.

[律文2b의 疏]「待時而違者」, 謂秋分以前、立春以後, 正月、五月、九月及十直日, 不得行刑, 故違時日者, 加二等合杖八十. 其正月、五月、九月有閏者, 令文但云正月、五月、九月斷屠, 即有閏者各同正月, 亦不得奏決死刑.

[율문1] 무릇 입춘 이후 추분 이전에 사형을 집행한 자는 도1년에 처한다.

[율문2a] 단 범한 바 (사죄)가 비록 (사형할 수 있는) 때를 기다릴

는 것이다.

필요가 없는 것이더라도, 만약 단도월 및 금살일에 집행한 자는
각각 장60에 처하고,

[율문2b] (사형할 수 있는) 때를 기다려야 하는데 어긴 때에는 2
등을 더한다.

[율문1의 소] 의하여 말한다: 옥관령(습유765쪽)에 의거하면, "입춘부터
추분까지(의 시기에)는 사형 집행을 상주해서는 안 된다." 위반한
자는 도1년에 처한다. 만약 "악역" 이상(의 죄)56)를 범하거나 노비·
부곡이 주인을 살해한 경우에는 이 영에 구애받지 않는다. 단 대제
사57)나 치재58)·삭망59)·상하현60)·24절기61)·우미청·야미명·단도월

---

56) 惡逆 이상이란 十惡 가운데서 '謀反'·'謀大逆'·'謀叛'·'惡逆'을 의미한다(명6.1~명
6.4). 통상적인 은사령으로 사면되지 않는 중대 범죄이다.

57) 영에 의하면 국가에는 大祀·中祀·小祀가 있으며 그 중 대사는 昊天上帝·五方
上帝·皇地祇·神州·宗廟에 대하여 지내는 제사이다(98, 직8.1a의 소;『唐六典』
권4, 120쪽·124쪽;『역주당육전』상, 431쪽·444쪽).

58) '齋'는 제사 전에 일정기간 신체를 깨끗하게 하고 부정한 것을 피하며, 먹고
마시는 것 및 행동을 조심하고, 심신을 바르게 한다는 '齋戒'의 의미이다. 散齋
는 그 기간 동안 낮에는 평상시대로 근무하고 밤에는 자택의 先祖를 제사지내
는 방인 正寢에서 취침한다. 致齋 기간에는 本司와 제사지내는 곳에서 머물면
서 오로지 재계만을 행한다. 그 기간은 大祀·中祀·小祀에 따라 다른데, 大祀
의 경우 산재가 4일, 치재가 3일이다. 산재 기간 동안 지켜야 할 금기사항으
로 喪家의 조문 및 병문안 금지, 行樂 행위 금지, 刑殺 문서에 대한 판정과 서
명 금지, 형벌의 집행 금지, 더럽고 추악한 일에 관여 금지 등이 규정되어 있
다(98, 직8; 99, 직9).

59) 매월 朔은 초하루이고 望은 보름이다. 京司의 문무 직사 9품 이상은 초하루와
보름에 朝會에 참여했다(『唐六典』권4, 114쪽;『역주당육전』상, 410쪽).

60) 上弦은 新月[朔]에서 滿月[望]에 이르는 도중의 半月 상태의 달을 가리키는 말
로 매월 8·9일에 해당하며, 下弦은 만월에서 신월에 이르는 도중의 반월 상태
의 달을 가리키는 말로 매월 22·23일에 해당한다.

61) 24節氣는 1년을 태양의 黃經에 따라 24등분하여 나눈 것으로 節候·時令이라고
도 한다. 황경이란 태양이 춘분점을 기점으로 黃道를 따라 움직인 각도로, 황
경이 0°일 때를 춘분으로 하여 15°간격으로 24절기를 구분한다. 절기와 절기
사이는 대략 15일 간격이며, 양력 날짜는 거의 같지만 음력으로는 조금씩 달

일62) 및 가일63)에는 모두 사형 집행을 상주해서는 안 된다.

[율문2a의 소] 범한 바 (사죄)가 비록 때를 기다릴 필요가 없는 것이라도, "만약 단도월" -정월·5월·9월을 말한다.- "금살일"에 -매월 십직일64) (곧) 초1일·8일·14일·15일·18일·23일·24일·28일·29일·30일을 말한다.- 비록 때를 기다릴 필요가 없더라도 이 월·일에는 또한 사형을 집행할 수 없다. 어기고 집행한 자는 각각 장60에 처한다.

[율문2b의 소] "때를 기다려야 하는데 어긴 자는" -추분 이전 입춘 이후와, 정월·5월·9월 및 십직일에는 형을 집행할 수 없는데 고의로 시일을 위반한 자를 말한다.- 2등을 더하여 장80에 처해야 한다.

라진다. 24절기는 節과 中으로 분류되는데, 입춘 등 홀수 번째 절기는 절, 우수 등 짝수 번째 절기는 중이 된다. 사계절은 입춘·입하·입추·입동 등 4立의 날에서 시작된다.

62) 斷屠月日은 도살을 금지하는 月日이다. 당대에는 특정 기간 중에 도살·漁獵을 금지하는 조서가 여러 차례 반포되었다. 예를 들어 高祖 武德 2년(619) 정월의 조서에서는 매년 정월과 9월 및 매월 十齋日에 사형 집행을 못하게 하고 아울러 公私의 屠釣를 금지하였다(『唐會要』권41, 855쪽; 『唐大詔令集』권113, 586쪽).

63) 假日은 공적인 일(公事)이 없는 휴일이다. 假寧令(『唐令拾遺』, 732~735쪽)에 의하면, 元日·동지에는 모두 7일의 가일을 주고 한식에서 청명까지는 4일의 가일을 준다. 8월 15일·하지 및 臘日에는 각각 3일의 가일을 준다. 정월 7일·15일·晦日·春秋二社·2월 8일·3월 3일·4월 8일·5월 5일·삼복·7월 7일·15일·9월 9일·10월 1일·입춘·춘분·입추·추분·입하·입동 및 매월 旬에 모두 1일의 가일을 준다. 5월에 田假를 주고 9월에 授衣假를 주며, 2개 조로 나누어 각각 15일씩 준다(『唐六典』권2, 35쪽; 『역주당육전』상, 208~209쪽). 8월 15일의 가일 3일은 玄宗의 생일인 千秋節의 가일이다. 그런데 다른 사료들에서 보이는 현종의 생일은 8월 5일이므로(『舊唐書』권8, 193쪽; 『唐會要』권29, 631쪽), 『唐六典』의 '15일'은 '5일'의 오기일 것이다. 玄元皇帝 老子의 생일인 2월 15일에 3일의 가일을 준다(『册符元龜』권54, 608-2쪽). 즉 당대에 인물과 관련된 가일은 2회가 있었는데, 그 중 실제 황제와 관련된 가일로는 현종의 경우만이 확인된다.

64) 十直이란 도교에서 十齋日, 즉 본래 불교에서 살생하지 않고 素食하도록 한 매월 1일·8일·14일·15일·18일·23일·24일·28일·29일·30일에 下界로 내려와 세상의 선악을 살피는 諸神을 말하며, 불교와 도교를 숭상했던 당대에는 이 십재일에 살생을 금했다(『唐會要』권41, 857쪽).

단 정월·5월·9월에 윤달이 있는 경우, 영에 단지 정월·5월·9월에
도살을 금지한다고 했으니, 곧 윤달은 각각 본 달[65]과 같이 역시
사형 집행을 상주해서는 안 된다.

제497조 단옥 29. 복주에 대한 답을 기다리지 않고 사형을 집행한 죄(死囚覆奏報決)

[律文1] 諸死罪囚, 不待覆奏報下而決者, 流二千里.
[律文2] 卽奏報應決者, 聽三日乃行刑, 若限未滿而行刑者, 徒一年;
[律文3] 卽過限, 違一日杖一百, 二日加一等.

[律文1의 疏] 議曰:「死罪囚」, 謂奏畫已訖應行刑者. 皆三覆奏訖然始下決,
若不待覆奏報下而輒行決者流二千里.

[律文2의 疏]「卽奏報應決者」, 謂奏訖報下應行決者.「聽三日乃行刑」, 稱
「日」者以百刻, 須以符到三日乃行刑, 若限未滿三日而行刑者徒一年;

[律文3의 疏] 卽過限, 違一日杖一百, 二日加一等. 在外旣無漏刻, 但取日周
晬時爲限.

[율문1] 무릇 복주에 대한 회답이 내리기를 기다리지 않고 사죄
수의 형을 집행한 자는 유2000리에 처한다.
[율문2] 복주에 대한 회답이 내려 형을 집행해야 하는 경우 (만)
3일이 지난 뒤 형을 집행하는 것을 허용한다. 만약 기한이 아직

---

65) 원문의 '正月'은 閏月과 대비되는 통상의 달을 가리키는 것으로써 1월을 의미
하는 정월을 가리키는 것은 아니다.

차지 않았는데 형을 집행한 자는 도1년에 처한다.

[율문3] 만약 기한을 초과하여 1일을 위반하면 장100에 처하고, 2일마다 1등씩 더한다.

[율문1의 소] 의하여 말한다: "사죄수"라는 것은 상주하여 (황제의) 재가가 끝나서 형을 집행해야 할 자를 말한다. 모두 세 번 복주[66] 한 연후에 비로소 형을 집행하며, 만약 복주에 대한 회답이 내리기를 기다리지 않고 함부로 형의 집행을 시행한 자는 유2000리에 처한다.

[율문2의 소] "만약 복주에 대한 회답이 내려 형을 집행해야 하는 경우"라는 것은, 복주해서 회답이 내려 형의 집행을 시행해야 하는 경우를 말한다. "(만) 3일이 지난 뒤 형을 집행해야 한다."고 했으니 -"일"이라 칭한 것은 100각으로 한다(명55.1).- 문서가 도착하고 나서 3일 뒤 형을 집행해야하며, 만약 3일의 기한이 차지 않았는데 형을 집행한 자는 도1년에 처한다.

[율문3의 소] 만약 기한을 초과하여 1일을 위반했으면 장100에 처하고, 2일마다 1등을 더한다. 외지에는 원래 물시계가 없으니, 단지 해가 한번 도는 시간을 취해서 기한으로 삼는다.

---

66) 覆奏란 황제의 의사를 재확인할 필요가 있는 경우에 관사가 상주하는 것을 말한다. 율에서도 이러한 복주의 예를 찾을 수 있다(71, 위14.1a의 소; 114, 직24.1의 소; 367, 사6.1b). 사형의 복주제도는 당 太宗 貞觀시기 張蘊古 및 盧祖尙의 처형사건을 계기로 제도화 되었다(『舊唐書』권50, 2139쪽). 영에 의하면 사형의 집행과 관련해 京師의 경우 집행하는 관사가 다섯 번 복주하고 경사 밖의 경우는 刑部가 세 번 복주한다. 惡逆 이상을 범하거나 부곡·노비가 주인을 살해한 경우는 한 번만 복주한다. 이 조항에서 '3차례의 복주'라 함은 그 일반적인 규정이라고 하겠다(『唐六典』권6, 189쪽; 『역주당육전』상, 599쪽).

제498조 단옥 30. 형벌을 부당하게
집행한 죄(斷罪應決配而收贖)

[律文1] 諸斷罪應決配之而聽收贖, 應收贖而決配之, 若應官當而不以官當
及不應官當而以官當者, 各依本罪減故、失一等.

[律文1의 注] 死罪不減.

[律文1의 疏] 議曰:「斷罪應決配之」, 謂無官蔭及非老、小及疾之色, 犯笞、杖
應決, 徒、流應配, 官司乃聽收贖;「應收贖」, 謂有官蔭及廢疾若年七十以上
十五以下, 本罪合贖而決配之;「若應官當」, 謂流內九品以上, 犯徒以上罪合
以官當, 官司乃不以官當;「或不應官當」, 謂罪輕不盡其官及過失犯罪, 不合
用官當徒, 而官司乃以官當者: 各依本犯當、贖及決、配之罪,「減故、失一等」,
謂故出入, 失出入者, 各從本罪上減一等, 是名「減故、失一等」.

[律文1의 注의 疏] 注云「死罪不減」, 若應死而聽當、贖, 應收贖而眞決死刑,
不在減例, 各從出入死罪故、失科之.

[율문1] 무릇 죄를 판결하고, (형을) 집행해야 하는데 속동 징수
를 허락하거나, 속동을 징수해야 하는데 (형을) 집행하거나, 혹
은 관당해야 하는데 관당하지 않거나, 관당해서는 안 되는데 관
당한 자는 각각 본죄를 고의·과실(로 죄를 줄이거나 더한 죄)에
의거해서 1등을 감한다.

[율문1의 주] 사죄는 감하지 않는다.

[율문1의 소] 의하여 말한다: "죄를 판결하고, (형을) 집행해야[67] 하

---

67) 원문의 '決'은 笞刑·杖刑의 집행이나 사형의 집행을 가리키는 말이고, '配'는 徒
刑·流刑의 집행 즉 도죄수를 복역할 관사에 배속하거나 유죄수를 流配하는

는데" -관·음이 없거나 노·소 및 질의 부류가 아닌 자가 태·장죄를
범하여 형을 집행해야 하거나 도·유죄를 (범하여 복역할 곳이나
유배할 곳에) 배속시켜야 한다는 것을 말한다.- 관사가 마침내 속
동 징수를 허락한 경우, "속동을 징수해야 하는데" -관·음이 있거
나[68] 폐질자거나 또는 나이 70세 이상과 15세 이하인 자가 (범한)
본죄가 속동 징수에 해당하는 것을 말한다.[69]- (관사가) 형을 집행
한 경우, "혹은 관당해야 하는데" -유내 9품 이상의 관인이 범한 도
죄 이상으로 관당할 수 있는 것(명11·17)을 말한다.- 관사가 마침내
관당하지 않은 경우, 혹은 "관당해서는 안 되는데" -죄가 가벼워

것을 가리키는 말이다.

[68] 八議에 해당되어 議해야할 자가 流罪 이하의 죄를 범하면 1등을 감하고 贖免
한다(명8). 황태자비의 대공 이상 친속 및 팔의의 기친 이상 친속과 손자 그리
고 職事官 4품 이하 5품 이상·散官 3품 이하·5품 이상·勳官과 爵 2품 이하 5
품 이상의 관인이어서 請해야할 자가 유죄 이하의 죄를 범하면 1등을 감하고
속면할 수 있다(명9.1). 5품 이상 관품이나 작으로 請章을 적용받을 수 있는
자의 조부모·부모·형제·자매·처·자·손 및 6·7품의 직사관·산관·衛官·훈관
본인이어서 減해야할 자가 유죄 이하의 죄를 범하면 1등을 감하고 속면할 수
있다(명10). 관품으로 減章을 적용받을 수 있는 7품 이상 관인의 조부모·부
모·처·자·손 및 8·9품의 관인은 유죄 이하를 범하면 贖할 수 있다(명11.1). 5
품 이상 관인의 첩 역시 속할 수 있고(명13), 假版官 역시 유죄 이하를 속할
수 있다(명15.7).

[69] 70세 이상 80세 미만의 '老'·15세 이하 11세 이상의 '小' 및 廢疾者는 流罪 이하
를 범한 때는 속동을 징수한다(명30.1). 그러나 사죄를 범하거나 加役流·反逆
緣坐流·會赦猶流의 죄를 범한 때에는 속면하지 않고 그대로 유형에 처하는데,
다만 배소에서의 노역은 면제한다(명30.1의 주). 노·소·폐질자가 여자이고 가
역류 또는 반역연좌류죄를 범한 경우 속동을 징수하고(명30.1의 주의 소), 회
사유류죄 중 독충을 기르거나 독약을 제조한 때만 유배한다(명28.3a). 모반 및
대역의 연좌에서 처 및 15세 이하의 자는 속동을 징수한다. 80세 이상 90세
미만, 10세 이하 8세 이상 및 篤疾者는 원칙적으로 논하지 않는다. 다만 반역
이나 살인죄로 사형에 처해야 하는 경우는 예외로 하며, 도죄와 상해죄를 범
한 경우는 속동을 징수한다. 90세 이상과 7세 이하가 죄를 범한 경우 비록 사
죄를 범하더라도 형을 가하지 않는다(명30, 2·3).

(관당하면) 그 관품을 다 쓰지 못하거나(명22)[70] 과실로 죄를 범했다면[71] 도죄를 관당해서는 안 된다는 것을 말한다.- 관사가 마침내 관당한 경우, 각각 본래 관당하거나 속동을 징수하거나 (형의) 집행을 범한 죄에 의거해서 "고의·과실로 (죄를 덜거나 더한 죄에서) 1등을 감한다." (이는) 고의로 죄를 덜거나 더하거나 과실로 죄를 덜거나 더한(단19) 경우 각각 본죄에서 1등을 감한다는 것[72]을 말하며, 이를 (정)명하여 "고의·과실(로 죄를 줄이거나 더한 죄)에서 1등을 감한다."고 한 것이다.

[율문1의 주의 소] 주에 "사죄는 감하지 않는다."고 했으니, 만약 사죄인데 관당이나 속동 징수를 허락하거나 속동을 징수해야 하는데 실제로 사형을 집행했다면 감하는 예를 적용하지 않고, 각각 고의·과실로 사죄를 덜거나 더한 것에 따라 죄준다.

---

70) 官當은 5품 이상의 관인이 私罪를 범한 경우 1官으로 도2년을, 6품 이하는 1관으로 도1년을 당하게 하여 관을 삭제함으로써 流·徒의 실형을 대체하는 제도이다. 私罪와 달리 公罪인 경우 각각 1년을 더하여 당하게 한다(명17.1b). 범한 죄가 그 관에 비해 대체할 수 있는 도형의 연수보다 가벼우면 관당하지 않고 贖銅을 징수한다.

71) 여기에서 관인이 과실로 범한 죄는 過失殺傷(339, 투38)으로 한정된다(戴炎輝, 『唐律通論』, 271쪽).

72) 형을 집행해야 하는데 속동을 징수하거나 官當해서는 안 되는데 관당한 경우, 고의로 던 것이라면 全罪로써 논하고 과실로 던 것이라면 고의로 던 것에서 5등을 감한다. 속동을 징수해야 하는데 형을 집행했거나 관당해야 하는데 관당하지 않은 경우, 고의로 더한 것이라면 전죄로써 논하고 과실로 더한 것이라면 고의로 더한 것에서 3등을 감한다(487, 단19). 이렇게 고의·과실과 덜고 더한 것을 따져서 本罪를 정한 후에 다시 각각 1등을 감하여 처벌하라는 의미이다. 예를 들어 관인이 장100을 범한 15세 小에게 속을 징수하지 않고 곧 형을 집행한 경우, 고의로 더한 것이라면 관인의 本罪는 전죄인 장100이 되며, 과실로 더한 것이라면 3등을 감해 장70이 된다. 이 본죄에서 다시 1등을 감해서, 고의이면 장90이 되고 과실이면 장60이 된다.

[律文2] **卽品官任流外及雜任, 於本司及監臨犯杖罪以下, 依決罰例.**

[律文2의 疏] 議曰:「品官任流外及雜任」, 謂身帶勳官, 散官而任流外及雜任者.「於本司及監臨」, 謂於本司及臨時監統者. 若犯杖罪以下, 依流外·雜任之例決杖, 不准官品徵贖. 若徒罪以上, 自依當·贖法. 其有準蔭應贖者任流外及雜任, 若犯杖罪以下, 亦準品官依決罰例.

[율문2] 만약 품관이 유외(관) 및 잡임에 임용되어 본사 및 감림 (구역 내)에서 장죄 이하를 범한 경우 (장형을) 집행하는 예에 의거한다.

[율문2의 소] 의하여 말한다: "품관이 유외(관) 및 잡임에 임용되었다."는 것은, 훈관·산관의 신분으로 유외(관) 및 잡임73)으로 임용된 자를 말한다. "본사 및 감림 (구역 내)에서"란 본사 및 임시로 감독·통섭하는 (구역 내)에서라는 것을 말한다. 만약 (그곳에서) 장죄 이하를 범했다면 유외(관)·잡임의 예에 의거하여 장형을 집행하고, 관품에 준하여 속동을 징수하지 않는다.74) 만약 도죄 이상인 경우는 당연히 관당하고 (남은 죄는) 속동을 징수하는 법에 의거한다.75) 만약 음에 준하여 속할 수 있는 자가 유외(관) 및 잡임으로 임용되어 장죄 이하를 범했다면 역시 품관에 준해 (장형을) 집행하는 예에 준한다.

---

73) 流外官 및 雜任은 流內官 아래의 하급직으로 '吏'라고 불리며, 長官의 判補에 의해 임용된다. 유외관은 모든 관사의 令史 이하 유외의 告身이 있는 자를 말하고, 잡임은 관에서 일을 담당하는 자로 流外品이 없다(143, 직53.2a의 소).

74) 9품 이상 관이 있는 자가 유죄 이하를 범한 때에는 형을 면하고 속을 징수한다. 단 품관으로 유외관 및 잡임에 충당된 자가 장죄 이하를 범한 때에는 실형에 처한다는 것이다.

75) 유외관·잡임에 임용된 품관을 관당할 때는 유외관·잡임의 직은 해임한다(명17.6).

제499조 단옥 31. 교·참형을 바꿔 집행한 죄(斷罪應斬而絞)

[律文1a] 諸斷罪應絞而斬, 應斬而絞徒一年;

[律文1b] 自盡亦如之.

[律文2] 失者減二等.

[律文3] 卽絞訖別加害者, 杖一百.

[律文1의 疏] 議曰: 犯罪應絞而斬, 應斬而絞, 徒一年. 以其刑名改易, 故科
其罪.「自盡亦如之」, 依獄官令:「五品以上犯非惡逆以上, 聽自盡於家.」若
應自盡而絞, 斬, 應絞, 斬而令自盡, 亦合徒一年, 故云「亦如之」.

[律文2의 疏]「失者減二等」, 謂原情非故者, 合杖九十.

[律文3의 疏]「卽絞訖別加害者」, 謂絞已致斃, 別加拉幹, 折腰之類者, 杖一百.

[율문1a] 무릇 죄를 판결하고, 마땅히 교형에 처해야 할 것인데
참형에 처하거나, 참형에 처해야 할 것인데 교형에 처했다면 도
1년에 처한다.

[율문1b] 자진의 경우도 역시 이와 같다.

[율문2] 과실인 경우, 2등을 감한다.

[율문3] 만약 교형에 처한 뒤 별도로 (시체에) 해를 가한 경우 장
100에 처한다.

[율문1의 소] 의하여 말한다: 범한 죄가 마땅히 교형에 처해야 할 것
인데 참형에 처하거나 참형에 처해야 할 것인데 교형에 처했다면
도1년에 처한다. 그 형의 등급을 바꾸었으므로 이 죄를 주는 것이
다. "자진의 경우도 역시 이와 같다."는 것은, 옥관령(습유764쪽)에
의하면 "5품 이상 (관인)이 악역 이상이 아닌 (죄를) 범했다면, 집

에서 자진하는 것을 허락한다."고 했으니, 만약 자진하게 해야 하는데 교·참형에 처하거나 교·참형에 처해야 하는데 자진하게 했다면 역시 도1년에 해당하므로 "역시 같다."고 한 것이다.

[율문2의 소] "과실인 경우, 2등을 감한다."는 것은 정을 살펴 고의가 아닌 경우에는 장90에 해당하는 것을 말한다.

[율문3의 소] "만약 교형에 처한 뒤 별도로 (시체에) 해를 가한 경우"란, 교형에 처하여 이미 사망했는데 별도로 늑골을 부러뜨리거나76) 허리를 꺾는 것 따위를 말하며, 장100에 처한다.

제500조 단옥 32. 형도를 사역시키지 않은 죄(領徒應役不役)

[律文] 諸領徒應役而不役, 及徒因病愈不計日令陪役者, 過三日笞三十, 三日加一等. 過杖一百, 十日加一等, 罪止徒二年. 不得過罪人之罪.

[律文의 疏] 議曰:「領徒應役」, 謂掌領囚徒, 令役身者而不役; 及徒囚因病給假, 病愈合役不令陪役者: 過三日笞三十, 三日加一等, 過二十四日合杖一百. 過杖一百, 十日加一等, 罪止徒二年. 注云「不得過罪人之罪」, 謂如應徒一年者, 雖多日不役亦不得過徒一年, 其二年以下並準此. 囚數多者, 從不役人日多者爲罪.

[율문] 무릇 형도를 통솔하여 사역시켜야 하는데 사역시키지 않거나, 형도의 병이 나은 (후 병으로 사역하지 않은) 날을 계산하여 사역을 보충하게 하지 않은 자는, 3일을 초과하면 태30에 처

---

76) 원문의 '拉幹'은 『唐律釋文』(권30, 649쪽)에서 '折脅'이라고 해석했다.

하고 3일마다 1등씩 더하며, 장100을 넘으면 10일마다 1등씩 더하되 죄는 도2년에 그친다. 죄인의 죄를 초과해서는 안 된다.

[율문의 소] 의하여 말한다: "형도를 통솔하여 사역시켜야 한다."는 것은, 수금된 형도를 관장해서 사역하게 하는 것을 말하며, 사역시키지 않았다면 (아래의 죄를 받는다). 형도가 병으로 인해 휴가를 받았다면 병이 나은 뒤 사역해야 하며, 사역을 보충하게 하지 않은 자는[77] 3일을 초과하면 태30에 처하고 3일마다 1등씩 더하며, 24일을 초과하면 장100에 처해야 한다. 장100을 넘으면 10일마다 1등씩 더하되 죄는 도2년에 그친다. 주에 이르기를 "죄인의 죄를 초과해서는 안 된다."고 한 것은, 예컨대 (형도가) 도역 1년을 해야 할 자이면 비록 사역하지 않은 일수가 많더라도 (관사의 죄는) 역시 도1년을 초과해서는 안 된다는 것을 말하며, (형도의 도죄가) 2년 이하이면 모두 이에 준한다. 형도의 수가 많은 경우에는 사역하지 않은 사람의 일수가 많은 것에 따라 죄를 준다.

제501조 단옥 33. 방임하여 도망간 사죄수가 자수하거나 체포된 것을 즉시 보고하지 않은 죄(獲囚死首稽留不報)

[律文] 諸縱死罪囚令其逃亡, 後還捕得及囚已身死若自首, 應減死罪者,

---

77) 도죄수는 京師에서는 將作監·少府監에서 복역하고, 지방에서는 해당 지방관사에서 일상적인 雜役에 복역한다. 유죄수는 配所에서 1년 복역한다. 복역하는 죄수는 1년 두 번 臘日과 한식에 각각 2일의 휴가를 받는다. 또한 죄수는 병이 나면 휴가를 얻을 수 있었지만 그 기간은 형기에 산입되지 않았으므로 회복 후에 쉰 날만큼을 보충하여 복역해야 했다(『宋刑統』권3, 51쪽).

其獲囚及死首之處卽須遣使速報應減之所, 有驛處發驛報之. 若稽留使不
得減者, 以入人罪故, 失論減一等.

[律文의 疏] 議曰: 謂囚合死在禁, 所司縱令逃亡, 依「故縱」之條還合死罪. 「捕
得及囚已死若自首, 應減死罪者」, 謂依捕亡律及上條「放而還獲, 得減一等」
者. 其獲囚之處及死首之所卽須遣使速報應減死之處, 若有驛之處發驛報之.
若使人及官司稽留令不得減罪, 致使囚已決訖者, 「以入人罪故, 失論減一等」,
謂故稽遲從故入上減一等, 流三千里; 若失稽遲從失入罪上減一等, 總減罪人
四等, 徒二年. 官司及使人, 各以所由爲坐.

[율문] 무릇 사죄수를 방임하여 도망갈 수 있게 하고 뒤에 다시
체포하거나 죄수가 이미 사망하거나 또는 자수하여 (방임한 자
의) 사죄를 감해야 할 경우, 죄수를 체포하거나 (죄수가) 사망·
자수한 곳에서는 곧 반드시 사인을 파견하여 (죄를) 감해야 할
곳에 신속히 알려야 하며, 역이 있는 곳에서는 역마를 파견하여
이를 알린다. 만약 (알리는 것을) 지체해서 (사죄를) 감할 수 없
게 한 자는, 고의나 과실로 사람의 죄를 더한 것으로 논하되 1
등을 감한다.

[율문의 소] 의하여 말한다: 죄수가 사죄에 해당하여 구금되어 있는
데 담당자가 방임하여 도망갈 수 있게 했다면, "고의로 방임한 죄"
의 조항(표16.4)에 의거하여 역시 사죄에 해당한다. "체포하거나 죄
수가 이미 사망하거나 또는 자수하여 (방임한 자의) 사죄를 감해
야 할 경우"란 포망율(표16) 및 위 조항(단2·19)에 의거하여 "석방했
다가 다시 붙잡았다면 1등을 감할 수 있다."는 것을 말한다. 죄수
를 체포한 곳이나 (죄수가) 사망·자수한 곳에서는 곧 반드시 사인
을 파견하여 (사죄를) 감해야 할 곳에 신속히 알려야 하며, 역이
있는 곳에서는 역마를 파견하여 이를 알린다. 만약 사인이나 관사

가 (알리는 것을) 지체해서 (방임한 자의 사)죄를 감할 수 없게 하여 죄수에 대한 형이 집행된 경우, "고의나 과실로 사람의 죄를 더한 것으로 논하되(단19.5) 1등을 감한다."는 것은, 고의로 지체했다면 고의로 죄를 더한 것에서 1등을 감하여 유3000리에 처하고, 만약 과실로 지체했다면 과실로 죄를 더한 것에서 1등을 더 감해 죄인의 (죄에서) 도합 4등을 감해서 도2년에 처한다는 것을 말한다. 관사 및 사인은 각각 말미암은 자를 처벌한다.

제502조 단옥 34. 의죄 처단의 원칙(疑罪)

[律文1] **諸疑罪, 各依所犯以贖論.** 疑, 謂虛實之證等, 是非之理均; 或事涉疑似, 傍無證見; 或傍有聞證, 事非疑似之類.

[律文2] **卽疑獄, 法官執見不同者, 得爲異議, 議不得過三.**

[律文1의 疏] 議曰:「疑罪」, 謂事有疑似, 處斷難明.「各依所犯以贖論」, 謂依所疑之罪, 用贖法收贖. 注云「疑, 謂虛實之證等」, 謂八品以下及庶人, 一人證虛, 一人證實, 二人以上虛實之證其數各等; 或七品以上, 各據衆證定罪, 亦各虛實之數等.「是非之理均」, 謂有是處, 亦有非處, 其理各均.「或事涉疑似」, 謂贓狀涉於疑似, 傍無證見之人; 或傍有聞見之人, 其事全非疑似. 稱「之類」者, 或行迹是, 狀驗非; 或聞證同, 情理異. 疑狀旣廣, 不可備論, 故云「之類」.

[律文2의 疏]「卽疑獄」, 謂獄有所疑, 法官執見不同, 議律論情, 各申異見,「得爲異議」, 聽作異同.「議不得過三」, 謂如丞相以下通判者五人, 大理卿以下五人, 如此同判者多, 不可各爲異議, 故云「議不得過三」.

[율문1] 무릇 의죄는 각각 범한 바에 의거하여 속으로 논한다. 의는 허·실의 증인 수가 같거나 유·무죄의 이유가 대등하거나, 혹은 사건에 혐의는 있지만 곁에서 보았다고 증언하는 자가 없거나, 혹은 곁에서 들었다고 증언하는 자는 있지만 사건이 혐의를 둘 바가 아닌 것따위를 말한다.

[율문2] 만약 죄안에 의문이 있어 법관이 이견을 갖고 동의하지 않을 경우에는 이의를 제기할 수 있으나, (이)의의 (제기는) 3번을 넘을 수 없다.

[율문1의 소] 의하여 말한다: 의죄란 일에 혐의는 있지만 처단을 명확히 하기 어려운 것을 말한다. "각각 범한 바에 의거하여 속으로 논한다."는 것은, 혐의가 있는 바의 죄에 따라 속하는 법으로 속(동)을 징수하는 것을 말한다. 주에 이르기를 "의는 허·실의 증인 수가 같다."라고 한 것은, 8품 이하 및 서인의 경우 1인은 거짓이라고 증언하고 1인은 사실이라고 증언하거나, (증인이) 2인 이상인데 거짓이라는 증인과 사실이라는 증인 수가 각각 같은 것을 (말하며), 7품 이상이면 각각 중증에 근거하여 죄를 정하는데(단6.1) 역시 거짓이라는 (증인과) 사실이라는 (증인의) 수가 같음을 말한다.78) "유·무죄의 이유가 대등하다."라는 것은, 유죄인 측면이 있는가 하면 무죄인 측면도 있는데 그 이유가 각각 대등하다는 것을 말한다. "혹은 사건에 혐의가 있다."는 것은, 장물과 실상은 혐의가 있지만 곁에 보았다고 증언하는 사람이 없거나 혹은 곁에 듣고 본

---

78) 7품 이상인 자(정확하게는 議·請·減의 특권을 향수할 수 있는 자)는 고신이 금지되며, 衆證에 의해 죄를 정한다. 이 때 "衆"이란 3인 이상이다(명55.4). 만약 증인이 1인 혹은 2인이고, 그 혐의를 증인이 모두 긍정해도 7품 이상인 자는 처벌하지 않는다. 만약 증인이 전혀 없다면 담당 관사가 스스로 是非를 자세히 조사하여 情狀에 따라 판결한다. 3인이 옳다고 증언하고 3인이 거짓이라고 증언한 경우를 疑罪라 일컫는다(474, 단6.1의 문답).

사람이 있으나 그 사건이 전혀 혐의를 둘 바가 아닌 것을 말한다. "따위"라고 한 것은, 행적은 그러한데 실상을 조사하니 그렇지 않거나, 혹은 들은 것과 증언은 같은데 정황과 이치가 다른 것이다. 의(죄)의 정상은 원래 넓어서 모두 다 논할 수 없으며, 이런 까닭에 "따위"라고 한 것이다.

[율문2의 쇼] "만약 죄안에 의문이 있다."라는 것은 죄안에 의심스러운 바가 있다는 것을 말하며, 법관이 이견을 갖고 동의하지 않으면 율을 의논하고 (죄)정을 논하여 각각 다른 견해를 펴서79) "이의를 제기할 수 있으며", 다른 (죄안을) 작성하는 것을 허락한다. "(이)의의 (제기는) 3번을 넘을 수 없다."라는 것은, 예컨대 승상80) 이하 통판자가 5인81)이거나 대리경 이하가 5인82)인 것과 같이 동판자

---

79) 法官이 이견을 갖고 동의하지 않는 경우의 실례로 大理丞의 직무와 관련된 규정을 들 수 있다. 大理寺의 6丞은 대리시로 이관된 형사사건을 나누어 심판하는 일을 관장한다. 무릇 범함이 있으면 모두 각 사의 본래의 案狀에 의거하여 죄와 형량을 올바로 정한다. 6승은 각각 尙書省 6曹가 통섭하는 모든 관사와 州의 직무를 判하고 刑部丞은 獄을 관할하는 일을 관장한다. 1승이 사안을 단죄할 때마다 나머지 5승이 서명한다. 만약 이견이 있으면 각각 다른 정상을 말한다(『唐六典』권18, 503쪽;『역주당육전』중, 562~563쪽). 즉 율에서는 함께 판결하는 법관의 견해와 주장이 서로 같지 않으면 각각의 의견을 제시할 수 있도록 인정하고 있다.

80) 丞相(본래는 僕射였으나 玄宗 開元元年(713)에 승상으로 개칭)은 종2품의 직사관으로 左·右 각각 1명이 설치되었다. 본래 官制 상 승상은 次官이지만, 長官인 尙書令이 당 초기를 제외하고는 결원이었기 때문에 사실상 장관의 역할을 담당했다. 좌승상은 吏·戶·禮部를 통령하고 우승상은 兵·刑·工部를 통령했다(『唐六典』권1, 6~7쪽;『역주당육전』상, 116~118쪽).

81) 승상 이하 통판자 5인은 구체적으로 누구를 지칭하는가에 대해서는 연구자에 따라 차이가 있다. 日本譯에서는 통판자를 通判官이라고 해석할 수 있다면, 승상 이하 刑部의 통판관 이상의 자리라고 추정하여 좌우승상·刑部尙書·刑部侍郞을 지칭하는 것으로 보았다(일본역『唐律疏議』4, 349쪽, 주3). 다만 이는 玄宗 시기 형부시랑의 정원이 1인이라는 점에서 문제가 있다. 劉俊文은 좌우승상·左丞 혹은 右丞·左司郞中 혹은 右司郞中·左司員外郞 혹은 右司員外郞의 5

가 많더라도 각각 이의를 제기할 수 없으니, "(이)의의 (제기는) 3번을 넘을 수 없다."고 한 것이다.

명이라고 추정했다(劉俊文,『唐律疏議箋解』, 2018쪽, 箋釋2). 錢大群은 여기에서의 '통판자'는 통판관과 다르며 '通'은 '通同'의 의미라고 하며 좌우승상·좌우승·우사낭중·우사원외랑 중 5명으로 추정했다(錢大群,『唐律疏議新注』, 1012쪽, 주9).

82) 대리시에는 大理卿(장관) 이하 통판관 이상이 5명이 있다. 구체적으로 대리경(1명), 大理少卿(2명), 大理正(2명)이다. 그런데 錢大群은 대리경, 대리소경, 대리정, 大理丞(6명) 중 5명으로 추정했다(錢大群,『唐律疏議新注』, 1012쪽, 주10).

참고문헌

○ 『唐律疏議』 版本

- 長孫無忌 等 撰, 『唐律疏議』 滂喜齋藏本.
- _____, 『唐律疏議』 四部叢刊本(廣編).
- _____, 『唐律疏議』 日本 官版本 및 國學基本叢書本.
- _____, 『唐律疏議』 岱南閣叢書本.
- _____, 『唐律疏議』 劉俊文 點校本, 北京: 中華書0局, 1983.
- _____, 『唐律疏議箋解』 劉俊文, 北京: 中華書局, 1996.
- _____, 『唐律疏議』 岳純之 點校, 上海: 上海古籍出版社, 2013.
- 『唐律疏議』殘卷, 『敦煌社會經濟文獻眞蹟釋錄』 第二輯, 唐耕耦·陸宏基 編, 敦煌吐魯蕃文獻研究叢書(一), 北京: 書目文獻出版社, 1990.

○ 『唐律疏議』 譯註書

- 金鐸敏·任大熙, 『역주 당률소의』(全3권), 서울: 韓國法制研究院, 1994~1998.
- 曹漫之 主編, 『唐律疏議譯註』, 吉林: 吉林人民出版社, 1989.
- 錢大群, 『唐律疏議新注』, 南京: 南京師範大學出版社, 2007.
- 律令研究會 編, 『譯註日本律令』5~8, 東京: 東京堂出版, 1979~1998.
- Wallace Johnson, The T'ang Code, Volume I General Principles, Princeton: Princeton University Press, 1979; The T'ang Code, Volume II Specific Articles, Princeton: Princeton University Press, 1997.

○ 律令 관련 문헌 및 律令 輯逸書

- [漢] 『張家山漢墓竹簡(二四七號墓)』, 張家山二四七號漢墓竹簡整理小組, 北京: 文物出版社, 2006.

- [唐] 李林甫 等 撰, 『唐六典』, 陳仲夫 點校, 北京: 中華書局, 1992.

- [宋] 竇儀 等 撰, 『宋刑統』, 吳翊如 點校, 北京: 中華書局, 1984.

- [宋] 孫奭 撰, 『律附音義』, 上海: 上海古籍出版社, 1984.

- [宋] 王溥 撰, 『唐會要』, 臺北: 世界書局印行, 1981.

- [宋] 王溥 撰, 『唐會要』, 上海: 上海古籍出版社, 2006.

- [宋] 『天聖令』, 『天一閣藏明鈔本天聖令校證: 附唐令復原研究』(上)·(下), 北京: 中華書局, 2006.

- [宋] 『慶元條法事類』, 臺北: 新文豊出版公司 影印本, 1975.

- [宋] 『慶元條法事類』, 楊一凡·田濤 主編, 『中國珍稀法律典籍續編』第一册, 哈爾濱: 黑龍江人民出版社, 2002.

- [元] 『至正條格』影印本, 서울: 韓國學中央研究院, 2007.

- [明] 『大明律』, 懷效鋒 點校, 瀋陽: 遼瀋書社, 1990.

- [明] 『大明律講解』, 初譯本, 서울: 서울대학교 법과대학 大明律講讀會, 2006.

- [淸] 薛允升, 『唐明律合編』, 懷效鋒·李鳴 點校, 北京: 法律出版社, 1998.

- [淸] 沈家本 撰, 『歷代刑法考』(上)·(下), 北京: 商務印書館, 2011.

- [淸] 沈之奇 註, 懷效鋒·李俊 點校, 『大淸律輯注』, 北京: 法律出版社, 1998.

- [淸] 吳壇 撰, 『大淸律例通考』, 呂建石 等 校注, 北京: 中國政法大學出版社, 1992.

- [日] 『令義解』, 東京: 吉川弘文館, 1977.

- [日] 『令集解』(1)~(4), 東京: 吉川弘文館, 1977.

- [日] 仁井田陞, 『唐令拾遺』, 東京: 東京大學出版會, 1964.

- [日] 池田溫 主編, 『唐令拾遺補』, 東京: 東京大學出版會, 1997.

○ 律令 관련 문헌 및 律令 輯逸書의 번역서

** 중국법
- 김지수 역,『절옥귀감』, 광주: 전남대학교출판부, 2012.
- 김택민 주편,『역주당육전』(상), 서울: 신서원, 2003;『역주당육전』(중), 2005;
  『역주당육전』(하), 2008.
- 김택민·하원수 주편,『천성령역주』, 서울: 혜안, 2013.
- 박영철 역,『명공서판청명집 호혼문 역주』, 서울: 소명출판, 2008.
- 윤재석 역,『수호지진묘죽간 역주』, 서울: 소명출판, 2010.
- 이근우 역,『영의해역주』(상)·(하), 서울: 세창출판사, 2014.
- 임대희 역,『명공서판청명집 징악문 역주』, 서울: 소명출판, 2021.
- 임병덕 역주,『구조율고』1, 서울: 세창출판사, 2014;『구조율고』2, 2014;『구
  조율고』3, 2015;『구조율고』4, 2015.

** 고려와 조선의 법
- 영남대학교민족문화연구소 편,『고려시대 율령의 복원과 정리』, 서울: 경인
  문화사, 2010.
- 南晩星 역,『大明律直解』, 서울: 법제처, 1964.
- 韓㳓劢 등 역,『역주 경국대전』(번역편), 서울: 韓國精神文化硏究院, 1985.

○ 經典과 史書, 類書 및 기타 사료
- 『周易正義』·『尙書正義』·『毛詩正義』·『周禮注疏』·『儀禮注疏』·『禮記正義』·『春
  秋左傳正義』·『春秋公羊傳注疏』·『論語注疏』·『孝經注疏』·『爾雅注疏』,
  北京大學出版社 十三經注疏本.
- 『史記』·『漢書』·『後漢書』·『晉書』·『魏書』·『周書』·『隋書』·『舊唐書』·『新唐
  書』·『宋史』, 中華書局 標點校勘本.
- 『國語』, 上海師範大學古籍整理組 點校, 上海: 上海古籍出版社, 1978.

- [漢] 許愼 撰, [淸] 段玉裁 注, 『說文解字注』, 上海: 上海古籍出版社, 1981.

- [後漢] 劉熙 撰, [淸] 畢沅 疏證, 『釋名疏證補』, 北京: 中華書局, 2008.

- [曹魏] 王弼 撰, 『老子道德經注』, 北京: 中華書局, 2008.

- [晉] 葛洪 撰, 『西京雜記』, 北京: 中華書局, 1985.

- [梁] 蕭統 編, [唐]李善 注, 『文選』, 北京: 中華書局, 1977.

- [唐] 杜佑 撰, 『通典』, 王文錦 等 點校本, 北京: 中華書局, 1988.

- [唐] 白居易 撰, 『白氏六帖事類集』, 北京: 文物出版社, 1989.

- [唐] 蕭嵩 撰, 『大唐開元禮』, 北京: 民族出版社, 2000.

- [唐] 虞世南 撰, [淸] 孔廣陶 校註, 『北堂書鈔』, 北京: 中國書店, 1989.

- [唐] 李吉甫, 『元和郡縣圖志』, 北京: 中華書局, 1983.

- [唐] 張鷟 撰, [明] 劉允鵬 注, [淸] 陳春 補正, 『龍筋鳳髓判』, 上海: 商務印書館, 1939.

- [唐] 『龍筋鳳髓判箋注』, 蔣宗許·劉雲生 等 箋注, 北京: 法律出版社, 2013.

- [宋] 司馬光 撰, 『資治通鑑』, 北京: 中華書局, 1996.

- [宋] 宋敏求 撰, 『唐大詔令集』, 北京: 中華書局, 2008.

- [宋] 王欽若, 『册府元龜』, 北京: 中華書局, 1981.

- [宋] 李昉 等 撰, 『太平御覽』, 北京: 中華書局, 1985.

- [宋] 鄭樵 撰, 『通志』, 北京: 中華書局, 1987.

- [宋] 洪興祖, 『楚辭補注』, 北京: 中華書局, 1983.

- [淸] 董誥, 『全唐文』, 北京: 中華書局, 1983.

- [淸] 徐松, 『宋會要輯稿』, 北京: 中華書局, 1984.

- [淸] 徐松 撰, [淸] 張穆 校補, 方嚴 點校, 『唐兩京城坊考』, 北京: 中華書局, 1985.

- [淸] 徐松 撰, 李健超 增訂, 『增訂唐兩京城坊考』, 西安: 三秦出版社, 1996.

- [淸] 孫星衍 等 輯, 『漢官六種』, 北京: 中華書局, 1990.

- [淸] 陳士珂, 『孔子家語疏證』, 上海: 商務印書館, 1939.

- 吳毓江 撰, 孫啓治 點校, 『墨子校注』, 北京: 中華書局, 2006(第2版).

- 熊公哲 註譯, 『荀子今註今譯』, 臺北: 臺灣商務印書館, 1977.
- 中國社會科學院歷史研究所 等 編, 『英藏敦煌文獻(漢文佛經以外部份)』第6卷, 成都: 四川人民出版社, 1992.
- 上海古籍出版社·法國國家圖書館 編, 『法國國家圖書館藏敦煌西域文獻』第18册, 上海: 上海古籍出版社, 2001.
- 中華書局編輯部 編, 『宋元方志叢刊』, 北京: 中華書局, 1990.

○ 당률 및 중국법 연구서

** 중국·타이완의 연구서

- 高明士 主編, 『唐律與國家秩序』, 臺北: 元照出版公司, 2013.
- 高明士, 『律令法與天下法』, 臺北: 五南圖書出版, 2012.
- 喬偉, 『唐律研究』, 濟南: 山東人民出版社, 1985.
- 瞿同祖, 『中國法律與中國社會』, 北京: 中華書局, 1981.
- 瞿同祖, 『瞿同祖法學論著集』, 北京: 中國政法大學出版社, 1998.
- 唐長孺 主編, 『敦煌吐魯番文書初探』, 武漢: 武漢大學出版社, 1983.
- 唐長孺 主編, 『吐魯番出土文書』(肆), 北京: 文物出版社, 1996.
- 戴炎輝, 『唐律各論』(上)·(下), 臺北: 成文出版社, 1988.
- 戴炎輝, 『唐律通論』, 臺北: 元照出版公司, 2010.
- 沈家本, 『歷代刑法考』全4卷, 北京: 中華書局, 1985.
- 楊廷福, 『唐律初探』, 天津: 天津人民出版社, 1982.
- 楊廷福, 『唐律研究』, 上海: 上海古籍出版社, 2012.
- 楊鴻烈, 『中國法律思想史』, 上海: 上海書店, 1984.
- 劉俊文, 『唐代法制研究』, 臺北: 文津出版社, 1999.
- 俞榮根, 『儒家法思想通論』, 南寧: 廣西人民出版社, 1992.
- 張中秋, 『唐代經濟民事法律述論』, 北京: 法律出版社, 2002.
- 錢大群, 『唐律研究』, 北京: 法律出版社, 2000.

- 錢大群, 『唐律與唐代法制考辨』, 北京: 社會科學文獻出版社, 2013.
- 丁凌華, 『五服制度與傳統法律』, 北京: 商務印書館, 2013.
- 程樹德, 『九朝律考』, 北京: 中華書局, 1988.
- 曹小雲, 『《唐律疏議》詞彙研究』, 合肥: 安徽大學出版社, 2014.
- 陳顧遠, 『中國法制史』, 北京: 中國書店, 1988(초판 1934).
- 陳寅恪, 『隋唐制度淵源略論稿』(外二種), 石家庄: 河北教育出版社, 2002.
- 馮卓慧, 『唐代民事法律制度研究-帛書·敦煌文獻及律令所見-』, 北京: 商務印書館, 2014.
- 黃源盛 主編, 『法史學的傳承·方法與趨向』, 臺北: 中國法制史學會, 2004.
- 黃源盛, 『漢唐法制與儒家傳統』, 臺北: 元照出版公司, 2009.
- 黃源盛, 『唐律與傳統法文化』, 臺北: 元照出版公司, 2011.

** 일본의 연구서
- 內田智雄 編, 『譯注中國歷代刑法志』, 東京: 創文社, 1977.
- 梅原郁, 『前近代中國の刑罰』, 京都: 京都大學人文科學研究所, 1996.
- 陶安あんど, 『秦漢刑罰體系の研究』, 東京: 創文社, 2009.
- 富谷至, 『秦漢刑罰制度の研究』, 京都: 同朋社, 1998.
- 富谷至, 『東アジアの死刑』, 京都: 京都大學出版社, 2008.
- 辻正博, 『唐宋時代刑罰制度の研究』, 京都: 京都大學學術出版會, 2010.
- 仁井田陞, 『支那身分法史』, 東京: 東方文化學院, 1942.
- 仁井田陞, 『中國法制史研究』刑法, 東京: 東京大學出版會, 1959.
- 仁井田陞, 『中國法制史研究』土地法·取引法, 東京: 東京大學出版會, 1960.
- 仁井田陞, 『中國法制史研究』家族農奴法·奴隸農奴法, 東京: 東京大學出版會, 1962.
- 仁井田陞, 『中國法制史研究: 法と慣習·法と道德』, 東京: 東京大學出版會, 1964.
- 滋賀秀三, 『中國家族法の原理』, 東京: 創文社, 1967.
- 滋賀秀三, 『中國法制史論集-法典と刑罰』, 東京: 創文社, 2003.

- 中村裕一, 『唐代制敕研究』, 東京: 汲古書院, 1991.
- 中村裕一, 『唐令逸文の研究』, 東京: 汲古書院, 2005.
- 中村裕一, 『唐令の基礎的研究』, 東京: 汲古書院, 2012.
- 池田雄一, 『中國古代の律令と社會』, 東京: 汲古書院, 2008.

○ 사전

- 檀國大學校 東洋學研究所, 『漢韓大辭典』, 檀國大學校出版部, 2008.
- 漢語大詞典編輯委員會 等, 『漢語大詞典』, 上海: 漢語大詞典出版社, 1994.
- 諸橋轍次, 『大漢和辭典』, 東京: 大修館書店, 1986(修訂版).

각칙 조문 찾아보기

각칙 사항 찾아보기

당률소의역주 IV

초판 인쇄 | 2021년 11월 29일
초판 발행 | 2021년 12월 10일

지 은 이 김택민 이완석 이준형 임정운 정재균
발 행 인 한정희
발 행 처 경인문화사
편   집 박지현 김지선 유지혜 한주연 이다빈 김윤진
마 케 팅 전병관 하재일 유인순
출판번호 406-1973-000003호
주   소 경기도 파주시 회동길 445-1 경인빌딩 B동 4층
전   화 031-955-9300   팩   스 031-955-9310
홈페이지 www.kyunginp.co.kr
이 메 일 kyungin@kyunginp.co.kr

ISBN 978-89-499-6607-6 94360
ISBN 978-89-499-6603-8 (세트)

값 31,000원